VOLUME

2

RUSSIAN STAGE ONE

Live from RUSSIA!

Second Edition

The Russian-American
Collaborative Series

RUSSIAN IN STAGES

RUSSIAN STAGE ONE

Live from RUSSIA!

Second Edition

Authors

Maria D. Lekić, University of Maryland, College Park

Dan E. Davidson, ACTR and Bryn Mawr College

Kira S. Gor, University of Maryland, College Park

In cooperation with

Irina Dubinina, Brandeis University

Thomas J. Garza, Jr., University of Texas, Austin

Natalia Vanyushkina, Susquehanna University

Series Editor

Dan E. Davidson

KENDALLHUNT PROFESSIONAL

actr American Council of Teachers of Russian
1776 Massachusetts Ave., NW Washington, DC 20036

Русский язык: Этап 1
Репортажи из России

М. Лекич

Д. Дэвидсон

К. Гор

⊠ ⊠⊠⊠⊠⊠⊠⊠⊠⊠⊠ ⊠
И. Дубининой, Т. Гарза и Н. Ванюшкиной

Учебник
2-ое издание

⊠⊠⊠ ⊠⊠⊠⊠⊠⊠⊠
Д. Дэвидсона

 KENDALLHUNT PROFESSIONAL

 **actr** American Council of Teachers of Russian
1776 Massachusetts Ave., NW Washington, DC 20036

To access the online supplement to this book, please go to:
http://www.livefromrussia.org
LOGIN: student
PASSWORD: student

Copyright © 1997, 2009 by the American Council of Teachers of Russian

ISBN 978-0-7575-5842-9

Printed in the United States of America

The 2009 edition of *Russian Stage One: Live from Russia!* reflects the continuing rapid changes that have occurred in day-to-day Russian life and culture over the past decade. The authors' primary goal in producing *Live from Russia!* was to ensure that language and cultural information presented in the book are completely up to date, not only post-Soviet, but clearly reflective of the norms of the Putin/Medvedev era. This led the authors and ACTR to the decision to undertake a complete remake of the familiar soap opera story, which serves as the thematic base of the text. The time of the new version of the story is 2009, and much in the lives of the characters, as well as in the city of Moscow and around Russia, has changed in comparison to the initial shooting of *Live* in 1996. Cell phones and text-messaging are a regular part of Russian life in 2009; the tempo of Russian business life has evolved considerably.

The depiction of the regions and cultural diversity of Russia represents another significant change in the new version of *Live from Russia!*, including the change in title. Olya now travels to several different regions of Russia, sending back her "video-otkrytki" to her friends as well as to the studio where she works. The "otkrytki" are referenced in the video, but if students want to see them, they will go to the new dedicated website, www.LivefromRussia.org to view and discuss them in Russian. The "otkrytki" feature various cities and regions of Russia, such as Kazan', St. Petersburg, Vladivostok, Yaroslavl', and Sochi, site of the 2014 Winter Olympics. Over time many other "otkrytki" will be added to her collection.

An established major world language, Russian is one of the five official languages of the United Nations and is spoken as a mother tongue, second language, or foreign language by over 320 million persons around the world. Russian is an important language of scientific discourse, of international trade, and trans-national and trans-regional communication, serving as a *lingua franca* within and across the regions and huge geographical territories of Eastern Europe and Eurasia. Russian is the state language of the Russian Federation and primary language of inter-ethnic communication for Russia's richly diverse population, of whom ethnic Russians make up just under 80% of the current 141 million total. Russian is also spoken beyond the borders of Russia: approximately 24 million ethnic Russians reside in the nations immediately bordering Russia. In recent decades, Russian citizens and Russian-speaking citizens of other Eurasian nations have also taken up residence in many countries of the world, including Australia, Canada, the European Union, Israel, and the U.S., where, according to the most recent data, approximately 3 million Russian speaking persons now live.

Thanks to its natural and intellectual resources, Russia has emerged again as a major player on the geo-political scene, an energy "super power." For that reason, American student motivations for learning Russian today are remarkably wide-ranging, as job opportunities in international business, finance, science, information technology, media, education, health care, international development, and government have now all but eclipsed academia as a principal employer of speakers of Russian. High levels of competency in speaking, listening, and reading are increasingly the goals of today's learners and many students now plan for a substantial period of advanced language training in Russia as a necessary complement to study begun in school or college in the U.S. Moreover, the proficiency, standards, and Language Flagship movements of recent years have now provided students, teachers, and employers with a set of benchmarks that help set realistic expectations for the measurement of student progress in mastering Russian language and culture. During the same period, the field has developed a large body of research in Russian second-language acquisition that has yielded important practical information for students on how to get the most out of formal study of the language, at what stage study abroad is most beneficial, and how to take fullest advantage of one's own personal foreign-language learning style.

Live from Russia! constitutes a comprehensive program for elementary Russian at the university level. These materials are intended for students with no prior knowledge of Russian to achieve the ACTFL "novice-high" proficiency level in speaking, listening, and reading in most cases, and, in some cases, to see them over the "intermediate" threshold. *Live from Russia!* also provides a strong basis for sequencing to the intermediate and upper intermediate courses *(Russian Stage Two: Welcome Back!)* and to the content-based series which may be undertaken at higher levels of study: *Political Russian*, *Scientific Russian*, *Business Russian*, *Years of Change*, *Reading for Close Analysis*, and others. In short, the ACTR "Stages" series can provide a solid underpinning for the student who needs to acquire competency in Russian for use in a wide range of professions.

The new *Live from Russia!* consists of a 100-minute video series, comprising a total of fourteen episodes, one for each unit in the text. The course itself is divided into two volumes consisting of seven units in Volume I and eight units in Volume II; each unit, in turn, is designed for approximately ten days (two weeks) of instruction. The program is *learner-centered* in several important ways: it emphasizes the acquisition of individualized communicative skills, it provides students with running commentaries and unit-by-unit analyses and vocabularies, and it supports instructor efforts to accommodate different learning styles within the same classroom.

A 50-minute video story (contained on the DVD included with each volume), based on the daily experiences of a young American in Moscow who interacts with Russian contemporaries, is the core of *Live from Russia!*. Using Russian language in authentic, "real-life" social interactions, the video program provides the necessary support for the university-level two-semester or intensive introductory course. All the episodes are connected by an engaging plot line, a Russian "soap opera." The American, Kevin, finds himself in a wide range of inherently interesting personal, cultural, and social situations, as he joins his Russian friends for social events, birthdays, eating out, travel and routine shopping. Through him and his friends (Tanya, Misha, and Olya), one encounters some of the realities of living in Russia, university exams, law enforcement authorities, university officials, romantic attachments, jealousy, and occasional misunderstandings.

Situation- and culture-based throughout, the new *Live from Russia!* offers pre-communicative and fully communicative language activities that place a premium on tailoring communication to specific personal, life-like situations. Each speech situation provides a model that is then used by students to express their own opinions, meanings, or experiences on the topic in question. Topics and situations recur naturally within the overall story line to provide the spiraling patterns necessary for building control of the lexical and content areas essential for speaking, listening, and reading proficiency in Russian, while preserving a level of control over dosage and requirements for active mastery of grammar.

The course also provides a one-week introductory lesson designed to familiarize the beginning student with the sounds of Russian, basic phonetic rules, the Cyrillic alphabet, the basics of reading authentic Russian, and some very elementary grammar (noun gender, pronouns, and agreement). The minimal lexicon of the introductory lesson provides a basis for the vocabulary encountered in the first video lesson.

The Instructor's Manual contains suggestions and annotations to aid the teacher in using the program, including a full script of the video adventure, a sample test for each of the fourteen units, answer keys, and a learning strategies component, designed to assist the teacher in addressing the needs of a wide range of individual learning styles in using the materials contained in *Live from Russia!* For scheduling purposes, instructors will note that each Unit of the new textbook contains the same number of "Days" as was the case in the 1996 edition. Each "Day" corresponds to a standard 50-minute class hour.

The grammar commentaries in *Live from Russia!* are located at the end of each lesson and are cross-referenced for the convenience of the learner and teacher throughout the two texts. Examples are updated and explanations have been made more "user friendly" throughout. Basic sound analysis and phonetic transcriptions have been united in a single Cyrillic-base notational system, which is useful for analysis and learning, but less confusing for the beginning-level learner of Russian.

The *Stage One: Live from Russia!* program consists of:

DVD I (Introductory Unit and Units I - VI)
Textbook – Vol. I (Introductory Unit and Units I - VI)
Workbook – Vol. I (Homework Exercises to Accompany Textbook I)
Audio CD I (Interactive audio and drills)

DVD II (Units VII – XIV)
Textbook – Vol. II (Units VII - XIV)
Workbook – Vol. II (Homework Exercises to Accompany Textbook II)
Audio CD II (Interactive audio and drills)

Instructor's Manual (Introductory Unit, Units I - XIV, Learning Strategies Commentary)

On-line Activities and Support (including Video "Postcards" and Support Activities)

The dedicated website for *Stage One/Live* provides a rich array of supplementary and reference materials for users of the new text. Most importantly, the new site is intended as a central location of cooperation and resource-sharing for all teachers (faculty and graduate students) using the textbook, a design that allows easy access to available materials, as well as user-friendly authorware to permit teachers to create new activities or to customize existing materials for local needs.

The authors of *Russian Stage One: Live from Russia!* gratefully acknowledge the contributions to the 2009 edition of this text of many of our colleagues in the Russian and modern foreign language field, and in particular, students in our courses at the University of Maryland and Bryn Mawr College, as well as at Brandeis University, Susquehanna University, and the University of Texas at Austin.

As noted in earlier editions, the authors have benefitted from the established practice within American and international Slavic studies of subjecting major textbooks to a regular process of public review and discussion, through both major journals and newsletters, dedicated sections at national conferences of AATSEEL, and international symposia organized by ACTR, and the International Association of Teachers of Russian Language and Literature (MAPRIAL).

As was the case with the first version of the video-based course, the author team has been extremely fortunate that a number of the members of the original video production crew agreed to work on the 2009 version of the textbook as well, among them Svetlana Prudovskaya (Voice of America), Tatyana Kirsh (professor emerita, Moscow Linguistics University), Irina van Dusen (Voice of America), and an ORT-based professional production team. Suffice it to say that without their strong commitment to the goals of the *Live from Russia!* text, their concern for cultural appropriateness, and technical expertise, the 2009 edition of *Live from Russia!* would not have become a reality.

Young Russianists entering the field today bring a fresh perspective to the teaching of Russian and a keen understanding of why and how Americans undertake the study of the language in a rapidly globalizing world. The authors are pleased to acknowledge in this space the suggestions and contributions of young specialists who, as recent undergraduates or graduate students, offered their time, critical thinking, and suggestions to the authors at various stages in the development and testing of this manuscript: Tony Brown, Kim Fedchak, Ewa Golonka, Camelot Marshall, William Rivers, Maria Shardakova, Andrew Tomlinson. A number of senior American scholars have contributed generally to the field of foreign languages and to Russian-language study and have influenced the authors' understanding of the ways in which adults learn foreign languages: Richard Brecht, Anne Chamot, Sibelan Forrester, Betty Leaver, Cindy Martin, Mary Nichols, Benjamin Rifkin, Cynthia Ruder, and the late Wilga Rivers, to name only the most obvious. While there is no intent here to impute endorsement by these individuals of this or any other textbook, the authors are pleased to acknowledge their professional contributions to the improvement of Russian and foreign-language teaching more generally in the U.S. over the past two decades.

The 2009 edition of *Live from Russia!* has received important material assistance through the competitive grants competition conducted by the Russkiy Mir Foundation in Moscow; the authors and ACTR are pleased and honored to express particular gratitude to the Chairman of the Board of Russkiy Mir, Academician Ljudmila Verbitskaya, and to the Foundation's Executive Director, Dr. Vyacheslav Nikonov, and his staff for their critical support of these materials. Institutional debts are more difficult to calculate and harder still to convey in a personalized way. The present project has a number of such debts to acknowledge: first, to the more than 100 American colleges and universities which have used the *Stages* in their Russian-language courses and which have, in general, supported the study of Russian language and culture; second, to Bryn Mawr College and the University of Maryland at College Park for their continuing support of the authors of these materials and of the important new direction in their research and teaching that this project reflects; and third, and perhaps most importantly, to the Washington and Russia-based staff of ACTR for their commitment to collaboration and curriculum development and the myriad forms of both technical assistance and strategic support this has ensured. The authors take special pleasure in acknowledging the valuable assistance at various stages in this project provided by Lisa Choate, David Patton, Sofia Kasmeridi, Daria Firsova, Natalia Morse, Maria Whittle, Samantha Keyser, and to the ACTR multi-media group, Ken Petersen, William Morse, and Evan Villemez, for their on-going technical support and creative contributions to the *Live from Russia!* website. Finally, the authors want to take special note of the work of Carrie Van Den Broeke, who served for the past 14 months as principal technical editor at ACTR of *Live from Russia!*, and contributed in more ways than the authors can enumerate here to the timely, accurate, and expert preparation of the present publication at each successive stage of its development.

When any major text undergoes revision, it is inevitable that some of the materials included or decisions taken by the authors may appear unclear or in need of refinement. Much that has changed in the conception and implementation of this series over the years is the direct result of suggestions shared by teachers and users of these materials. The authors and publishers welcome further suggestions for the improvement and continuing modification of this text in the future.

The Authors
ACTR, Washington, D.C.
2009

Maria D. Lekić

Maria D. Lekić, associate professor of Russian at the University of Maryland, is lead author of *Live from Russia!* and director of curriculum and test development for the American Council of Teachers of Russian (ACTR). She is author or co-author of four college and pre-college level textbooks of Russian as well as more than 20 scholarly articles in the field of Russian language, literature, and second language acquisition. She also serves as editor of *Russian Language Journal*. Since 2004, Dr. Lekić has directed Curriculum and Examination Development of the Prototype AP Russian Program and ACTR on-line proficiency testing in Russian for university-level students. She is the principal architect and academic director of the overseas National Russian Flagship Program at St. Petersburg University. Dr. Lekić received the Ph.D. in Slavic languages and literatures from the University of Pennsylvania and her undergraduate degree from Moscow State Pedagogical University.

Dan E. Davidson

Dan E. Davidson is President and co-founder of American Councils for International Education: ACTR/ACCELS and Professor of Russian and Second Language Acquisition at Bryn Mawr College, where he has held the rank of full professor since 1983. Davidson received the M.A. and Ph.D. degrees in Slavic Languages and Literatures from Harvard University. His teaching and research focus primarily on adult second language acquisition, immersion learning, curriculum and assessment development, and intercultural pragmatics. He is the author, co-author or editor of 26 books and more than 40 scholarly articles, including the "Russian in Stages" collaborative textbook series, which he helped launch in the 1970's, and a twenty-year longitudinal, empirical study of adult second language acquisition during study abroad. To date, Davidson has directed or co-directed 28 Ph.D. dissertations at Bryn Mawr in the field of Russian and second-language acquisition. Through his work at American Councils, Davidson has contributed to the design, implementation, and evaluation of a wide range of US government and privately funded international education programs for US and foreign students, scholars, and professionals with special emphasis on teacher professional development and training.

Kira Gor

Kira Gor is Associate Professor at the University of Maryland, College Park where she teaches Russian linguistics, language, and culture in the Russian Program and second language acquisition and processing in the Ph.D. Program in Second Language Acquisition. She holds a Ph.D. in experimental phonetics from St. Petersburg State University and a Ph.D. in Russian and second language acquisition from Bryn Mawr College. She has authored and coauthored over 30 journal articles and book chapters on cross-linguistic processing and second language acquisition of phonology and morphology, and a book *Interlanguage Phonology and Second Language Orthography* (St. Petersburg University Press, 1997). Since 2005, she is in charge of the Russian component of the project Linguistic Correlates of Proficiency funded by the Center for Advanced Study of Language (CASL).

Irina Dubinina

Irina Dubinina is the Director of the Russian Language Program at Brandeis University (Waltham, MA). She is completing her dissertation on pragmatics of requests by Russian heritage speakers at Bryn Mawr College. Her research interests include bilingualism, heritage languages, bilingual code-switching, and Russian language pedagogy.

Thomas Garza

Thomas Garza is Distinguished Teaching Associate Professor and Chair of Slavic and Eurasian Studies and the Director of the Center for Russian, East European and Eurasian Studies at the University of Texas at Austin. He teaches courses in Russian language and literature, foreign language pedagogy, and contemporary Russian culture. His current research interests include the attitudes of Russian youth toward the Chechen war and conscription, and the place of the vampire myth in Slavic literature and culture.

Natalia Vanyushkina

Natalia Vanyushkina taught Russian as a second language at Yaroslavl State University in Russia and currently teaches Russian language at Susquehanna University and the Russian Language Institute at Bryn Mawr College. She received her Ph.D. in Russian from Bryn Mawr College and has done extensive research on Russian contemporary proverbial language and its role in acquiring a second language and culture. Her statistical analysis of proverbial usage in written and oral communication of native Russians and self-reported knowledge of the most common proverbs among American learners of Russian was published in Vol. 57 of *Russian Language Journal*.

B. What does Кéвин leave on the chair at Тáня's apartment?

☐ фотоаппарáт

☐ CD кейс

☐ цветы́

C. Where is О́ля when Кéвин leaves?

☐ в коридóре

☐ на кýхне

☐ в кóмнате

D. The CD case is for:

☐ Ми́ша

☐ Тáня

☐ Ви́ктор Степáнович

E. Does О́ля find the CD case?

☐ Да

☐ Нет

6. В университéте

A. In this scene we discover that:

☐ Лéна и Тáня студéнтки в однóм университéте.

☐ Лéна – преподавáтельница в университéте.

☐ Лéна рабóтает в библиотéке.

B. How would you describe Тáня's conversation with the dean?

☐ professional and pleasant

☐ tense and serious

☐ friendly and casual

C. Mark off the things Тáня shows the visiting students.

☐ магази́н

☐ стýдия

☐ стадиóн

☐ междунарóдный центр

☐ общежи́тие

☐ аудитóрия

☐ кинозáл

☐ бассéйн

☐ столóвая

☐ библиотéка

стýдия	= studio
аудитóрия	= classroom
кинозáл	= viewing room
бассéйн	= pool
столóвая	= dining hall, cafeteria

D. Would you characterize the ending of this episode as happy or sad?

7. Match characters with actions.

1. Лёна
2. Тáня
3. Кéвин
4. Visitors
5. Dean

a. misses her class
b. take a tour of the university
c. goes to Тáня's house to drop off some CDs
d. scolds Тáня for skipping class
e. chats with Тáня in the hall

▶ Now watch the video with the SOUND ON.

SOUND ON

8. Identify the following statements as true or false. Это так или нет?

	Да	Нет
Кéвин mistakes Óля for Тáня.	☐	☐
The dean congratulates Тáня on her superb exam scores.	☐	☐
Тáня is late for class because she is socializing with friends.	☐	☐
The dean scolds Тáня for skipping class.	☐	☐

9. Тáня takes the visitors on a tour of her university. What kind of activities do they observe?

Студéнты:

☐ пишут письма
☐ обéдают в столóвой
☐ пишут контрóльную рабóту
☐ отдыхáют
☐ гуляют
☐ смóтрят фильмы

☐ танцýют
☐ слýшают лéкцию
☐ фотографируют
☐ игрáют на гитáре
☐ рисýют
☐ говорят по-англи́йски

POSTviewing

In this episode, Тáня shows some visitors around her university. Do you remember what facilities her campus has?

В университéте **есть** столóвая, библиотéка, аудитóрии.

The word **есть** is used to indicate the existence or possession of something. "There is a cafeteria at the university," or "There are classrooms at the university." The word **есть** never changes to agree with the subject – it is a frozen form.

10. Practicing pronunciation: asking and answering questions with **есть**

> — В ва́шем университе́те есть общежи́тие? [3]
> — Да, есть. [1] [1]

1. В ва́шем университе́те есть бассе́йн? [3]

2. В ва́шем университе́те есть библиоте́ка? [3]

3. В твоём го́роде есть гости́ницы? [3]

4. В твоём го́роде есть стадио́н? [3]

5. В твое́й ко́мнате есть стол? [3]

6. В твое́й ко́мнате есть телеви́зор? [3]

11. A. Can you name the facilities that Та́ня's university has?

> В университе́те есть **библиотека**. [1]

> библиоте́ка, аудито́рии, сту́дия, междунаро́дный центр, столо́вая

B. What facilities do you have at your university? Answer using the reference words in the singular or the plural.

> Э́то **Вашингто́нский** университет. [1]
>
> В на́шем университе́те есть **бассейн**. [1]

movie theater, stadium, café, restaurant, store, library, swimming pool, bank, post office, garage, museum, exhibition, dormitory, dining hall, hospital

учи́ться (учй-ся)			
Present		**Past**	
я	учу́сь	он	учи́лся
ты	у́чишься	она́	учи́лась
он/она́	у́чится	они́	учи́лись
мы	у́чимся		
вы	у́читесь		
они́	у́чатся		

12. Где они́ учи́лись?

А. Match the character with the school or department where they study or used to study.

Ми́ша ветерина́р.   Она́ учи́лась на факульте́те ру́сского языка́.

О́ля журнали́стка.   Она́ у́чится на истори́ческом факульте́те.

А́нна Бори́совна учи́тельница.   Она́ учи́лась на факульте́те журнали́стики.

Са́ша архите́ктор.   Он учи́лся в ветерина́рном институ́те.

Да́ша студе́нтка -исто́рик.   Он у́чится на экономи́ческом факульте́те.

Стив студе́нт -экономи́ст.   Он учи́лся на биологи́ческом факульте́те.

Ви́ктор Степа́нович бухга́лтер.   Он учи́лся в архитекту́рном институ́те.

Серге́й био́лог.   Он учи́лся в фина́нсовом институ́те.

B. Где вы у́читесь?

— Даша, где ты учи́шься?

— Я учу́сь **в Мэриле́ндском университете, на истори́ческом факультете**. А ты?

— А я учу́сь **в Джорджтаунском университе́те, на инженерном факульте́те.**

математи́ческий, хими́ческий, физи́ческий, инжене́рный, экономи́ческий, истори́ческий факульте́т

факульте́т би́знеса, факульте́т полити́ческой нау́ки, факульте́т ру́сского языка́

В на́шем университе́те
есть теа́тр.
Our university has a theater.

В на́шем университе́те
нет теа́тра.
Our university doesn't have a
theater.

The word **нет** is used to deny existence or possession. **Нет** never changes for agreement. The noun or noun phrase that is negated will be in the genitive case.

1. Describe what kind of facilities your college or university has and doesn't have.

В на́шем колле́дже есть **стадион**.[1]

В на́шем колле́дже нет **стадио́на**.[1]

> garage, library, theater, store, bar, post office, bank, park, dormitory, hotel, movie theater, café, dining hall, swimming pool, museum, hospital, restaurant

В библиоте́ке есть кни́ги.   У Та́ни есть кни́ги.

In expressions of existence or possession, the preposition **в** is used when referring to places; the preposition **у** is used when referring to *people*. The preposition **у** takes the genitive case.

2. Describe the following characters by stating what they have and don't have.

У А́нны Бори́совны есть **дочка**.[1]

У А́нны Бори́совны нет **сы́на**.[1]

1. У Та́ни есть _____.   У Та́ни нет _____.

2. У Ми́ши есть _____.   У Ми́ши нет _____.

3. У Ке́вина есть _____.   У Ке́вина нет _____.

4. У Са́ши есть _____.   У Са́ши нет _____.

5. У Ле́ны есть _____.   У Ле́ны нет _____.

6. У О́ли есть _____.   У О́ли нет _____.

7. У Серге́я есть _____.   У Серге́я нет _____.

> brother, sister, friend (male and female), work, car, apartment, dacha, dog, cat

3. Now discuss what you have and don't have with your partner. Start off with the reference words for the preceding exercise and then add some of your own.

> ```
>               1            4
> — У меня́ есть брат. А у тебя́?
>           1                1
> — А у меня́ нет бра́та./ И у меня́ есть брат.
> ```

4. A. Russian menus do not always reflect what is actually available in the restaurant. When you ask the waiter/waitress in the restaurant «Ёлки-Па́лки» if a certain item is available, s/he replies in the negative, but offers an alternative.

> ```
>         3
> — У вас есть сок?
>    1       1
> — Нет. Со́ка нет.
>       2
> — А что есть?
>           1
> — Есть лимона́д.
> ```

> борщ/бульо́н, зелёный сала́т[ ]/фрукто́вый сала́т, чёрная икра́/кра́сная икра́, минера́льная вода́/сок, чай/ко́фе, бифште́кс/жа́реная ку́рица, макаро́ны/плов, экле́р/моро́женое

B. Now tell your friends what is available at this restaurant.

> — В рестора́не «Ёлки-Па́лки» есть **лимона́д**, но там нет со́ка.

> У О́ли **есть** рабо́та.   У Та́ни **бу́дет** экза́мен.
> У Та́ни **нет** рабо́ты.   У О́ли **не бу́дет** экза́мена.
>
> У Ке́вина **была́** маши́на.
> У Ле́ны **не́ было** маши́ны.

	Affirmative	**Negative**
Future	бу́дет, бу́дут	не бу́дет
Present	есть	нет
Past	был, была́, бы́ло, бы́ли	не́ было

5. Practicing pronunciation

1. — У О́ли есть брат? (3)

   — Нет, у неё нет бра́та. (1   1)

2. — У Та́ни был экза́мен? (3)

   — Нет, у неё не было экза́мена. (1   1)

[ ] Russians do not eat as much lettuce as Americans do. The word **сала́т** in Russian most commonly refers to something like chicken salad, tuna salad or tomato and cucumber salad, but it can also mean lettuce.

Note that in affirmative sentences in statements of existence or possession the verb **быть** agrees with the noun in the nominative case. In negative sentences the verb **быть** does not change for agreement and is accompanied by a noun in the genitive case.

3. —У Ле́ны была контро́льная рабо́та?

— Нет, у неё не́ было контро́льной рабо́ты.

контро́льная
рабо́та =
test

4. — У Серге́я бу́дет собра́ние?

— Нет, у него́ не бу́дет собра́ния.

6. Combine the words in the three columns to make sentences.

A. У Ва́ни была́ контро́льн**ая** рабо́т**а**.

У Та́ни	был	серьёзное собра́ние
У Ми́ши	была́	симпати́чный друг
У Ке́вина	бы́ло	тру́дные экза́мены
У Ле́ны	бы́ли	интере́сная рабо́та

B. У Ке́вина бу́дет но́в**ая** подру́г**а**.

У Та́ни		о́чень молоды́е колле́ги
У Ле́ны		больша́я кварти́ра
У Серге́я	бу́дет	хоро́шая маши́на
У Са́ши	бу́дут	тру́дные экза́мены
У О́ли		ва́жные дела́
У Ми́ши		но́вый друг

C. У Ке́вина нет ру́сск**ого** словар**я́**.

У Серге́я		но́вая маши́на
У Са́ши		фотоаппара́т и видеока́мера
У Ке́вина	нет	кварти́ра в Москве́
У Ле́ны		соба́ка и́ли ко́шка
У О́ли		интере́сная рабо́та
У Ми́ши		хоро́ший друг

РАСПИСАНИЕ
Исторический факультет
ВТОРОЙ КУРС

Время	Дисциплина	
Понедельник		
9.00–9.45	История России	(лекция)
10.00–10.45	История стран Юго-Вост. Европы	(лекция)
11.00–11.45	Перерыв	
12.00–12.45	Теория психологии	(лекция)
1.00–1.45	Философия	(лекция)
Вторник		
9.00–9.45	История Азии и Африки	(лекция)
10.00–10.45	История России	(семинар)
11.00–11.45	Перерыв	
12.00–12.45	История Европы	(лекция)
1.00–1.45	Теория психологии	(семинар)
3.00–3.45	Английский язык	
Среда		
9.00–9.45	Страноведение	(лекция)
10.00–10.45	Новая история Европы и Америки	(лекция)
11.00–11.45	Перерыв	
12.00–12.45	История России	(лекция)
Четверг		
9.00–9.45	Новая история Европы и Америки	(лекция)
10.00–10.45	Философия	(лекция)
11.00–11.45	Перерыв	
12.00–12.45	Философия	(семинар)
2.00–2.45	Английский язык	
Пятница		
9.00–9.45	Новая история Европы и Америки	(лекция)
10.00–10.45	История Азии и Африки	(семинар)
11.00–11.45	Перерыв	
12.00–12.45	Теория психологии	(лекция)

7. Какóе у вас расписáние?

A. Answer the following questions based on Тáня's class schedule.

занятие = class

1. Какóе у Тáни пéрвое заня́тие во втóрник?
2. Каки́е лéкции у Тáни в пя́тницу?
3. Какóй у Тáни сáмый трýдный день в университéте?

B. Какóе у вас сегóдня расписáние?

Discuss your schedule with your partner.

> — Сегóдня у меня́ **ру́сский язы́к и английский язы́к.**
> А у тебя́?
> — А у меня́ сегóдня ру́сский язык и психология.
> У меня́ сегóдня нет англи́йского языкá.

C. Discuss what classes you had yesterday.

> — Вчерá у меня́ был **ру́сский язык.** А у тебя́?
> — И у меня́ был ру́сский язы́к./А у меня́ вчерá не было
> ру́сского языкá. У меня́ вчерá былá **математика.**

D. Now talk about your schedule for tomorrow.

> — Зáвтра у меня́ бýдет **химия.** А у тебя́?
> — И у меня́ зáвтра бýдет хи́мия./А у меня́ не будет **хи́мии.**
> У меня́ бýдет **математика.**

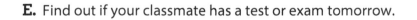

E. Find out if your classmate has a test or exam tomorrow.

> 3
> — У тебя́ за́втра бу́дет **экза́мен**?
> 1 1   1   1   4
> — Да, бу́дет./Нет, не бу́дет. А у тебя́?

экза́мен, контро́льная рабо́та

потому́ что = because

> — Та́ня, **почему́** ты не была́ на ле́кции?
> — **Потому́ что** я была́ в аэропорту́.

8. So, you haven't done your homework again! Tell the teacher that you were missing something that you needed.

> 2
> — Почему́ вы не **прочита́ли текст**?
>   1
> — Потому́ что у меня́ не́ было **уче́бника**.

сло́во = word

написа́ть упражне́ния, перевести́ статью́, прочита́ть расска́з, написа́ть (курсову́ю) рабо́ту, перевести́ слова́, посмотре́ть ру́сскую переда́чу

видеомагнитофо́н = VCR

конспе́кт = class notes

ру́чка, компью́тер, телеви́зор, видеомагнитофо́н, DVD плéйер, слова́рь, уче́бник, журна́л, конспе́кт

Моско́вский госуда́рственный университе́т (МГУ)
и́мени М. В. Ломоно́сова[ ]

1. Moscow State University, pictured above, is named after Mikhail
Vasilyevich Lomonosov, a famous Russian scholar: **МГУ им.
М. В. Ломоно́сова**.

The following places in Moscow and St. Petersburg are named after
famous people.

> МГУ (М. В. Ломоно́сов) →
> МГУ и́мени М. В. Ломоно́сова

1. Дом культу́ры _____ (А. М. Го́рький)

2. Моско́вский худо́жественный теа́тр (МХТ)
   _____ (А. П. Че́хов)[ ] [ ]

[ ] Lomonosov, Mikhail V. (1711–1765) – Russian scientist, poet, grammarian, artist, historian, and proponent of
education, the sciences, and manufacturing in Russia. He established the first Russian laboratory for research in
chemistry and initiated the founding of the first Russian university in Moscow, which was later named after him (now
МГУ).

[ ] [ ] Chekhov, Anton P. (1860–1904) – Russian author of short stories and dramas, was very influential in the
development of Russian and world literature.

госуда́рственный
= state

им. = и́мени +
gen. case

nom.	и́мя
acc.	и́мя
gen.	и́мени
prep.	об и́мени
dat.	и́мени
nom. pl.	имена́

Вре́мя (time)
is declined just
like **и́мя**.

The first name
and patronymic
are generally
written with
initials (**М.В.
Ломоно́сов**); in
spoken Russian,
however,
these initials
are omitted
(**Ломоно́сов**).

3. Музе́й антрополо́гии и этногра́фии /Кунстка́мера
_____ (Пётр Вели́кий)[ ]

4. Филармо́ния _____
(Д. Д. Шостако́вич)[ ][ ]

изобрази́тельное
иску́сство =
fine arts

5. Музе́й изобрази́тельных иску́сств _____
(А. С. Пу́шкин)

6. Конце́ртный зал _____
(П. И. Чайко́вский)[ ][ ][ ]

вызыва́ть
(вызыва́й-)/
вы́звать
(вы́з/ва-) =
to send for,
call upon

вы́звать (вы́з/ва-)			
Perfective Future		**Past**	
я	вы́зову	он	вы́звал
ты	вы́зовешь	она́	вы́звала
он/она́	вы́зовет	они́	вы́звали
мы	вы́зовем		
вы	вы́зовете		
они́	вы́зовут		

2. Fill in the missing verb **вы́звать**.

A. Past tense

1. Вчера́ А́нну Бори́совну _____ дире́ктор
шко́лы.

2. Когда́ Смирно́вы уви́дели Ке́вина, они́ _____
мили́цию.

3. На семина́ре по исто́рии преподава́тель _____
Ле́ну Анто́нову.

4. Моя́ соба́ка не ест и всё вре́мя лежи́т. Я _____
ветерина́ра.

[ ] Peter the Great or Peter I (1672–1725) – Russian czar; founded the city of Saint Petersburg in 1703.

[ ][ ] Shostakovich, Dmitry D. (1906–1975) – Russian composer and musician, is the author of two operas, one operetta, fifteen symphonies, film scores, and songs.

[ ][ ][ ] Tchaikovsky, Pyotr I. (1840–1893) – Russian composer and author of several operas, including "Eugeniy Onegin" and "The Queen of Spades;" the ballets "Swan Lake," "Sleeping Beauty," and the "Nutcracker;" six symphonies and other musical works. A prestigious international music competition named after Tchaikovsky has been held in Moscow since 1958.

B. Future perfective tense

1. Я ду́маю, за́втра преподава́тель по ру́сскому языку́ меня́ не _____.

2. Моя́ соба́ка не ест. За́втра я _____ ветерина́ра.

3. За́втра дека́н _____ Та́ню Воло́дину.

> Notice that the word **есть** is omitted when the emphasis is shifted from existence of an object to its description.
>
>   3   3
> У вас есть маши́на?   У вас хоро́шая маши́на?

3. Act out the following dialog with a partner.

>   3
> — У тебя́ есть **маши́на?**
>   1
> — Есть.
>   3
> — У тебя́ **новая маши́на?**
>   1   1   1   1
> — Да, новая./Нет, старая.

[маши́на (америка́нская), соба́ка (у́мная), кварти́ра (больша́я), семья́ (ма́ленькая), телеви́зор (япо́нский), рабо́та (интере́сная), ко́шка (краси́вая), велосипе́д (но́вый)]

велосипе́д = bicycle

4. Discuss what you have in your room at school or at home.

>   3
> — У тебя́ в ко́мнате есть **телеви́зор?**
>   1 1   1
> — Да, есть./(Нет.)
>   3
> — У тебя́ **новый телеви́зор?**
>   1   1
> — Нет, не очень.

картíна, холодíльник, плитá, роя́ль, стéрео, вíдик, телевíзор, DVD плéйер, стол, ковёр, лáмпа, дивáн, телефóн, тóстер, компью́тер, прíнтер, зéркало

5. Transform the following questions according to the model and answer them.

> 3
> В вáшем гóроде есть аэропóрт? →
> 3
> — **У вас в гóроде** есть аэропóрт?
> 1 1   1
> — Да, есть./Нет.

1. В вáшем гóроде есть метрó?

2. В вáшем университéте есть гостíница?

3. В твоём дóме есть лифт?

4. В вáшем райóне есть библиотéка?

5. В твоéй кóмнате есть телевíзор?

давáть (давáй-)			
Present		**Past**	
я	даю́	он	давáл
ты	даёшь	онá	давáла
он/онá	даёт	онó	давáло
мы	даём	они́	давáли
вы	даёте		
они́	даю́т		

6. Fill in the missing verbs

A. Present tense

1. Лéна чáсто _____ Тáне конспéкты.

2. Тáня и Óля всегдá _____ Лéне дíски.

3. О́ля иногда́ _____ Та́не оде́жду.

4. Гали́на Ива́новна ча́сто _____ сове́ты Ке́вину.

совет = advice

5. — Вы _____ соба́ке ры́бу?

   — Нет, мы не _____ ей ры́бу.

B. Past tense

1. Ле́том Ва́ня ча́сто _____ велосипе́д Ната́ше.

2. — Ке́вин, у тебя́ в Москве́ была́ маши́на?

   — Нет, но мой друг Серге́й мне иногда́ _____ маши́ну.

дать			
Perfective Future		**Past**	
я	дам	он	дал
ты	дашь	она́	дала́
он/она́	даст	оно́	да́ло
мы	дади́м	они́	да́ли
вы	дади́те		
они́	даду́т		

7. While packing for a trip to Russia, you realize that you don't have some things you will need there. Try to borrow them from your friend.

>   3
> — Ты не дашь мне **ка́рту Росси́и?**
>   1   1
> — У меня́ **её** нет. **Я её** дал(а́) **дру́гу.**
>   3
> — Вы не дади́те мне **ка́рту Росси́и?**
>   1   1
> — У нас **её** нет. Мы её да́ли **друзья́м.**

Russian dictionary, camera, scarf, Russian textbook, guitar, bag, suitcase, sweater

UNIT 7 ☐ DAY 3   21

> history lecture = ле́кция **по** исто́рии
> physics exam = экза́мен **по** фи́зике
> literature textbook = уче́бник **по** литерату́ре

8. Pretend that you are a student at Та́ня's university. Ask for textbooks on the subjects listed below at the book kiosk.

>   3
> — У вас есть уче́бник **по эсте́тике?**
>   1   2   1
> — Вот, пожа́луйста./Сейча́с у нас нет уче́бника **по эсте́тике.**

> культуроло́гия, исто́рия, филосо́фия, политоло́гия, эконо́мика, хи́мия, психоло́гия

9. Ask the salesperson at the department store «**Москва́**» to help you find a particular item.

>   3
> — У вас есть **чёрный плащ?**
>   3   1
> — **Чёрный плащ?** Нет, но у нас есть о́чень хоро́шие
> 1
> **се́рые плащи́.**

> бе́лые кроссо́вки, америка́нский то́стер, жёлтая футбо́лка, кори́чневый шарф, япо́нский пле́йер, зелёная руба́шка, ора́нжевый сви́тер

10. You are the mayor of an American town receiving an important official from Russia. Show your Russian guest the best places in town. Use as many adjectives as possible.

Today you will get another glimpse of Та́ня's life at the university. Here are some words you need to know to discuss academic life:

PREviewing

сдава́ть (сдава́й-) экза́мен = take an exam
сдать экза́мен = pass an exam

получа́ть (получа́й-)/получи́ть (получи́-) = receive

получа́ть стипе́ндию = receive a stipend, scholarship

получи́ть хоро́шую/плоху́ю отме́тку = receive a good/bad
                                         grade

пятёрка (5)	=	A
четвёрка (4)	=	B
тро́йка (3)	=	C
дво́йка (2)	=	F

The following expression comes from the verb **гуля́ть**.

про**гуля́ть** (прогуля́й-) заня́тие (*perf.*) = skip class

1. Form logical sentences by combining words from each column.

> Лéна сдалá зачёт по филосóфии.

Лéна	сдать	зачёт по филосóфии
Вáня	получи́ть	пятёрка по матемáтике
Тáня	прогуля́ть	заня́тие по англи́йскому языку́
Ми́ша	всегдá получáть	хорóшие отмéтки по биолóгии
Сергéй	не получи́ть	стипéндия
Студéнты	написáть	контрóльная рабóта по истóрии

VIEWING

2. A. Why does Кéвин mistake Óля for Тáня? Check all that apply.
- ☐ It is dark in the hallway.
- ☐ Кéвин is drunk.
- ☐ Óля is wearing Тáня's clothes.
- ☐ Óля looks just like Тáня.
- ☐ Óля runs away before Кéвин can see who it is.

B. Why doesn't Óля correct Кéвин?
- ☐ She likes practical jokes.
- ☐ She has to answer the phone.
- ☐ She didn't notice the mistake.

C. Кéвин leaves in such a hurry because:
- ☐ he is late for a meeting.
- ☐ there is a taxicab outside waiting for him.
- ☐ he left the iron on in his apartment.

D. Óля's comment, **«симпати́чный»**, refers to:
- ☐ Сáша
- ☐ Кéвин
- ☐ Ми́ша

3. Та́ня meets several people at the university. In what order does she see these people?

_____ дека́н

_____ Ле́на

_____ студе́нтка

4. Mark the following statements about Та́ня's conversation with the dean as true or false. Это так и́ли нет?

	Да	Нет
The dean summons Та́ня because she has been missing class.	☐	☐
Та́ня promises not to miss any more classes.	☐	☐
The dean threatens to expel Та́ня if she continues to miss class.	☐	☐

5. Ке́вин announces the good news about the business plan for Ми́ша: «**У меня́ хоро́шая но́вость**».

POSTviewing

но́вость = news

Announce some news of your own by combining the sentences on the left with those on the right.

> У меня́ хоро́шая но́вость. Я сдала́ экза́мен.

У него́ хоро́шая но́вость.　　　Я не сдал(а́) зачёт.

У нас отли́чная но́вость.　　　Я получи́л(а) стипе́ндию.

У неё плоха́я но́вость.　　　Он бу́дет учи́ться в Москве́.

У меня́ отли́чная но́вость.　　　Она́ написа́ла курсову́ю рабо́ту.

У Ле́ны хоро́шая но́вость.　　　Они́ не получи́ли де́ньги.

У меня́ ужа́сная но́вость.　　　Мы бу́дем жить в Вашингто́не.

У них плоха́я но́вость.　　　Она́ получи́ла дво́йку.

Ке́вин is in a hurry and doesn't have time to wait for О́ля to finish her phone conversation. He explains: «**Извини́, я о́чень спешу́, меня́ *ждёт* такси́.**»

спеши́ть (спеши́-) (*imp.*) = be in a hurry

ждать (ждǎ-)/ подожда́ть (подождǎ-) = wait

ждать (жда̀-)			
Present		**Past**	
я	жду	он	ждал
ты	ждёшь	она́	ждала́
он/она́	ждёт	оно́	жда́ло
мы	ждём	они́	жда́ли
вы	ждёте		
они́	ждут		

6. A. Fill in the missing verbs in the present tense.

> Та́ня о́чень **спеши́т**, её **ждёт** Ми́ша.

1. Ке́вин о́чень _____, его́ _____ такси́.

2. Преподава́тельница о́чень _____, её _____ студе́нты.

3. О́ля о́чень _____, её _____ подру́га.

4. Та́ня о́чень _____, её _____ дека́н.

5. Ле́на и Са́ша о́чень _____, их _____ друзья́.

B. Fill in the missing verbs in the past tense.

> Вчера́ я о́чень **спеши́л(а)**, меня́ **ждала́** ма́ма.

1. Вчера́ мы о́чень _____, нас _____ друзья́.

2. Вчера́ я о́чень _____, меня́ _____ преподава́тель.

3. Вчера́ ты о́чень _____, тебя́ _____ профе́ссор.

4. Вчера́ он о́чень _____, его́ _____ роди́тели.

Once again, Ке́вин apologizes for having to leave: «Извини́, я **не могу́** ждать.» "I'm sorry, I can't wait." The irregular verb **мочь** is declined just like **помо́чь**. It is used with the infinitive of verbs to express the ability (or inability) to do something.

<table>
<tr><th colspan="4">мочь</th></tr>
<tr><th colspan="2">Present</th><th colspan="2">Past</th></tr>
<tr><td>я</td><td>могу́</td><td>он</td><td>мог</td></tr>
<tr><td>ты</td><td>мо́жешь</td><td>она́</td><td>могла́</td></tr>
<tr><td>он/она́</td><td>мо́жет</td><td>оно́</td><td>могло́</td></tr>
<tr><td>мы</td><td>мо́жем</td><td>они́</td><td>могли́</td></tr>
<tr><td>вы</td><td>мо́жете</td><td></td><td></td></tr>
<tr><td>они́</td><td>мо́гут</td><td></td><td></td></tr>
</table>

мочь/смочь (*irreg.*) = can, be able to

7. Match the following sentences to express different cause-and-effect situations.

> У него́ контро́льная рабо́та.
> 1
> Он не мо́жет смотре́ть фильм.
> 1

1. Вы пло́хо говори́те по-францу́зски.

2. Она́ сего́дня рабо́тает.

3. У меня́ нет уче́бника.

4. У нас телефо́н не рабо́тает.

5. Они́ не понима́ют по-ру́сски.

6. У тебя́ за́втра серьёзный экза́мен.

☒. Я не могу́ писа́ть упражне́ния.

b. Ты не мо́жешь смотре́ть телеви́зор.

c. Они́ не мо́гут чита́ть по-ру́сски.

d. Мы не мо́жем звони́ть ма́ме.

e. Вы не мо́жете переводи́ть статью́.

f. Она́ не мо́жет нам помо́чь.

One of Та́ня's classmates stops to ask her for her class notes at the university:

«**Ты не мо́жешь** мне <u>дать</u> твои́ конспе́кты?»

This is best translated into English as "Could you give me your class notes?" The use of «**не**» in «**Ты не мо́жешь**» is similar to how it is used in the phrase «**Ты не зна́ешь**» — it simply makes the request more polite. Requests like this typically use a perfective verb (such as **дать** in the example above.)

 8. A. Ask your friend for a favor.

> $\overset{3}{}$
> — Ты не можешь **позвони́ть мне за́втра?**
> $\overset{1}{}$
> — Коне́чно, **позвоню́.**

пока́зывать
(пока́зыв**ай**-)/
показа́ть (показӑ-)
= show

показа́ть мне университе́т, дать мне твой
уче́бник, помо́чь мне в суббо́ту, купи́ть мне
молоко́, дать мне твой слова́рь

B. This time when you ask your friend for a favor, s/he can't come through for you.

> $\overset{3}{}$
> — Ты не можешь **помо́чь мне за́втра?**
> $\overset{2}{}$ $\overset{1}{}$
> — Извини́, не могу́.
> $\overset{2}{}$
> — Почему́?
> $\overset{1}{}$
> — Потому́ что **у меня́ за́втра экза́мен.**

перевести́ э́тот те́кст, написа́ть э́то упражне́ние,
прочита́ть моё сочине́ние, пригото́вить мне
у́жин, показа́ть нам университе́т

> у меня́ нет уче́бника, у меня́ сейча́с ле́кция, у меня́ сего́дня репети́ция, у меня́ сейча́с заня́тие

Ле́на wishes Та́ня good luck with her meeting with the dean:
«Ни пу́ха ни пера́!»

The proper response to a wish of good luck is:
«К чёрту!»

9. Wish your fellow classmates luck on their upcoming tests.

> — У меня́ за́втра **тру́дный экза́мен**.[1]
> — Ни пу́ха ни пера́![2]
> — К чёрту![2]

> контро́льная рабо́та, пе́рвый экза́мен, серьёзный зачёт, серьёзный экза́мен, дикта́нт, ва́жная встре́ча, докла́д

 «Ни пу́ха ни пера́!» can be compared to the English good luck wish "Break a leg!" The only response to «Ни пу́ха ни пера́!» is «К чёрту!» roughly equivalent to "Go to the devil." Expressing good luck in this way is very common in Russian. One possible explanation for this is Russian superstition. In general, Russians avoid drawing attention to their good fortune so as not to jinx it.

The Imperative

The imperative form of a verb is used for requests, advice, suggestions, and commands. The following sentences contain examples of imperatives in English.

Please close the door.
Don't read that!
Give me your homework.

You already know several imperative forms.

Скажи́(те), пожа́луйста…	Please tell me…
Извини́(те).	Excuse (me).
Познако́мьтесь! Познако́мься!	(lit.) Get acquainted!
Здра́вствуй(те)!	(lit.) Be healthy!

End-stressed	**Stem-stressed**
смотрӗ- + **и** = смотри́(те)!	отве́ти- + **и** = отве́ть(те)!
писӑ- + **и** = пиши́(те)!	чита́й- + **и** = чита́й(те)!
	рисова́- + **и** = рису́й(те)!

Note the consonant mutation in -**а**- verbs and the -**ова**- → -**уй** alternation.

🎧 **1.** Practicing pronunciation: imperatives

2	2
Пиши!	Пишите!
2	2
Скажи!	Скажите!
2	2
Покажи!	Покажите!
2	2
Дай!	Дайте!
2	2
Жди!	Ждите!

Remember that **и** after **ж** and **ш** is pronounced as /**ы**/.

2. Transform the following formal requests into informal ones.

> **Спроси́те** Та́ню. → **Спроси́** Та́ню.

расска́зать (расскӑза́-) (perf.) = tell (about)

1. **Позвони́те** мне в сре́ду.

2. **Расскажи́те** мне о **ва́шем** экза́мене.

3. **Покажи́те** нам **ваш** университе́т.

4. **Купи́те** мне моро́женое.

5. **Напиши́те ваш** но́мер телефо́на.

6. **Помоги́те** Ке́вину.

7. **Переведи́те** э́ту статью́.

8. **Посмотри́те** но́вый фильм Михалко́ва.

As you know, the phrase **«ты не мо́жешь»** can be used to make polite requests.

Ты не мо́жешь купи́ть мне хлеб?

If you want to make the request more direct, use the imperative.

Купи́ мне хлеб, пожа́луйста.

Note that **пожа́луйста** can be used only in requests made with the imperative form. It cannot be used in requests made with **«ты не мо́жешь»**.

---

3. Match the following requests using **ты не мо́жешь** with their more direct counterparts.

Ты не мо́жешь дать мне твои́ конспе́кты?	**Покажи́те** нам соба́ку.
Ты не мо́жешь позвони́ть мне за́втра?	**Напиши́** твой а́дрес.
Ты не мо́жешь перевести́ э́ту статью́?	**Помоги́те** мне.
Ты не мо́жешь сде́лать э́ту рабо́ту?	**Прочита́йте** мою́ рабо́ту.
Вы не мо́жете помо́чь мне?	**Позвони́** мне за́втра.
Ты не мо́жешь написа́ть твой а́дрес?	**Сде́лай** э́ту рабо́ту.
Вы не мо́жете показа́ть нам соба́ку?	**Переведи́** э́ту статью́.
Вы не мо́жете прочита́ть мою́ рабо́ту?	**Дай** мне твои́ конспе́кты.

Ники́та Михалко́в is a well-known contemporary Russian film director. He is best known for the 1994 movie "Burnt by the Sun", which won the 1995 Oscar for best foreign film. His movies "Dark Eyes", "The Slave of Love", "Oblomov", "Close to Eden", and "Siberian Barber" are also widely available in the west.

| Посмотри́ э́тот фильм! | Не смотри́ э́тот фильм! |
| Прочита́й э́ту статью́! | Не чита́й э́ту статью́! |

4. Complete the following sentences by filling in the imperative form of the required verb.

1. — _____ мне за́втра. — Хорошо́, позвоню́.
2. — _____ нам о рабо́те. — Хорошо́, расскажу́.
3. — _____ нам метро́. — Хорошо́, покажу́.
4. — _____ мне письмо́. — Хорошо́, напишу́.
5. — _____ Ке́вину. — Хорошо́, помогу́.

5. А. Fill in the missing negative imperatives (imperfective) in the following mini-dialogs and then read them aloud with your partner.

>   2   3
> — Таня, ты дала Ле́не конспе́кт?
>   1   1
> — Нет, не дала.
>   2   1
> — **Не давай**. Он у неё уже́ есть.

1. — Та́ня, ты купи́ла ма́сло?
   — Нет, не купи́ла.
   — _____. Я уже́ купи́ла.

2. — Ке́вин, ты помо́г Ва́не написа́ть сочине́ние?
   — Нет, не помо́г.
   — _____. Он о́чень хорошо́ пи́шет по-англи́йски.

3. — Ты перевёл статью́?
   — Нет, не перевёл.
   — _____. Она́ о́чень тру́дная.

4. — Ке́вин, ты купи́л но́вый диск гру́ппы «А-сту́дио»?

   — Нет, не купи́л.

   — _____. Он не о́чень.

5. — Ми́ша, ты посмотре́л но́вый америка́нский фильм?

   — Нет, не посмотре́л.

   — _____. Неинтере́сный фильм.

6. — Ле́на, ты позвони́ла Са́ше?

   — Нет, не позвони́ла.

   — _____. Он зна́ет, что ты в университе́те.

B. Using the mini-dialogs above, give your partner the opposite advice.

> ²   ³
> — Та́ня, ты дала́ Ле́не конспе́кт?
> ¹   ¹
> — Нет, не дала́.
> ²   ¹
> — Обяза́тельно **дай**. Она́ его́ о́чень ждёт.

обяза́тельно = definitely, without fail

начина́ть (начина́й-)/ нача́ть (нӑчн-) = begin

нача́ть (нӑчн-)					
Perfective				**Past**	
я	начну́	мы	начнём	он	на́чал
ты	начнёшь	вы	начнёте	она́	начала́
он/она́	начнёт	они́	начну́т	оно́	на́чало
Imperative: начни́(те)!				они́	на́чали

6. A. Та́ня и Ле́на у́чатся на второ́м ку́рсе в МУ́Ме. Они́ ча́сто говоря́т по телефо́ну. Прочита́йте, о чём они́ говори́ли.

Та́ня: — Ле́на, ты уже́ **начала́** писа́ть курсову́ю?

Ле́на: — Нет, ещё не **начала́**. У меня́ сейча́с нет

времени. Я ка́ждый день работаю. А ты?

уже́ = already

ещё = yet

Та́ня: — И я не **начала́**. Но я **начну́** сего́дня и́ли завтра.[1]

Ле́на: — А я **начну́** в суббо́ту и́ли воскресе́нье.[1]

B. Practicing pronunciation: the verb **нача́ть**

1. **на́чал:** Ми́ша на́чал рабо́тать в кли́нике.
2. **начала́:** Та́ня начала́ писа́ть курсову́ю рабо́ту.
3. **на́чали:** Ле́на и Са́ша на́чали игра́ть на гита́ре.
4. **нача́ть:** Ке́вин хо́чет нача́ть игра́ть на гита́ре.

C. Act out conversations similar to the one in 6A, using the following words.

[
писа́ть докла́д, переводи́ть текст, чита́ть рома́н Толсто́го, писа́ть сочине́ние, реша́ть зада́чи
]

открыва́ть (открыва́й-)/ откры́ть (откро́й-) = open

закрыва́ть (закрыва́й-)/ закры́ть (закро́й-) = close

закры́ть (закро́й-)					
Perfective				**Past**	
я	закро́ю	мы	закро́ем	он	закры́л
ты	закро́ешь	вы	закро́ете	она́	закры́ла
он/она́	закро́ет	они́	закро́ют	оно́	закры́ло
Imperative: закро́й(те)!				они́	закры́ли

7. Change the verbs in the following sentences to past tense.

> Та́ня **закро́ет** окно́. → Та́ня **закры́ла** окно́.

1. Ми́ша откро́ет но́вый ветерина́рный ко́мплекс.

2. Друзья́ Та́ни и Ми́ши откро́ют ру́сский рестора́н в Москве́.

3. Ке́вин откро́ет ру́сско-америка́нский фотоклу́б.

4. Компа́ния «Кот и Пёс» откро́ет филиа́л в Москве́.

8. You are home for the weekend and have forgotten to bring the right clothes for the weather. Ask your brother or sister if you can borrow a few things.

> — У тебя́ есть бе́лая ма́йка?
>   ³
> — Нет, у меня́ нет бе́лой ма́йки.
>   ¹   ¹
>
>   Но у меня́ есть чёрная ма́йка. Хо́чешь?
>   ¹   ³
> — Да, спаси́бо.
>   ¹   ²

shirt, t-shirt, raincoat, sweater, scarf, jacket

9. You have decided to exchange apartments with someone in another part of Moscow. Now the two of you must decide who is "losing" the most amenities and therefore deserves compensation.

> — У нас в райо́не есть **парк**.
>   ¹
> — У нас **па́рка** нет, но есть **кафе́**.
>   ¹   ¹
> — У нас в кварти́ре есть **телефо́н**.
>   ¹

garage, telephone, swimming pool, subway, park, store, post-office, stadium, school, bank

10. Find out which groceries are missing from your kitchen and ask your roommate to buy them.

>   3
> — У нас есть **са́хар**?
>   1
> — У нас нет **са́хара**.
>   2   1
> — Купи, пожа́луйста, **сахар**.
>   1   1
> — Хорошо. Куплю.

шокола́д, чай, ко́фе, бе́лый хлеб, ма́сло, кра́сное вино́, апельси́новый сок, сыр, колбаса́, минера́льная вода́, молоко́

1. Today was a tough day for Táня. What happened to her at the university? Mark the following statements as true or false. Это так и́ли нет?

PREviewing

	Да	Нет
У́тром Та́ня была́ в университе́те.	☐	☐
Та́ню вызыва́ла дека́н.	☐	☐
У Та́ни пробле́мы в университе́те.	☐	☐
Та́ня прогуля́ла ле́кцию.	☐	☐
Та́ня пока́зывала МУМ америка́нским тури́стам.	☐	☐
Та́ня обеща́ла хорошо́ учи́ться.	☐	☐
Та́ня опозда́ла на ле́кцию.	☐	☐

обеща́ть (обеща́й-)
(*imp.*) = promise

Expressing Disapproval

The dean, Еле́на Петро́вна, expresses her disapproval of Та́ня's poor class attendance.

> Так нельзя́. Вы спосо́бная студе́нтка.
> "(You) can't do this. You're a gifted student."

Later that day, the dean sees Та́ня skipping class again, and says:

> Я не понима́ю, о чём вы ду́маете!

2. Your parents go on vacation and leave you in charge of your younger sister, who goes completely out of control. Act out this conversation where you attempt to discipline her.

>   2
> — Почему́ тебя́ вызыва́л дире́ктор шко́лы?
>   1
> — **Я прогуля́ла уро́к по исто́рии**.
>   2   1   2
> — Так нельзя́! Я не понима́ю, о чём ты ду́маешь.
>   1   1
> — Я бо́льше не бу́ду. Я тебе́ обеща́ю.

Я бо́льше не бу́ду. = I will never do it again.

не сдать экза́мен, не сдать зачёт по хи́мии, прогуля́ть уро́к, прогуля́ть контро́льную рабо́ту, пло́хо написа́ть контро́льную рабо́ту, получи́ть плоху́ю отме́тку по литерату́ре

VIEWING

3. Match the names of places that Та́ня describes on her tour with what the students are doing there.

библиоте́ка	студе́нты рабо́тают на компью́терах
столо́вая	студе́нт пи́шет конспе́кт
аудито́рия	америка́нские студе́нты изуча́ют ру́сский язы́к
междунаро́дный центр	студе́нты едя́т, пьют, отдыха́ют

4. When Táня gets to the cafeteria, she looks at her watch and exclaims, **«Какóй кошмáр!»** What's wrong?

- ☐ Онá опоздáла на лéкцию.
- ☐ Онá опоздáла на экзáмен.
- ☐ Онá опоздáла на встрéчу.

опáздывать (опáздыв**ай**-)/ опоздáть (опозд**áй**-) (на + accusative) = be late (for)

5. Táня runs into the dean again at the very end of the episode. Why is Елéна Петрóвна so upset with Táня?

- ☐ She abandoned the group of visitors.
- ☐ She skipped class again.
- ☐ She missed a meeting.

6. The title of this episode, **«У меня́ ещё есть врéмя»**, "I still have time," is spoken by Táня at the very end of the video. What is Táня referring to?

She still has time to:

- ☐ study for her exam
- ☐ write her term paper
- ☐ pay her tuition

врéмя = time

In this episode, the dean warns Táня that her poor class attendance will cause her to fail the exam:

> **Так вы сéссию не сдади́те.** =
> You'll never pass the exam if you keep this up.

Táня, however, is confident that there is still enough time to study:

> **Нет, сдам. У меня́ ещё есть врéмя.** =
> Yes, I will. I still have time.

In response to a negative statement, a Russian speaker can combine a negative response with a positive one.

Нет, сдам. = No, you're wrong; I will pass the exam.

---

7. Your friend is a party animal and has been skipping class a lot. Warn him/her that this could lead to some unpleasant consequences.

> — Так ты экза́мен не сдашь. ^{1}
>
> — Нет, **сдам**. У меня́ ещё есть вре́мя. ^{2} ^{1}

1. — Так ты пятёрку не полу́чишь.

   — Нет, _____. У меня́ ещё есть вре́мя.

2. — Так ты стипе́ндию не полу́чишь.

   — Нет, _____. У меня́ ещё есть вре́мя.

3. — Так ты курсову́ю рабо́ту не напи́шешь.

   — Нет, _____. У меня́ ещё есть вре́мя.

4. — Так ты текст не переведёшь.

   — Нет, _____. У меня́ ещё есть вре́мя.

5. — Так ты зачёт не сдашь.

   — Нет, _____. У меня́ ещё есть вре́мя.

6. — Так ты докла́д не напи́шешь.

   — Нет, _____. У меня́ ещё есть вре́мя.

> — Так ты грамма́тику не **поймёшь**.
> — Нет, **пойму́**.

понима́ть (понима́й-)/
поня́ть (по́йм-) =
understand

поня́ть (по́йм-)					
Future				**Past**	
я	пойму́	мы	поймём	он	по́нял
ты	поймёшь	вы	поймёте	она́	поняла́
он/она́	поймёт	они́	пойму́т	оно́	по́няло
Imperative: пойми́(те)!				они́	по́няли

8. Practicing pronunciation: **поня́ть**

1. **Он по́нял.**   **Нет, он не по́нял.**
2. **Она́ поняла́.**   **Нет, она́ не поняла́.**
3. **Они́ по́няли.**   **Нет, они́ не по́няли.**

Unstressed я is pronounced as /и/.

9. Answer the following questions based on the video.

1. Ке́вин по́нял, что до́ма была́ не Та́ня?
2. Ле́на поняла́, что у Та́ни проблéмы?
3. Та́ня поняла́, что она́ не полу́чит стипéндию?
4. Го́сти по́няли, что у Та́ни бу́дут проблéмы?
5. Дека́н поняла́, что Та́ня прогуля́ла заня́тие?

стипéндия = stipend, scholarship

10. A. Which places did Та́ня show the visitors at the university?

Та́ня показа́ла гостя́м _____

B. What would you show visitors at your university?

Я покажу́ им _____

гость = guest

11. A. Кака́я Та́ня студéнтка?

1. Та́ня ча́сто опа́здывает на заня́тия?
2. Та́ня получа́ет стипéндию?
3. У Та́ни бу́дут экза́мены?
4. Та́ня гото́вится к сéссии?
5. Та́ня получа́ет хоро́шие отмéтки?

B. А вы? Како́й вы студéнт? Кака́я вы студéнтка?

Using the previous questions, talk about yourself.

12. Вы бу́дете сдава́ть экза́мены?

Find out your partner's exam schedule.

> ³
> — Ты бу́дешь сдава́ть экза́мены в э́том семе́стре?
> ¹ ¹
> — Да, бу́ду.
> ²
> — А каки́е?
> ¹ ⁴
> — Пе́рвый экза́мен бу́дет **по химии**. А у тебя́?

13. У меня́ нет вре́мени.

Act out conversations using the questions below.

> ³
> — Ты ча́сто смо́тришь телеви́зор?
> ¹ ¹
> — Нет, не ча́сто.
> ¹
> — А почему́?
> ¹
> — Потому́ что у меня́ нет времени.

> ³
> — Ты смотре́л вчера́ кино?
> ¹ ¹
> — Нет, у меня́ **не́ было времени**.

> **вре́мя** is declined just
> like **и́мя**: gen. sing. =
> **вре́мени**

1. Ты смотре́л(а) но́вости по телеви́зору?
2. Ты писа́л(а) докла́д?
3. Ты чита́л(а) статью́?
4. Ты ча́сто гуля́ешь в па́рке?
5. Ты ка́ждый день перево́дишь ру́сские те́ксты?
6. Ты игра́ешь на гита́ре?
7. Ты был(а́) вчера́ на дискоте́ке?
8. Ты ча́сто танцу́ешь?

14. You are busy studying for your semester exams, but your younger sibling can't seem to leave you alone. Act out your conversation with a partner.

> 3
> — Ты сейча́с свобо́ден (свобо́дна)? **Покажи мне,**
> **пожа́луйста, твою́ колле́кцию.**
> 2
> — Извини́, у меня́ сего́дня нет вре́мени.
> 1
> Я о́чень за́нят (занята́).
> 3
> — А за́втра у тебя́ бу́дет вре́мя?
> 1   1
> — Не зна́ю. Ду́маю, что бу́дет.

свобо́ден (свобо́дна)
= free

за́нят (занята́) = busy

показа́ть но́вые ди́ски, пригото́вить у́жин,
написа́ть письмо́ тёте, позвони́ть ба́бушке,
перевести́ текст, реши́ть зада́чу

Ка́ждое ле́то в Москве́ организу́ют Моско́вский междунаро́дный кинофестива́ль (ММКФ). Э́то большо́е собы́тие в мирово́м кинемато́графе. Та́ня всегда́ внима́тельно следи́т за собы́тиями на кинофестива́ле. Вот каку́ю заме́тку она́ написа́ла для студе́нческой газе́ты о свои́х впечатле́ниях по́сле Моско́вского кинофестива́ля.

Моско́вский междунаро́дный◊ кинофестива́ль

international

Моско́вский междунаро́дный кинофестива́ль — оди́н из са́мых ста́рых и прести́жных◊ кинофестива́лей в ми́ре. Пе́рвый фестива́ль был в Москве́ в 1959 году́. С 2000 го́да фестива́ль организу́ют ка́ждый год. Э́то тради́ция. Гла́вный приз◊ фестива́ля - «Золото́й◊ Свято́й◊ Гео́ргий»◊ . Президе́нт фестива́ля — Ники́та Михалко́в, изве́стный◊ росси́йский актёр и режиссёр◊. В ко́нкурсе уча́ствуют◊ 12 фи́льмов. Для оце́нки фи́льмов создаётся большо́е жюри́ из знамени́тых◊ актёров и режиссёров ра́зных стран. В про́шлом году́ зри́тели◊ смогли́ уви́деть фи́льмы со всего́ ми́ра – из Аме́рики, Ита́лии, Росси́и, Фра́нции, Болга́рии и Ме́ксики.

prestigious

award || gold || saint

well-known

director || participate

famous

audiences

evaluate

I am afraid

На фестива́ле оце́нивают◊ фи́льмы, актёров, режиссёров. Победи́телям даю́т пре́мии. Фестива́ли, пре́мии... актёр го́да, фильм го́да, режиссёр го́да. Э́то так субъекти́вно. Бою́сь◊, я не могу́ сказа́ть, кто са́мый гениа́льный актёр, режиссёр, сцена́рист. Я хочу́ написа́ть о том, что понра́вилось мне.

◊ Saint George is one of the most venerated saints in the Russian Orthodox Church. St. George is the patron saint of Russia and the city of Moscow. The Order of St. George is also the highest military decoration of the Russian Federation.

Са́мый интере́сный…

…фильм

Фильм «Одна́жды в прови́нции»◊ — исто́рия жи́телей ма́ленького росси́йского го́рода. Сюда́ возвраща́ется◊ актри́са На́стя. Её сла́ва ко́нчилась, она́ не зна́ет, что тепе́рь де́лать. На́стя разочаро́вана◊ в жи́зни и в себе́, она́ пыта́ется◊ нача́ть всё за́ново. Фильм пока́зывает провинциа́льный го́род. В нём живу́т молоды́е, краси́вые лю́ди. Но им не́чем заня́ться◊ — жизнь в прови́нции не даёт ша́нсов◊. Все хотя́т люби́ть, но не тех и не так. Они́ ле́нятся◊ жить, не хотя́т сде́лать свою́ жизнь лу́чше. Им про́ще де́лать вид◊, что всё в поря́дке. Режиссёр фи́льма, Ка́тя Шага́лова, хоте́ла показа́ть, что челове́к до́лжен осознава́ть◊, что ему́ не нра́вится в жи́зни. Тогда́ он мо́жет что́-то меня́ть◊. Я смотрю́ фильм и ви́жу, как непро́сто принима́ть реше́ния, стро́ить◊ свою́ жизнь. Э́та исто́рия заставля́ет заду́маться◊.

"Once upon a time in the country"

returns

disappointed || attempts

they have nothing to do || chances

are lazy

pretend

realize

change

build

makes you think

…режиссёр

На фестива́ле показа́ли документа́льный фильм «Сце́ны из жи́зни» с коммента́риями Ву́ди А́ллена. Ву́ди А́ллен — сцена́рист, режиссёр, продю́сер, «фантасти́ческий кло́ун», актёр, кото́рый◊ обы́чно игра́ет симпати́чного интеллиге́нта-невро́тика — так пи́шет о нём америка́нская пре́сса.

who

Он роди́лся в Нью-Йо́рке. Его́ настоя́щее◊ и́мя— А́ллен Стю́арт Кенигсбе́рг, а с 1951 го́да он изве́стен как Ву́ди А́ллен.

real

В кинемато́графе он рабо́тает давно́. Его́ фильм «Э́нни Холл» получи́л «О́скара». Ка́ждый год он де́лает оди́н фильм. А́ллен — режиссёр-интеллектуа́л. Он лю́бит паро́дии. В его́ ирони́чных фи́льмах всегда́ интере́сные диало́ги.

Зри́тели ждут фи́льмы Ву́ди А́ллена. Они́ всегда́ сенса́ция.

Посмотри́те фи́льмы Ву́ди А́ллена: «Манхэ́ттен», «Пурпу́рная ро́за Каи́ра», «Ха́нна и её сёстры», «Друга́я же́нщина», «Мужья́ и жёны», «Матч пойнт», «Сенса́ция».

…актри́са

Мэ́рил Стрип учи́лась в Йе́льском университе́те на драмати́ческом факульте́те (1975).

У Мэ́рил Стрип — удиви́тельный◊ тала́нт, она́ как хамелео́н: в ка́ждом фи́льме она́ друга́я◊. Она́ мо́жет игра́ть любу́ю◊ роль: смешну́ю, комеди́йную и́ли траги́ческую.

Её ро́ли в фи́льмах «Же́нщина францу́зского лейтена́нта» (1981), «Кра́мер про́тив Кра́мера» (1979), «Вы́бор Софи́» (1982) сде́лали её о́чень популя́рной. А фи́льмы после́дних лет — «Дья́вол но́сит Prada» (2006) и мю́зикл «Ма́ма Ми́а!» (2008) — опя́ть доказа́ли её

мастерство́. Мэ́рил Стрип лю́бят все◊: и зри́тели, и актёры, и режиссёры.

…актёр

Есть актёры-тра́гики и есть актёры-ко́мики, а ещё есть актёры-универса́лы. По-мо́ему, они́ са́мые интере́сные.

Тако́й актёр Ники́та Михалко́в — предприи́мчивый◊ проводни́к◊ в «Вокза́ле◊ для двои́х», легенда́рный вое́нный команди́р в «Утомлённых со́лнцем»◊, избало́ванный◊ аристокра́т в «Приключе́ниях◊ Ше́рлока Хо́лмса и до́ктора Ва́тсона». Его́ геро́и всегда́ таки́е я́ркие◊ и интере́сные! Фильм «Утомлённые со́лнцем» получи́л «О́скара» (1995). Михалко́в - мой люби́мый актёр, потому́ что он профессиона́л, актёр-ма́стер. Когда́ я ви́жу его́ в кино́, смотрю́ на него́ на экра́не◊, я не по́мню, что э́то актёр, что он игра́ет роль. Я ду́маю о его́ геро́ях как о реа́льных лю́дях в реа́льных коми́ческих и траги́ческих ситуа́циях. Я ду́маю о них, люблю́ их и не могу́ их забы́ть◊.

on the screen

forget

1. Read the first paragraph to determine the genre of this text.
- ☐ presentation
- ☐ article
- ☐ research paper

2. Read the title and identify the event that inspired the author to write this.

3. Scan the paragraph under the title and identify the significance of the following dates and numbers.

12 _____

30 _____

1959 _____

2000 _____

2008 _____

4. What is «Золото́й Свято́й Гео́ргий»?

5. Scan the entire text.

List in Russian the four categories Та́ня decided to write about.

1. _____

2. _____

3. _____

4. _____

6. Scan the paragraph about Та́ня's favorite movie.

A. Identify the title of the movie, its main theme, and the name of the director.

_____

B. Why did Та́ня like the movie?
- ☐ The story reminded Та́ня of her family.
- ☐ She liked beautiful actors and actresses.
- ☐ It made her think about choices in life.

C. Who is На́стя? _____

7. Scan the paragraph about Та́ня's favorite director.

A. Who is Та́ня's favorite director? What is his real name?

B. What does he do besides being a director?

C. Which one of his films won an Oscar?

D. What kind of films does he like to make?

8. Scan the paragraph about Та́ня's favorite actress.

A. Who does Та́ня write about here?

_____

B. At what university did the actress study?

_____

C. What is unique about this actress?

_____

9. Scan the paragraph about Та́ня's favorite actor.

A. Who does Та́ня write about here?

_____

B. Explain the meaning of the term **актёр-универса́л**. What other words does Та́ня use to describe this actor?

_____

C. List the movies this actor has appeared in.

_____

D. What is the significance of the year 1995?

_____

10. Now that you have read Та́ня's selection of her favorite people in film, what do you think of them? Who would you choose to write about?

Како́й ваш люби́мый фильм? Актри́са? Актёр? Режиссёр?

_____

11. Како́й фи́льм вам понра́вился?

A. Discuss a few films you have seen recently.

3
— Ты смотрел «Матч пойнт»?
1
— Нет.
2   2
— Не смотри. Ужасный фильм./
2
Обязательно посмотри́.
2
Отличный фильм.

3
— Ты смотрел «Утомлённые со́лнцем»?
1
— Да.
2
— Ну и как?
2
— Он мне очень понра́вился (не
1
понравился).

ску́чный, дли́нный, оригина́льный, смешно́й, интере́сный

> ску́чный = boring
>
> оригина́льный = original

B. Ask your partner why he liked the movie and what the movie was about.

C. Какие фи́льмы вам нра́вятся?

> 2
> — Какие фи́льмы тебе́ нра́вятся?
> 1
> — Мне нра́вятся комедии.
> 1
> — А мне нра́вятся триллеры.

ве́стерн, коме́дия, мю́зикл, дра́ма, фанта́стика, мелодра́ма, три́ллер, мультфи́льм

Video Review

PREviewing

1. A. Pictured above is МУМ, the university that Та́ня attends. Do you remember what this abbreviation stands for?

B. Что есть у Та́ни в университе́те?

В МУ́Ме есть _____

C. Here you see the first page of Тáня's friend's **зачётная книжка**.[□] Using this as a reference, introduce her to another student. Mention what school she attends and the year and department she is in.

2. You may remember that Кéвин promised to contact his sister about the possibility of doing business with Мúша. It is his sister's CDs that Кéвин brings to Тáня's apartment at the beginning of this episode. Do you remember what happens to the ill-fated CDs?

Reconstruct the events that led to the misunderstanding between Кéвин and Óля. Это так úли нет?

	Да	Нет
Кéвин был в квартúре Тáни.	□	□
Кéвин опáздывал.	□	□
Тáня былá дóма.	□	□
Кéвин рáньше вúдел Óлю, сестрý Тáни.	□	□
Óля хорошó знáла Кéвина.	□	□
Óля говорúла по телефóну.	□	□
У Кéвина бúли дúски.	□	□
Кéвин дал дúски Óле.	□	□

3. The following sentences describe events from this episode of the video. Fill in the appropriate character names.

> **Тáня** вúдит Лéну в университéте.

1. _____ спешúт, потомý что егó ждёт таксú.

2. _____ говорúт, что у негó хорóшая нóвость.

3. _____ спрáшивает Тáню: «Как твой Мúша?»

4. _____ не понимáет, о чём Тáня дýмает.

[□] **Зачётная кнúжка (зачётка)** is a document that accompanies every student through all five years of his/her college life. Students carry this document to all the finals (which are usually oral) and the professor puts in a grade and gives it back to the student.

5. _____ дýмает, что Тáня мóжет хорошó учи́ться.

6. _____ нé были в МУ́Ме и хотя́т егó посмотрéть.

7. _____ дýмает, что у неё ещё есть врéмя.

Кéвин, Лéна, декáн, гóсти, Тáня

VIEWING

4. Each of the following transcriptions from the video contains a mistake. Listen carefully as you watch the video and correct these mistakes.

1. Кéвин: — Извини́, меня́ ждёт декáн.

2. Тáня: — Привéт, Лéна. Как делá?
   Лéна: — Ужáсно. А у тебя́ как?

3. Тáня: — Ни пýха ни перá.
   Лéна: — Спаси́бо.

4. Студéнтка: — Ты не мóжешь мне дать твои́ конспéкты?
   Тáня: — Нет. Не могý.

5. Декáн: — Так мóжно. Вы спосóбная студéнтка.

6. Тáня: — Что вы хоти́те есть?
   Гóсти: — А что у вас есть?
   Тáня: — Всё. У нас есть всё.

7. Тáня: — Ой, какóй ýжас! Я опоздáла на балéт.
   Гóсти: — Спаси́бо большóе.

5. **А.** We have divided this episode into six mini-episodes and given them titles. Put the titles in order.

POSTviewing

   _____ «Вы знáете, почемý я вас вы́звала?»

   _____ «У меня́ хорóшая нóвость.»

   _____ «Так вы сéссию не сдади́те.»

   _____ «Ни пýха ни перá.»

_____ «Покажи́те нам, что мо́жете.»

_____ «Како́й у тебя́ пе́рвый экза́мен?»

B. Now create your own titles and discuss them with your classmates.

6. Your friend asks you for help. Apologize and explain that you are in a hurry to get somewhere.

> $\overset{3}{—}$ Ты не мо́жешь мне помо́чь?
>
> $\overset{2}{—}$ Извини́, я $\overset{1}{о́чень}$ спешу́. У меня́ сейча́с $\overset{1}{\textbf{ле́кция}}$.

> pass/fail exam, class, exam, test, seminar, rehearsal, meeting

7. How do Лёна and Та́ня say goodbye?

> Лёна: — Пока́, у меня́ $\overset{2}{сейча́с}$ ле́кция. А у $\overset{1}{тебя́}$? $\overset{4}{}$
>
> Та́ня: — А у меня́ $\overset{1}{переры́в}$. $\overset{2}{Пока́}$.
>
> Лёна: — $\overset{2}{Пока́}$.

Find out what your partner's immediate plans are and say goodbye to each other.

8. As you remember, Та́ня left the startled visitors at the cafeteria and ran off to class. They were hungry and decided to get a snack. Act out their conversation.

> $\overset{2}{—}$ Скажи́те, пожа́луйста, у вас есть $\overset{3}{ко́фе}$?
>
> $\overset{1}{—}$ $\overset{1}{Да}$, есть.
>
> $\overset{2}{—}$ Извини́те, я не $\overset{1}{по́нял}$ (не поняла́), что вы $\overset{1}{сказа́ли}$.
>
> $\overset{3}{—}$ Я сказа́л(а), что у нас $\overset{1}{есть}$ ко́фе.

9. A. Your lazy roommate is not doing very well at school. Give him/her a few encouraging words.

> ²
> — Не опаздывай на заня́тия!
> ¹   ¹
> — Хорошо. Не буду опа́здывать.
> ²
> — Напиши докла́д по исто́рии.
> ¹
> — Я не могу его́ написа́ть.
> ²
> — Почему?
> ¹
> — У меня́ нет времени.

> be late for lectures, take an exam, take a pass/fail exam, take a quiz, read the textbook, read comics, watch TV

B. Your roommate does not heed your advice and falls so far behind that s/he has to ask for your help. Because you have your own work to do, you are forced to turn him/her down. Act out your conversation using the following phrases.

Помоги́ мне…	Я не могу́ помо́чь тебе́.
Ты не помо́жешь мне…?	У меня́ нет вре́мени.
Ты свобо́ден (свобо́дна)?	Я о́чень за́нят(а́).

10. Act out the following situation in groups of three or more.

A delegation of Russian students and faculty from Moscow State University is visiting your campus. Show them around and answer all of their questions about the places they see. Use the imperative as much as possible: **покажи́те, скажи́те, помоги́те,** etc.

7

1. A. An exchange student from Russia just arrived on your campus. S/he sees you studying Russian in the cafeteria and approaches you. Act out your conversation with him/her.

ру́сский студе́нт: Ты у́чишься в _____ университе́те?

америка́нский студе́нт: _____

Say that you do study at this university.

ру́сский студе́нт: Ты сейча́с за́нят(а́)?

америка́нский студе́нт: _____

Say that you are free.

ру́сский студе́нт: Расскажи́ мне, пожа́луйста, о ва́шем университе́те.

америка́нский студе́нт: _____

Ask what s/he wants to know.

ру́сский студе́нт: У вас большо́й университе́т?

америка́нский студе́нт: _____

Say that your university is big (or small) and old (or new).

ру́сский студе́нт: А что есть у вас в университе́те?

америка́нский студе́нт: _____

Explain what there is on campus.

ру́сский студе́нт: А каки́е ку́рсы у тебя́ в э́том семе́стре?

америка́нский студе́нт: _____

Say what classes you are taking.

ру́сский студе́нт: Ты ча́сто пи́шешь контро́льные рабо́ты?

америка́нский студе́нт: _____

Say how often you take quizzes and in which classes.

ру́сский студе́нт:	Ты уже́ сдава́л(а) экза́мены?
америка́нский студе́нт:	_____

Say that you haven't taken them; say when you will take them.

ру́сский студе́нт:	Скажи́, а студе́нты тут получа́ют стипе́ндию?
америка́нский студе́нт:	_____

Say whether students receive scholarships at your school.

ру́сский студе́нт:	Спаси́бо. Я всё по́нял(а́)!
америка́нский студе́нт:	_____

Say that s/he is welcome and offer him/her help.

ру́сский студе́нт:	Большо́е спаси́бо!

B. Now it is your turn to ask questions. Ask the Russian student about his/her school and the academic routine there.

2. You and your friend have decided to apply to study in Russia. Study these ads from Russian newspapers for different schools and then choose the schools you would be interested in applying to. Discuss your choices (major, and the courses that you would probably be required to take, etc.)

‡

обуче́ние = education

пла́тное = for pay

Я хочу́ учи́ться в … университе́те на … факульте́те. Мне нра́вится (нра́вятся) … У меня́ бу́дут ле́кции (семина́ры) по …

3. Э́то хоро́шая и́ли плоха́я но́вость?

A. Act out the following phone conversation between Та́ня and Ле́на.

Та́ня: Алло́!
²

Ле́на: Та́ня, приве́т! Э́то Ле́на.

Та́ня: Ой, приве́т!

Ле́на: Зна́ешь, за́втра у нас не бу́дет ле́кции по филосо́фии!

Та́ня: Что-что? Я не поняла́. Что ты сказа́ла?

Ле́на: Я сказа́ла, что за́втра у нас не бу́дет ле́кции.

Та́ня: По филосо́фии?

Ле́на: Да.

Та́ня: Спаси́бо, что сказа́ла. Я не зна́ла об э́том.

Ле́на: Ну, пока́!

Та́ня: Пока́! До за́втра!

B. Act out a similar conversation with your partner.

4. Ask your roommate, who likes to borrow things without asking, if s/he has one of your things. S/he plays dumb and denies having it.

> — У тебя **мой учебник по физике**?
> 3
>
> — Нет, у меня нет **твоего учебника по физике**.
> 1   1

black pen, red pencil, dictionary, world map, tape, old backpack, Russian textbook

5. Какой это фильм?

Give your partner advice to see (or not to see) a movie you have seen recently.

> — Ты смотрел(а) фильм «**Четыре комнаты**»?
> 3
>
> — Нет, у меня не было времени. Я была очень занята на работе.
> 1   1   1
>
> — Обязательно посмотри! Это отличный фильм. Он мне очень
> 2   2   2
>
> понравился./Не смотри. Он мне не понравился. Это ужасный
> 2   1   1
> фильм.

6. Work in groups of three or more.

You are an architect who has designed the plan for a new city. Answer the Building Department's questions about what kind of things will be in your city.

> — У вас в городе есть гостиница?
> 3
>
> — Да, есть.
> 1 1
>
> — У вас большая гостиница?
> 3
>
> — Да, немаленькая.
> 1   1
>
> — Мне понравился (не понравился) этот проект.
> 1

7. Work in groups of three or more.

Have you seen Woody Allen's film "Sleeper"? A man living in New York in the 1970s wakes up 200 years later to discover that many "dos" and "don'ts" work in the opposite way: high cholesterol foods and smoking are considered to be healthy, health food is not, etc. Pretend that you have woken up in twenty-third century. **Using imperatives**, write regulations for the society of the future.

8. Situations

1. You are working at a small country store for the summer. Make a list of things they sell there and another list of things they don't carry. Then act out a conversation with one of the customers.

2. Show a professor from Tver University around your campus.

3. You are the mayor of an American town receiving an important official from Russia. Show your Russian guest the best places in town.

1. Constructions with the Words есть and нет

The present tense of the verb **есть** is used in statements of existence, availability or possession. **Есть** is a general statement of presence (cf. the English "there is/are…,"[1] the German "es gibt" and the French "il y a."

Есть does not change for agreement in the present tense.

В на́шем университе́те **есть теа́тр**.	*There is a theater* at our university.
На э́том факульте́те **есть библиоте́ка**.	*There is a library* in this department.
В библиоте́ке **есть кни́ги** по исто́рии.	*There are books* about history in the library.

The future and the past tense forms of **есть** coincide with future and past tense forms of **быть (был, была́, бы́ло, бы́ли, бу́дет, бу́дут)** and agree in gender and number with the subject of the sentence.

В Москве́ **был кинофестива́ль**.	*There was a film festival* in Moscow.
В Москве́ **была́ вы́ставка Шага́ла**.	*There was a Chagall exhibition* in Moscow.
В Москве́ **бу́дет кинофестива́ль**.	*There will be a film festival* in Moscow.
Ле́том в Москве́ **бы́ли интере́сные конце́рты**.	*There were interesting concerts* in Moscow in the summer.

Нет is the negative form of **есть**. It represents a denial of existence, presence, availability, or possession (cf. the English "there is/are no …", the German "es gibt nicht" and the French "il n'y a pas"). A negative sentence with **нет** has *no nominative subject* and is called *impersonal*. The logical subject is in the *genitive*.

В на́шем университе́те **нет бассе́йна**.	*There is no swimming pool* at our university.
В на́шем райо́не **нет библиоте́ки**.	*There is no library* in our district.

There is only one form of **нет** in the future and one in the past tense. The past tense form of **нет**-sentences is always *neuter singular*.

В на́шем го́роде **не бу́дет кинофестива́ля**.	*There will be no film festival* in our town.
В на́шем го́роде **не́ было кинофестива́ля**.	*There was no film festival* in our town.

---

[1] Note that in English, the word "there" in "there is/are" is not a demonstrative, nor does it specify location; it merely functions as an introductory word within the sentence.

Forms of есть and нет		
	Affirmative есть	**Negative** нет
Future	бу́дет, бу́дут	не бу́дет
Present	есть	нет
Past	был, была́, бы́ло, бы́ли	не́ было

2. The Preposition у + Genitive + есть/нет "One has/One doesn't have"

The preposition **у** requires the genitive case. When **у** is followed by the genitive of a noun or pronoun denoting a person or persons and the word **есть** or **нет** (see 1 above), it represents the normal Russian expression of possession or denial of possession, corresponding to the English "one has/one doesn't have."

У Та́ни есть сестра́.	*Та́ня* has a sister.
У Та́ни нет бра́та.	*Та́ня* doesn't have a brother.
У Серге́я есть маши́на.	*Серге́й* has a car.
У Са́ши нет маши́ны.	*Са́ша* doesn't have a car.
У Ке́вина была́ маши́на.	*Ке́вин* had a car.
У Ле́ны не́ было маши́ны.	*Ле́на* didn't have a car.
У Та́ни бу́дет экза́мен.	*Та́ня* will have an exam.
У Серге́я не бу́дет экза́мена.	*Серге́й* won't have an exam.

The prepositional phrase **у** + noun denoting a person (without **есть/нет**) may be translated as "at the place of," "at the home/country of." This meaning is similar to that of "chez" in French or "bei" in German.

Она́ сейча́с **у врача́**.	She is now *at the doctor's.*
Ле́том мы жи́ли на Чёрном мо́ре **у на́шего дру́га**.	In the summer we lived on the Black Sea *at our friend's.*

Note the following two types of constructions which are synonymous expressions of possession in Russian:

В на́шем го́роде есть музе́й.	*In our town* there is a museum.
У нас в го́роде есть музе́й.	*In our town* there is a museum.

In conversational Russian the latter form is more frequent.

3. Contrastive Usages of есть/нет

In any of the constructions involving **есть/нет**, the verb of existence may be omitted if the emphasis is on *the thing at hand* (its description or location) rather than on the fact of its existence, availability, or possession. This is the case, for example, when context (expressed or implied) makes it unimportant or redundant to affirm existence or possession.

— У Лёны есть собáка?	"Does Лёна have a dog?"
— Да.	"Yes."
— Большáя?	"A large one?"
— Да, у неё большáя собáка.	"Yes, she has a large dog.
— У вас в горóде есть библиотéка?	"Is there a library in your city?"
— Да, есть.	"Yes, there is."
— У вас хорóшая библиотéка?	"Is it a good one?"
— Да, неплохáя.	"Yes, not bad."
— У Óли зелёные глазá?	"Does Óля have green eyes?"
— Нет, голубы́е.	"No, blue eyes. (The questioner certainly knows she *has* eyes.)

Contrasting есть/нет and быть in the past and future

Personal constructions with the negated past and future tenses of **быть** (i.e., **он нé был, онá не былá, они́ не бу́дут,** etc.) indicate the specific meaning of "He has not been to," "She has not visited," "They will not go or visit," etc., such as in the sentences:

Тáня не былá сегóдня в университéте.	Тáня didn't go to the university today.
Óля давнó не былá в Звени́городе.	Óля hasn't visited (or: hasn't been in) Zvenigorod for a long time.

In contrast, the impersonal constructions with **нет** stress the absence of a person or object from a certain place:

Тáни нé было сегóдня в университéте.	Тáня wasn't at the university today. (The speaker was looking for her there and couldn't find her.)
Тогдá Óли нé было в Москвé.	At that time, Óля wasn't in Moscow.

4. Possession Other than by a Person

The construction "**у** + the genitive + **есть/нет**" applies only to possession by persons. When the possessor is not a person, the construction "**в** + the prepositional + **есть/нет**" is used.

В э́том гóроде есть музéй.	*This city* has a museum.
В на́шем гóроде скóро бу́дет нóвый теáтр.	*Our city* will soon have a new theater.

5. Initial н- in Third-Person Pronouns

The normal genitive forms of the third-person personal pronouns, **его́, её, их** become **него́, неё, них,** respectively, when they are objects of prepositions governing the genitive. (See also Analysis IV, 3).

У **неё** есть маши́на.	*She* has a car.
У **него́** была́ маши́на.	*He* had a car.
У **них** ско́ро бу́дет маши́на.	*They* will soon have a car.

The above rule does not apply to the third-person **possessive** pronouns **его́, её, их**.

У **её дру́га** ско́ро бу́дет маши́на.	*Her friend* will soon have a car.

6. The Imperative

Use of Second-Person Imperative

The imperative form of the verb expresses command, request or recommendation. The second-person imperative distinguishes a familiar form (corresponding to the singular **ты**) and a plural or polite form (used with more than one addressee as well as for persons referred to as **вы**).

Скажи́, пожа́луйста, где твоё письмо́?	*Tell (me)* please, where is your letter?
Скажи́те, пожа́луйста, где экономи́ческий факульте́т?	*Tell (me)* please, where is the economics department?
Откро́й(те) окно́, пожа́луйста!	*Open* the window, please!

Formation of Second-Person Imperative

The imperative is formed by adding the ending **-и** to the basic stem. The normal truncation and alternation rules apply.

End-stressed imperative:

говори́-	+ и	=	**Говори́!**	"Speak!"
сидӗ-	+ и	=	**Сиди́!**	"Sit!"
писӑ-	+ и	=	**Пиши́!** (с → ш)	"Write!"

Note that before the imperative ending (**-и**) consonant mutation occurs in those verbs that require alternation before *all* vocalic endings (**-а-** verbs, **-ова-** verbs and **-о-** verbs).

If the **и** of the imperative is not stressed, it is dropped,[2] and the preceding consonant, except **й**, takes on a soft sign in spelling.

---

[2] Three important Russian verbs with post-root stress nevertheless drop the **-и** and thus constitute exceptions. They are the **-жа-** verbs **боя́-ся + и = бо́йся!** and **стоя́- + и = стой!**, and the **-а-** verb **смея́-ся + и = сме́йся!**

Stem-Stressed Imperative:

отве́ти-	+ и	=	**Отве́ть!**	"Answer!"
ре́за-	+ и	=	**Режь! (з → ж)**	"Cut!"

Stem-Stressed Imperative with Stem-final й:

чита́й-	+ и	=	**Чита́й!**	"Read!"
откро́й-	+ и	=	**Откро́й!**	"Open!"
организова́-	+ и	=	**Организу́й!**	"Organize!"

И, however, is never dropped after a double consonant, regardless of stress:

по́мни-	+ и	=	**По́мни!**	"Remember!"

7. Aspect in the Imperative

Aspect in the imperative reflects the same basic opposition as it does in the past tense. In other words, perfective aspect expresses a single, completed action with a strong impact on the present situation, whereas imperfective aspect is used to express a repeated action, an action in progress, and a statement of fact.

Говори́те, пожа́луйста, гро́мче!
Я вас не слы́шу.
Speak louder, please. I can't hear you.

Скажи́те, пожа́луйста, где здесь
по́чта?
Please *tell (me)* where the post office
is located.

Слу́шайте внима́тельно!
Listen carefully!

Послу́шайте переда́чу «Но́вости».
Listen to the program "News."

Чита́йте журна́л «ТВ парк».
Read the magazine "TV Park."

Прочита́йте, пожа́луйста, э́тот текст.
Read this text, please.

Negative imperatives are in the *imperfective* when the speaker is giving advice not to do something.

Посмотри́те переда́чу «Но́вости
кино́».
Watch the program "Film News."

Не смотри́те переда́чу «Но́вости
кино́».
Don't watch the program "Film News."

Прочита́йте э́ту статью́.
Read this article.

Не **чита́йте** э́ту статью́.
Don't read this article.

8. Neuter Nouns in -мя: и́мя "first name" and вре́мя "time"

There are fewer than a dozen neuter nouns of this type in Russian. These two, however, appear frequently enough to warrant memorization.

Nom.	и́мя	вре́мя	Ка́к ва́ше и́мя?
Acc.	и́мя	вре́мя	Я зна́ю ва́ше и́мя.
Gen.	и́мени	вре́мени	Сего́дня конце́рт в Филармо́нии и́мени Д.Д. Шостако́вича.
Prep.	об и́мени	о вре́мени	Мы по́мним об э́том и́мени.
Dat.	и́мени	вре́мени	Зови́те меня́ по и́мени. (Call me by my first name.)
Nom. Pl.	имена́	времена́	Мне нра́вятся э́ти имена́.

9. The Irregular Verb мочь "to be able," "can," "may"

The forms and stress pattern of this verb should be memorized. The perfective counterpart of **мочь** is formed by means of the prefix **c-** and is the only way of expressing the future tense with this aspectual pair; no imperfective future exists.

мочь (*Imperfective*)		
Past	**Present**	**Future**
мог	могу́	мо́жем
могла́	мо́жешь	мо́жете
могло́	мо́жет	мо́гут
могли́		
Infinitive: мочь **Imperative:** none		

смочь (*Perfective*)			
Past	**Present**	**Perfective Future**	
смог	(none)	смогу́	смо́жем
смогла́		смо́жешь	смо́жете
смогло́		смо́жет	смо́гут
смогли́			
Infinitive: смочь **Imperative:** none			

10. Non-Syllabic Verb Stems

In this unit, two classes of non-syllabic Russian verb stems – one suffixed, one non-suffixed – are introduced. "Non-syllabic" means that the root in question consists only of consonants (C/C), without the usual intervening vowel (CVC).

The stem з/ва̋- contains the verbal classifier **a-** preceded by a non-syllable: з/в + a.

In the stems на̋-чн- and по̋-йм-, the verbal classifier is -ø- (i.e. the stems are non-suffixed), and the roots are non-syllabic: -чн- and -йм-, respectively. The elements **на-** and **по-** are prefixes.

Non-Syllabic -a- Verbs

Unlike other -a- verbs you have encountered, non-syllabic -a- verbs have no alternation of consonants in the present tense. If there is shifting stress, it follows the *past tense* pattern rather than the present tense pattern common to suffixed stems. In some verbs of this class an **o** or **e** is inserted between the two root consonants when vocalic endings are added to the stem. The stem encountered in Unit VII is of this type:

звать (з/ва̋-) "call"

Past:		Present:		
	звал		зову́	зовём
	звала́		зовёшь	зовёте
	зва́ло		зовёт	зову́т
	зва́ли			
Imperative:	зови́!			
	зови́те!			

Non-Syllabic Stems -чн- and -йм-

The non-past tense of these stems is normal, as vowel endings are combined with consonant stems:

начáть (на̋чн-) "begin"   понять (по̋йм-) "understand"

Perfect Future:	начну́	начнём	пойму́	поймём
	начнёшь	начнёте	поймёшь	поймёте
	начнёт	начну́т	поймёт	пойму́т
Imperative:	начни́!		пойми́!	
	начни́те!		пойми́те!	

The past tense, infinitive, and other forms requiring consonant endings bring about a change in the stem, with the final **м** or **н** replaced by **я** (spelled **a** after **ч** in keeping with standard spelling rules). The root **-йм** changes to **-ня-** before consonant endings.

Infinitive:	нача́ть	поня́ть
Past:	на́чал	по́нял
	начала́	поняла́
	на́чало	по́няло
	на́чали	по́няли

For non-suffixed verbs, the indicator x shows on which syllable the masculine past stress falls:

$$по̌йм\text{- по́нял}$$

$$на̌чн\text{- на́чал}$$

Non-Suffixed Stems in -ой-

In this group of five basic stems in **й** preceded by **o**, the **o** is replaced with **ы** before all consonant endings. Stress remains on the root throughout.

закры́ть (закро́й-) "close"	Perfective Future:		Past:
	закро́ю	закро́ем	закры́л
	закро́ешь	закро́ете	закры́ла
	закро́ет	закро́ют	закры́ло
			закры́ли
Imperative:	закро́й!		
	закро́йте!		

11. The -авай- Verb Type

Verbs of this non-productive class have the alternation **-авай-/-ай-** throughout the present tense (but *not* in the imperative) and belong to the first conjugation.

дава́ть (дава́й-) "give" (Imperfective)

Past:	Present:		Imperfective Future:
дава́л	даю́	даём	бу́ду дава́ть
дава́ла	даёшь	даёте	бу́дешь дава́ть
дава́ло	даёт	даю́т	бу́дет дава́ть, etc.
дава́ли			

Imperative:
дава́й!
дава́йте!

12. The Irregular Verb дать "give" (Perfective)

	Past:	Present:	Perfective Future:	
	дал	(none)	дам	дади́м
	дала́		дашь	дади́те
	да́ло		даст	даду́т
	да́ли			
Infinitive:	дать			
Imperative:	дай! да́йте!			

13. Short-Form Adjectives

Formation of Short-Form Adjectives

Short-form adjectives are formed by adding the appropriate gender and/or number ending **-ø** (-ь), **-а** (-я), **-о** (-е), **-ы** (-и), to the adjectival stem:

Long form:	здоро́вый "healthy"			
Short form:	(m.)	здоро́в +	ø	здоро́в
	(f.)	здоро́в +	а	здоро́ва
	(n.)	здоро́в +	о	здоро́во
	(pl.)	здоро́в +	ы	здоро́вы

A long-form adjective stem that ends in a consonant preceded by a vowel remains unchanged, as with the above word. Note, however, that when a stem ends in two consonants, the masculine short form inserts an **e** or **o** between the two consonants[3]:

Long form:	Short forms:			
	m.	*f.*	*n.*	*pl.*
свобо́дный "free"	свобо́ден	свобо́дна	свобо́дно	свобо́дны
больно́й "sick, ill"	бо́лен	больна́	больно́	больны́

These four forms do not decline, unlike long-form adjectives; they may be used in past and future with the help of the link verb **быть.**

Вчера́ Ми́ша был свобо́ден.	Misha was free yesterday.
И Та́ня была́ свобо́дна.	Tanya was also free.
Вчера́ они́ бы́ли свобо́дны.	They were free yesterday.

Usage of Short-Form Adjectives

Whereas long-form adjectives can be used both attributively (Па́вел хоро́ший музыка́нт. "Pavel is a good musician.") and as a predicate (Этот музыка́нт тала́нтливый. "This musician is talented."), short-form adjectives can appear only as a predicate.

---

[3] See the discussion of fill vowels in Unit 8, Analysis 4C.

Наш дéдушка – больнóй человéк.
Our grandfather is a sick man.

Наш дéдушка сейчáс бóлен.
Our grandfather is ill now.

Э́то трýдное упражнéние.
This is a difficult exercise.

Э́то упражнéние трýдно для меня.
This exercise is difficult for me.

Рáда тебя вúдеть!
(I am) glad to see you! (no long form)
Мы ужé знакóмы.
We are already acquainted.

14. The Particle -ся

In this and previous units, you have encountered a small number of verbs ending in the particle **-ся**. This particle is an indication of voice in Russian and will be discussed in detail in Unit 10. The particle does not affect the conjugation of the verb; it must, however, always be added to the conjugated verb. This particle has the form **-сь** after vowel endings and **-ся** after consonant endings.

Study the forms of the verb учúться (учú-ся) "study:"

Past:	учúлся	Present:	учýсь	ýчимся
	учúлась		ýчишься	ýчитесь
	учúлось		ýчится	ýчатся
	учúлись			

Imperative: учúсь! учúтесь!

15. The Preposition по

The preposition **по** governing the dative case has a variety of meanings. When followed by a noun denoting a branch of science or field of work, the preposition **по** means "in the field of" or "on."

Áнна Борúсовна – специалúст **по рýсской литератýре.**

Anna Borisovna is a specialist in (in the field of) Russian literature.

Профéссор Смирнóв прочитáл лéкцию **по эконóмике.**

Professor Smirnov gave a lecture on economics.

У тебя есть учéбник **по рýсскому языкý?**

Do you have a Russian language textbook?

Note also the use of **по** in certain adverbial constructions.

по "by," "on:"

Мы говорúли **по телефóну.**

We spoke by telephone.

Я слышал э́то **по рáдио.**

I heard it on the radio.

Мúша вúдел э́то **по телевúзору.**

Misha saw this on television.

NOUNS

акаде́мия academy
аудито́рия classroom
бассе́йн swimming pool
бума́га paper
буфе́т snack bar
видеомагнитофо́н (ви́дик) VCR
вре́мя time AB
дво́йка grade F
дека́н dean
диск disk, CD
зада́ние task
заня́тие class
зачёт pass/fail exam
зе́ркало mirror AB
искусствове́д art historian AB
искусствове́дение art history
кабине́т office
ка́федра department
класс class
кни́жка book
зачётная ~ grade book
ковёр rug BB
конспе́кт class notes
лимона́д carbonated lemonade
лифт elevator
но́вость (f.) news AC
перево́д translation
переры́в break
пле́йер cassette/DVD/CD etc. player
пятёрка grade A
рабо́та work
контро́льная ~ test, quiz
расписа́ние schedule
семе́стр semester
семина́р seminar
сло́во word AB
сове́т advice
соль (f.) salt
сте́рео stereo

стипе́ндия stipend
странове́дение area studies
сту́дия studio
те́ма topic, theme
то́стер toaster
тро́йка grade C
филармо́ния philharmonic
худо́жник artist
час hour AB*
часы́ watch, clock
четвёрка grade B

PROPER NOUNS

МУМ (Междунаро́дный университе́т в Москве́) International University in Moscow
МХТ (Моско́вский худо́жественный теа́тр и́мени А.П.Че́хова) Moscow Art Theater
Музе́й изобрази́тельных иску́сств и́мени А.С. Пу́шкина Pushkin Museum of Fine Arts
Музе́й антрополо́гии и этногра́фии Museum of Anthropology and Ehtnography

ADJECTIVES

апельси́новый orange
бу́дущий future
госуда́рственный state
за́нят(а́) busy
зарубе́жный foreign
оригина́льный original
свобо́ден (свобо́дна) free
ску́чный boring
спосо́бный talented
студе́нческий student

VERBS

вызыва́ть (вызыва́й-) / **вы́звать (вы́з/ва-)** call
гото́виться (гото́ви-ся) (*imp.*) prepare (for)
дава́ть/дава́й- /**дать** (*irreg.*) give
ждать (ждаͧ-) (*imp.*) wait
закрыва́ть (закрыва́й-)/ **закры́ть (закро́й-)** close
мочь/смочь (*irreg.*) can, be able to
начина́ться (начина́й-ся) begin
начина́ть (начина́й-) **нача́ть (на́чн-)** *begin*
нра́виться (нра́ви-ся) **понра́виться (понра́ви-ся)** like
обеща́ть (обеща́й-) (*imp.*) promise
опа́здывать (опа́здывай-)/ **опозда́ть** (*irreg.*) на + acc. be late
пока́зывать (пока́зывай-)/ **показа́ть (показаͧ-)** show
получа́ть (получа́й-)/ **получи́ть (получи́-)** receive
понима́ть (понима́й-)/ **поня́ть (пойм-)** understand
прогуля́ть (прогуля́й-) (*perf.*) skip (a class, etc.)
пропуска́ть (пропуска́й-)/ **пропусти́ть (пропусти́-)** miss, skip (a class, etc.)
расска́зывать (расска́зывай-)/ **рассказа́ть (рассказаͧ-)** tell (about)
сади́ться (сади́-ся) (*imp.*) sit (down)
сдава́ть (сдава́й-) (*imp.*) take (an exam)

---

* but BB when quantified: **2 часа́**, etc. See VII, Analysis 8.

сдать (*perf.*) pass (an exam)
спеши́ть (спеши́-) (*imp.*)
  hurry
учи́ться (учи́-ся) (*imp.*)
  study

ADVERBS

ещё still, yet
ина́че otherwise
немно́го a little
неприя́тно unpleasant
хо́лодно cold☒
уже́ already

PREPOSITIONS

для *gen* for
по + *dat.* on/in (ле́кция по
исто́рии)

CONJUNCTIONS

потому́ что because

EXPRESSIONS

ведь (*unstressed*) after all
ка́жется it seems
К чёрту! Go to the devil!

Ни пу́ха ни пера́! Good
  luck!
Поня́тно. Got it.
Так нельзя́. You can't do that.
Я бо́льше не бу́ду. I will never
  do it again.

*A*fter Olya returns from her business trip, she and Tanya go to the grocery store to buy food. As they shop, they catch up on what has been going on at home in Olya's absence.

Какáя ты несерьёзная!

You will learn how to:

- ☐ SAY THAT YOU ARE HAPPY TO SEE SOMEONE
- ☐ COUNT OBJECTS
- ☐ TALK ABOUT PEOPLE'S AGES
- ☐ ASK HOW MUCH THINGS COST
- ☐ BUY FOOD IN A RUSSIAN GROCERY STORE
- ☐ TELL TIME
- ☐ EXPRESS DURATION IN THE PAST, PRESENT, AND FUTURE
- ☐ SAY THAT EVERYTHING IS OK
- ☐ SAY THAT YOU DON'T WANT SOMETHING
- ☐ PUT THINGS OFF TO LATER
- ☐ SAY THAT YOU GOT INTO TROUBLE
- ☐ EXPRESS BEGINNING OR CONCLUDING AN EVENT OR ACTION
- ☐ EXPRESS AN OBLIGATION TO DO SOMETHING

1. Which of the following misunderstandings do you remember from the episode «У меня́ ещё есть вре́мя»? Check all that apply.

PREviewing

☐ Ми́ша thinks that Та́ня is seeing someone else.

☐ The dean thinks that Та́ня is skipping class.

☐ The Смирно́вы think that Ке́вин is an intruder.

☐ Ке́вин mistakes О́ля for Та́ня.

☐ О́ля doesn't find the CDs Ке́вин leaves on the chair.

▶ Take a guess.

2. Which character does the title of this episode «Кака́я ты несерьёзная!» refer to?

☐ О́ля   ☐ Та́ня   ☐ Ке́вин   ☐ А́нна Бори́совна

3. What is Та́ня doing in the picture above?

☐ leaving the grocery store

☐ leaving the library

☐ leaving the school cafeteria

4. In this episode, you will see Óля and Táня go to the grocery store.

Using the words you learned in previous units, make a shopping list for Óля and Táня.

_____

_____

_____

_____

_____

_____

VIEWING

▶ Now watch the first part of **«Какáя ты несерьёзная!»** with the SOUND OFF.

SOUND OFF

5. The following chart describes what happens in the first half of this episode. Fill in the missing information.

Кто	Где	Что дéлает
Мáма	_____	говори́т по телефóну
Óля	_____	говори́т по телефóну
_____	на у́лице	ви́дит Тáню
Сёстры	в магази́не	_____

6. Arrange the following events in chronological order.

Óля: _____ leaves to go to the grocery store[^]

_____ pays for the groceries

_____ runs into her sister

_____ talks to her mom on the phone

_____ does her shopping

_____ leaves the store

[^]: Russians buy their groceries in stores that are generally within walking distance from their apartments. Average people do not drive to the store — they walk.

7. A. You will get to see the inside of a Russian grocery store in this episode. Read through the following list of items in the store and write down the definitions of the ones you know. Watch the video closely to determine the definitions of the words you don't know.

то́рты	_____	ма́сло	_____
хлеб	_____	конфе́ты	_____
колбаса́	_____	фру́кты	_____
пече́нье	_____	сыр	_____
ко́фе	_____	молоко́	_____
ры́ба	_____	я́йца	_____

B. Identify the items Та́ня and Óля buy by placing a «Т» or «О» next to each of the words in the list above.

8. You may have noticed some things that are different about a Russian grocery store: for instance, eggs are sold in tens (**деся́ток**) rather than dozens. Make a list of differences that you noticed and discuss them with your classmates.

_____

_____

_____

▶ Now watch the first part of «**Кака́я ты несерьёзная!**» with the SOUND ON.

SOUND ON

9. A. Mark the following statements about Óля's telephone conversation with her mother as true or false.

	Да	Нет
Óля была́ в командиро́вке.	☐	☐
Óля сейча́с до́ма.	☐	☐
Óля ма́ло рабо́тала.	☐	☐
В шко́ле всё хорошо́.	☐	☐

B. Óля's mother asks her to:
☐ buy groceries
☐ walk the dog
☐ cook dinner

10. Óля runs into Táня on her way to the grocery store. Write the name of the speaker next to each line in the following conversation:

_____ : — Как я ра́да тебя́ ви́деть!

_____ : — А я тебя́.

_____ : — Как твоя́ командиро́вка?

_____ : — Замеча́тельно! А как дела́ в институ́те?[^1]

_____ : — Ой, не спра́шивай!

11. Indicate how much of each item the sisters purchase by connecting the items in the two columns below.

килогра́мм = kilogram[^2]   **коро́бка** = box

шту́ка   = item, thing   **паке́т** = carton

две шту́ки   milk

два паке́та   pastries

два килогра́мма   chocolates

три коро́бки   oranges

12. A. We discover that Óля is a vegetarian during her conversation with Táня at the grocery store. What does she say to make us believe this?

☐ Я вегетариа́нка.

☐ Ты же зна́ешь, я не ем мя́со.

☐ Я ем то́лько о́вощи.

[^1]: To learn more about институ́т vs. университе́т please see the online supplement to this unit at www.livefromrussia.org

[^2]: Some grocery items are measured and packaged differently in Russia. For example, if you point to the bananas and ask the vendor for "четы́ре" s/he might think that you want four kilograms (almost nine pounds!) of bananas, not four bananas. You might be surprised how much (or little) of a given item you get if you don't know how to ask for it!

B. What excuse does Таня give for her sweet tooth? Check all that apply.

☐ У меня́ без са́хара голова́ не рабо́тает.

без = without

☐ Конфе́ты о́чень дешёвые.

☐ Э́то так вку́сно.

13. When О́ля asks Та́ня how things are going, Та́ня replies, «Ой, не спра́шивай!» This response indicates that:

POSTviewing

☐ everything is going well

☐ Та́ня has some bad news that she doesn't want to discuss

☐ Та́ня thinks О́ля's question is rude

Quantification in Russian

As you may have noticed, Russian uses the genitive case for counting. You can use the following formula to count:

> 2, 3, 4 and their compounds (2**2**-2**4**, 3**2**-3**4**, etc.) + **genitive singular**
> 5 and above (5-20, 25-30, 35-40… 100, 105-120, etc.) + **genitive plural**
>
> The numeral 1 acts like a *modifier*, agreeing in *case*, *gender* and *number* with the noun it modifies.
>
> **Два** changes to **две** for feminine nouns.
>
> Here are some examples:
>
> | | | |
> |---|---|---|
> | **оди́н** челове́к | — | **два** (три, четы́ре) челове́ка |
> | **одна́** су́мка | — | **две** (три, четы́ре) су́мки |
> | **одно́** пла́тье | — | **два** (три, четы́ре) пла́тья |

You will learn the genitive plural tomorrow; for now we will practice counting using the numbers 1-4.

14. Fill in the blanks in О́ля's grocery list by putting the nouns in parentheses in the appropriate case.

деся́ток = set of ten

я́йца: оди́н <u>деся́ток</u>

молоко́:   два _____ (паке́т)

апельси́ны: два _____ (килогра́мм)

рыба: оди́н _____ (паке́т)

карто́шка: три _____ (килогра́мм)

лук: оди́н _____ (килогра́мм)

ко́фе: одна́ _____ (па́чка)

лук = onion

па́чка = packet

пиро́жное = pastry

Та́ня didn't make a grocery list, but if she had, it probably would have looked something like this. Fill in the blanks.

пиро́жные: две _____ (шту́ка)

конфе́ты: три _____ (коро́бка)

пече́нье: четы́ре _____ (па́чка)

It's obvious that Та́ня and О́ля don't agree when it comes to food. О́ля, who is a vegetarian, tries to talk Та́ня out of buying meat:

> О́ля: — Ты же зна́ешь, я не ем мя́со.
> Та́ня: — **Ла́дно, ла́дно.**

Ла́дно is an expression of acceptance and consent, similar to the English "Okay, all right." It typically refers to a future action and implies either an agreement to perform an action or permission for somebody else to do so.

---

15. Imagine that you are at the grocery store with your roommate. Discuss what you are going to buy.

то́лько не = anything but

> — Что бу́дем покупа́ть: **мя́со** и́ли **ры́бу?**
> — Нет, то́лько не **мя́со.**
> — Ну, пожа́луйста!
> — Ты же зна́ешь, я не ем **мя́со.**
> — Ла́дно, ла́дно, ку́пим **ры́бу.**

я́блоко (*pl.* я́блоки) = apple

> пече́нье/торт, чай/ко́фе, апельси́ны/я́блоки, тома́тный сок/апельси́новый сок, бе́лый хлеб/ чёрный хлеб, ку́рица/ры́ба, колбаса́/сыр

— Извини́те, ско́лько сто́ит э́тот торт?
— **235 рубле́й, 90 копе́ек.**

> сто́ить (сто́и-)
> (*imp.*) =
> cost
>
> Ско́лько э́то
> сто́ит? =
> How much
> does this
> cost?

ты́сяча →
genitive pl.
ты́сяч

одна́ ты́сяча, две ты́сячи, пять
ты́сяч, пятьдеся́т ты́сяч

1. You may have noticed that Russian prices for certain items are in thousands of rubles. Practice counting in thousands.

три́дцать одна́ ты́сяча
пятьдеся́т две́ ты́сячи
сто пять ты́сяч

двáдцать пять   _____

пятьдеся́т однá   _____

вóсемьдесят две   _____

сóрок однá   _____

девятнáдцать   _____

сéмьдесят четы́ре   _____

девянóсто вóсемь   _____

дéсять   _____

шестьдеся́т три   _____

вóсемь   _____

двенáдцать   _____

сто   _____

2. Answer the following questions about prices based on the pictures.

Скóлько стóит торт?

> Note that **скóлько/ нéсколько,** is followed by genitive plural.

Скóлько стóят э́ти колбáсы?

Ско́лько сто́ят
пиро́жные?

Ско́лько сто́ят
э́ти сыры́?

Nouns: Genitive Plural

To form the genitive plural of nouns, remember this easy rule: if the word
has a *zero-ending* (**-ø**) in the nominative singular, *add* an ending (**-ов** or
-ей); if the word has a vocalic ending (**-а, -о**) in the nominative singular,
subtract this ending.

Gender	Nom. Singular	Gen. Plural
Fem., Neut.	**-а, -о**	**-ø**
Masc.	**-ø**	**-ов, -ей**

The choice of endings depends on the stem-final consonant. Use **-ов**
after a hard consonant (**-ев** after **й**) and **-ей** after soft consonants and
the consonants **ш** and **ж**.

Case	Masculine				Neuter	Feminine
Nom. Sing.	стол	музе́й	слова́рь	эта́ж	сло́в**о**	кни́г**а**
Gen. Plur.	стол**о́в**	музе́**ев**	словар**е́й**	этаж**е́й**	слов(**ø**)	книг(**ø**)

> **ско́лько, ма́ло, мно́го, не́сколько** + *genitive plural*
>
> > ско́лько книг
> > ма́ло ку́рс**ов**
> > мно́го заня́тий
> > не́сколько экза́мен**ов**
>
> Abstract nouns and nouns denoting substances and liquids are used in the *genitive singular*.
>
> > ско́лько вре́мени
> > мно́го рабо́ты
> > ма́ло са́хара

3. Test your memory by answering the following questions about previous episodes in the video.

1. Ско́лько ко́мнат в кварти́ре, где живёт Ке́вин?
   - ☐ одна́ ко́мната
   - ☐ две ко́мнаты
   - ☐ три ко́мнаты
   - ☐ четы́ре ко́мнаты

2. Ско́лько челове́к бы́ло в маши́не Серге́я?
   - ☐ оди́н челове́к
   - ☐ два челове́ка
   - ☐ три челове́ка
   - ☐ пять челове́к

   > The genitive plural of **челове́к** is **челове́к**.

3. Ско́лько биле́тов бы́ло у Ми́ши на спекта́кль «Ча́йка»?
   - ☐ оди́н биле́т
   - ☐ два биле́та
   - ☐ четы́ре биле́та
   - ☐ пять биле́тов

4. Ско́лько челове́к в семье́ Воло́диных?
   - ☐ оди́н челове́к
   - ☐ три челове́ка
   - ☐ четы́ре челове́ка
   - ☐ пять челове́к

раз = time
Its nom. sing, and gen. plural are identical.

5. Ско́лько раз вы сего́дня смотре́ли фильм?

☐ оди́н раз

☐ два ра́за

☐ три ра́за

☐ пять раз

6. Ско́лько веще́й и каки́е ве́щи бы́ли у Ке́вина и у Та́ни в аэропорту́?

> оди́н-одна́
> су́мка, чемода́н, рюкза́к, паке́т, фотоаппара́т

4. Your roommate is a serious pack-rat. Name all of the things you can find in your room. Pay attention to stress patterns.

> **три́дцать (кни́га) →**
> У нас в ко́мнате **три́дцать книг.**

> три (компью́тер), три́дцать четы́ре (уче́бник), два́дцать (каранда́ш), сто (газе́та), се́мьдесят оди́н (журна́л), оди́ннадцать (часы́), трина́дцать (слова́рь), со́рок два (сви́тер), четы́ре (ла́мпа), три́ста пятьдеся́т (ди́ски), со́рок два (письмо́), два́дцать два (зе́ркало), шесть (гита́ра), де́вять (рюкза́к), оди́ннадцать (фотоаппара́т)

5. Working with a partner, ask each other if you have **мно́го** or **ма́ло** of the following items.

> — У тебя́ **мно́го друзе́й?**
> — Да, у меня́ **мно́го друзе́й.**/Нет, у меня́ **ма́ло друзе́й.**

> **А.** газе́та, кни́га, ма́рка, пробле́ма, слова́рь, сви́тер

B. рабо́та, вре́мя

C. друзья́ (друзе́й), бра́тья (бра́тьев), сёстры (сестёр), де́ньги (де́нег)

6. Do you have an easy or a difficult semester? Use the words **мно́го** and **ма́ло** to describe how many exams and classes you have this semester.

В э́том семе́стре у меня́ **мно́го экза́менов.**

экза́мен, курс, ле́кция, семина́р, заня́тие

брать (б/ра̌-)					
Present				**Past**	
я	беру́	мы	берём	он	брал
ты	берёшь	вы	берёте	она́	брала́
он/она́	берёт	они́	беру́т	оно́	бра́ло
				они́	бра́ли
Imperative: бери́(те)!					

брать (б/ра̌-)/
взять (*irreg.*)
= take, buy

взять (irregular)					
Future Perfective				**Past**	
я	возьму́	мы	возьмём	он	взял
ты	возьмёшь	вы	возьмёте	она́	взяла́
он/она́	возьмёт	они́	возьму́т	оно́	взя́ло
				они́	взя́ли
Imperative: возьми́(те)!					

> The accusative form of numerals is the same as the nominative form, with the exception of the numeral "one."
>
> Сёстры взя́ли **одну́** па́чку ча́я.
> Они́ взя́ли **два** килогра́мма сы́ра.

7. A friend of yours who is a sumo wrestler is staying with you for a few days. Conscious of the fact that he needs to maintain his weight, you have bought a car-full of groceries. Show him what you bought.

In colloquial speech **взять** can be used as a synonym for the verb **купи́ть.**

> пакéт, молокó →
> Я взял(á) тебé **вóсемь пакéтов молокá.**[¹]

яйцó (*sg.*), я́йца (*pl.*) яи́ц (*gen. pl.*)

Карто́шка, лук and **печéнье** are used only in the singular.

Remember that **кóфе** is an indeclinable, masculine noun

деся́ток	яйцó
коро́бка	конфéта
килогра́мм	апельси́н
пакéт	ры́ба
килогра́мм	карто́шка
килогра́мм	лук
па́чка	кóфе
па́чка	печéнье

8. You and your roommate are shopping for groceries together and you forgot your list. Ask him/her what you already have and what you need to buy.

> — У нас есть **кóфе?**
> — Да, не бери́./ Нет. Возьми́ **две па́чки.**

смета́на = sour cream

тво́рог = farmer's cheese

> лук, я́блоки, апельси́новый сок, я́йца, чай, печéнье, мя́со, ры́ба, молокó, карто́шка, бана́ны, ма́сло, ку́рица, сыр, смета́на, тво́рог

[¹] Generally speaking, liquids are sold in **пакéты** (cartons) and any solid food or dry goods come in **па́чки** (packages). When you buy food in a traditional Russian store, you might have to ask the clerk to get things for you from behind the counter. In this case, you will need to know that you want a **пакéт молокá** and a **па́чка ма́сла** or **са́хара.**

> па́чка, килогра́мм, паке́т, деся́ток, коро́бка

9. You have just returned from shopping for souvenirs, and your Russian friend wants to know what you bought. Act out your conversation.

> — Что ты купи́л(а)?
> — Я взял/взяла́ **два самова́ра**.

> плака́т, карти́на, брасле́т, кни́га, самова́р, ико́на, шарф, календа́рь, ва́за

10. A. Imagine that you are showing a group of Russian dignitaries around your campus. Use the words **не́сколько, мно́го,** and numbers to impress them with all the facilities your university has to offer.

> — Что есть в ва́шем университе́те?
> — У нас есть всё.
> — У вас есть **библиоте́ка?**
> — Да, у нас **не́сколько библиоте́к**.

> theater, movie theater, library, cafeteria, dormitory, laboratory, fountain, swimming pool, museum, bank

fountain = фонта́н

B. Show a group of Russian *tourists* around your *hometown* using the previous model for reference. Add your own words to the reference list.

UNIT

8

в два часа́ = at
two o'clock

во ско́лько =
(at) what
time

Где была́ О́ля **в два часа́?**
Она́ была́ до́ма.

Где была́ ма́ма **в два часа́?**
Она́ была́ в шко́ле.

Где была́ Та́ня **в два часа́?**
Она́ была́ в университе́те.

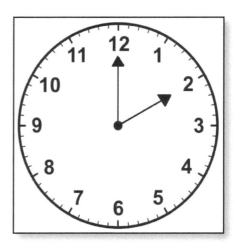

Expressing "Time When"

To express "time when" with units of time
shorter than a week, use **в** + accusative.

> В како́й день? В сре́ду.
> Когда́? В э́ту мину́ту.
> Во ско́лько? В четы́ре часа́.

1. Practicing pronunciation

в час /фчас/

в два часа́ /вдва чиса́/, в три часа́ /фтр♭и чиса́/, в четы́ре
часа́ /фчиты́р♭и чиса́/

в пять часо́в, в шесть часо́в, в семь часо́в, в во́семь часо́в,
в де́вять часо́в, в де́сять часо́в, в оди́ннадцать часо́в, в
двена́дцать часо́в

The 24-hour clock is used on nearly all official time
schedules in Russia. The words "hour" and "minute" can
be omitted.

7.45 семь часо́в со́рок пять мину́т (се́мь со́рок пять)
21.32 два́дцать оди́н час три́дцать две мину́ты
(два́дцать оди́н три́дцать две)

---

2. Táня has forgotten to buy a TV guide, so she needs your help to find out what time her favorite shows are on.

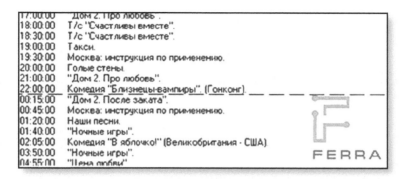

```
17:00:00   Дом 2. Про любовь .
18:00:00   Т/с "Счастливы вместе".
18:30:00   Т/с "Счастливы вместе".
19:00:00   Такси.
19:30:00   Москва: инструкция по применению.
20:00:00   Голые стены.
21:00:00   "Дом 2. Про любовь".
22:00:00   Комедия "Близнецы-вампиры". (Гонконг).
00:15:00   "Дом 2. После заката".
00:45:00   Москва: инструкция по применению.
01:20:00   Наши песни.
01:40:00   "Ночные игры".
02:05:00   Комедия "В яблочко!" (Великобритания - США).
03:50:00   "Ночные игры".
04:55:00   "Цена любви".
```

FERRA

> — Во скóлько «Таксѝ»?
> — «Таксѝ» в девятнáдцать часóв.

[
«Таксѝ», «Дом 2. Про любóвь», «Дом 2. Пóсле закáта», «Нáши пéсни», «Счáстливы вмéсте», «Ночны́е и́гры», комéдия «В я́блочко», комéдия «Близнецы́-вампи́ры»
]

Expressing Duration

To express duration ("how long"), use the accusative case without a preposition.

весь вéчер	= all evening
всю недéлю	= all week
всё у́тро	= all morning
шéсть часóв	= (for) six hours
два гóда	= (for) two years

весь (*m.*), вся (*f.*), всё (*n.*) = all

	Masc.	Neut.	Fem.
Nom.	весь	всё	вся
Acc.	весь	всё	всю

3. Some of the video characters are hard workers, while others take their leisure time very seriously. Complete these sentences using the appropriate form of **весь** to indicate how much time they spend on their various activities.

1. Táня готóвилась к экзáмену ＿＿＿＿＿＿＿ вéчер.

2. Кéвин переводи́л словá ＿＿＿＿＿＿＿ ýтро.

3. Сáша смотрéл телеви́зор ＿＿＿＿＿＿＿ день.

4. Áнна Бори́совна былá дóма ＿＿＿＿＿＿＿ недéлю.

5. Mи́ша был на рабóте ＿＿＿＿＿＿＿ вéчер.

6. Вáня решáл задáчи ＿＿＿＿＿＿＿ день.

7. Лéна гуля́ла ＿＿＿＿＿＿＿ ýтро.

8. Декáн ругáла студéнтов ＿＿＿＿＿＿＿ день.

ругáть (ругáй-)
(imp.) =
scold, yell at

4. Кéвин is making a time line of his new Russian friends' recent activities. Answer the following questions to help him establish how long his time line must be.

скóлько
врéмени =
how long

> — Скóлько врéмени **Кéвин живёт в Москвé?**
> (однá недéля) →
> — Кéвин живёт в Москвé **однý недéлю.**

1. Скóлько врéмени Лéна пи́шет курсовýю рабóту?
   (пять недéль)

2. Скóлько врéмени Óля былá в командирóвке?
   (две недéли)

3. Скóлько врéмени Ви́ктор Степáнович рабóтает в нóвом бáнке? (четы́ре мéсяца)

год = year,
genitive
plural: лет

4. Скóлько врéмени Тáня ýчится в университéте? (2 гóда)

5. Скóлько врéмени Вáня ýчится в шкóле? (7 лет)

6. Скóлько врéмени Áнна Бори́совна живёт в Москвé?
   (45 лет)

7. Скóлько врéмени Сáша рабóтает? (7 мéсяцев)

5. Скóлько врéмени э́ти лю́ди смотрéли телеви́зор?

начинáть
(начинáй-)/
начáть (начн-)
= begin

закáнчивать
(закáнчивай-)/
закóнчить
(закóнчи-)

> — Вчерá **Кéвин** смотрéл «**Галилéо**». Он нáчал смотрéть **в 16.30** и закóнчил **в 17.00.** Скóлько врéмени он смотрéл телеви́зор?
> — **Три́дцать минýт.**

```
Начало - Окончание
› 14:30 - 15:00    Приключения Джеки Чана (Детям)
› 15:30 - 16:00    Ким Пять-с-плюсом (Детям)
› 16:30 - 17:00    Галилео (Досуг)
› 17:00 - 17:30    Моя прекрасная няня (Сериалы)
› 17:30 - 18:30    Тайны Смолвиля (Сериалы)
› 18:30 - 19:00    Истории в деталях (Познавательное)
› 19:00 - 20:00    Папины дочки (Сериалы)
› 20:00 - 21:00    Ранетки (Сериалы)
› 21:00 - 22:00    Чемпион (Сериалы)
› 22:00 - 23:50    Роми и Мишель на встрече выпускников (Фильмы)
› 23:50 - 00:00    6 кадров (Досуг)
› 00:00 - 00:30    Истории в деталях (Познавательное)
› 00:30 - 01:30    Тридцатилетние (Сериалы)
› 01:30 - 02:25    Особенный день (Сериалы)
› 02:25 - 04:10    Закон и порядок. Специальный корпус (Сериалы)
› 04:10 - 05:00    Танцы под звездами (Сериалы)
```

Ви́ктор Степа́нович («Па́пины до́чки»), Та́ня
(«Исто́рии в дета́лях»), Ми́ша («Чемпио́н»), О́ля
(«6 ка́дров»), Ва́ня («Ким Пять-с-плю́сом»), Серге́й
(«Зако́н и поря́док. Специа́льный ко́рпус»)

6. Respond to the following sentences according to the model.

> — Та́ня начала́ писа́ть курсову́ю рабо́ту?
> (нет, за́втра) →
> — Нет, **она́ начнёт за́втра.**

А. 1. Ке́вин уже́ зако́нчил де́лать фотоальбо́м о Москве́?
                                           (нет, в пя́тницу)

  2. Ва́ня уже́ зако́нчил сдава́ть экза́мены?
                                           (нет, во вто́рник)

  3. Са́ша уже́ зако́нчил за́втракать?   (нет, ско́ро)

  4. А́нна Бори́совна уже́ начала́ смотре́ть фильм?
                                           (нет, в три часа́)

  5. Ле́на уже́ зако́нчила чита́ть статью́?   (нет, пото́м)

пото́м = later

В. 1. Ви́ктор Степа́нович уже́ на́чал рабо́тать в но́вом
     ба́нке?   (да, четы́ре ме́сяца наза́д)

  2. Ми́ша уже́ на́чал рабо́тать в би́знесе?   (да, ме́сяц наза́д)

  3. Ле́на уже́ зако́нчила писа́ть курсову́ю рабо́ту?
                                           (да, два дня наза́д)

  4. О́ля уже́ начала́ чита́ть но́вую кни́гу Кле́нси?
                                           (да, неде́лю наза́д)

наза́д = ago;
accompanies
a phrase in
the acc. case:
неде́лю наза́д

7. As a student in Moscow, you try to watch as much TV as possible. Discuss the programs you are going to watch, using the previous television schedule as a reference.

> — Что ты бу́дешь смотре́ть?
> — Я бу́ду смотре́ть «Та́йны Смо́лвиля» в 17.30.

8. You are grocery shopping in Russia for the first time. Ask your Russian friend how much staple items cost so that you know how much money to take with you.

> — Ско́лько сто́ит **паке́т молока́?**
> — **Два́дцать рубле́й.**
> — А ско́лько сто́ит **хлеб?**
> — **Пять рубле́й.**

> kilogram of meat (300), kilogram of fish (244), package of butter (40), kilogram of cheese (300), potatoes (18), apples (70), cucumbers (60), coffee (250), tea (70), sugar (45), chocolates (134), onions (25)

О чём Та́ня говори́ла О́ле?

Та́ня and О́ля have a chance to catch up with each other on their way home from the grocery store.

PREviewing

▶ Take a guess.

1. The following lines are from the conversation between Та́ня and О́ля. Identify the speaker by placing a T or O next to each line.

 Сего́дня меня́ дека́н вызыва́ла. Я пропусти́ла мно́го заня́тий.

_____ Та́ня, ты должна́ бо́льше ду́мать о заня́тиях.

_____ Кака́я ты несерьёзная!

_____ Ну, почему́ ты пропуска́ешь заня́тия?

_____ Он де́лает фотоальбо́м о Звени́городе. Я обеща́ла ему́ помо́чь, но я ника́к не могу́. У меня́ же се́ссия!

должна́ = should

2. Та́ня brings О́ля up to date on everything that happened while she was away on business. Which of the following things does О́ля not know about? О́ля не зна́ет:

☐ о пробле́мах в университе́те

☐ о Ке́вине и мили́ции

□ о Ке́вине Дже́ксоне

□ кто дал Та́не а́дрес кварти́ры

▶ Now watch the second part of «**Кака́я ты несерьёзная!**» with the SOUND ON.

3. A. Где сейча́с О́ля и Та́ня?

□ в магази́не

□ в па́рке

□ до́ма

□ на у́лице

B. О чём они́ говоря́т? Put the topics of their conversation in chronological order.

_____ the misunderstanding about Ке́вин's apartment[†]

_____ Та́ня's upcoming trip to Zvenigorod

_____ Та́ня's problems with the dean

_____ Ке́вин's recent visit to Та́ня's apartment

4. Та́ня and О́ля's conversation begins on an unpleasant note. Fill in their names according to who says what to whom.

1. _____ blames _____ for not being a serious student.

2. _____ blames _____ for renting Ке́вин's apartment from crooks.

3. _____ blames _____ for writing down the wrong address for the apartment.

5. When О́ля mentions that someone (Ке́вин) came to their apartment that morning, how does she refer to him? (Check all that apply.)

□ молодо́й

□ стра́нный

[†] It isn't so incredible that Tanya confused the address and still managed to get into the apartment. Many Russian apartment buildings, especially ones built on the outskirts of town, will often look similar. Tanya's comment "**типово́е строи́тельство, типовы́е замки́**" is an accurate representation of the standardization and uniformity of Soviet-era architecture as well as apartment fixtures.

☐ симпати́чный

☐ интере́сный

6. Complete the following sentences about events that happened while О́ля was gone.

POSTviewing

1. Та́ня _____ мно́го заня́тий.

2. Та́ню _____ дека́н.

3. Та́ня непра́вильно _____ а́дрес кварти́ры для Ке́вина.

4. Та́ня и Ке́вин _____ чужу́ю кварти́ру.

> запи́сывать (запи́сыв**ай**-)/ записа́ть (записӑ-) = write down

> чужа́я кварти́ра = the wrong apartment

> руга́ла, откры́ли, пропусти́ла, записа́ла

7. Match the sentences on the left with equivalent direct quotes from the video on the right.

Сего́дня я была́ у дека́на.   Ну, коне́чно, а́дрес не тот.

Ну, поня́тно, а́дрес друго́й.   Сего́дня меня́ дека́н вызыва́ла.

8. Combine the phrases on the left and the right to make complete sentences.

Сего́дня Та́ню   что О́ля — э́то Та́ня.

Та́ня непра́вильно   вызыва́ла дека́н.

О́ле понра́вился   записа́ла а́дрес.

О́ля не зна́ет   молодо́й челове́к.

Ке́вин поду́мал   что молодо́го челове́ка зову́т Ке́вин.

> О́ля blames her younger sister for not being a serious student. She reminds Та́ня that she is not a little girl anymore:
>
> Тебе́ 22 го́да.
>
> In Russian, age is expressed using a dative construction:
>
> Ско́лько **тебе́** лет?
> **Мне** восемна́дцать лет.

> 1 год, 2 го́д**а**, 5 **лет**

9. Сколько им лет?

Ask and answer questions to state how old the characters in the video are. Note the word order for these constructions.

> — (Кéвин, двáдцать четы́ре) → Сколько **емý** лет?
> — **Кéвину двáдцать четы́ре гóда.**

1. Óля, двáдцать четы́ре
2. Áнна Бори́совна, сóрок пять
3. Ви́ктор Степáнович, пятьдеся́т оди́н
4. Лéна, двáдцать два
5. Сергéй, двáдцать шесть
6. Вáня, тринáдцать
7. Ми́ша, двáдцать два

10. Ask your classmates how old they are.

> — Скóлько тебé лет?
> — Мне **двáдцать четы́ре гóда.** А тебé?
> — А мне **девятнáдцать лет.**

Expressing Obligation

The word **дóлжен** is used to express obligation, like the English words "must" and "should." **Дóлжен** agrees in gender and number with the subject of the sentence.

Тáня, ты **должнá** дýмать о заня́тиях.

Ми́ша **дóлжен** позвони́ть Тáне.

Лéна и Тáня **должны́** писáть курсовýю рабóту.

11. Describe what the characters in the video are supposed to do.

> — Ке́вин **до́лжен** позвони́ть сестре́.

> Та́ня, А́нна Бори́совна, Ва́ня, Ке́вин, Ви́ктор Степа́нович, Та́ня и О́ля

> купи́ть проду́кты, писа́ть курсову́ю рабо́ту, реши́ть зада́чу, дать ди́ски Ми́ше, рабо́тать в шко́ле ка́ждый день, рабо́тать в ба́нке ка́ждый день, гото́виться к се́ссии

12. On their way home from the store, the sisters reminisce about their childhood trips to Zvenigorod. О́ля says: «Как давно́ я не была́ в Звени́городе».

A. Following О́ля's model, mention three places you haven't been in a long time.

> Москва́ →
>   Как давно́ я не́ был/не была́ в **Москве́!**

B. Now mention some things you haven't done in a long time.

> говори́ть по-ру́сски →
>   Как давно́ я не **говори́л(а) по-ру́сски!**

> танцева́ть; есть моро́женое; у́жинать в рестора́не; ви́деть па́пу, ма́му, бра́та, сестру́; звони́ть ба́бушке, де́душке

В Москве́ мно́го **больши́х** магази́нов.

В э́тих магази́нах мно́го **краси́вых** и **дороги́х** веще́й.

The endings of personal, possessive, and demonstrative pronouns and adjectives in the genitive plural are **-ых**, **-их**. Note, however, two exceptions: те → тех; все → всех.

Genitive Plural of Pronouns and Adjectives							
	Pronouns					**Adjectives**	
Nom.	они́ э́ти	мои́	ва́ши	чьи	но́в**ые**	молод**ы́е**	больши́**е**
Gen.	их э́т**их**	мо**и́х**	ва́ш**их**	чь**их**	но́в**ых**	молод**ы́х**	больши́**х**

1. Practicing pronunciation: genitive plural of pronouns and adjectives

> мно́го мои́х друзе́й
> ма́ло ва́ших подру́г
> ско́лько э́тих апельси́нов
> не́сколько тех пиро́жных
>
> мно́го вку́сных конфе́т
> ма́ло интере́сных фи́льмов
> ско́лько но́вых кварти́р
> не́сколько больши́х домо́в

2. Что Ке́вин ви́дел в Москве́?

Fill in the missing adjectives.

1. В Москве́ мно́го _____ у́лиц.

2. Там мно́го _____ ба́нков.

3. В це́нтре Москвы́ мно́го _____ зда́ний.

4. В Москве́ есть не́сколько _____ рестора́нов.

5. На у́лицах Москвы́ Ке́вин ви́дел мно́го _____ соба́к.

больши́е, но́вые, дороги́е, ста́рые, ма́ленькие

СНЯТЬ (С-НИ́М-)					
Future Perfective				**Past**	
я	сниму́	мы	сни́мем	он	снял
ты	сни́мешь	вы	сни́мете	она́	сняла́
он/она́	сни́мет	они́	сни́мут	оно́	сня́ло
				они́	сня́ли
Imperative: сними́(те)					

сни́мать (снима́й-)/ снять (с-ни́м-) = 1) shoot (a film); 2) rent (an apartment); take off (hat, glasses)

Note that this verb has shifting stress in both tenses. The double stress shift is unique and confined to this root.

3. A. Change the verb tense from the past to the future perfective.

1. О́ля <u>сняла́</u> фи́льм о Звени́городе.

2. Друг О́ли <u>снял</u> мно́го переда́ч о города́х Росси́и.

3. О́ля <u>сняла́</u> интере́сную переда́чу о приро́де Байка́ла.

4. Ке́вин и О́ля <u>сня́ли</u> Звени́город для фотоальбо́ма.

B. Change the verb tense from the future perfective to the past.

1. О́ля <u>сни́мет</u> кварти́ру для Ке́вина на у́лице Королёва.

2. Ле́на <u>не сни́мет</u> кварти́ру в Москве́. Она́ живёт в общежи́тии.

3. Друзья́ Та́ни и О́ли <u>сни́мут</u> небольшу́ю кварти́ру в це́нтре Москвы́.

Third Declension Nouns					
	Ending	**Singular**		**Ending**	**Plural**
Nom.	-ø	дверь	вещь	-и	двéри	вéщи
Acc.		дверь	вещь		двéри	вéщи
Gen.	-и	двéри	вéщи	-ей	дверéй	вещéй
Prep.		о двéри	о вéщи	-ях	о дверя́х	о вещáх
Dat.		двéри	вéщи	-ям	дверя́м	вещáм

4. Fill in the nouns in the appropriate form.

1. Кéвин мнóго расскáзывал Вáне
   о _____ в Амéрике. — жизнь

2. В рýсских квартúрах мнóго _____. — дверь

3. Сегóдня в _____ по телевúзору — «Нóвости»
   Кéвин вúдел Крáсную _____. — плóщадь

4. — Вáня, почемý ты не решáешь задáчи?

   — У меня́ нет _____. — тетрáдь

5. Кéвин взял óчень мнóго _____. — вещь

5. Form genitive plurals of the following nouns.

1. кáрта, кóмната, стадиóн, рекá, лáмпа

2. студéнтка, нéмка, англичáнка, американка, украúнка, швéдка

3. окнó, сестрá, письмó, статья́, дерéвня

4. ю́бка, сосéдка, поéздка, вóдка, тарéлка, вúлка

5. инженéр, университéт, преподавáтель, библиотéка, семья́

6. We know that Кéвин has one sister and one brother and that Тáня и Óля are the only children in their family.[*]

A. Скóлько у вас брáтьев и сестёр? А скóлько им лет?

Find out from your partner.

[*] Russian urban families are quite small. You can rarely find someone who has more than one sibling, if that.

> — У тебя́ есть бра́тья и сёстры?
> — Да, есть: У меня́ **оди́н** брат и **две** сестры́.
> — А ско́лько им лет?
> — Моему́ бра́ту 14 лет. Мое́й сестре́ Ха́йди 21 год, а
> Ло́ре 16 лет. А ско́лько бра́тьев и сестёр у тебя́?

В. А ско́лько лет ва́шим ба́бушке и де́душке, тёте, дя́де?

If you do not remember exactly, say that you forgot. Use the verb
забы́ть.

забыва́ть
(забыва́й-)/
забы́ть
(*irreg.*) =
forget

> — У тебя́ есть тётя?
> — Да, есть.
> — А ско́лько ей лет?
> — Я забы́л(а). По-мо́ему, 45 и́ли 46.

Забы́ть is
conjugated as
быть, however,
it has fixed
stress in the
past tense: он
забы́л, она́
забы́ла, они́
забы́ли.

> Та́не **был** 1 год, когда́ А́нна Бори́совна начала́ рабо́тать в
> шко́ле.
> Та́не **бы́ло** 17 лет, когда́ она́ зако́нчила шко́лу.
> Та́не **бу́дет** 24 го́да, когда́ она́ зако́нчит МУМ.

Note that the grammatical subject is a numeral in expressions of age
(1 год, 17 лет, 24 го́да). All quantifiers (numerals other than **оди́н**
and its compounds) are used with the neuter singular form of the
verb.

7. Ско́лько им бы́ло лет?

Combine the phrases in column one with their logical conclusions in
column two.

Remember
that clauses
intoduced
by **когда́** are
separated from
the main clause
by a comma.

Ке́вину бы́ло 5 лет	когда́ она́ зако́нчила университе́т.
А́нне Бори́совне бы́ло 24 го́да	когда́ он на́чал ветерина́рный би́знес.
О́ле бы́ло 22 го́да	когда́ он на́чал фотографи́ровать.
Ми́ше бы́ло 22 го́да	когда́ его́ роди́тели взя́ли соба́ку.
Ва́не бы́ло 8 лет	когда́ она́ начала́ рабо́тать в шко́ле.

8. Ско́лько вам бы́ло лет?

Discuss with your partner when some of the important events in your life happened. Use the provided questions and add some of your own.

> — Ско́лько тебе́ бы́ло лет, когда́ ты на́чал/начала́ игра́ть на фле́йте?
> — Мне бы́ло 8 лет.

1. Ско́лько вам бы́ло лет, когда́ вы на́чали чита́ть?
2. Ско́лько вам бы́ло лет, когда́ вы на́чали рабо́тать на компью́тере?
3. Ско́лько вам бы́ло лет, когда́ вы зако́нчили шко́лу?
4. Ско́лько вам бы́ло лет, когда́ вы на́чали рабо́тать?
5. Ско́лько вам бы́ло лет, когда́ вы на́чали фотографи́ровать?

9. What will you be doing when you are 30, 40, 50, 60? Exchange life plans with your partner.

> Когда́ мне бу́дет 40 лет, я бу́ду жить в Калифо́рнии и рабо́тать в междунаро́дной компа́нии. У меня́ бу́дет одна́ до́чка и три сы́на. А ты? Что ты бу́дешь де́лать, когда́ тебе́ бу́дет 40 лет?

Ва́ня: Приве́т, Ке́вин! Хо́чешь я покажу́ тебе́ мои́ фотогра́фии?

Ке́вин: Коне́чно! А кого́ ты мне пока́жешь?

Ва́ня: Я покажу́ **мои́х ста́рых друзе́й.**

Ке́вин: У тебя́ мно́го ста́рых друзе́й? Отли́чно!

Accusative Plural of Animate Nouns

The accusative and genitive plural of animate nouns and their modifiers are identical (See Analysis VIII, 5).

	Inanimate nouns + modifier	Animate nouns + modifier
Nom. pl.	мои́ ста́рые ве́щи	мои́ ста́рые подру́ги
Acc. pl.		мои́х ста́рых подру́г
Gen. pl.	мои́х ста́рых веще́й	

1. Ке́вин пока́зывает Та́не но́вые фотогра́фии. Read their conversation and fill in the missing words in the accusative. Hint: the nouns are all animate.

де́ти → дете́й

лю́ди → люде́й

друзья́ → друзе́й

хозя́ева → хозя́ев

Та́ня:	Ке́вин, покажи́ мне _____ .	те симпати́чные де́ти
Ке́вин:	А ты по́мнишь _____?	э́ти смешны́е лю́ди
Та́ня:	Да, коне́чно. А когда́ ты фотографи́ровал _____ _____?	на́ши весёлые студе́нты
Ке́вин:	На конце́рте у вас в университе́те. А ты ви́дела _____ ?	ва́ши ста́рые преподава́тели
Та́ня:	Как здо́рово! А ты не забы́л _____ Ле́ну и Са́шу?	мои́ хоро́шие друзья́
Ке́вин:	Нет, что ты, Та́ня!	
Та́ня:	Покажи́ мне, пожа́луйста, _____ . Мне о́чень нра́вится Ва́ня.	твои́ но́вые хозя́ева
Ке́вин:	И мне.	

2. A. Practicing pronunciation: the genitive plural

Note that **е** is the fill vowel for unstressed syllables when it follows **ж, ч,** and **ш.**

1. коро́бка — нет коро́бок ло́жка — нет ло́жек
   па́чка — нет па́чек ви́лка — нет ви́лок
   ру́чка — нет ру́чек таре́лка — нет таре́лок
   ма́йка — нет ма́ек ча́шка — нет ча́шек
   ко́шка — нет ко́шек

2. оте́ц — ма́ло отцо́в
   огуре́ц — ма́ло огурцо́в

B. Take turns with your partner asking each other whether or not you have these items:

> (ру́чка) →
> — У тебя́ есть ру́чки?
> — Нет, у меня́ нет ру́чек.

Adjectives after Numerals

After all numbers (except for **оди́н** and its compounds) all adjectives are in the genitive plural.

1 оди́н но́вый дом	одно́ но́вое общежи́тие	одна́ но́вая кварти́ра
2 два но́вых до́ма	два но́вых общежи́тия	две но́вых кварти́ры
5 пять но́вых домо́в	пять но́вых общежи́тий	пять но́вых кварти́р

3. When you arrive at the airport you discover that your suitcase is missing. Act out your conversation with the airline representative, adding your own words to the list below.

> — Скажи́те, пожа́луйста, что бы́ло у вас в чемода́не?
> — У меня́ там бы́ли два но́вых рюкзака́, три бе́лых ма́йки, пять чёрных ма́ек.
> — Э́то всё?
> — Нет, там бы́ли четы́ре хоро́ших сви́тера, два ста́рых плаща́, три больши́х коро́бки конфе́т.

new — old, big — small, good — bad, long — short, red, white, black, grey

t-shirt, sweater, backpack, scarf, pen, pencil, book, dictionary, box of tea, box of candy

4. Ва́ня loves to brag about his American friend, Ке́вин, to his classmates. Following the model below, construct similar dialogs in which two people are bragging to each other.

> — Зна́ешь, у Ке́вина две но́вых маши́ны.
> — Ну, и что! А у нас три япо́нских велосипе́да.

бе́лый костю́м, но́вая ко́фта, ста́рое кре́сло, америка́нский фотоаппара́т, япо́нский фотоаппара́т, ста́рый телеви́зор, ру́сский плака́т, дорога́я кни́га

5. A. With your partner act out Ке́вин's conversation with a vendor at the farmers' market. Fill in the total amount Ке́вин owes at the end of the conversation.

Ке́вин:	Ско́лько сто́ят ва́ши помидо́ры?
Продаве́ц:	Сто рубле́й. Недо́рого.
Ке́вин:	Да, недо́рого. Я возьму́ три килогра́мма. А э́ти огурцы́ ско́лько сто́ят?
Продаве́ц:	Семь рубле́й шту́ка.
Ке́вин:	Ла́дно, я возьму́ пять штук.
Продаве́ц:	Возьми́те карто́шку — у меня́ о́чень хоро́шая карто́шка.
Ке́вин:	А ско́лько она́ сто́ит?
Продаве́ц:	Два́дцать пять рубле́й большо́й паке́т.
Ке́вин:	Ла́дно, да́йте мне, пожа́луйста, два больши́х паке́та. Так, я до́лжен вам заплати́ть. Ско́лько э́то всё сто́ит?
Продаве́ц:	_____ .
Ке́вин:	Вот, пожа́луйста.
Продаве́ц:	Спаси́бо.

плати́ть (плати́-)/ заплати́ть (заплати́-) = pay

B. Construct and then act out a similar conversation at a small grocery store with your partner.

Expressing Obligation in the Past or Future

Ке́вин до́лжен был заплати́ть продавцу́.
Ле́на должна́ была́ заплати́ть в магази́не.
Та́ня и О́ля должны́ бы́ли заплати́ть касси́ру.

When **до́лжен** is used in the past or future tenses, the appropriate form of the verb **быть** immediately follows it.

6. Что вы должны́ бы́ли сде́лать вчера́ ве́чером? А в суббо́ту и в воскресе́нье? Describe some of your responsibilities, then ask your partner what his/her are.

> В суббо́ту я до́лжен был/должна́ была́
> написа́ть докла́д для ку́рса по исто́рии.
> А ты?

> Ке́вин до́лжен бу́дет говори́ть по-
> ру́сски в Москве́.
> О́ля должна́ бу́дет купи́ть проду́кты.
> Та́ня и Ле́на должны́ бу́дут сдава́ть
> экза́мены ле́том.

7. Supply logical continuations for the following sentences using **до́лжен** to describe what needs to be done. Use reference words if you wish.

> А́нна Бори́совна бу́дет гото́вить обе́д. →
> О́ля и Та́ня должны́ бу́дут купи́ть проду́кты.

1. В четве́рг у меня́ бу́дет контро́льная рабо́та по ру́сскому языку́.
2. О́ля Воло́дина бу́дет в Звени́городе.
3. За́втра ве́чером у Серге́я бу́дут го́сти.
4. У нас до́ма нет еды́.
5. Ле́на и Са́ша бу́дут обе́дать в кафе́.

> купи́ть еду́, заплати́ть официа́нту, переводи́ть ру́сские
> те́ксты, пригото́вить у́жин

Special Third Declension Nouns мать **and** дочь				
Case	Singular	Plural	Singular	Plural
Nom.	мать	ма́тери	дочь	до́чери
Acc.	мать	матере́й	дочь	дочере́й
Gen.	ма́тери	матере́й	до́чери	дочере́й
Prep.	о ма́тери	о матеря́х	о до́чери	о дочеря́х
Dat.	ма́тери	матеря́м	до́чери	дочеря́м

8. Are families becoming larger or smaller with each new generation? Compare the number of children your grandparents and your parents had with your partner.

> У мои́х отца́ и ма́тери одна́ дочь и два сы́на. А у твои́х?

9. You are hosting a party for Greenpeace and do not want to use plastic plates, etc. Borrow some extra tableware and furniture from your neighbor.

стака́н = glass

> — У тебя́ нет стака́нов?
> — Есть.
> — А ско́лько?
> — По-мо́ему, пять и́ли шесть стака́нов.
> — Ты не дашь их мне сего́дня ве́чером?
> — Коне́чно, возьми́.

plates, cups, forks, spoons, knives, chairs, tables

1. Write in the appropriate names to complete the following
sentences that describe Óля, Áнна Борúсовна, and
Тáня.

PREviewing

Óля	былá в командирóвке.
_____	прóсит дочь купúть продýкты.
_____	рáда вúдеть Óлю.
_____	не хóчет говорúть о проблéмах в университéте.
_____	покупáют продýкты в гастронóме.⸋
_____	лю́бит конфéты и печéнье.
_____	не ест мя́со.
_____	пропустúла мнóго заня́тий.
_____	говорúт, что сестрá должнá бóльше дýмать о заня́тиях.
_____	дýмает, что Кéвин интерéсный.

просúть (просú-) (imp.)
= ask (a favor)

рад = glad

⸋ You probably noticed two things about Russian stores that you rarely or never see in the U.S. Tanya and Olya
took their food home in bags they brought to the store themselves—Russian stores do not provide free
bags. Also, the cashier tore the girls' receipt when she handed it to them; this is to show that they have paid.

2. How well do you remember what happened in this episode? Correct the following sentences to make them true.

> — Та́ня спра́шивает О́лю, **как дела́ в институ́те.**
> — Нет, что ты! Наоборо́т, О́ля спра́шивает Та́ню, **как дела́ в институ́те.**

1. Та́ня покупа́ет лук и карто́шку, а О́ля покупа́ет конфе́ты и пече́нье.

2. Та́ня о́чень серьёзная студе́нтка. Она́ не пропуска́ет заня́тия.

3. О́ля лю́бит мя́со, а Та́ня вегетариа́нка.

4. О́ля дала́ Та́не непра́вильный а́дрес.

5. Та́ня не понима́ет, как О́ля смогла́ откры́ть чужу́ю кварти́ру.

3. Link the sentences on the left with those on the right to form single logical sentences about the video.

> Та́ня покупа́ет конфе́ты и торт.
> Без са́хара голова́ не рабо́тает. →
>
> Та́ня покупа́ет конфе́ты и торт, **потому́ что** без са́хара голова́ не рабо́тает.

О́ля должна́ купи́ть проду́кты.		Он ей понра́вился.
Та́ня несерьёзная студе́нтка.		Она́ вегетариа́нка.
О́ля не хо́чет покупа́ть мя́со.	**потому́ что…**	У них нет проду́ктов.
О́ля спра́шивает Та́ню о Ке́вине.		Она́ хо́чет помо́чь Ке́вину.
Та́ня должна́ быть в Звени́городе.		Она́ пропуска́ет мно́го заня́тий.

▶ Now watch «**Кака́я ты несерьёзная!**» with the SOUND ON.

SOUND
ON

4. Match the questions in the left column with the answers from the video on the right.

Как командиро́вка?   Всё хорошо́.

Как дела́ в шко́ле?   Замеча́тельно.

Как твоя́ командиро́вка?   Ой, не спра́шивай.

Как дела́ в институ́те?   Всё в поря́дке.

> Всё в поря́дке. =
> Everything's fine; lit.:
> Everything is in order.

5. A. Place an initial beside each item to indicate which sister makes the decision to buy it.

_____ торт		_____ колбаса́	
_____ пиро́жные		_____ ры́ба	
_____ конфе́ты		_____ хлеб	
_____ ма́сло		_____ о́вощи	
_____ сыр		_____ апельси́ны	

B. Connect the name of each item О́ля and Та́ня did not buy with the reason why they did not buy it.

пече́нье   О́ля его́ не ест.

са́хар   У них э́то есть.

чай   О́чень до́рого.

мя́со

6. Óля brings up the topic of dieting because she:

☐ is concerned that Táня is buying too many sweets.

☐ wants Táня to stop eating meat.

☐ thinks Táня isn't getting enough vitamins.

7. Which of the following things do you learn from the conversation between the two sisters?

	Да	Нет
Táне двáдцать два гóда.	☐	☐
Óле сóрок вóсемь лет.	☐	☐
Táня снялá Кéвину квартúру.	☐	☐
Táня написáла непрáвильный áдрес.	☐	☐
Зáвтра Táня бýдет в Звенúгороде.	☐	☐

POSTviewing

8. Когó вы вúдели в э́том эпизóде?

> Táня, Óля, Áнна Борúсовна, Вúктор Степáнович, Мúша, Кéвин Джéксон

9. The Волóдины are always glad to see each other. Fill in the blanks with the appropriate form of **рад**.

1. Táня _____ вúдеть Óлю.

2. Áнна Борúсовна _____ вúдеть дочь.

3. Вúктор Степáнович _____ вúдеть дочерéй.

4. Óля и Táня _____ вúдеть родúтелей.

10. Imagine that you are Óля and respond to this list of Táня's requests and questions. Note that the pronoun **ты** may be omitted in the questions.

> — (Ты) помóжешь мне купúть продýкты?
> — **Конéчно**, помогý./**Обязáтельно** помогý./**Потóм** помогý.

потóм = later

1. (Ты) расска́жешь о командиро́вке?
2. (Ты) включишь телеви́зор?
3. (Ты) откро́ешь дверь?
4. (Ты) ку́пишь мне соба́ку?
5. (Ты) объясни́шь мне грамма́тику?
6. (Ты) сни́мешь да́чу ле́том?
7. (Ты) возьмёшь мне паке́т молока́?
8. (Ты) запи́шешь мой но́вый а́дрес?
9. (Ты) закро́ешь окно́?
10. (Ты) не дашь мне слова́рь?
11. (Ты) не позвони́шь мне в два часа́?
12. (Ты) не забу́дешь купи́ть смета́ну?

включа́ть (включа́й-)/
включи́ть (включи́-)
= turn on

объясня́ть (объясня́й-)/
объясни́ть (объясни́-)
= explain

Remember that **не** is used in polite requests.

11. A. By now you know a little bit about Та́ня and О́ля's tastes in food. Comment on who likes what.

Та́ня лю́бит **конфе́ты**.

cake, vegetables, meat, cookies, black bread, fish, onions, potatoes, coffee

B. Speculate about people or things the characters in the video might like.

Са́ша лю́бит **архитекту́ру**.

Ми́ша (живо́тные), Ле́на (друзья́), Серге́й (де́ньги), А́нна Бори́совна (шко́льники), Та́ня (роди́тели), Ви́ктор Степа́нович (до́чери), дека́н (студе́нты), милиционе́р (де́ти), Смирно́вы (го́сти)

живо́тное = animal

12. When Óля finds out that Тáня had been skipping class, she gives her a bit of sisterly advice: «Ты должнá **бóльше** дýмать о занятиях». What kind of advice would you give to someone who:

бóльше = more
мéньше = less

1. is working too much
2. is tired and needs to rest
3. needs some exercise
4. is having trouble passing Russian exams
5. wants to lose weight
6. wants to gain weight
7. failed their last music exam
8. is having trouble sleeping

> бóльше/мéньше; рабóтать, отдыхáть, гулять, танцевáть, читáть/писáть/говорить по-рýсски, есть, игрáть на рояле, смотрéть телевизор

13. By the time Тáня and Óля return from the store, Áнна Борúсовна has already returned home from school. After exchanging greetings, she asks the girls what they bought and how much they spent. Act out their conversation, using the model as your starting point.

cake, sausage, pastries, fish, candy, bread, butter, potatoes, onions, cheese, oranges, caviar

---

— Ну, покажи́те, что вы купи́ли.
— Вот **апельси́ны.**
— А ско́лько **они́ сто́ят?**
— Сто два́дцать рубле́й.
— А **ма́сло** взя́ли?
— Взя́ли.
— А ско́лько вы заплати́ли?

8
DAY 8

Мимохо́дом◊

М. Ве́ллер

Он: — Здра́вствуй!

Она́: — Я тебя́ ты́сячу лет не ви́дела. Здра́вствуй.

Он: — Как дела́?

Она́: — Ничего́. А ты как?

Он: — Норма́льно.

Она́: — У тебя́ есть сигаре́ты?

Он: — А тебе́ мо́жно?

Она́: — Мо́жно.

Он: — Хо́чешь ко́фе?

Она́: — Нет.

Он: — Так кто у тебя́?

Она́: — Де́вочка.

Он: — Ско́лько?

Она́: — Четы́ре ме́сяца.

Он: — Как звать?

Она́: — О́льга. О́льга Алекса́ндровна... Са́шка был в экспеди́ции, когда́ О́ленька роди́лась,◊ и да́же на телегра́мму мне не отве́тил. Он так хоте́л сы́на.

Он:	— Ну, есть ещё вре́мя.
Она́:	— Ну, нет.
	(По коридо́ру гуля́ла ко́шка.)
Она́:	— Са́шка гео́лог. Он хо́чет в Ми́рный.☐ А я хочу́ жить в Ленингра́де.
Он:	— Что ж. Выходи́ за меня́ за́муж.◊
Она́:	— А э́то иде́я.
Он:	— Вот и отли́чно.
Она́:	— Жени́ться тебе́ ну́жно.◊
Он:	— Бродя́га◊ я, понима́ешь?
Она́:	— Э́то то́чно…. Ну, мне пора́.◊
Он:	— Посиди́.◊
Она́:	— Дай две копе́йки☐ ☐ — позвони́ть, что опа́здываю.
Он:	— Ну, коне́чно. Держи́.◊ ■

Marry me.

You need to get married.

vagabond

It's time for me to go.

Stay awhile.

Here you go.

1. A. Name all of the characters mentioned or present in this story.

_____ _____ _____ _____

B. The age of one of the characters is mentioned. Can you guess how old the other characters are?

_____ _____ _____ _____

2. Underline the phrases in the text that provide answers to the following questions.

1. How long has it been since the two characters have seen each other?

2. Does he know that she is married and has a child?

☐ **Ми́рный** is a small town in the region of Yakutiya in northeast Siberia. The primary industry of this particular area is diamond mining—the business related to her husband's profession.

☐ ☐ In the 1970–80s in order to make a call from a payphone in Russia you needed a 2 kopeck coin.

3. What is her daughter's name? How old is she?

4. How did her husband react to the birth of their daughter? Why?

5. Why does she ask him for money?

3. Identify the following statements as true or false.

	Да	Нет
Она́ его́ давно́ не ви́дела.	☐	☐
Она́ мо́жет кури́ть.	☐	☐
Они́ говоря́т о рабо́те.	☐	☐
Они́ говоря́т о жи́зни.	☐	☐
У неё есть муж.	☐	☐
У неё есть до́чка.	☐	☐
До́чке оди́н год.	☐	☐
Её муж о́чень хоте́л сы́на.	☐	☐
Муж — студе́нт.	☐	☐
Муж хо́чет жить в Ленингра́де.	☐	☐
У её дру́га есть жена́.	☐	☐
Она́ не хо́чет опозда́ть.	☐	☐

4. Compose sentences describing what the characters in the story (он, она́, её муж Са́ша) want.

> Она́ хо́чет **сигаре́ту**.

> жить в Ленингра́де, рабо́тать в Ми́рном, пить ко́фе, позвони́ть, кури́ть, сын

5. A. When the woman in the story asks the man if he has a cigarrette, he replies by asking her, **«Тебе́ мо́жно?»** Why does he ask if it is safe for her to smoke?

☐ Her husband doesn't like her to smoke.

☐ She has a small child.

☐ She isn't old enough to smoke.

B. What is the man in the story referring to when he says, «**Ну, есть ещё вре́мя**»?

☐ There is still time for the woman's husband to respond to the telegram about the birth of their daughter.

☐ There is still time for her to have a son.

☐ There is still time for her to stay and chat.

C. When the woman says, «**Ну, мне пора́**» at the end of the story, she means that it is time for her to:

☐ go to work

☐ go home

☐ call Са́ша

6. Match the sentences on the left with synonymous direct quotes from the story on the right.

Как её зову́т?	Хо́чешь ко́фе?
Как живёшь?	Так кто у тебя́?
Дай мне сигаре́ту.	Вот и отли́чно.
Бу́дешь ко́фе?	Как звать?
У тебя́ сын и́ли дочь?	У тебя́ есть сигаре́ты?
Са́шка мой о́чень хоте́л сы́на.	Э́то то́чно.
Вот и прекра́сно.	Как дела́?
Э́то так.	Са́шка мой так хоте́л сы́на.

7. The following is a letter written by the woman in the story to an old friend. Fill in the missing words.

Здра́вствуй, О́ля!

Мы не ви́делись ты́сячу лет. Я вы́шла за́муж. Мой муж _____
                                                           хоте́ть

жить и рабо́тать в _____, а я _____ жить в _____.
                       Ми́рный   **хоте́ть**   **Ленингра́д**

Когда́ родила́сь до́чка, он _____ в _____ и не _____
                                  быть   **экспеди́ция**   **отве́тить**

на _____. Сейча́с _____ четы́ре _____, _____
    телегра́мма   **до́чка**   **ме́сяц**   **она́**

зову́т О́ля, а _____ — Са́ша. Она́ о́чень симпати́чная, ма́ленькая
            муж

дéвочка. Вчерá мимохóдом я _____ моегó _____. Он люби́л,
                    встрéтить   **стáрый друг**

_____ и бýдет _____ меня́. Я не _____, что дéлать.
люби́ть   **люби́ть**   **знать**

_____ мне. Напиши́ и́ли _____ мне.
помóчь   **позвони́ть**

Жду. Твоя́ Кáтя

8. Describe your family. How many children are in your family? Are your siblings married? Do your parents have brothers or sisters?

> У моегó отцá два брáта и однá сестрá.

9. Imagine that you meet an old classmate 20 years from now. Create a dialog in which you and your friend ask each other about your families, jobs, pets, etc.

10. Now that you have discussed «Мимохóдом», translate the story orally into English with each member of the class taking a sentence.

1. Ва́ня is always trying to impress Ке́вин. Today he is showing him his many different collections. Create full sentences from the numbers and nouns provided, making sure everything is in the proper case.

> 253 (откры́тка) →
> У Ва́ни 253 откры́тки.

1. 95 (откры́тка) _____
2. 31 (значо́к) _____
3. 257 (плака́т) _____
4. 76 (календа́рь) _____
5. 54 (маши́на) _____
6. 12 (нож) _____
7. 108 (каранда́ш) _____

значо́к = pin

2. Ма́ма попроси́ла Ва́ню купи́ть проду́кты.

СПИ́СОК

одна́ па́чка ма́сла

два паке́та молока́

одна́ коро́бка конфе́т

три па́чки творога

четы́ре лимо́на

пиро́жные, четы́ре
штуки

Ва́ня забы́л взять спи́сок.
Вот, что он купи́л:

Что купи́л Ва́ня? Что забы́л купи́ть Ва́ня?

3. Give your friend advice using the adverbs **бо́льше** and **ме́ньше**.

> — Я всю неде́лю рабо́таю.
> — Ты до́лжен/должна́ бо́льше отдыха́ть.

1. Я не о́чень хорошо́ понима́ю по-ру́сски.
2. Я весь ве́чер смотре́л(а) телеви́зор.
3. Я прогуля́л(а) мно́го заня́тий в университе́те.
4. Я всё воскресе́нье рабо́тал(а).
5. У меня́ нет де́нег.
6. Я не сдал(а́) экза́мены.

отдыха́ть, гуля́ть, смотре́ть ру́сские фи́льмы, говори́ть по телефо́ну, ду́мать о заня́тиях, рабо́тать

4. Russians do not have garage or yard sales. They generally take the things they do not need to a thrift store, sell them, or give them away to friends. Help your Russian friend organize the first yard sale in the area at his/her dacha.

A. Make a list of items for sale with your partner. Specify how many of each item you have. Use numerals and also **мно́го, ма́ло, не́сколько.**

B. Act out the dialog below with your partner and then act out similar conversations. Do not hesitate to negotiate the price!

> — Ско́лько сто́ят э́ти ча́шки?
> — Семьсо́т.
> — А ско́лько у вас тут ча́шек?
> — Тут пять ча́шек.
> — Семьсо́т? Э́то до́рого.
> — До́рого? Посмотри́те! Пять хоро́ших но́вых ча́шек! Ла́дно, шестьсо́т.
> — Хорошо́. Я их возьму́. Сейча́с я вам заплачу́. Вот, пожа́луйста.
> — Спаси́бо.

5. Когда́ нача́ло фи́льма?

Working in groups of two act out conversations between interested patrons and the person answering the phone at the movie theater «Росси́я».

нача́ло = beginning
коне́ц = end

КИНОТЕА́ТР «РОССИ́Я»

«Бума́жный солда́т»	«Но́вая земля́»
12.00	10.55
14.15	13.15
16.30	15.35
18.45	17.55
21.00	20.15

«Плюс оди́н»

11.10
13.15
15.20
17.25
19.30
21.35

> — Скажи́те, пожа́луйста, когда́ нача́ло фи́льма «Плюс оди́н»?
> — У́тром, днём и́ли ве́чером?
> — **У́тром.**
> — В **оди́ннадцать де́сять.** (11.10)
> — Спаси́бо.
> — Пожа́луйста.

6. Купи́ мне, пожа́луйста, проду́кты!

You and your roommate take turns grocery shopping.

A. Write a list of groceries you need, specifying the quantity of each item.

B. Construct a dialog with your roommate based on the list you have created.

> — Купи́ мне, пожа́луйста, одну́ па́чку ча́я, я́блоки и моро́женое.
> — Ла́дно. А ско́лько я́блок?
> — Не́сколько штук. Подожди́, я дам тебе́ де́ньги.
> — Хорошо́.
> — Вот, возьми́ одну́ ты́сячу.
> — Спаси́бо.

7. У вас есть соба́ка и́ли ко́шка? А ско́лько ей лет?

Find out from your partner whether s/he, her parents, siblings, or friends have a pet and how old it is.

> — У тебя́ есть соба́ка и́ли ко́шка?
> — У меня́ нет. Но у мои́х отца́ и ма́тери есть две соба́ки.
> — А ско́лько им лет?
> — Ша́рику шесть лет, а Ре́ксу четы́ре го́да.

8. Что вы должны́ купи́ть?

You are having some friends over for dinner tonight and you are completely out of food. What will you have to buy to fix a meal of your selection?

> — Сего́дня я бу́ду гото́вить пи́ццу. Я до́лжен/должна́ купи́ть сыр и помидо́ры. А ты?

9. Fill out the following questionnaire about your daily routine and then discuss your answers with your partner.

> — **Я за́втракаю де́сять мину́т.** А ты?

Что вы де́лаете?	Ско́лько вре́мени?
1. За́втракаете	
2. Обе́даете	
3. У́жинаете	
4. Гото́вите еду́	
5. Гуля́ете	
6. Рабо́таете	
7. Чита́ете	
8. Смо́трите телеви́зор	
9. Слу́шаете му́зыку	
10. Говори́те по телефо́ну	

10. Situations

A. You have lost the spare key to your good friend's apartment. Trace your past week's activities day by day to determine where you might have misplaced it since you last saw it a week ago. Be sure to indicate how long you performed each activity or were at each place.

B. Your best friend from high school is visiting you at college for the weekend. Discuss your options for activities for Friday night, Saturday during the day, Saturday night, and Sunday during the day. Make sure you can keep on schedule by deciding how long you'll be at each event.

C. You have been asked to take the Russian department's visiting professor from Moscow, Marina Ivanovna, grocery shopping. This is her first time in the U.S. Act out your conversation and discussion of prices as you shop.

1. Summary of First and Second Declension Nouns

Singular of First Declension				
Case	**Ending**	**Examples**		
Nom.	-ø, -o[1]	áвтор	словáрь	окнó
Acc. (Inan.)			словáрь	окнó
(Anim.)	-a	áвтора		
Gen.		áвтора	словаря́	окнá
Prep.	-e	áвторе	словарé	окнé
Dat.	-y	áвтору	словарю́	окнý

Neuter and masculine ø-stems have identical endings in the genitive, prepositional, dative, and instrumental cases. Only the nominative and accusative forms are different. For that reason we normally list masculine and neuter nouns together as first declension nouns.

Singular of Second Declension			
Case	**Ending**	**Examples**	
Nom.	-a	кáрта	дерéвня
Acc.	-y	кáрту	дерéвню
Gen.	-ы	кáрты	дерéвни
Prep.	-e	кáрте	дерéвне
Dat.		кáрте	дерéвне

All nouns with nominative singular endings in **-a** (-я) belong to the second declension. All the feminine nouns we have learned so far belong to the second declension, as do a few masculine kinship terms and masculine diminutive forms: **дéдушка**, **Вáня**, etc.

---

[1] Primary endings: for brevity's sake only the basic ending is shown in Cyrillic. It is understood from this point on that after a soft ending consonant -ø is spelled -ь, -a is spelled -я, -y is spelled -ю, etc.

2. Third Declension Nouns

Russian has one further category of nouns: the *third declension*. Third declension nouns are gramatically feminine, but they look identical to first declension masculine nouns ending in a soft consonant. They are relatively few in number and are differentiated from their masculine counterparts in all Russian dictionaries with the notation (f.) for feminine, third declension. Third declension has but two endings in the singular: **-ø** (nom. and acc.) and **-и** (in the other cases).

тетрáдь "notebook"		
Case	**Endings**	**Examples**
Nom.	-ø	тетрáдь
Acc.		тетрáдь
Gen.	-и	тетрáди
Prep.		в тетрáди
Dat.		тетрáди

Nominative plural of third declension nouns also ends in **-и**.

3. Nouns in the Plural (Review of Nominative and Accusative)

Gender and declension types are not distinguished in the plural. Russian nouns in **-ø** and **-а** have *nominative plural* in **-ы**; Russian nouns in **-о** have nominative plural in **-а**. In addition, as we have previously learned (Analysis IV, 11), a small group of masculine nouns with the AB stress pattern also form plurals in **-а**: **дом - домá, гóрод - городá, профéссор - профессорá,** etc.

The *accusative plural* of all inanimate nouns is identical to the nominative. Accusative plural nouns denoting animals (including humans) have the same form as the genitive plural.

4. Genitive Plural

The genitive plural form of a Russian noun is easily predicted from the nominative singular dictionary form. As you remember from Unit I, Russian nouns have one of three possible nominative endings: **-а, -о,** and **-ø**. Most masculine and all third-declension nouns have the **-ø** ending; all other nouns have the vocalic endings: **-а** (**-я**), or **-о** (**-е, -ё**).

The genitive plural ending is either "zero" or vocalic. If the nominative singular form of the noun ends in a vowel (**-а** or **-о**), then the genitive plural form is **-ø**. If the nominative singular form of the noun ends in **-ø**, then the genitive plural form is vocalic: **-ов** (after hard consonants) or **-ей** (after soft consonants). This rule works independently of gender or declension type of the noun in question. Just remember the simple rule:

Nominative Singular		Genitive Plural
Vocalic (-a, -o)	→	-ø
-ø	→	Vocalic (-ов, -ей)

A. The genitive plural zero ending is used with nominative singular vocalic endings.

книга	→	книг	отчество	→	отчеств
библиотека	→	библиотек	здание	→	зданий

B. The genitive plural vocalic ending **-ов** is used after nominative singular *hard consonant* zero endings and also after stems ending in **-й**. The genitive plural vocalic ending **-ей** is used after *soft consonants* (except **-й**) and also after **ш** and **ж**.[2]

-ов (-ев)	**-ей**
(after hard consonants and й)	(after soft consonants and ш, ж)[3]

стол	→	столо́в	учитель	→	учителе́й
отец	→	отцо́в	дверь	→	двере́й
музей	→	музе́ев	карандаш	→	карандаше́й
нож	→	ноже́й			

C. Vowel/Zero Alternations

Whenever a consonant cluster (i.e. two or more consonants in a row) precedes a zero ending, a vowel is inserted before the final consonant. The inserted vowel is:

1. **-о-** before a hard consonant (spelled **ё**, except with an adjoining **г**, **к**, or **х**).

сестра́	→	сестёр (сест/р-ø)
таре́лка	→	таре́лок (тарел/к-ø)

2. **-е-** before a soft consonant and also before **ц**.

дере́вня	→	дереве́нь (дерев/нь-ø)
оте́цø	→	отцо́в

Note, however, that there are three "acceptable" clusters of consonants which do not call for the insertion of a vowel: **ст, зд, ств**, for example ме́сто → **мест**. No vowels are inserted in some other words as well:

---

[2] Exceptions to the basic rule of vocalic versus zero ending are very few. Russian has two soft-stem neuter nouns, **по́ле** "field" and **мо́ре** "sea," both of which take the ending **-ей** rather than the expected **-ь**: полей, морей. There is also a very small number of second declension nouns with stems ending in a soft consonant or sibilant: тётя - тётей, дя́дя - дя́дей.

[3] Recall that among unpaired consonants **ш, ж, ц** are hard and **щ, ч, й** are soft.

Nom. Sing.	Gen. Pl.
ка́рта	картø
ла́мпа	лампø
теа́трø	теа́тров
по́чта	почтø

5. Summary of Nouns in the Plural[4]

Case	Ending	Examples				
Nom. Acc. (Inan.)	-ы; -а	а́вторы	столы́	ка́рты	тетра́ди	о́кна
		столы́	ка́рты	тетра́ди	о́кна	
All (Anim.) Gen.	-ов/-ей or -ø	а́второв				
		а́второв	столо́в	карт	тетра́дей	о́кон
Prep.	-ах	а́ворах	стола́х	ка́ртах	тетра́дях	о́кнах
Dat.	-ам	а́ворам	стола́м	ка́ртам	тетра́дям	о́кнам

6. The Third Declension Nouns мать "Mother" and дочь "Daughter"

The third declension nouns **мать** and **дочь** take -ер- before all endings except -ø in the nominative and the accusative.

Nom.	мать	дочь	Её дочь у́чится.
Acc.	мать	дочь	Вчера́ я ви́дел ва́шу дочь.
Gen.	ма́тери	до́чери	Э́то кварти́ра мое́й до́чери.
Prep.	о ма́тери	о до́чери	Он говори́л о ва́шей до́чери.
Dat.	ма́тери	до́чери	Сего́дня я позвони́ла твое́й до́чери.

Plural forms are also built on the long stem: nom. pl. **ма́тери**, **до́чери**. The AC stress pattern is the same for these two nouns with characteristic ending stress in the oblique cases: **матере́й, матеря́х, матеря́м**; and **дочере́й, дочеря́х, дочеря́м**.

7. The Plural of Pronouns

Russian genitive and prepositional plural endings coincide. Accusative plural has two sets of forms: one identical to the nominative for inanimate nouns and the other identical to the genitive for nouns denoting all members of the animal kingdom, regardless of gender. *The accusative forms of the personal pronouns always coincide with genitive, regardless of whether the antecedent is animate or inanimate.*

---

4 Refer also to Appendix V, Irregular Plurals, as needed.

Learn the formation and the plural endings of the personal, possessive and demonstrative pronouns.

Nom.	э́ти	мой	ва́ши	чьи	те	все	они́
Acc.	(same as genitive or nominative)						их
Gen.	э́тих	мои́х	ва́ших	чьих	тех	всех	их
Prep.	э́тих	мои́х	ва́ших	чьих	тех	всех	их

Твой is declined like **мой**, and **наш** like **ваш**. The accusative plural of pronouns is identical with the genitive when their head word is an animate noun, and with the nominative when their head word is an inanimate noun.

8. Russian Surnames in the Plural

Russian surnames have pronominal endings throughout the plural: nom. **Ивано́вы** "the Ivanovs," gen./acc. **Ивано́вых**. Note that the plural of a surname is used when more than one member of the same family is implied in the sentence:

Ива́н, Дми́трий и Алёша Карама́зовы.   Ivan, Dmitry, and Alyosha Karamazov.

В теа́тре мы ви́дели О́лю
и Та́ню Воло́диных.   We saw Olya and Tanya Volodina
at the theater.

9. Numerals

A. Numerals in Sentences

With the exception of the numeral **оди́н** and its compounds, Russian numerals function as *noun-quantifiers*. This means that when they occupy the position of the subject or object in a sentence, they will govern the appropriate genitive form of the word(s) quantified (see Analysis V.) As the subject of a sentence or clause, numerals can govern either the neuter singular or the plural form of the verb.

В на́шей шко́ле рабо́та**ет**
два́дцать учителе́й.
В на́шей шко́ле рабо́та**ют**
два́дцать учителе́й.   Twenty teachers *work* at our school.

На по́лке лежа́**ло** две кни́ги.
На по́лке лежа́**ли** две кни́ги.   There *were* two books on the shelf.

The plural form of the verb conveys a greater degree of individualization of the objects quantified.

Indefinite quantifiers, such as **мно́го**, **ма́ло**, and **не́сколько**, usually govern the neuter singular form of the verb. Otherwise they function in the sentence in the same way as cardinal numerals.

Мно́го книг сто́ит на по́лке.   Many books *are* on the shelf.
Мно́го книг стоя́ло на по́лке.   Many books *were* on the shelf.

B. The Numeral 1 and its Compounds (21, 31, etc.)

All numerals whose last element is **оди́н** (including **одна́, одно́, одни́**) function like *modifiers*, agreeing in gender and case with their head word. The numeral is always *singular* except when it quantifies nouns which occur only in the plural; e.g., **часы́** "watch."

оди́н большо́й стол   one big table
два́дцать оди́н большо́й стол   twenty-one big tables
три́дцать одна́ но́вая маши́на   thirty-one new cars
сто одно́ ма́ленькое окно́   one hundred and one small windows
одни́ но́вые часы́   one new watch
со́рок одни́ но́вые часы́   forty-one new watches

C. The Numerals 2, 3, 4 and Their Compounds (22, 23, 24; 32, 33, etc.)

Numerals whose last element is **два/две** "two," **три** "three," or **четы́ре** "four" function as noun-quantifiers, and govern the genitive singular:

два рома́на   two novels
два́дцать две кни́ги   twenty-two books
два́дцать три уче́бника   twenty-three textbooks
два́дцать четы́ре окна́   twenty-four windows

Я прочита́л два рома́на Толсто́го.   I have read two novels by Tolstoy.
Мы ви́дели две маши́ны.   We saw two cars.

D. The Numerals 5 and Above

All other numerals, including the teens, as well as the indefinites **мно́го, ма́ло, не́сколько**, and **ско́лько**, govern the *genitive plural:*

пять книг   five books
оди́ннадцать книг   eleven books
двена́дцать столо́в   twelve tables
два́дцать шесть газе́т   twenty-six newspapers

Ва́ня прочита́л во́семь книг.   Vanya has read eight books.
Ско́лько книг вы прочита́ли?   How many books have you read?

E. Some Special Cases

When used with definite numerals and the indefinites **не́сколько** and **ско́лько**, the word **челове́к** takes a zero ending in the genitive plural (identical with nominative singular): **пять челове́к, со́рок семь челове́к.** Indefinite quantifiers take the regular genitive plural ending: **мно́го/ма́ло/немно́го люде́й.** Similarly, the genitive plural form of the word **солда́т** "soldier" (**оди́н солда́т**) is **солда́т** (**два́дцать солда́т**).

The noun **час** "hour" follows the BB stress pattern (i.e. ending-stress) when quantified, otherwise it follows the AB stress pattern: **два часа́** "two hours," but: **до э́того ча́са** (gen.) "until that hour."

10. The Genitive Plural of Adjectives

Sing.	Nom.		но́вый	молодо́й	ру́сский	большо́й
Pl.	Nom.	**-ые**	но́вые	молоды́е	ру́сские	больши́е
	Acc. (Inanim.)		(same as nominative)			
	Acc. (Anim.)		(same as genitive)			
	Gen.	**-ых**	но́вых	молоды́х	ру́сских	больши́х
	Prep.		но́вых	молоды́х	ру́сских	больши́х
	Dat.	**-ым**	но́вым	молоды́м	ру́сским	больши́м

After all numbers (except **оди́н** and its compounds) all adjectives are in the genitive plural.

	First Declension		Second Declension	Third Declension
1	оди́н но́вый слова́рь	одно́ но́вое письмо́	одна́ но́вая кни́га	одна́ но́вая тетра́дь
2	два но́**вых** словаря́	два но́**вых** письма́	две но́**вых** кни́ги	две но́**вых** тетра́ди
3	три но́**вых** словаря́	три но́**вых** письма́	три но́**вых** кни́ги	три но́**вых** тетра́ди
4	четы́ре но́**вых** словаря́	четы́ре но́**вых** письма́	четы́ре но́**вых** кни́ги	четы́ре но́**вых** тетра́ди
5	пять но́**вых** словаре́й	пять но́**вых** пи́сем	пять но́**вых** книг	пять но́**вых** тетра́дей
6	шесть но́**вых** словаре́й	шесть но́**вых** пи́сем	шесть но́**вых** книг	шесть но́**вых** тетра́дей

11. The 24-Hour Clock

The 24-hour clock is regularly used on all official time schedules in Russia (for example, for railroads, planes, radio, theater and concert performances). The words for "hour" and "minute" may be omitted.

7.25	семь часо́в два́дцать пять мину́т	7:25 AM
10.51	де́сять часо́в пятьдеся́т одна́ мину́та	10:51 AM
14.22	четы́рнадцать часо́в два́дцать две мину́ты	2:22 ▨
20.03	два́дцать часо́в три мину́ты (два́дцать ноль три)	8:03 ▨

12. Time Expressions Denoting Duration

Time expressions that denote the duration of an event are in the accusative case. The usual rules for numeral government apply within the phrase.

— Ско́лько вре́мени вы жи́ли на ю́ге?   — How long did you live in the south?
— Два го́да.   — Two years.

— Вы давно́ рабо́таете в э́той кли́нике?   — Have you been working in that clinic for a long time?
— Нет, то́лько неде́лю.   — No, only a week.

13. The Pronoun весь "all," "whole," "entire"

The pronoun **весь** and its forms agree in gender and number with the noun it modifies.

Case	Masc.	Neut.	Fem.	Plural
Nom.	весь	всё	вся	все
Acc. (Inanim.)	весь	всё	всю	все
(Anim.)	всего́			всех
Gen.	всего́		всей	всех
Prep.	всём		всей	всех
Dat.	всему́		всей	всем

14. Expressing Obligation: до́лжен

The predicate **до́лжен, должна́, должно́, должны́** "must," "obliged," "should," "ought to" agrees in number and gender with the subject of the clause or sentence. Past and future are expressed by the appropriate forms of **быть** which follow **до́лжен**.

Ке́вин **до́лжен** зако́нчить фотоальбо́м.   Kevin must (or: should) finish the photo album.

Та́ня **должна́** зако́нчить подгото́вку к се́ссии.   Tanya must (or: should) finish preparation for finals.

Они́ **должны́** зако́нчить э́ту рабо́ту.   They must (or: should) finish this work.

О́ля и Ке́вин **должны́ бу́дут** де́лать фотоальбо́м.   Olya and Kevin will have to make a photo album.

Они́ **должны́ бы́ли** де́лать фотоальбо́м.   They had to make a photo album.

15. Aspect in Infinitives

After verbs that denote beginning, continuing, or concluding an event or action *imperfective* infinitives are used.

Ва́ня на́чал **реша́ть** э́ту зада́чу.   Vanya began to solve the problem.
Та́ня зако́нчила **чита́ть** кни́гу по исто́рии.   Tanya finished reading the history book.

16. The Verb Pair б/рǎ- and взять (Irregular) "take"

The non-syllabic a-verb б/рǎ- has an -e- inserted between the two root consonants before vocalic endings. (See Analysis Unit VII, 10 for another example.)

Infinitive: брать (б/рǎ-) "take" (imperfective)

Imperative: бери! берите!

Past:		Present:		
брал			берý	берём
бралá			берёшь	берёте
брáло			берёт	берýт
брáли				

The perfective verb **взять** is irregular; its forms must be memorized. Note that this verb has shifting stress in the past tense.

Infinitive: взять

Imperative: возьми! возьмите!

Past:		Present: (none)	Future:		
взял			возьмý	возьмём
взялá			возьмёшь	возьмёте
взя́ло			возьмёт	возьмýт
взя́ли				

17. Expression of Age

Age is expressed in Russian by means of a dative construction:

— Ско́лько **вам** лет?   — How old are you?
— **Мне** девятна́дцать лет.   — I am nineteen years old.

As is usual with a numeral, the verb is in the neuter singular; the word for "year" is in the nominative singular after **оди́н** or its compounds (**год**), the genitive singular after 2, 3, 4 or their compounds (**го́да**), and the genitive plural elsewhere (**лет**).

Та́не два́дцать два го́да.	Tanya is 22 years old.
А́нне Бори́совне со́рок пять лет.	Anna Borisovna is 45 years old.
Ке́вину бы́ло семна́дцать лет семь лет наза́д.	Kevin was 17 years old 7 years ago.
Ско́ро Та́не бу́дет два́дцать три го́да.	Soon Tanya will be 23 years old.

NOUNS

ба́нка can, container
вегетариа́нка (f.),
  вегетариа́нец (m.)
  vegetarian
вещь (f.) thing AC
взро́слый adult
гастроно́м grocery store
год (gen. pl. лет) year AC
голова́ head CC
грамм gram
дверь (f.) door AC
деся́ток set of ten
дие́та diet
дочь (f.) daughter (-ер-) AC
жизнь (f.) life
замо́к lock BB
звоно́к door bell, alarm BB
значо́к pin BB
ико́на icon
килогра́мм kilogram
командиро́вка business trip
коне́ц end BB
копе́йка kopeck
коро́бка box
лук onion
мать (f.) mother (-ер-) AC
мину́та minute
нача́ло beginning
но́вость (f.) news AC
остано́вка (bus) stop
о́тпуск vacation (from a job) AB
паке́т carton, package
па́чка package, pack
пече́нье cookie(s)
пиро́жное pastry
пло́щадь (f.) square AC
пое́здка trip
полкило́ half kilogram
раз (gen. pl. раз) (here) time
рубль ruble BB
самова́р samovar
сда́ча change
сканда́л scandal
смета́на sour cream
спи́сок list
стака́н glass
строи́тельство construction

тво́рог farmer's cheese
тетра́дь (f.) notebook
ты́сяча thousand
фонта́н fountain
фру́кты fruit
ша́пка hat
ши́шка pine cone
шту́ка item, thing
я́блоко (pl. я́блоки) apple
яйцо́ (pl. я́йца, gen. pl. яи́ц)
  egg BA

PRONOUNS

весь (m.), вся (f.), всё (n.),
  все (pl.) all, entire, whole

ADJECTIVES

друго́й different, other
междунаро́дный
  international
настоя́щий real
рад (m.), ра́да (f.), ра́ды
  (pl.) happy
типово́й standard, typical

VERBS

брать (бр/а̌-)/ взять (irreg.)
  take, buy
включа́ть (включа́й-)/
  включи́ть (включи́-) turn
  on
встреча́ть (встреча́й-)/
  встре́тить (встре́ти-) meet
жале́ть (жале́й-)/ пожале́ть
  take pity on (someone)
забыва́ть (забыва́й-)/ забы́ть
  (irreg.) forget
зака́нчивать (зака́нчивай-)/
  зако́нчить (зако́нчи-) end,
  finish; graduate (transitive)
зака́нчиваться (зака́нчивай-
  ся)/ зако́нчиться (зако́нчи-
  ся) end, finish (intransitive)
запи́сывать (запи́сывай-)/
  записа́ть (записа̌-) write
  down

объясня́ть (объясня́й-)/
  объясни́ть (объясни́-)
  explain
открыва́ть (открыва́й-)/
  откры́ть (откро́й-) open
плати́ть (плати́й-)/ заплати́ть
  pay
попа́сть (попад-́) (perf.)
  (here) end up
представля́ть (представля́й-)/
  предста́вить (предста́ви-)
  imagine
приезжа́ть (приезжа́й-)/
  прие́хать (irreg.) arrive
проси́ть (проси́-)/ попроси́ть
  ask, request
расска́зывать
  (расска́зывай-)/ рассказа́ть
  (рассказа̌-) tell (about
  something)
руга́ть (руга́й-) (impf.) acc., за
  + acc. scold
снима́ть (снима́й-)/снять
  (с-ни̌м^x-)[1] (кварти́ру) rent
  (an apartment, etc.)
снима́ть (снима́й-)/ снять
  (с-ни̌м^x-)[2] (фильм) shoot
  (a film, etc.)
сто́ить (сто́и-) (impf.) cost

ADVERBS

бо́льше more
вдруг suddenly
вме́сте together
замеча́тельно wonderful,
  terrific
ма́ло (+ gen.) few
ме́ньше less
мно́го (+ gen.) many
наза́д ago
непра́вильно incorrectly
не́сколько (+ gen.) a few
опя́ть again
пото́м (here) later
ско́ро soon
ско́лько (+ gen.) how many
совсе́м completely, totally

тепéрь now
тóлько only

MODAL WORDS

дóлжен (*m.*), должнá (*f.*),
должнó (*n.*), должны́ (*pl.*)
should, must, have to,
ought to

PREPOSITIONS

без (+ *gen.*) without
для (+ *gen.*) for
у (+ *gen.*) (here) at: у Тáни
= at Тáня's

EXPRESSIONS

во скóлько when (at what
time)
Всё в поря́дке. Everything's
okay.
зачéм what for
Как э́то? What do you
mean?
Как я рáд(а) тебя́ ви́деть!
I'm so glad to see you!
Лáдно. All right; okay.
мéжду прóчим by the way
Ну егó! Forget it! To heck with
it!

Поня́тно. Got it.
(I understand.)
Скóлько лет… How old is…
Скóлько э́то стóит? How
much does this cost?
Нет, тóлько не мя́со! No,
anything but meat!
Что за чушь! What are you
talking about?
чужáя квартúра the wrong
apartment
Я ничегó не понимáю. I don't
understand anything.

«Поéздка в
Звени́город»

*A*fter Olya offers to go to Zvenigorod in Tanya's
place, she meets Kevin and Sergey and they head
to Zvenigorod in Sergey's car. The trio spends the
following day sightseeing, strolling about the city, and
taking photographs among the famous historical and
architectural sights of Zvenigorod.

You will learn how to:

☐ UNDERTAKE A ROAD TRIP IN RUSSIA

☐ SAY WHEN SOMEONE WAS BORN AND WHEN THEY DIED

☐ COMMENT ON PERSONAL RESEMBLANCE

☐ TALK ABOUT "GOING" SOMEWHERE AND EXPRESS DIRECTION

☐ SAY HOW YOU ARE GOING OR GOT SOMEWHERE — IN A CAR, BY
FOOT, ETC.

☐ TALK ABOUT THINGS THAT HAPPENED WHILE YOU WERE EN ROUTE
SOMEWHERE

☐ EXPRESS THAT YOU MADE A "ROUND TRIP"

☐ SAY THAT YOU WENT TO SOMEONE'S HOME OR WENT TO SEE THEM
SOMEWHERE

☐ MAKE STATEMENTS IN WHICH THE SUBJECT IS UNKNOWN OR
INDEFINITE

☐ GET AND GIVE DIRECTIONS AROUND TOWN

☐ TALK ABOUT DRIVING A CAR

☐ FIND OUT SOMEONE'S BIRTHDAY

☐ EXPRESS CALENDAR DATES

☐ DISCUSS WALKING "AROUND" IN THE PARK, DOWNTOWN, ETC.

☐ EXPRESS IMPERSONAL NOTIONS IN RUSSIAN LIKE "IT'S COLD"

☐ DISCUSS WHAT CLOTHING YOU WEAR

☐ EXPLAIN WHAT CLOTHING LOOKS GOOD OR BAD ON SOMEONE

☐ EXPRESS PERMISSION AND DENIAL OF PERMISSION

☐ DISCUSS TRAFFIC RULES AND VIOLATIONS

▶ We saw Óля and Táня in the last episode, «Кака́я ты несерьёзная». How much do you remember about the episode?

1. Fill in the appropriate names to indicate who is doing or has done what.

1. У _____ бу́дет пое́здка в Звени́город.▢

2. У _____ есть пробле́мы в университе́те.

3. У _____ ско́ро се́ссия.

▢ Zvenigorod is an ancient city located on the outskirts of Moscow. Zvenigorod has existed since the 12th century. The town's name is derived from two roots, meaning "to ring bells" and "town." It may be translated as "the town where they ring bells." Zvenigorod rose to prominence in the late 14th century. The local kremlin, called Gorodok, contains the only fully preserved example of 14th-century Muscovite architecture. The interior features frescoes by the icon painter, Andrei Rublev. Zvenigorod is famous for the architectural complex of **Cа́ввино-Сторожéвский монасты́рь**, Savva Storozhevsky Monastery, founded in 1398. It houses the collections of the Zvenigorod Historical, Architectural and Art Museum. By the late 19th century, the town gained popularity among the intelligentsia.

4. У _____ бу́дет экза́мен.

5. У _____ была́
командиро́вка.

2. А. Что бу́дет де́лать О́ля в Звени́городе?

☐ гото́виться к се́ссии

☐ отдыха́ть

☐ помога́ть Ке́вину

В. Что бу́дет де́лать Ке́вин в Звени́городе?

☐ отдыха́ть

☐ помога́ть Та́не

☐ фотографи́ровать Звени́город

3. Time is passing too quickly for Та́ня because she has too many things to do! Fill in the missing days of the week to complete her schedule.

У Та́ни пробле́ма!

В _____ у Та́ни пое́здка в Звени́город.

В _____ она́ должна́ помога́ть Ке́вину де́лать фотоальбо́м о Звени́городе.

Во _____ она́ должна́ сдава́ть пе́рвый экза́мен.

Что де́лать?!?

VIEWING ▶ Now watch the first part of «**Пое́здка в Звени́город**» with the SOUND ON.

SOUND ON

Та́ня and Ке́вин were supposed to go on the trip to Zvenigorod. However, Та́ня realized that she is too busy studying for her exam to go on the trip. When Та́ня suggests that О́ля go in her place, it seems like the perfect solution: Та́ня will get to study for her exam, and О́ля will get to meet Ке́вин and show him Zvenigorod. In this episode you will find out if this plan worked.

4. На у́лице

1. Что де́лают Та́ня и Ке́вин? Check all that apply.

☐ Ке́вин говори́т по телефо́ну.

☐ Та́ня разгова́ривает с Ке́вином.

☐ Та́ня стро́ит пла́ны на выходны́е.

☐ Ке́вин гуля́ет по го́роду.

☐ Та́ня сиди́т во дворе́ своего́ до́ма.

2. О чём говоря́т Та́ня и Ке́вин? Check all that apply.

☐ об О́ле

☐ об экза́мене Та́ни

☐ о пое́здке в Звени́город

☐ о се́ссии и о фотоальбо́ме

5. На ста́нции метро́ Пу́шкинская

у ста́нции = at the station

1. Кого́ вы ви́дите у ста́нции? Check all that apply.

☐ Та́ню   ☐ О́лю

☐ Ми́шу   ☐ Ке́вина

☐ Серге́я   ☐ А́нну Бори́совну

2. Кто что де́лает?

О́ля и Та́ня   стои́т на у́лице

Ке́вин   ждёт Ке́вина и О́лю

Серге́й   разгова́ривают

3. From their brief exchange, you can conclude that О́ля, Ке́вин, and Серге́й:

☐ are old friends

☐ have never seen each other before

6. Нача́ло пое́здки

1. What do the three characters talk about? Check all that apply.

☐ the upcoming photo shoot

☐ the weather in Zvenigorod

☐ traveling outside of Moscow

2. What does Ке́вин say when he sees Серге́й?

☐ Ой, кто э́то?

☐ О́ля, смотри́—Серге́й!

☐ Приве́т, Серёж!

3. Сергéй replies:

☐ Вы кто такúе?

☐ Привéт!

☐ Привéт, ребя́та! Ну что, éдем?

7. В Звенúгороде

1. When they finally arrive to Zvenigord, Кéвин and Óля cannot wait to go for a walk. What questions does Кéвин ask Óля as they are walkng around? Check all that apply.

☐ Мы éдем úли идём?

☐ Хóчешь, погуля́ем?

☐ Кака́я э́то у́лица?

☐ Ты вóдишь маши́ну?

2. As you remember, Óля and Кéвин were having a friendly conversation, and Óля got to know Кéвин a little better. Let's see what she found out. Э́то так úли нет?

	Да	Нет
Кéвин не лю́бит гуля́ть по гóроду.	☐	☐
У Кéвина плоха́я па́мять.	☐	☐
В Москвé он ча́сто хóдит пешкóм.	☐	☐
Óля емý не нра́вится.	☐	☐

па́мять = memory

3. Óля shows Кéвин around the famous monastery in Zvenigorod. What is the significance of the following date in the history of the fortress?

14th century: ☐ was when the monastery was built

☐ was when Zvenigorod became a city

4. Ке́вин already knows a little bit about Russian geography — he correctly identifies the river on which Звени́город is built. What is the name of this river?

_____

POSTviewing

8. Think about the questions below and discuss your answers with your classmates.

В Москве́ мно́го люде́й, а в Звени́городе ма́ло. А в ва́шем го́роде? Вы лю́бите жить в большо́м го́роде, и́ли в ма́леньком? Почему́? Ваш го́род ста́рый и́ли но́вый? Расскажи́те о ва́шем го́роде.

9. О́ля mentions the names of the sights they should photograph for Ке́вин's project. Mark all those that you think are in Zvenigorod.

☐ храм Вознесе́ния Госпо́дня

☐ Иса́акиевский собо́р

☐ музе́й Че́хова

☐ па́мятник Во́ину-Звенигоро́дцу

☐ Успе́нский собо́р

☐ па́мятник Са́вве Сторожёвскому

☐ Городо́к-кре́пость

☐ Зи́мний дворе́ц

собо́р = cathedral
кре́пость = fortress
па́мятник = monument
храм = cathedral

Commenting on Resemblance

Ке́вин сказа́л:

— Ты и Та́ня о́чень похо́жи… и не похо́жи.

О́ля похо́жа на Та́ню, а Та́ня **похо́жа на О́лю.**

похо́ж, похо́жа, похо́же, похо́жи = look alike

Похо́ж agrees in gender and number with its head word. It is followed by **на** + accusative.

10. A. Which of the characters resemble each other? Which don't?

> Ва́ня похо́ж на ма́му.

Ва́ня и ма́ма, Ва́ня и па́па, Та́ня и па́па, Та́ня и ма́ма, О́ля и па́па, О́ля и ма́ма, Ми́ша и Са́ша, Ле́на и Та́ня

B. Which of your relatives (or friends) do you think you resemble?

11. As you know from the film, Ке́вин, Та́ня and О́ля agree to meet at метро́ Пу́шкинская, the station named after Russia's favorite poet, Pushkin. In Russia many metro stations, streets, and city squares are named after famous Russian writers. Most Russians even know the years when these literary figures were born and died.

> Пу́шкин роди́лся в ты́сяча семьсо́т девяно́сто девя́том году́.
>
> Пу́шкин у́мер в ты́сяча восемьсо́т три́дцать седьмо́м году́.

год → (*prep.*) в году́

умере́ть (у̊-м/р-) *(perf.)* "to die"					
Future Perfective				**Past**	
я	умру́	мы	умрём	он	у́мер
ты	умрёшь	вы	умрёте	она́	умерла́
он/она́	умрёт	они́	умру́т	оно́	у́мерло
				они́	у́мерли
Imperative: умри́(те)!					

роди́ться (роди̯-ся) *(perf.)* "to be born"					
Future Perfective				**Past**	
		мы	роди́мся	он	роди́лся
ты	роди́шься	вы	роди́тесь	она́	родила́сь
он/она́	роди́тся	они́	родя́тся	оно́	родило́сь
				они́	родили́сь
Imperative: роди́сь! роди́тесь!					

> The first person singular form of **роди́ться** is never used.

A. Express the information below in Russian, using complete sentences. Be prepared to write out all numbers in words.

Пу́шкин
(1799–1837)

Ле́рмонтов
(1814–1841)

Го́голь
(1809–1852)

Толсто́й
(1828–1910)

Го́рький
(1868–1936)

Маяко́вский
(1893–1930)

Че́хов
(1860–1904)

Достое́вский
(1821–1881)

Булга́ков
(1891–1940)

Пастерна́к
(1890–1960)

Турге́нев
(1818–1883)

Цвета́ева
(1892–1941)

B. Which of these authors have a Moscow metro station named after them?

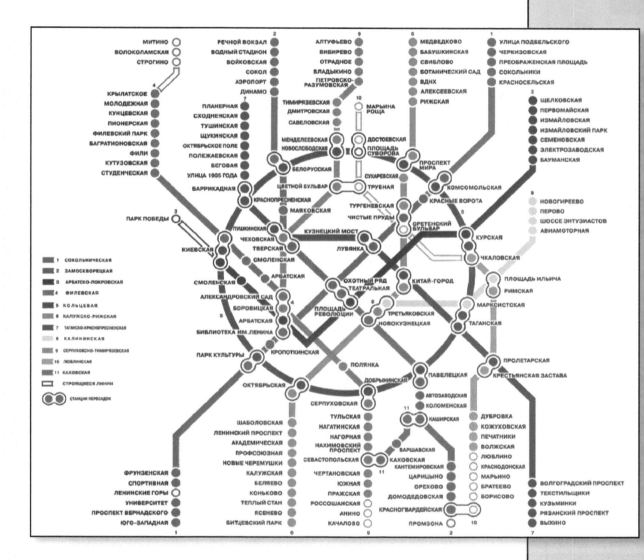

C. Ask your partner about him/herself and his/her family.

В како́м году́ ты роди́лся/родила́сь? Ско́лько тебе́ лет?

В како́м году́ родила́сь твоя́ ма́ма? А па́па? Ско́лько им лет?

Де́вочка **идёт**, а ма́льчик **е́дет**.
Э́та же́нщина **е́дет**, а та же́нщина **идёт**.

Russian has verbs to express motion, "to go or to be on one's way": **идти́** refers to going on foot, and **е́хать** refers to going by vehicle.

идти́ (irreg., imperf., unidirectional) "go on foot"					
Present				**Past**	
я	иду́	мы	идём	он	шёл
ты	идёшь	вы	идёте	она́	шла
он/она́	идёт	они́	иду́т	оно́	шло
Imperative: иди́(те)!				они́	шли

е́хать (irreg., imperf., unidirectional) "go by vehicle"					
Present				**Past**	
я	е́ду	мы	е́дем	он	е́хал
ты	е́дешь	вы	е́дете	она́	е́хала
он/она́	е́дет	они́	е́дут	оно́	е́хало
Imperative: езжа́й(те)!				они́	е́хали

1. Practicing pronunciation: **идти** and **éхать**

A. 1. — Куда́ ты идёшь?²

— Я иду́¹ на рабо́ту.

2. — Куда́ вы идёте?²

— Мы идём¹ на заня́тия.

3. — Та́ня идёт в университе́т?³

— Да,¹ в университе́т.¹

4. — Ле́на и Са́ша иду́т на дискоте́ку?³

— Нет,¹ в кино́.¹

B. 1. — Куда́ вы éдете?²

— Мы éдем¹ на конфере́нцию.

2. — Куда́ ты éдешь?²

— Я éду¹ в Калифо́рнию.

3. — Смирно́вы éдут на да́чу?³

— Да,¹ на да́чу.¹

4. — Óля éдет в Сиби́рь?³

— Нет,¹ на Ура́л.¹

Expressing Direction

The prepositions **в** and **на** take the accusative case when they are used to express direction. The choice between **в** and **на** is the same as when expressing location.

Location	Direction
где?	куда?
в/на + prepositional case	**в/на + accusative case**
Та́ня у́чится в университе́те. Ле́том Смирно́вы живу́т на да́че.	Та́ня идёт в университе́т. Смирно́вы е́дут на да́чу.
здесь там до́ма	сюда́ туда́ домо́й

2. Imagine that you are walking across campus and meet a classmate. Find out where s/he is going.

> — Куда́ ты идёшь?
> — Я иду́ домо́й. А ты?
> — А я иду́ на ле́кцию.

library, class, lecture, seminar, exam, lab, stadium, cafeteria, store, home

3. You are walking around downtown Moscow and run into some Russian friends. Construct several possible exchanges that might take place, based on the following model.

> Та́ня: Приве́т!
> Ке́вин: Приве́т! Как дела́?
> Та́ня: Отли́чно. А у тебя́?
> Ке́вин: Непло́хо. А куда́ вы идёте?
> Ми́ша: Мы идём на вы́ставку. А ты?
> Ке́вин: А я иду́ в кино́.

museum, movie theater, concert, restaurant, store, post office, exhibit

4. Imagine that you are planning a trip in the U.S. and when you stop by the AAA office to pick up some maps, you meet a Russian friend who is also planning to go on a trip. Find out about each other's plans.

— Куда́ ты е́дешь?
— Я е́ду в Но́вый Орлеа́н. Там живёт мой друг. А куда́ ты е́дешь?
— Я е́ду домо́й. Мои́ роди́тели живу́т в Канза́се.
— Счастли́вого пути́!
— И тебе́!

Счастли́вого пути́! = Have a good trip!

И тебе́! = (here) You too!

На маши́не

На авто́бусе

На метро́

Пешко́м!

Means of transportation is indicated by **на** + prepositional case:

е́хать
- **на** маши́не
- **на** авто́бусе
- **на** по́езде
- **на** метро́
- **на** трамва́е
- **на** тролле́йбусе
- **на** велосипе́де

Пешко́м (*adv.*) emphasizes that movement is on foot: «не на метро́, а пешко́м».

по́езд = train

трамва́й = street car

тролле́йбус = trolley bus

пешко́м = on foot

5. Complete each sentence in Russian using the information in parentheses.

1. Та́ня е́дет _____ .
   (университе́т, метро́)

2. Ми́ша е́дет _____ .
   (рабо́та, авто́бус)

3. Ви́ктор Степа́нович идёт _____ .
   (рабо́та, пешко́м)

4. Ва́ня е́дет _____ .
   (бассе́йн, велосипе́д)

5. Та́ня и О́ля иду́т _____ .
   (магази́н, пешко́м)

> The verbs **идти́** and **е́хать** in the past tense mean "were on the way, were going."
>
> Когда́ Та́ня и Ке́вин **е́хали** в го́род, Та́ня пока́зывала Ке́вину Москву́.
>
> Когда́ О́ля и Ке́вин **шли** пешко́м, они́ говори́ли о Звени́городе.

6. Connect the clauses below to indicate what happened as the characters were walking, driving, or riding somewhere.

Когда́ Смирно́вы е́хали на да́чу	она́ ду́мала об экза́мене.
Когда́ Та́ня и О́ля шли в магази́н	он встре́тил Та́ню.
Когда́ Та́ня, Ке́вин и Серге́й е́хали домо́й	они́ говори́ли об университе́те.
Когда́ Та́ня шла в университе́т	Ва́ня спал в маши́не.
Когда́ Серге́й шёл в теа́тр	Та́ня пока́зывала Ке́вину Москву́.

Note that **в** is used with **маши́на** when **маши́на** is designated as a location, and is not a mode of transportation.

The verb **идти́** (rather than **е́хать**) is used to indicate movements *within a city* when the method of transportation—on foot or by vehicle—is irrelevant.

> Present tense forms of the verbs **идти́** and **е́хать** may indicate future planned actions.
>
> За́втра я е́ду в Нью-Йо́рк.   I'm going to New York tomorrow.

7. A. Ask your partner what his/her evening plans are.

> — Что ты дéлаешь сегóдня вéчером?
> — Я идý на рабóту в ресторáн. А ты?
> — А я идý в библиотéку.

B. Ask your partner what his/her weekend plans are.

> — Что ты дéлаешь в суббóту и в воскресéнье?
> — В суббóту вéчером я идý на концéрт, а
>   в воскресéнье я éду в Нью-Джéрси. Там
>   живёт мой дрýг. А ты?
> — А я в суббóту идý на рабóту в магазúн, а в
>   воскресéнье идý в бассéйн.

8. Choose two characters from the video and create a dialog in which they discuss their travel plans for the summer. Use the map on the textbook insert.

> Лéна: Кудá ты éдешь отдыхáть?
> Сергéй: Я éду в Ростóв.
> Лéна: Ты дóлго там бýдешь?
> Сергéй: Три недéли. А ты кудá éдешь?
> Лéна: Мы éдем на Вóлгу.
> Сергéй: Когдá вы éдете?
> Лéна: В áвгусте. Мы там бýдем тóлько
>   однý недéлю.[1]

---

[1] Note the use of the accusative case here to indicate duration, in response to the question "how long."

Да́ша **идёт** в Мэриле́ндский университе́т.
Да́ша **хо́дит** в Мэриле́ндский университе́т ка́ждый де́нь.

Verbs of Motion

The verbs **ходи́ть** and **е́здить** function with **идти́** and **е́хать** to express different kinds of motion by foot and by vehicle. **Ходи́ть** and **е́здить** differ from **идти́** and **е́хать** in that they express multidirectional movement including any kind of round trip (single or repeated). **Идти́** and **е́хать** express motion in one direction and focus on the process of that motion.

ходи́ть (ходй-, imperf., multidirectional) "go on foot"					
Present				**Past**	
я	хожу́	мы	хо́дим	он	ходи́л
ты	хо́дишь	вы	хо́дите	она́	ходи́ла
он/она́	хо́дит	они́	хо́дят	оно́	ходи́ло
Imperative: ходи́(те)!				они́	ходи́ли

ёздить (ёзди-, imperf., multidirectional) "go by vehicle"					
Present				**Past**	
я	ёзжу	мы	ёздим	он	ёздил
ты	ёздишь	вы	ёздите	она́	ёздила
он/она́	ёздит	они́	ёздят	оно́	ёздило
Imperative: ёзди(те)!				они́	ёздили

идти́ ёхать	ходи́ть (ходи́-) ёздить (ёзди-)
<u>movement in one direction</u> — О́ля, куда́ ты идёшь? — Я иду́ в магази́н. — Olya, where are you going? — I am going to the store. — Куда́ ёдет Ке́вин? — Ке́вин ёдет в Москву́! — Where is Kevin going? — Kevin is going to Moscow!	<u>movement in more than one direction ("random motion")</u> Та́ня и Ми́ша до́лго ходи́ли пешко́м. Tanya and Misha went for a long walk. Tanya and Misha have been walking around for a long time. <u>movement "there and back" (round trip)</u> О́ля ёздила на Ура́л. Olya went to the Urals (and now she's back). Ле́на ча́сто хо́дит в кино́. Lena often goes to the movies. <u>simply naming the action, skill, or habit</u> Серге́й о́чень лю́бит ёздить на маши́не. Sergey really loves to drive (his car).

1. Practicing pronunciation: the verb **ёздить**

Я ёзжу в университе́т на авто́бусе.

Ты ёздишь на рабо́ту на маши́не.

Та́ня ёздит в университе́т на метро́.

Смирно́вы ёздят на да́чу на по́езде.

Note that the cluster зж is pronounced as /жж/: я ёзжу /йёжжу/.

2. Fill in forms of the multidirectional verbs **ходи́ть** or **е́здить**, as necessary.

A. *Indicate a single round trip in the past.*

1. Та́ня _____ в аэропо́рт.

2. Та́ня _____ в университе́т, а О́ля была́ до́ма.

3. О́ля и Та́ня _____ в магази́н.

4. О́ля и Ке́вин _____ в Звени́город.

5. В Звени́городе О́ля и Ке́вин _____ в монасты́рь.

B. *Indicate repeated round trips (present tense).*

1. Та́ня и Ми́ша ча́сто _____ на вы́ставки.

2. О́ля _____ в командиро́вки ка́ждый ме́сяц.

3. Ка́ждое ле́то Смирно́вы _____ на да́чу.

4. Ша́рик _____ гуля́ть у́тром, днём и ве́чером.

3. Expand each sentence as in the model. Be creative and add as many details as you can.

> Та́ня у́чится в университе́те →
> Она́ е́здит в университе́т ка́ждый день.

1. Ва́ня у́чится в шко́ле.

2. Ви́ктор Степа́нович рабо́тает в ба́нке.

3. Ле́на и Са́ша лю́бят танцева́ть на дискоте́ке.

4. Та́ня и Ми́ша лю́бят теа́тр.

5. Ке́вину нра́вится фотографи́ровать Кре́мль.

6. Серге́й лю́бит Росто́в.

4. Match the video characters with their preferences

Серге́й	лю́бит е́здить на велосипе́де.
Смирно́вы	е́здит в университе́т на метро́.
Та́ня	не лю́бит ходи́ть пешко́м.
Ва́ня	всегда́ е́здят на маши́не.

Да́ша хо́дит по Ко́лледж Па́рку.

5. Find out about your partner's walking and traveling habits.

Used with motion verbs, the preposition **по** + **dative** means "around" or "along."

A. Вы лю́бите ходи́ть пешко́м?

> — Ты ча́сто хо́дишь пешко́м?
> — Да, ча́сто.
> — А где ты хо́дишь пешко́м?
> — Я ча́сто хожу́ по Ко́лледж Па́рку. А ты?

по го́роду, по университе́ту, по па́рку, по у́лице, по ка́мпусу, по Вашингто́ну

B. На чём вы е́здите?

> — На чём ты обы́чно е́здишь?
> — В университе́т я е́зжу на авто́бусе, а по на́шему го́роду я е́зжу на велосипе́де. А ты?

Because multidirectional motion verbs can indicate a round trip, they can be synonyms for **быть** in the past tense. Note the difference in case after **на**.

Та́ня была́ на дискоте́ке. Та́ня ходи́ла на дискоте́ку.

6. A. Fill in the appropriate verb and complete the following sentences to indicate a round trip.

> — Áнна Борúсовна, где вы бы́ли? (рабóта)
> — Я **ходúла на рабóту**.

1. — Тáня и Óля, где вы бы́ли? (магазúн)
   — Мы _____.
2. — Мúша, где ты был? (клúника)
   — Я _____.
3. — Вáня, где вы бы́ли? (дáча)
   — Мы _____.
4. — Óля, где ты былá? (командирóвка)
   — Я _____.
5. — Кéвин, где ты был? (вы́ставка)
   — Я _____.

B. Now change these sentences to indicate where the subjects have been.

> Мúша и Тáня éздили на вы́ставку. →
> Мúша и Тáня **бы́ли на вы́ставке**.

1. Óля éздила на Урáл и рабóтала там.
   Óля _____.
2. Тáня ходúла в университéт на заня́тия.
   Тáня _____.
3. Мúша ходúл на рабóту.
   Мúша _____.
4. Óля и Тáня ходúли в магазúн и купúли продýкты.
   Óля и Тáня _____.

> Та́ня Воло́дина ходи́ла **к дека́ну**.
> Ле́на ча́сто хо́дит **к Та́не**.
>
> With motion verbs the preposition **к** + dative
> indicates a trip to someone's house (workplace,
> current location).

7. Complete each sentence as in the model below.

> Ви́ктор Степа́нович ходи́л **в банк**.
> А́нна Бори́совна ходи́ла **к врачу́**.

1. Ле́на и Ша́рик ходи́ли _____.
   (ветерина́р)

2. Ва́ня не лю́бит ходи́ть_____.
   (врач)

3. Да́ша ка́ждый ве́чер хо́дит_____.
   (библиоте́ка)

4. Когда́ Да́ша е́здит в Нью-Йо́рк, она́ хо́дит
   _____. (роди́тели Сти́ва)

5. Та́ня, ты уже́ ходи́ла _____? (дека́н)

6. — Ле́на, ты ча́сто хо́дишь _____? (теа́тр)

   — Нет, э́то о́чень до́рого.

7. Ми́ша и Та́ня ходи́ли обе́дать _____.
   (рестора́н)

8. О́ля ча́сто е́здит _____.
   (командиро́вки)

9. А́нна Бори́совна ка́ждую неде́лю хо́дит _____.
   (магази́н)

10. Ви́ктор Степа́нович ка́ждый ве́чер хо́дит _____.
    (сосе́д)

8. Working with your partner, reconstruct the events of the day Та́ня picked Ке́вин up from the airport. Describe all of Та́ня's movements, using the model as a start.

> У́тром Та́ня е́здила в аэропо́рт.
> Она́ е́здила туда́ на маши́не Серге́я.

9. Tell your partner how you spent last weekend and then find out what s/he did. Be prepared to share this information with others in your class.

> — Где ты был (была́) в суббо́ту?
> — Я ходи́л(а) к друзья́м. Они́ живу́т в общежи́тии на ка́мпусе. А ты?
> — А я е́здил(а) в центр го́рода.
> — А что ты там де́лал(а)?
> — Про́сто гуля́л(а) по го́роду, а пото́м ходи́л(а) в кино́.

10. How did you spend your winter break? Where did you go?

> — Куда́ ты е́здил(а) на кани́кулы?
> — В декабре́ я е́здил(а) домо́й к роди́телям, а в январе́ я е́здил(а) к моему́ дру́гу в Теха́с. А ты?

церковь Алекса́ндра Не́вского

па́мятник Во́ину-Звенигоро́дцу

храм Вознесе́ния Госпо́дня

Успе́нский собо́р на Городке́

Са́ввино-Сторожёвский монасты́рь

па́мятник Са́вве Сторожёвскому

Москва́-река́

1. Ке́вин gave О́ля a full itinerary of sights he wants to include in his photo album:

> Успе́нский собо́р на Городке́, па́мятник Во́ину-Звенигоро́дцу, храм Вознесе́ния Госпо́дня, Са́ввино-Сторожёвский монасты́рь, па́мятник Са́вве Сторожёвскому, це́рковь Алекса́ндра Не́вского, Москва́-река́

Which of these sights have О́ля and Ке́вин already seen? Which ones will they probably see next?

> Они́ уже́ посмотре́ли монасты́рь.
> Они́ хотя́т посмотре́ть Успе́нский собо́р и па́мятник Са́вве Сторожёвскому.

2. Imagine that you had the chance to go to Zvenigorod.

   A. If you were in Ке́вин's place, which sights would you like to see?

   > Я о́чень хочу́ посмотре́ть па́мятник Во́ину-Звенигоро́дцу.

   B. What do you think would be the best way to see Zvenigorod?
   - ☐ ходи́ть пешко́м
   - ☐ е́здить на маши́не
   - ☐ е́здить на велосипе́де
   - ☐ е́здить на туристи́ческом авто́бусе
   - ☐ е́здить на трамва́е

3. Вы уже́ зна́ете, что О́ле понра́вился Ке́вин. А как вы ду́маете, О́ля понра́вилась Ке́вину?

Now watch the second part of «Пое́здка в Звени́город» with the SOUND ON.

4. О́ля and Ке́вин set off on a walk around the city. According to their conversation, who is referred to in the following lines?

_____ обы́чно е́здит на метро́.

_____ лю́бит ходи́ть пешко́м.

_____ во́дит маши́ну.

_____ не хо́чет е́хать в Москву́.

води́ть (води̮-) (*imp.*) = drive

5. Серге́й mentions that he should give Ке́вин and О́ля some time alone. How does he express this?

☐ Мне пора́.

☐ Ка́жется, мне пора́ за моро́женым.

☐ Ну, я пошёл.

за + instrumental = to go get something (See Analysis X, 1)

пора́ за моро́женым = it's time to go get ice cream

The Indefinite-Personal Construction

> Здесь говоря́т по-ру́сски.
>
> The subject (they) is omitted to signal a generalized subject. Compare to the English:
>
> They say that Zvenigorod is an old city.
> **Говоря́т**, что Звени́город ста́рый го́род.

6. A. Place the verbs in parentheses in the appropriate form and translate the sentences into English.

> Здесь не (кури́ть) → Здесь не ку́рят.
> No smoking.

кури́ть (кури̮-) (*imp.*) = smoke

1. В газе́тах мно́го _____ (писа́ть) о поли́тике.

2. По телеви́зору _____ (пока́зывать) америка́нский телесериа́л.

3. В университе́те _____ (стро́ить) но́вый студе́нческий центр.

4. Вчера́ на ле́кции _____ (расска́зывать) о Ю́рии Долгору́ком.

Ю́рий Долгору́кий is the founder of Moscow and is also considered to be the founder of Zvenigorod.

5. У Та́ни в университе́те ча́сто _____ (пока́зывать) фи́льмы.

6. Вас _____ (понима́ть), когда́ вы говори́те по-ру́сски?

7. Здесь _____ (говори́ть) то́лько по-ру́сски!

B. What do people talk about in Zvenigorod? They talk only about weather. Complete the following sentences.

1. В го́роде _____ (говори́ть) о пого́де.

2. По телеви́зору _____ (пока́зывать) прогно́з пого́ды.

3. В газе́тах _____ (писа́ть) о пого́де.

4. По ра́дио _____ (говори́ть) о пого́де.

7. Using the following schematic drawing of downtown Zvenigorod, explain how one would reach each destination, as indicated on the pictures.

> Иди́те пря́мо по э́той у́лице, поверни́те напра́во на пе́рвую у́лицу. Там вы уви́дите па́мятник.

First route: Наха́бинское шоссе́ → до́мик Че́хова

Second route: у́лица Сове́тская → Са́ввино-Сторожёвский монасты́рь

Third route: це́рковь Алекса́ндра Не́вского → Успе́нский собо́р на Городке́

прогно́з пого́ды = weather forecast

пря́мо = straight
напра́во = (to the) right
нале́во = (to the) left
повора́чивать (повора́чивай-)/ поверну́ть (поверну́-) + **на** + асс. = turn

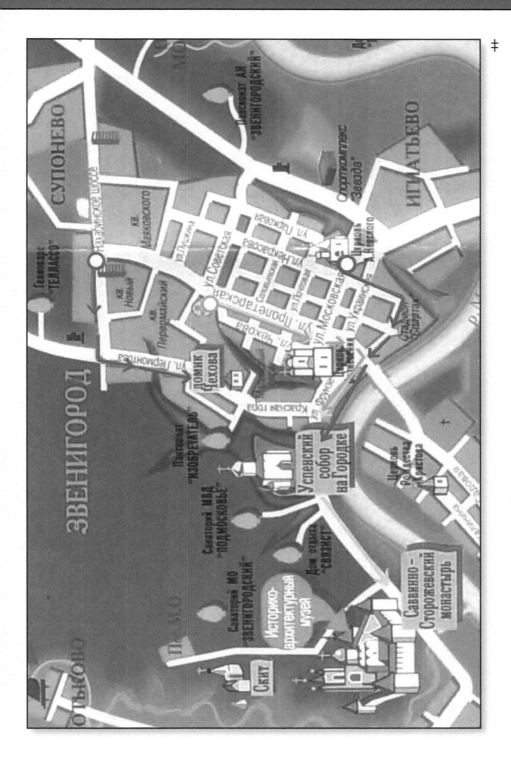

If you don't want to go on foot, learn how to ask for a ride from someone you know. But before getting in the car, find out if the driver has enough experience.

> — Ты во́дишь маши́ну?
> — Коне́чно.

8. A. If **води́ть маши́ну** means to drive a car, what does **води́тель** mean?

_____

What about **води́тельские права́?**

_____

B. Ask your classmates if they drive and, if so, when they received their driver's license.

> — Ты во́дишь маши́ну?
> — Коне́чно.
> — А в како́м году́ ты получи́л(а), води́тельские права́?
> — В две ты́сячи восьмо́м году́.

Óля, Кéвин и Сергéй éхали по
Тверскóй úлице.

Óля и Кéвин ходúли по
úлице Чéхова.

1. Complete the sentences below, using the preposition **по** (+ the dative case) and the noun phrases below.

1. Кéвин лю́бит ходúть _____.

2. Кáждый дéнь Вáня идёт в шкóлу _____.

3. Тáня и Мúша чáсто хóдят _____.

4. Сергéй весь день éздил _____.

5. Óля и Кéвин дóлго ходúли _____.

6. Óля óчень мнóго éздит_____.

úлица Королёва, Тагáнский парк, Звенúгород,
Москвá, странá, Крáсная плóщадь

2. Экскýрсия по Звенúгороду

Study the map of downtown Zvenigorod and construct Óля and Кéвин's itinerary. Use the list of places of interest provided below.

Снача́ла Óля, Кéвин и Сергéй éхали на
машúне по Соловьёвской úлице. Óля
показáла Кéвину úлицу Чéхова. Там
скóро бýдет музéй Чéхова.

снача́ла = at
first

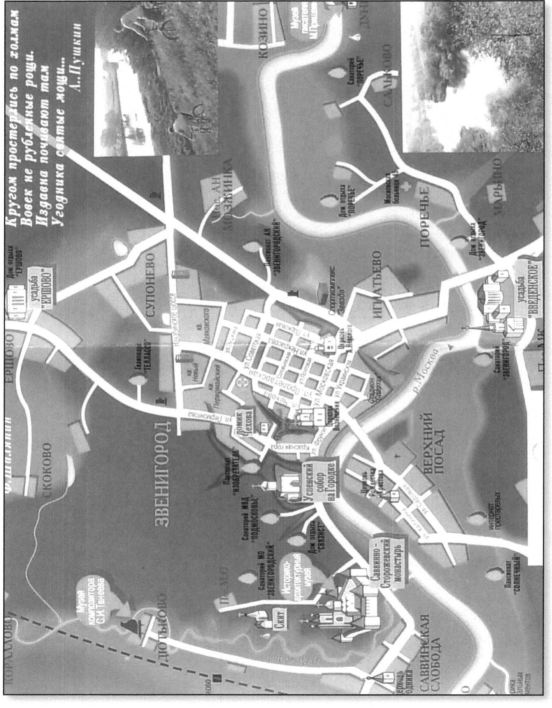

улица Чéхова
Сáввино-Сторожéвский монасты́рь
храм Вознесéния Госпóдня
дóмик Чéхова
Москвá-рекá
Успéнский собóр на Городкé
цéрковь Алексáндра Нéвского
Истóрико-архитектýрный музéй

3. Вам понрáвился Звенúгород?

When the friends returned to Moscow, Кéвин discussed the sights he visited in Zvenigorod and his impressions with Вáня. Naturally, Кéвин was overwhelmed and had a hard time remembering exactly what he had seen. Read their dialog and then act out similar conversations as Óля and Кéвин describe their trip to Мúша, Тáня and Лéна.

Вáня:	Кéвин, вы éздили в монасты́рь?
Кéвин:	Конéчно, éздили.
Вáня:	Ну и как, он тебé понрáвился?
Кéвин:	Óчень понрáвился.
Вáня:	А вы вúдели пáмятник Вóину-Звенигорóдцу?
Кéвин:	Я тóчно не пóмню. По-мóему, не вúдели. У нас бы́ло óчень мáло врéмени.

> Note the use of the perfective when asking for impressions in the past.

4. Complete the following sentences using **к** + dative and **в/на** + accusative.

1. Óля éздила _____.
   on a business trip to the Urals

2. Тáня хóдит _____.
   to the library every week

3. Ми́ша хо́дит _____.

to work every day

4. Та́ня и Ми́ша е́здили _____.

to friends in Tula

5. А́нна Бори́совна е́здит _____.

to the summer house every Saturday.

6. Ле́на ре́дко е́здит _____.

to her parents

день рожде́ния = birthday

> 5 сентября́ 1152 го́да день рожде́ния Звени́города.
> Пя́того сентября́ ты́сяча сто пятьдеся́т второ́го го́да день рожде́ния Звени́города.
>
> In expressing "time when," both the date of the month and the year are in the genitive case; on (the day of) the 5th of September (of the year) 1152.
>
> In spoken Russian the words indicating the century may be omitted if they are clear from the context.

5. A. А когда́ ваш день рожде́ния?

> — Когда́ ты роди́лся/родила́сь?
> — Я роди́лся/родила́сь седьмо́го сентября́ (ты́сяча девятьсо́т) девяно́сто пе́рвого го́да.

B. Когда́ день рожде́ния ва́ших роди́телей, бра́тьев, сестёр?

6. Practicing pronunciation: Russian holidays

пе́рвого января́	Но́вый год
седьмо́го января́	Рождество́
трина́дцатого января́	Ста́рый но́вый год
восьмо́го ма́рта	Междунаро́дный же́нский день

Рождество́ = Christmas

Же́нский день = Women's Day

девя́того ма́я   День побе́ды[□]

двена́дцатого ию́ля   Национа́льный день Росси́и

День побе́ды = Victory Day

7. Match the American holidays with the corresponding dates.

> Но́вый год пе́рвого января́.

Note that in Russian dates the day comes before the month: 07/01/2010 stands for January 7.

Но́вый год	оди́ннадцатого ноября́
День свято́го Валенти́на	четвёртого ию́ля
День незави́симости	пе́рвого января́
День ветера́нов	два́дцать пя́того декабря́
Рождество́	четы́рнадцатого февраля́

8. Do you remember the important dates in your academic calendar? Compare your responses with your partner's.

нача́ло = the beginning

1. Когда́ нача́ло заня́тий в университе́те в пе́рвом семе́стре?

2. Когда́ нача́ло заня́тий во второ́м семе́стре?

3. Когда́ нача́ло экза́менов?

4. Когда́ нача́ло зи́мних кани́кул?

5. Когда́ нача́ло ле́тних кани́кул?

9. Tell each other what dates of the year are your favorite and why.

> Двена́дцатого января́ день рожде́ния моего́ бра́та. В э́тот день мы всегда́ хо́дим на рок-конце́рт.

[□] In Russia, Victory Day is celebrated on May 9th, one day later than its counterpart in the U.S. and Europe.

В Звени́городе иногда́ хо́лодно ле́том.

хо́лодно (*adv.*) = cold

Impersonal Sentences

Compare the above sentence with its English translation:

In the summer **it** is sometimes cold in Zvenigorod.

The English sentence has the subject "it" that does not refer to anyone or anything in particular. In Russian, this sentence would be expressed using an impersonal construction.

Impersonal sentences have no grammatical subject. They describe states or conditions which one may experience (See Analysis XI, 1).

тепло́ (*adv.*) = warm

Тут **хо́лодно.**	**It is cold** here.
У нас в до́ме **тепло́.**	**It is warm** in our house.
В Вашингто́не ле́том **жа́рко.**	**It is hot** in Washington, DC in the summer.

1. Кака́я пого́да в ва́шем го́роде (шта́те) зимо́й? А ле́том, весно́й и о́сенью?

> Моя́ семья́ живёт в Мэ́йне. Там зимо́й
> о́чень хо́лодно.

> Зимо́й мы но́сим тёплые ку́ртки.

носи́ть (носи́-) (imp.) = wear

тёплый (adj.) = warm

2. А. Что вы обы́чно но́сите зимо́й, ле́том, весно́й и о́сенью?

> — Ле́том я обы́чно ношу́ шо́рты и ма́йку. А ты?
> — И я обы́чно ношу́ шо́рты и ма́йку.

В. А что вы не но́сите?

> — Ле́том я не ношу́ костю́мы. А ты?
> — И я о́чень ре́дко ношу́ костю́мы.

3. Что где но́сят?

Fill in the missing words to indicate what people wear in what kind of weather.

> Во Флори́де ле́том о́чень жа́рко. Там но́сят
> шо́рты и ма́йки.

1. В Калифо́рнии весно́й _____.

   Там но́сят _____.

2. В Миннесо́те зимо́й_____.

   Там но́сят _____.

3. В Нью-Йо́рке ле́том _____.

   Там но́сят _____.

4. В Вермо́нте ле́том _____.

   Там но́сят _____.

5. В Колора́до о́сенью _____.

   Там но́сят _____.

> хо́лодно, тепло́, жа́рко

свѝтер (*sg.*) →
свитера́ (*pl.*)
= sweater(s)

пальто́ (*indecl.*)
= coat(s)

> jeans, sweaters, t-shirts, jackets, coats, raincoats, shorts, shirts, scarves, dresses, skirts, suits, pants

---

> Ми́ше идёт но́вая руба́шка.
> Та́не идёт чёрное пла́тье.

The verb forms **идёт/иду́т** in this model denote "looks good on," "is becoming." The logical subject is in the dative case.

> О́ле иду́т брю́ки.
> О́ле не идёт кра́сный цвет.

4. Что кому́ идёт?

Use the words in three columns below to create statements about the video characters and the clothes they wear.

> Моему́ бра́ту идёт но́вый костю́м.

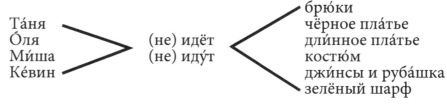

Та́ня
О́ля
Ми́ша
Ке́вин

(не) идёт
(не) иду́т

брю́ки
чёрное пла́тье
дли́нное пла́тье
костю́м
джи́нсы и руба́шка
зелёный шарф

Ты прав. =
You are right.
Ты непра́в. =
You are wrong
прав (*m.*),
права́ (*f.*),
пра́вы (*pl.*)

5. Make a statement in response to the following sentences.

> — Мне не иду́т джи́нсы.
> — Ты непра́в (неправа́). Тебе́ о́чень иду́т джи́нсы./
>   Ты прав (права́). Тебе́ не о́чень иду́т джи́нсы.

1. Мне не идёт чёрный цвет.

2. Тебе́ о́чень иду́т брю́ки.

3. Мое́й ма́ме не иду́т брю́ки.

4. Тебе́ о́чень идёт костю́м.

5. Мне не идёт э́та руба́шка.

6. Тебе́ идёт голубо́й цвет.

6. Что вы но́сите? Что вам идёт? Что вы не но́сите? Что вам не о́чень идёт?

Use these questions as the basis for a dialog with your partner.

> — Обы́чно я ношу́ чёрный сви́тер. Мне идёт чёрный цвет. А ты что но́сишь?

Expressing Permission or Possibility

Impersonal sentences with the modal word **мо́жно** express permission or possibility. **Нельзя́** *denies* permission or states *impossibility*. The accompanying verb is always in the infinitive. (See Analysis XI, 2.)

> — Тут мо́жно кури́ть?
> — Нет, в на́шем зда́нии нельзя́ кури́ть.

7. Что мо́жно и что нельзя́ де́лать в маши́не?

Russians just like Americans like to take road trips. Based on your personal experiences discuss road trip tips in the U.S. and Russia.

> В маши́не мо́жно спать.

спать (*irreg.,*
imp.) = sleep

есть
пить пи́во и вино́
кури́ть
слу́шать му́зыку

8. Что мо́жно и что нельзя́ де́лать на заня́тиях?

Working in small groups, make a list of regulations for the classroom. Compare your regulations with other groups.

> — На ле́кции нельзя́ пить.
> — Вы непра́вы. На ле́кции мо́жно пить, но нельзя́ пить <u>вино́ и́ли пи́во</u>.

1. Complete each statement below based on your recollection of the current episode.

_____ реша́ет помо́чь Ке́вину де́лать фотоальбо́м о Звени́городе.

_____ е́дет в Звени́город де́лать фотоальбо́м о го́роде.

_____ фотографи́рует Звени́город.

_____ пока́зывает го́род Ке́вину.

_____ хо́чет купи́ть моро́женое.

_____ обы́чно е́здит на метро́.

_____ не хо́чет е́хать в Москву́.

2. How well do you remember the history of Звени́город?

A. Когда́ день рожде́ния Звени́города?_____

B. В како́м году́ Звени́городу бу́дет 860 лет?_____

C. Москву́ на́чали стро́ить в 1147 г. В како́м году́ Москве́ бу́дет 900 лет?_____

▶ Now watch «**Поéздка в Звенúгород**» with the SOUND ON.

VIEWING

4. You may have heard some familiar expressions in this episode. Fill in the missing names.

1. Тáня говорúт _____ у метрó: «Ну, ребя́та, счастлúвого путú!».

2. _____ говорúт Óле: «Óля, мóжно на «ты»?»

3. Óля говорúт _____ : «Éдем, éдем!».

5. У стáнции метрó Пýшкинская

Кéвин asks Óля whether they are riding along with Сергéй in the car or walking. How does he phrase the question, and how does Óля reply?

Кéвин: Мы _____ úли _____?

Óля: Конéчно, _____.

6. Сергéй, Óля, and Кéвин meet at the metro and immediately set off to Zvenigorod. Fill in the missing word in the following exchange.

Сергéй: — Привéт ребя́та! Ну что, _____?
shall we go

Óля: — Éдем, éдем!

7. Fill in the missing verbs of motion in these lines from Óля and Кéвин's conversation.

Óля: Обы́чно я _____ на метрó.

Кéвин: Я óчень люблю _____ пешкóм.

Óля: А я дýмала, в Амéрике все _____ на машúнах.

Кéвин: В Москвé я чáсто _____ пешкóм.

Кéвин: Я не хочý _____ в Москвý.

8. Экскýрсия

Divide into two groups, tourists and tour guides, and watch the excursion around Zvenigorod with the sound off. The tourists should ask questions about the sights they see in the video, and the tour guides should answer them. Use the following questions as a guide.

Как называ́ется э́та у́лица?

Что э́то?

Как называ́ется э́тот храм?

Кому́ э́тот па́мятник?

Когда́ на́чали стро́ить го́род?

POSTviewing

9. Обе́д

You can imagine that our friends got hungry in Zvenigorod. With a classmate act out a possible conversation between Серге́й and О́ля as they try to make plans for lunch in Zvenigorod.

Серге́й спра́шивает: ⸺⸺⸺⸺⸺⸺⸺.

О́ля отвеча́ет: ⸺⸺⸺⸺⸺⸺⸺⸺.

After taking О́ля's picture at the monastery, Ке́вин expresses his approval of the picture:

Класс!

Класс is a more colloquial synonym for здо́рово.

10. Ва́ня can't wait to hear Ке́вин's impressions of his trip to Zvenigorod. Act out their conversation.

> — Как тебе́ понра́вился музе́й Че́хова?
> — Класс!

> храм Вознесе́ния Госпо́дня, О́ля, Звени́город, маши́на Серге́я, Са́ввино-Сторожёвский монасты́рь, па́мятник Во́ину-Звенигоро́дцу, па́мятник Са́вве Сторожёвскому, це́рковь Алекса́ндра Не́вского, Москва́-река́

11. A. There are many cities in Russia that are attractive tourist destinations. The two most well known cities of Russia, Moscow and Saint Petersburg, have a unique relationship: they have always been rivals! Fans of each city are quick to offer reasons why their city is the best. Act out an argument between a fan of Moscow and a fan of St. Petersburg about which city is better.

> — Мне о́чень нра́вится Петербу́рг.
> — А мне Москва́.
> — В Пи́тере мно́го истори́ческих па́мятников.
> — А в Москве́ мно́го музе́ев.

Пи́тер = (*colloq.*)
Saint Petersburg

> краси́вые у́лицы, зелёные па́рки, дли́нные мосты́, ста́рые зда́ния, интере́сные музе́и, хоро́шие университе́ты

The "rivalry" between the two historic capital cities of Russia, Moscow and St. Petersburg, is well reflected in Russian literature and popular culture of the past 250 years. For more than 200 years (1712–1918) St. Petersburg was the official capital of Russia and was seen as the embodiment of the powerful empire's window to the west. It was sometimes called the "Venice of the North" because of its canals, Italian architecture, and international commercial port. Moscow, on the other hand, represented the ancient homeland and traditional Russian Orthodox values of "mother Russia" with its hundreds of gilded domes and cathedrals.

B. А како́й го́род нра́вится вам: Москва́, Санкт-Петербу́рг, Звени́город и́ли…? Почему́?

12. Ке́вин and О́ля like to walk. How do you prefer to travel?

> — Я люблю́ е́здить на велосипе́де. А ты?
> — А мне нра́вится е́здить на маши́не.

е́здить на велосипе́де, на маши́не, на мотоци́кле, на авто́бусе, на по́езде; ходи́ть пешко́м

13. Situations

A. Give someone directions on how to get to your home from the university, bus stop, metro, etc.

B. You are giving a tour of your city (or campus) to a group of Russian officials who are fanatics about dates: they want to know how old all of the buildings are. Not wishing to appear ignorant, you make up the dates you don't know.

9

DAY 8

_____ _____ _____

1. A. The following is a list of traffic rules in Russian. Write these rules under the corresponding traffic signs above.

нельзя́ повора́чивать нале́во

нельзя́ повора́чивать напра́во

нельзя́ е́хать пря́мо

B. Как по-ва́шему, како́е пра́вило нару́шил води́тель?

Today you will find out how the conflict between the police officer and the driver is resolved.

traffic violation

*Н*аруше́ние◊

С. А́льтов

stops	Милиционе́р:	(*остана́вливает*◊ *маши́ну*) Сержа́нт Петро́в!
documents		Докуме́нты!◊
	Води́тель:	До́брый день!
driver's license	Милиционе́р:	Докуме́нты ва́ши! Права́!◊
	Води́тель:	О́чень жа́рко.
	Милиционе́р:	Права́!
	Води́тель:	А?
	Милиционе́р:	Вы пло́хо слы́шите?

Води́тель:	Говори́те гро́мче.◊	louder
Милиционе́р:	Вы нару́шили пра́вила!◊ Ва́ши права́!	broke the rules
Води́тель:	Вы пра́вы. О́чень жа́рко.	
Милиционе́р:	Вы что, глухо́й?◊ Како́й знак?◊ Знак како́й?	deaf || traffic sign
Води́тель:	Где?	
Милиционе́р:	Вон!	
Води́тель:	Гро́мче, о́чень жа́рко!	
Милиционе́р:	Вы глухо́й?	
Води́тель:	Я пло́хо ви́жу.	
Милиционе́р:	Э́то зна́чит, напра́во повора́чивать нельзя́.	
Води́тель:	Кто вам сказа́л?	
Милиционе́р:	Я что, по-ва́шему,◊ идио́т?	according to you
Води́тель:	Куда́ я поверну́л?	
Милиционе́р:	Поверну́ли напра́во.	
Води́тель:	Да вы что? Я повора́чивал нале́во. Вы не так◊ сто́йте.	the wrong way
Милиционе́р:	Го́споди!◊ Где у вас ле́во?	Good God!
Води́тель:	Вот у меня́ ле́во. Вот ле́вая рука́,◊ вот пра́вая! А у вас?	hand
Милиционе́р:	Тьфу!◊ Хорошо́, вон идёт прохо́жий,◊ спро́сим у него́. Сла́ва бо́гу◊ у нас не все идио́ты. Това́рищ!◊▢ Кака́я рука́ ле́вая, кака́я пра́вая?	expression of exasperation || passerby || Thank God || comrade
Прохо́жий:	Пе́рвый раз слы́шу.	
Милиционе́р:	Наве́рное, в сумасше́дшем до́ме день откры́тых двере́й.◊	Evidently, the insane asylum is having their open house today.
Прохо́жий:	У меня́ э́та ле́вая, а э́та пра́вая.	
Води́тель:	А вы не ве́рили,◊ това́рищ сержа́нт. Ви́дите, у нас ру́ки совпада́ют,◊ а у вас перепу́таны.◊	believe coincide || are mixed up

▢ **Това́рищ** was an official form of address among citizens of the USSR. Since 1991, the usage of this word has become increasingly rare.

Милиционе́р:	Не понима́ю.
Прохо́жий:	Я могу́ идти́?
Милиционе́р:	Иди́те, иди́те!
Прохо́жий:	Куда́?
Милиционе́р:	Иди́те пря́мо.
Прохо́жий:	Спаси́бо. Два часа́ иду́, не могу́ поня́ть куда́! (*Ухо́дит.*◊)
Води́тель:	А я?
Милиционе́р:	Езжа́йте!◊ Да, когда́ повернёте нале́во, ну вы напра́во, туда́ е́хать нельзя́, там обры́в.◊ Но вам туда́ мо́жно. ▯

He leaves.

езжа́йте (colloq.) = поезжа́йте

steep drop-off

2. Scan the following section to determine the nature of the conflict between the driver and the police officer.

Милиционе́р:	Э́то зна́чит, напра́во повора́чивать нельзя́.
Води́тель:	Кто вам сказа́л?
Милиционе́р:	Я что, по-ва́шему, идио́т?
Води́тель:	Куда́ я поверну́л?
Милиционе́р:	Поверну́ли напра́во.
Води́тель:	Да вы что? Я повора́чивал нале́во. Вы не так стои́те.
Милиционе́р:	Го́споди! Где у вас ле́во?
Води́тель:	Вот у меня́ ле́во. Вот ле́вая рука́, вот пра́вая! А у вас?
Милиционе́р:	Тьфу! Хорошо́, вон идёт прохо́жий, спро́сим у него́. Сла́ва бо́гу, у нас не все идио́ты. Това́рищ! Кака́я рука́ ле́вая, кака́я пра́вая?

A. What are they arguing about?

The police officer accuses the driver of making an illegal right turn, but the driver claims that:

☐ there is no sign prohibiting a right turn

☐ he did not make a right turn, but a left turn

☐ the sign prohibits left turns, not right turns

B. Later in the story the policeman solicits the opinion of a passerby (прохо́жий). Whose side do you think the passerby will take?

3. Scan the last section of the story to see if your guess about whose side the passerby takes was correct.

Прохо́жий: Пе́рвый раз слы́шу.

Милиционе́р: Наве́рное, в сумасше́дшем до́ме день откры́тых двере́й.

Прохо́жий: У меня́ э́та ле́вая, а э́та пра́вая.

Води́тель: А вы не ве́рили, това́рищ сержа́нт. Ви́дите, у нас ру́ки совпада́ют, а у вас перепу́таны.

Милиционе́р: Не понима́ю.

Прохо́жий: Я могу́ идти́?

Милиционе́р: Иди́те, иди́те!

Прохо́жий: Куда́?

Милиционе́р: Иди́те пря́мо.

Прохо́жий: Спаси́бо. Два часа́ иду́, не могу́ поня́ть куда́! (Ухо́дит.)

Води́тель: А я?

Милиционе́р: Езжа́йте! Да, когда́ поверне́те нале́во, ну вы напра́во, туда́ е́хать нельзя́, там обры́в. Но вам туда́ мо́жно.

A. The police officer reacts to the passerby's opinion by:
- ☐ giving the passerby a ticket
- ☐ letting him go
- ☐ arresting him

B. The conflict between the police officer and the driver is resolved when the police officer:
- ☐ writes the driver a ticket
- ☐ arrests the driver
- ☐ lets the driver go

4. Answer the following questions.

A. Now that you have read the entire story, how do you account for the driver's actions?

The driver:
- ☐ is deliberately deceiving the police officer to avoid a fine
- ☐ has dyslexia
- ☐ is intoxicated

B. How would you characterize the policeman's behavior?

☐ He is wise to the driver's tricks.

☐ He is truly confused.

☐ He backs down from the driver's bullying tactics.

C. Why does the passerby support the driver?

☐ He is also dyslexic.

☐ He has a personal vendetta against the police officer.

☐ He will support almost anyone in a conflict involving the police.

5. If you guessed that the driver willfully deceived the police officer, you guessed correctly. The driver offers the police officer several excuses, including the weather and his physical handicaps. Underline these excuses in the text.

6. Read the last statement the police officer makes to the driver. Why does he warn the driver that it is dangerous to make a left turn? Why does he then tell the driver that it's okay for him to go left?

7. Match the statements on the left with the synonymous quotes from the story on the right.

Два часа́ иду́, не понима́ю куда́.	Я что, по-ва́шему, идио́т?
Мо́жно идти́?	Два часа́ иду́, не могу́ поня́ть куда́.
Напра́во е́хать нельзя́.	Да вы что?
Вы ду́маете, я идио́т?	Напра́во повора́чивать нельзя́.
Нет, вы непра́вы.	Я могу́ идти́?

8. How would you express the message conveyed by the following signs?

_____   _____   _____

9. Situations

A. A few of your American friends are visiting you while you are studying in Moscow, and you decide to take them to see the Kremlin. As you are trying to pass through the gates you are stopped by a severe-looking police officer who says that you aren't allowed to go there. Act out your encounter with the police officer.

B. It's your first time driving in Zvenigorod, and you have accidentally run a red light. Act out your encounter with the police officer who stops you.

Здесь нельзя́ ходи́ть!
Что вы де́лаете?
Вы что, не ви́дите?
Покажи́те ва́ши права́!
О чём вы ду́маете?
Вы е́дете на кра́сный свет.

Извини́те, я пе́рвый раз в го́роде.
Я пло́хо понима́ю по-ру́сски.
Я здесь не живу́.
Я не зна́ю ва́ши пра́вила.

кра́сный свет
= red light

9

DAY 9

1. During the school year Та́ня has an incredibly busy schedule! Read Та́ня's busy schedule, then describe your own.

> Вот моё расписа́ние на понеде́льник. Я весь день в университе́те. Я за́втракаю в 7.30. Я иду́ в университе́т в 8.00. У меня́ пе́рвая ле́кция в 9.00. В 10.00 у меня́ англи́йский язы́к. Я обе́даю в 11.00. В 12.00 у меня́ ле́кция по исто́рии. В 13.00 я иду́ на семина́р. В 14.00 в университе́те пока́зывают фильм. В 17.00 я иду́ на вы́ставку. А когда́ же я иду́ домо́й? Я то́чно не зна́ю, но о́чень по́здно.

2. As a journalist, О́ля often interviews famous people. The following is a sample of questions she asked a well-known movie director. Choose a name you and your partner know and act out their interview, making up the dates as needed.

1. В како́м году́ вы родили́сь?

2. В како́м году́ вы на́чали учи́ться в шко́ле?

3. В како́м году́ вы око́нчили шко́лу?

4. В како́м году́ вы на́чали рабо́тать в кино́?

5. В како́м году́ вы на́чали снима́ть фи́льмы?

6. В како́м году́ вы получи́ли пе́рвый приз?

7. В како́м году́ о вас на́чали писа́ть в газе́тах?

> Remember:
> в ты́сяча
> девятьсо́т
> девяно́сто
> пе́рвом году́
> = в девяно́сто
> пе́рвом году́

3. Что вы зна́ете о Звени́городе?

Check your partner's knowledge of Zvenigorod.

1. Ско́лько лет Звени́городу?

2. Кто стро́ил Звени́город?

3. На како́й реке́ стои́т Звени́город?

4. Кто тако́й Ю́рий Долгору́кий?

4. Куда́ вы хо́дите? Куда́ вы е́здите?

A. Find out where your friend is going when you run into him/her on campus.

> — Приве́т Алёша! Куда́ ты идёшь?
> — **Домо́й.** А ты?
> — **На стадио́н.**

заня́тие—ле́кция, столо́вая—репети́ция, подру́га—бассе́йн

B. Interview your classmates in order to find out how they get to class every day. Compare your results with other people in class.

> — Боб, ты е́здишь на заня́тия и́ли хо́дишь пешко́м?
> — Я е́зжу в университе́т на маши́не.
> — А ты, Ха́йди?
> — А я живу́ на ка́мпусе и хожу́ на заня́тия пешко́м.

C. Куда́ вы лю́бите ходи́ть? Куда́ вы лю́бите е́здить?

> Я люблю́ ходи́ть **к друзья́м.**
> Я люблю́ е́здить **на мо́ре.**

restaurant, theater, movie theater, dance club, stadium, parents, brother, sister, pool

5. Пое́здка

A. Fill in the missing verbs of motion (**идти́ — е́хать**, **ходи́ть — е́здить**) in the following story Ва́ня wrote for his class.

Моя́ пое́здка в Пу́шкинские го́ры

В про́шлом году́ мы _____ в Пу́шкинские

го́ры.[ ] Мы — э́то па́па, ма́ма и я. В 18.35 мы бы́ли на Ри́жском

про́шлый =
last

вокза́ле. На вокза́л мы _____ на такси́, потому́

что у нас был большо́й чемода́н. На по́езде мы _____

о́чень до́лго: весь ве́чер и всю ночь. Когда́ мы _____, мы е́ли,

пи́ли, пото́м роди́тели чита́ли, а я слу́шал му́зыку — я взял мой пле́йер.

У́тром мы бы́ли в Пско́ве. В Пу́шкинские го́ры мы _____ на

авто́бусе. В Пу́шкинских гора́х мы жи́ли в гости́нице. Там о́чень краси́вая

приро́да. Мы о́чень мно́го _____ пешко́м. Ма́ма о́чень

лю́бит _____ пешко́м, а па́па не о́чень. В Москве́ он всё

вре́мя _____ на маши́не. Два ра́за мы _____

на авто́бусе в Псков. Там мы весь день _____ по го́роду,

смотре́ли ста́рую архитекту́ру. Мне о́чень понра́вились Пу́шкинские го́ры.

Я хочу́ _____ туда́ ка́ждый год, но в э́том году́ я ле́том

_____ на да́чу.

B. Using Ва́ня's story as a model, tell your classmates about a trip you have taken recently. Try to include answers to the following questions in your story.

Куда́ вы е́здили?	Как до́лго вы е́хали?
Когда́ вы е́здили?	Куда́ вы ходи́ли, что ви́дели?
На чём вы е́здили?	Что вам понра́вилось? Что не понра́вилось?

6. Explain the rules of your university to a newly arrived Russian student who doesn't speak English well.

> Нельзя́ кури́ть в аудито́рии.

> smoke, eat, drink, talk loudly, speak English, skip class, be late for class

---

[ ] **Пу́шкинские го́ры** is located not far from the city of Pskov. It is the location of the famous poet's family estate as well as the **Святого́рский монасты́рь** in which Pushkin's grave is located. Today the grounds include a park and a museum dedicated to the poet.

7. After studying the following biographical data on famous people for 2–3 minutes, take turns with your partner, testing each other's memory.

> — Ты по́мнишь, кто роди́лся шесто́го ию́ня ты́сяча семьсо́т
>   девяно́сто девя́того го́да?
> — Коне́чно, по́мню. Пу́шкин.
> — А когда́ он у́мер?
> — Он у́мер деся́того февраля́ ты́сяча восемьсо́т три́дцать
>   седьмо́го го́да.

Бе́нджамин Фра́нклин	1/17/1706	4/17/1790
Уи́льям Шекспи́р	4/23/1564	4/23/1616
Лю́двиг ван Бетхо́вен	12/16/1770	3/26/1827
Чарльз Ди́ккенс	2/7/1812	6/9/1870
Галиле́й	2/15/1564	1/8/1642
Ре́мбрандт	7/15/1606	10/4/1669
Мо́царт	1/27/1756	12/5/1791
Марк Твен	11/30/1835	4/21/1910
Серге́й Рахма́нинов	3/20/1873	3/28/1943
Э́дгар По	1/19/1809	10/7/1849
Серге́й Проко́фьев	4/11/1891	3/5/1953

(dates are listed American style: month, date, year)

8. Situations

Но́вгород   Влади́мир   Новосиби́рск

Бра́тск   о́зеро Байка́л   Сиби́рь

A. You and a friend went on two different trips in Russia. Choose one of the locations pictured above and compare and discuss your impressions of your two different trips; include information on the weather in each of the places you visited and what you wore on the trip. Try to prove to your friend that your trip was better.

B. The Russian club is throwing a big party to celebrate Russian **Ма́сленица**.[] With your partner discuss what you usually wear to parties and give each other advice on what you should wear to the celebration.

[] **Ма́сленица** is a week-long celebration that precedes Lent (**Вели́кий пост**)—the 7 week fasting period before Russian Orthodox Easter. During **Ма́сленица** people feast on all of the foods associated with animal fat (**ма́сло—Ма́сленица**), that are prohibited during Lent. The holiday's pagan roots are visible in the tradition of eating **блины́**, thin, round, delicious "pancakes" whose color and shape symbolize the sun and the return of spring.

1. Verbs of Motion

A special group of verbs, known as verbs of motion, differ from all other verbs in that they have not one, but **two** imperfective forms: one indicates that the motion takes place in a single direction *(unidirectional)*, the other does not, and usually denotes random motion, movement in more than one direction, or movement "there and back" *(multidirectional)*. There are a total of 14 pairs of verbs of motion of this type, the most important of which are the following:

Unidirectional	**Multidirectional**
идти́ (irreg.)	ходи́ть
go (on foot), walk	go (on foot), walk
е́хать (irreg.)	е́здить
go (by vehicle)	go (by vehicle)

The present unit will focus exclusively on the distinction between these two pairs of imperfective forms; perfective motion verbs will be discussed in Units XI and XII. Note also that, unlike English verbs of motion, Russian motion verbs clearly distinguish between motion (or "going") on foot, or under one's own power, and motion by vehicle, or by means of another source of power (car, train, bus, horse, bicycle, etc.). In most cases, the speaker must indicate means of "going" by choosing either the verb denoting self-generated motion or the corresponding verb marking externally-generated motion. The English equivalent will not always mark this distinction. Compare:

Он идёт в шко́лу.	He's going/on his way (walking) to school.
Он е́дет в шко́лу.	He's going/on his way (driving, riding, etc.) to school.

Verbs of motion are a very limited set in Russian. There are many verbs denoting movement of various types which are not part of the set of 14 pairs.

2. Forms of Verbs of Motion

A. Unidirectional **идти́** and **е́хать** express motion in one direction and focus on the process of that motion.

идти́ (irreg., imperf., unidirectional) "go on foot"					
Present				**Past**	
я	иду́	мы	идём	он	шёл
ты	идёшь	вы	идёте	она́	шла
он/она́	идёт	они́	иду́т	оно́	шло
Imperative: иди́(те)!				они́	шли

éхать (irreg., imperf., unidirectional) "go by vehicle"					
Present				**Past**	
я	éду	мы	éдем	он	éхал
ты	éдешь	вы	éдете	онá	éхала
он/онá	éдет	они́	éдут	онó	éхало
Imperative: езжáй(те)!				они́	éхали

B. Multidirectional **ходи́ть** and **éздить** differ from **идти́** and **éхать** in that they express multidirectional and habitual movement as well as any kind of round trip (single or repeated).

ходи́ть (ходй-, imperf., multidirectional) "go on foot"					
Present				**Past**	
я	хожу́	мы	хо́дим	он	ходи́л
ты	хо́дишь	вы	хо́дите	онá	ходи́ла
он/онá	хо́дит	они́	хо́дят	онó	ходи́ло
Imperative: ходи́(те)!				они́	ходи́ли

éздить (éзди-, imperf., multidirectional) "go by vehicle"					
Present				**Past**	
я	éзжу	мы	éздим	он	éздил
ты	éздишь	вы	éздите	онá	éздила
он/онá	éздит	они́	éздят	онó	éздило
Imperative: éзди(те)!				они́	éздили

3. Usage of Verbs of Motion

A native speaker of Russian uses the unidirectional verb when he or she wants to specify action in progress in one direction. Hence, the question "Where are you going?" requires the unidirectional verb: **Куда́ вы идёте?** (if the person is on foot) or **Куда́ вы éдете?** (if going by vehicle).

The multidirectional verb, in contrast, conveys notions involving random motion, round trips, repeated motion, potential motion, and motion in which the act itself is the center of focus, e.g. **«Ребёнок ужé хо́дит.»** "The child can walk already."

A. Unidirectional

— Куда́ ты идёшь, Та́ня?	"Where are you going, Tanya?"
— Я иду́ в университе́т. А ты?	"I'm on m☒ way to the university. And you?"
— Я иду́ домо́й, а Ле́на идёт в библиоте́ку.	"I'm going home, and Lena's going to the library."
— Куда́ вы е́дете, А́нна Бори́совна?	"Where are you going, Anna Borisovna?"
— Я е́ду в Волгогра́д на конфере́нцию. А вы?	"I'm going to Volgograd to a conference. And you?"
— Мы е́дем в Санкт-Петербу́рг на пра́ктику.	"We're on our way to St. Petersburg for practical training."

B. Multidirectional

Кто э́то хо́дит о́коло ва́шего до́ма?	Who is that person walking around near your house?
Ты вчера́ ходи́л в шко́лу?	Did you go to school yesterday?
Вчера́ я ходи́ла в библиоте́ку.	Yesterday I went to the library.
Ле́том мы е́здили на Байка́л.	In the summer we went to Baikal.
Ка́ждый день Ва́ня хо́дит в шко́лу.	Vanya goes to school every day.
Я ча́сто хожу́ в теа́тр.	I often go to the theater.
Ка́ждую суббо́ту мы хо́дим в кино́.	We go to the movies every Saturday.
Ребёнок уже́ хо́дит.	The child is already walking.
Я люблю́ ходи́ть пешко́м.	I enjoy walking.
Ке́вин лю́бит е́здить на метро́.	Kevin loves to ride on the metro.

C. Contrasting Unidirectional and Multidirectional Verbs of Motion

Unidirectional	**Multidirectional**
Present tense:	Present tense:
Он идёт по у́лице и поёт. He is walking down the street and singing.	Он хо́дит и поёт. He is walking around and singing.
Я иду́ в парк. I am on my way to the park.	Я хожу́ по па́рку. I am walking about in the park.
Past tense:	Past tense:
Когда́ я шла в библиоте́ку, я встре́тила Та́ню. I met Tanya when I was on the way to the library.	Вчера́ ве́чером я ходи́л по па́рку. Yesterday evening I walked around in the park.

Когда́ мы е́хали домо́й, мы вспомина́ли, как зову́т хозя́ев Ке́вина.
As we were riding home, we tried to remember the names of Kevin's landlords.

Когда́ мы е́здили на Чёрное мо́ре, мы всегда́ приглаша́ли на́ших друзе́й.
Whenever we went to the Black Sea, we always invited our friends.

Во вто́рник, когда́ Ле́на шла в кино́, она́ ду́мала об экза́мене.
When Lena was on her way to the movies on Tuesday, she was thinking about the exam.

Во вто́рник Ле́на ходи́ла в кино́.
Lena went to the movies on Tuesday.

D. Special Cases

The unidirectional verb is required in connection with certain fixed expressions. Take careful note of the following idioms:

Идёт дождь.	It is raining.
Идёт снег.	It is snowing.
Вре́мя идёт.	Time is passing.
Сего́дня идёт фильм.	There's a film showing today.
Ми́ше идёт но́вая руба́шка.	Misha looks good in the new shirt.

Once again, keep in mind that both the unidirectional and multidirectional forms of verbs of motion are imperfective. The perfective form (see unit XI) may be formed by adding the prefix **по-** (or some other prefixes) to the unidirectional stem.

4. Present Tense Forms with Future Meaning

Present tense forms of unidirectional verbs can be used to express a future activity. English verbs can function the same way.

За́втра ве́чером мы идём в теа́тр.	We are going to the theater tomorrow evening.
Сего́дня мы е́дем к ма́ме.	We are going to see mother today.

Present tense forms of other imperfective non-motion verbs may also be used to express future events.

За́втра я чита́ю докла́д.	I am giving a presentation tomorrow.

The use of present tense verb forms to denote the future tense is restricted to statements about which the speaker is more or less certain.

5. Prepositions and Adverbs with Verbs of Motion

A. Russian distinguishes between the location of a given action and the direction, destination, or endpoint of that action by using different case endings.

As you know, nouns used with the preposition **на** or **в** take the prepositional case when they denote location; when denoting *direction* however, the accusative case is used. Several other prepositions in Russian also exhibit this dual (locational/ directional) function, depending on the case which follows them.

Compare the following examples:

Áнна Борúсовна рабóтает **в шкóле.**	Anna Borisovna works at school.
Áнна Борúсовна идёт **в шкóлу.**	Anna Borisovna is on her way to school.
Мúша был **на концéрте.**	Misha was at the concert.
Мúша чáсто хóдит **на концéрты.**	Misha often goes to concerts.

B. Unlike modern English, separate adverbs are used in Russian to differentiate between the place and the direction of a given action.

Тáня живёт **здесь.**	Tanya lives here.
Тáня идёт **сюдá.**	Tanya is on her way here (hither).

Study the following pairs of corresponding adverbs of location and direction.

Direction		Location	
кудá?	where? (whither?)	где?	where?
сюдá	here (hither)	здесь	here
тудá	there (thither)	там	there
домóй	home(ward)	дóма	at home

C. The preposition **к** + **dative** to express motion towards a person corresponds to the preposition **у** + **genitive** to express location at someone's house.[1] Just as **в** and **на** use two different cases depending on whether motion or location is expressed, so **к** and **у** have complementary functions to express motion and location, respectively. Compare the following examples:

Тáня **былá у Кéвина** вчерá вéчером.	Тáня **ходúла к Кéвину** вчерá вéчером.
Tanya was at Kevin's last night.	Tanya went to see Kevin last night.

---

[1] **У** + **person** denotes possession; **у** + **an object or location** denotes proximity, e.g. "**у стáнции**" "near the station."

D. The preposition **по + dative** is commonly used with verbs of motion and corresponds to the English "along," "about," "throughout" or "in."

Мы ходи́ли **по го́роду**.	We strolled around the city.
Ке́вин ме́дленно шёл **по у́лице**.	Kevin walked along the street slowly.
Я люблю́ ходи́ть **по ле́су**.	I love to walk about in the forest.

E. Means of transportation is expressed in Russian by the preposition **на** followed by the prepositional case of the noun denoting the type of vehicle involved. Note that in English the prepositions "in," "on" or "by" are used to convey this meaning.

Я е́зжу в университе́т **на** авто́бусе.	I go to the university by bus.
Мы е́дем в Росто́в **на** по́езде.	We're travelling to Rostov on a train.
Он хорошо́ е́здит **на** велосипе́де.	He is good at bicycle riding.
Мы е́дем в Ту́лу **на** маши́не.	We are going to Tula by car.

When the speaker wishes to emphasize the fact that he or she is walking, or going "on foot", as opposed to going by some means of transportation, he or she adds the adverb **пешко́м** to the regular walking verb. For example:

— Пе́тя, ты обы́чно е́здишь на рабо́ту на авто́бусе?	"Petya, do you usually take the bus to work?"
— Нет, я всегда́ хожу́ пешко́м.	"No, I always walk [lit. go on foot]."

6. Noun Phrases

Prepositional phrases with **в** or **на** are also used in conjunction with certain nouns indicating direction or destination.

биле́т в теа́тр	a ticket for the theater
окно́ в сад	a window opening into the garden
путеше́ствие в А́фрику	a trip to Africa
экску́рсия на вы́ставку	an excursion to an exhibit
пое́здка в Звени́город	a trip to Zvenigorod

7. Time Expressions

In the following paragraphs we shall distinguish equational time expressions ("What day/time is it?") from statements of "time when" an action takes place ("When did/does/will it happen?").

A. Expressing "When did it happen?"

In Analysis III, 6, we learned that "time when" statements involving months, semesters, years, and centuries require **в + prepositional**. For "time when" with periods of time shorter than a week, the preposition **в + accusative** is generally required. (See Analysis VI, 8.)

1. As noted, when the time indicated is greater than a week, "time when" is expressed by the preposition **в** + **the prepositional case**. Note that **год** "year" has the special prepositional case form — **в году́** — in this usage.

— **В како́м году́** вы зако́нчили шко́лу?	— In what year did you graduate from high school?
— Я зако́нчил шко́лу **в э́том году́**.	— I graduated this year.
Ке́вин был в Москве́ **в ию́не и в ию́ле**.	Kevin was in Moscow in June and July.
Мы ча́сто ходи́ли в э́тот рестора́н **в э́том семе́стре**.	We often went to this restaurant this semester.
Достое́вский роди́лся и у́мер **в девятна́дцатом ве́ке**.	Dostoevsky was born and died in the 19th century.

Remember that only the final word in a compound ordinal numeral is declined:

Я роди́лся **в ты́сяча девятьсо́т два́дцать пе́рвом году́**.	I was born in 1921. (literally, "I was born in the one thousand, nine hundred and twenty **first** year.")

2. An expression of what time of day an event will occur requires the preposition **в** + **the accusative case** of the numeral which is identical to the nominative except for одна́/одну́. The numeral, in turn, governs the genitive of час "hour" (cf. Analysis, VIII, 9).

— Когда́ у нас сего́дня обе́д?	— When do we have lunch today?
— Обе́д **в час**.	— Lunch is at one o'clock.
Экску́рсия была́ **в два часа́**.	The excursion was at two o'clock.
Переда́ча бу́дет **в де́вять часо́в**.	The program will be at nine o'clock.

3. In expressions of "time when" with the date and the month the ordinal numeral takes the **genitive case without any preposition.**

— Когда́ бу́дет вы́ставка Ке́вина?	— When will Kevin's exhibit take place?
— Вы́ставка бу́дет **два́дцать тре́тьего** а́вгуста.	— The exhibit will take place on August 23.
Сего́дня, **оди́ннадцатого** января́, на́ша гру́ппа организу́ет разгово́р о но́вой кни́ге Пеле́вина.	Today, January 11, our group is organizing a discussion of Pelevin's new book.
Ле́кция была́ в сре́ду, **седьмо́го** июля.	The lecture was on Wednesday, July 7th.

4. Note that there is one important exception to these rules: When the expression of "time when" includes <u>day, month and year,</u> the **genitive case** governs **without prepositions**.

Достое́вский роди́лся оди́ннадцатого ноября́ ты́сяча восемьсо́т два́дцать **пе́рвого го́да** и у́мер девя́того февраля́ ты́сяча восемьсо́т во́семьдесят **пе́рвого го́да**.	Dostoevsky was born on November 11, 1821, and died on February 9, 1881.

B. Equational Expressions of Time: "What time is it?"

1. "What time is it?" may be rendered formally as **кото́рый час**? or, more colloquially, as **ско́лько вре́мени**?

Кото́рый час?	
Ско́лько вре́мени?	What time is it?

2. Statements of time of day do not use any preposition. Note that with one o'clock the numeral **оди́н** is omitted.

Сейча́с час.	It is now one o'clock.
Бы́ло уже́ оди́ннадцать часо́в.	It was already eleven o'clock.
Ско́ро бу́дет три часа́.	It will soon be three o'clock.

3. Since the 24-hour clock is not used in informal or colloquial Russian, the notion of a.m./p.m. is conveyed by using **у́тро, день, ве́чер,** and **ночь** in the genitive case.

у́тро	→ **утра́**	refers to morning hours
день	→ **дня**	refers to afternoon hours
ве́чер	→ **ве́чера**	refers to evening and night (waking hours)
ночь	→ **но́чи**	refers to late night and early morning (sleeping hours)

   These forms are used only when specific times are given, and primarily in cases in which there might be some ambiguity over the time of day to which the speaker is referring:

— Ми́ша, собра́ние бу́дет за́втра в семь часо́в ве́чера.	— Misha, the meeting will be tomorrow at seven in the evening.
— Пе́тя, когда́ у вас по́езд за́втра?	— Petya, when is your train tomorrow?
— В де́сять часо́в утра́.	— At ten in the morning.

	however:
— Друзья́, за́втрак за́втра в во́семь три́дцать.	— Friends, breakfast is at eight thirty tomorrow.
— А обе́д?	— And lunch?
— Обе́д в два.	— Lunch is at two

4. The equational sentence for years is rarely used: **Како́й сейча́с год**? "What year is it now?" Both the question and the answer follow the rules for this type of time expression: **Сейча́с две ты́сячи девя́тый год**. "It is 2009 now."

8. The Indefinite-Personal Construction

In Russian the use of the third-person plural form of the verb without the third-person pronoun marks a subject which is implied but not expressed. Such constructions or sentences may be translated into English by a passive construction.

Здесь не ку́рят.	No smoking (here).
Об э́том сейча́с мно́го пи́шут.	A lot is being written about it now.
Там бу́дут стро́ить гости́ницу.	A hotel will be built over there.
Об э́том писа́ли в газе́те.	That was written about in the paper.
Говоря́т, что он хоро́ший преподава́тель.	⊠⊠ is said to be a good teacher. (They say he is a good teacher.)
Здесь говоря́т по-ру́сски.	Russian is spoken here.

9. Soft-Stem Adjectives

A small group of adjectives have a stem ending in a soft consonant. Such adjectives take "soft" endings, -**ий**, -**ее**, -**яя**, -**ие**, etc. in all their forms.

Soft-Stem Adjectives			
	Singular		Plural
	Masculine	**Neuter**	**Feminine**	
Nom.	дома́шний суп	дома́шнее зада́ние	дома́шняя рабо́та	дома́шние живо́тные
Acc.	дома́шний суп	дома́шнее зада́ние	дома́шнюю рабо́ту	дома́шних живо́тных
Gen.	дома́шнего су́па	дома́шнего зада́ния	дома́шней рабо́ты	дома́шних живо́тных
Prep.	о дома́шнем су́пе	о дома́шнем зада́нии	о дома́шней рабо́те	о дома́шних живо́тных
Dat.	дома́шнему су́пу	дома́шнему зада́нию	дома́шней рабо́те	дома́шним живо́тным
Instr.	дома́шним су́пом	дома́шним зада́нием	дома́шней рабо́той	дома́шними живо́тными

NOUNS

алкого́ль alcohol
архитекту́ра architecture
води́тель driver
вокза́л train station (на)
дворе́ц palace BB
дождь rain BB
докуме́нт document
дома́шнее живо́тное pet
идио́т idiot
интервью́ interview
кани́кулы (*pl.*) school vacation
кре́пость (*f.*) fortress
купе́ compartment (in a train) (*indecl.*)
ку́пол dome AB -á
мотоци́кл motorcycle
назва́ние name, title
наруши́тель law-breaker
ночь (*f.*) night
о́стров island AB -á
пальто́ (*indecl.*) coat
па́мятник monument
платфо́рма platform
по́езд train AB -á
пра́вило rule
права́ (*pl. colloq.*) driver's license
    води́тельские ~ driver's license
прогно́з forecast
програ́мма (*here*) itinerary
проспе́кт avenue
река́ river CC
рели́гия religion
ро́лики roller blades
сад garden AB
секре́т secret
собо́р cathedral
трамва́й streetcar
тролле́йбус trolley bus
царь czar BB
часть (*f.*) part AC
экску́рсия excursion

PROPER NOUNS

День ветера́нов Veterans' Day
День незави́симости Independence Day
День побе́ды Victory Day
День свято́го Валенти́на St.Valentine's Day
Ленингра́д Leningrad
Ма́сленица Maslenitsa (farewell to winter holiday)
Междунаро́дный же́нский день International Women's Day
Национа́льный день Росси́и Russian National Independence Day
Но́вый Орлеа́н New Orleans
Пи́тер (*colloq.*) St. Petersburg
Рождество́ Christmas

ADJECTIVES

возду́шный light, airy
горя́чий hot
дово́лен (*m.*), **дово́льна** (*f.*), **дово́льны** (*pl.*) satisfied, pleased
дома́шний home, homemade (*soft stem*)
зи́мний winter (*soft stem*)
знамени́тый famous, well-known
кре́пкий strong (e.g. drink)
ле́вый left
лёгкий light
ле́тний summer (*soft stem*)
ми́ленький dear
непра́в (*m.*), **неправа́** (*f.*), **непра́вы** (*pl.*) wrong, mistaken
похо́ж (*m.*), **похо́жа** (*f.*), **похо́жи** (*pl.*) like; similar to
прав (*m.*), **права́** (*f.*), **пра́вы** (*pl.*) right, not mistaken

пра́вильный right (correct)
пра́вый right (not left)
про́шлый last, previous
се́верный northern
тёплый warm

VERBS

води́ть (води́-) (*impf.*) **маши́ну** drive a car
встава́ть (встава́й-)/ **встать** (вста́н-) get up
встреча́ться (встреча́й-ся)/ **встре́титься** (встре́ти-ся) meet
гуля́ть (гуля́й-)/ **погуля́ть** go for a walk
е́здить (е́зди-) (*impf.*) go (by conveyance), drive
е́хать (*irreg.*) (*impf.*) go (by conveyance), drive
ждать (жда́-)/ **подожда́ть** wait
зака́нчивать (зака́нчивай-)/ **зако́нчить** (зако́нчи-) finish
занима́ться (занима́й-ся) (*impf.*) study
идти́ (*irreg.*) (*impf.*) go (on foot)
кури́ть (кури́-) (*impf.*) smoke
называ́ться (называ́й-ся) (*impf.*) be called
наруша́ть (наруша́й-)/ **нару́шить** (нару́ши-) break, violate
носи́ть (носи́-) (*impf.*) wear
обраща́ть (обраща́й-)/ **обрати́ть** (обрати́-) **внима́ние на** + *acc.* pay attention to
повора́чивать (повора́чивай-)/ **поверну́ть** (поверну́-) turn
поду́мать (поду́май-) (*perf.*) think

разгова́ривать
(разгова́ривай-) (*impf.*)
talk, have a conversation
роди́ться (роди́-ся) (*perf.*)
be born
спать (*irreg.*) (*impf.*) sleep
стро́ить (стро́и-)/
постро́ить build
узна́ть (узна́й-) (*perf.*)
recognize, find out
умира́ть (умира́й-)/
умере́ть (ў-м/р-) die
ходи́ть (ходи́-) (*impf.*) go
(on foot)

MODAL WORDS

мо́жно (it is) permitted
нельзя́ (it is) not allowed

ADVERBS

внима́тельно attentively
вперёд forward
домо́й home (to one's home)
жа́рко hot
ка́к-то somehow
куда́ where (directional)

наве́рное probably
нале́во left
напра́во right
никогда́ never
ничего́ nothing
пешко́м on foot
по́здно late
послеза́втра the day after
tomorrow
пра́вильно correctly
пря́мо straight
ра́но early
светло́ light
сле́ва on the left
сюда́ here (*directional*)
так so
тепе́рь now
тепло́ warm
то́же also
то́лько only
туда́ there (directional)
хо́лодно cold

PREPOSITIONS

в (+ *acc.*) to (directional)
к (+ *dat.*) to (directional,
person's house, place)

на (+ *acc.*) to (directional)
по (+ *dat.*) around, along

PARTICLES

ведь after all (unstressed)

EXPRESSIONS

день рожде́ния birthday
Класс! Cool!
О́ле иду́т брю́ки. Pants look
good on Olya.
О́чень жаль. What a shame.
Поня́тно. Got it. (I
understand.)
Согла́сен. Okay; I agree.
С удово́льствием! With
pleasure.
Счастли́вого пути́! Have a
good trip!
Э́то иде́я! That's an idea!

*O*lya joins Tanya and Misha for a quick meal and they catch up on the past days' events. Olya tells them about her time in Zvenigorod with Kevin, and Tanya tells Olya the harrowing story of her exam.

Не бу́ду бо́льше ве́рить в приме́ты

You will learn how to:

☐ Make resolutions never to do something again
☐ Order food from a vendor
☐ Express how you get something done — with what tool or instrument
☐ Say that you are doing something with someone
☐ Talk about what you are interested in
☐ Discuss meeting people and getting together with friends
☐ Take an exam at a Russian university
☐ Say that you got an A on an exam
☐ Say that you passed an exam
☐ Congratulate someone
☐ Say where a building, town, etc., is located
☐ Discuss superstitions
☐ Wish someone a happy birthday
☐ Talk about playing sports
☐ Discuss your past and future professions and occupations
☐ Find out store hours
☐ Find out when a movie, show, etc., begins and ends
☐ Use subordinate clauses — "this is the clinic in which Misha used to work."

Чёрная ко́шка – плоха́я приме́та.

The title of this episode is **«Не бу́ду бо́льше ве́рить в приме́ты»**, or "I'll never be superstitious again." **«Не бу́ду бо́льше»** can be used with any infinitive to express a resolution or promise not to do something any more:

Не бу́ду бо́льше **есть шокола́д.**
Не бу́ду бо́льше **кури́ть.**

ве́рить (ве́ри-) (*imp.*) = believe

приме́та - omen, sign

PREviewing

1. Use **«Не бу́ду бо́льше»** to make resolutions *not* to do the following things:

[be late for class, skip class, drink beer, watch television every day, go to bars, work on Saturday and Sunday]

2. This episode begins at 5:55 p.m. How would you express this time in Russian?

_____

3. Как вы ду́маете, Та́ня сдала́ экза́мен и́ли не сдала́? Почему́ вы так ду́маете?

Она́ (не) сдала́ экза́мен, потому́ что она́:

серьёзная студе́нтка	несерьёзная студе́нтка
мно́го ду́мает о заня́тиях	ма́ло ду́мает о заня́тиях
не пропуска́ет ле́кции	пропуска́ет ле́кции

VIEWING

▶ Now watch the first part of «**Не бу́ду бо́льше ве́рить в приме́ты**» with the SOUND ON.

SOUND ON

4. Моро́женое для Та́ни

1. How does Ми́ша offer to buy Та́ня ice cream ?
   - ☐ Како́е тебе́ нра́вится?
   - ☐ Како́е моро́женое ты бу́дешь?
   - ☐ Ты лю́бишь моро́женое?

ша́рик = (here) little scoop of ice cream

2. Ско́лько сто́ит оди́н ша́рик (моро́женого)?
   - ☐ 58 рубле́й
   - ☐ 105 рубле́й
   - ☐ 75 рубле́й

3. Why is Та́ня so preoccupied about what time it is?
   - ☐ She doesn't want to be late for her exam.
   - ☐ She is wondering where О́ля is.
   - ☐ The stores close at 6:00.

5. Встре́ча сестёр

1. As the two sisters exchange greetings, what do they ask each other?

   _____ спра́шивает, как пое́здка в Звени́город.

   _____ спра́шивает, как экза́мен.

2. Everyone seems to be hungry. Who orders what?

   _____ берёт пи́ццу.

   _____ берёт бутербро́д.

   _____ берёт карто́шку.

3. What beverage do they all order? _____

4. Ке́вин quickly becomes the focus of the conversation. Identify which character says each of the following lines.

_____ Он тебе́ нра́вится?

_____ И он действи́тельно о́чень прия́тный челове́к.

_____ Он тако́й… ми́лый.

5. Unlike О́ля and Та́ня, Ми́ша does not approve of Ке́вин. Identify the reasons behind his feelings. Check all that apply.

☐ Ми́ша thinks that Ке́вин likes Та́ня.

☐ Ке́вин did not pay his part of the bill at the restaurant in the mall.

☐ Ке́вин did not contact his sister in the U.S. about Ми́ша's new veterinary clinic.

75р.30к.

45руб.

60руб.

50руб.

СОКИ

6. **A.** Pictured above are some menu items from the kiosk where Ми́ша bought food for himself, О́ля and Та́ня.

How much does each item he purchased cost?

_____

_____

_____

_____

POSTviewing

B. What Ми́ша calls ☒ **бутербро́д** is listed on the menu as
«**сэ́ндвич**». Is there a more appropriate English word
for this item? Can you guess why the vendor would use
the English name for this item instead of the traditional
Russian name?

_____

_____

C. If **сок** costs 50 rubles, how much did Ми́ша pay for
everything?

_____

D. А что вы зака́жете?

What would you order if you had 500 rubles to spend?

_____

The Demonstrative Pronoun тако́й

> After her trip to Zvenigorod, О́ля tells Та́ня that
> Ке́вин is "so nice:"
>
> Он **тако́й**... ми́лый.
>
> **Тако́й** functions as an intensifier here. It is
> equivalent to the English "so," and it is used with
> adjectives.

7. Make the following neutral statements stronger by adding
the appropriate form of **тако́й.**

> Пи́цца вку́сная. →
> Пи́цца така́я вку́сная.

1. Пого́да плоха́я.
2. Экза́мен тру́дный.
3. Та́ня энерги́чная.

4. Цветы́ краси́вые.

5. Пое́здка интере́сная.

6. Óля серьёзная.

8. Imagine that you are on your way to a movie with a few friends and decide to stop to get a bite to eat. Discuss what you are going to order using the menu from the video and the following phrases for reference.

> Что вам купи́ть?
> Что тут есть?
> А ты что бу́дешь?
> Возьми́ мне...
> А мне купи́...
> Я бу́ду...
> Пи́цца тут така́я вку́сная!

The Instrumental Case

Congratulations! Today you will learn the final Russian case: instrumental. As its name suggests, the instrumental case expresses the instrument of a given action. The instrument that performs or is used to perform an action will be in the instrumental case without a preposition.

Та́ня: — Ми́ша, у тебя́ есть ру́чка? Я должна́ записа́ть а́дрес.

Ми́ша: — У меня́ есть то́лько каранда́ш. Пиши́ **карандашо́м!**
(Write with a pencil!)

Instrumental Singular					
Case	**Ending**	**First Declension**			
Nom.	**-ø/-о**	стол	гость	сло́во	мо́ре
Instr.	**-ом**	столо́м	го́стем	сло́вом	мо́рем
Case	**Ending**	**Second Declension**			
Nom.	**-а**	ча́шка	тётя		
Instr.	**-ой**	ча́шкой	тёте**й**		
Case	**Ending**	**Third Declension**			
Nom.	**-ø**	тетра́дь			
Instr.	**-ью**	тетра́дью			

1. In Ва́ня's favorite cartoon, "The Little Mermaid," Ariel asks the bird about how humans live and what they use different things for. Help the bird answer her.

1. Э́то ви́лка и нож. Лю́ди едя́т _____.

2. Э́то ло́жка. Лю́ди едя́т суп _____.

3. Э́то ключ. Лю́ди открыва́ют и закрыва́ют дверь

   _____.

4. Э́то ру́чка. Лю́ди пи́шут _____.

2. Fill in the missing words indicating instruments of action in the instrumental case.

что → (*instr.*)
чем

1. — Чем ты лю́бишь писа́ть ?

   — Я люблю́ писа́ть _____ .

2. В Росси́и шко́льники и студе́нты не пи́шут контро́льные
   рабо́ты⁰ _____ .

3. — Чем Та́ня откры́ла дверь в кварти́ре Ке́вина?

   — Она́ откры́ла дверь _____. Ей его́
   дала́ О́ля.

4. Ва́ня ел торт _____, а Ке́вин ел торт

   _____ .⁰⁰

5. Ва́ня, что ты де́лаешь! Ешь бифште́кс_____

   и _____ .

spoon, fork, knife, key, pencil, pen

⁰ Russian students must use a pen to write their classwork and their tests. They may only use a pencil to write classnotes and material they are not going to hand in.

⁰⁰ Russians eat desserts like cake or tarts with a spoon.

> Та́ня **с Ке́вином** разгова́ривали на ку́хне.
> Ке́вин ел бутербро́д **с колбасо́й и помидо́ром.**

When it is used with the preposition **c (co)**, the instrumental expresses the meaning "with," "along with," or "accompanied by."

кто → (*instr.*) с кем

3. Practicing pronunciation: instrumental case with the preposition **c (co)**

па́па с ма́мой
муж с жено́й
сестра́ с бра́том
де́душка с ба́бушкой
стол со сту́лом
преподава́тель со студе́нткой

4. Connect the phrases in the two columns below to form sentences that describe the video characters.

А́нна Бори́совна е́здит на да́чу	с сестро́й
Ле́на всегда́ хо́дит на дискоте́ку	с дру́гом
Ми́ша ча́сто е́здит в Изма́йлово	с подру́гой
Ке́вин ча́сто смо́трит «Но́вости»	с хозя́ином

Ва́ня ка́ждый ве́чер говори́т   с му́жем
   по-англи́йски

Та́ня ча́сто хо́дит в магази́н   с америка́нцем

5. The information about the video characters provided below is false.
Correct it.

> — Та́ня с Са́шей ходи́ли в галере́ю.
> — Что ты! Та́ня с Ми́шей ходи́ли в галере́ю.

1. Та́ня с дека́ном говори́ли о кварти́ре Ке́вина.

2. О́ля е́здила с милиционе́ром в Звени́город.

3. Та́ня с сестро́й и Ке́вином обе́дали в кафе́ в торго́вом
   це́нтре.

4. Пе́тя Васи́льев разгова́ривал с сы́ном о ветерина́рном
   би́знесе.

5. Смирно́вы говори́ли с ветерина́ром о Ке́вине.

6. Ва́ня всё вре́мя говори́т с ма́мой по-англи́йски.

> Just as it is improper English to say "**Me** and my friend
> ..." in Russian it is incorrect to say "**Я** с дру́гом ..." —
> always say "**Мы** с дру́гом ...." This formula "**Мы** + **с** +
> second subject in instrumental" is equivalent to "So-
> and-so and I."

6. Based on what you know about their lives, guess which video
characters could have made the following statements and to whom
they were referring.

> **Ми́ша:**
> Мы **с подру́гой** ещё не́ были в Моско́вском
> худо́жественном теа́тре на «Ча́йке».

1. _____ : Мы с _____ сдава́ли экза́мен
   по исто́рии.

2. _____ : Мы с _____ е́здили в
   Звени́город де́лать фотоальбо́м.

3. _____ : Мы с _____ ходи́ли в магази́н. Она́ хоте́ла купи́ть три коро́бки конфе́т.

4. _____ : Мы с _____ говори́ли о Ке́вине, а Ми́ша покупа́л еду́.

5. _____ : Мы с _____ взя́ли у Та́ни ди́ски. Я о́чень люблю́ «Джазамо́р».

Instrumental Plural							
Case	First, Second, and Third Declensions						
Nom.	столы́	го́сти	слова́	моря́	ка́рты	тёти	тетра́ди
Instr.	стола́ми	гостя́ми	слова́ми	моря́ми	ка́ртами	тётями	тетра́дями

7. Чей обе́д са́мый вку́сный?

Study the menu А́нна Бори́совна jotted down when she was planning what to cook for dinner, then create your own menu and compare it to your classmates'.

Пи́цца с колбасо́й

Суп с гриба́ми

Котле́ты с макаро́нами

Моро́женое с фру́ктами

The Instrumental Case of Personal Pronouns							
Nom.	я	ты	он/оно́	она́	мы	вы	они́
Instr.	мной	тобо́й	им	ей	на́ми	ва́ми	и́ми

Remember that when a third-person pronoun is the object of a preposition, you must add an **н**: у него́, у неё, у них. With the instrumental after the preposition **с**, the same rule applies: **с** ним, **с** ней, **с** ни́ми.

8. Fill in the personal pronouns in the instrumental case.

1. Та́ня, мы с _____ за́втра идём в Большо́й теа́тр.

  ты

2. Смирно́вы за́втра е́дут на да́чу. Ва́ня до́лжен е́хать с
   _____.
   они́

3. — О́ля, ты говори́ла с ма́мой о пое́здке в Звени́город?
   — Нет, я с _____ не говори́ла.
   она́

4. — Ле́на, вы с Са́шей не забы́ли, что мы с _____
   вы
   в суббо́ту восьмо́го ию́ня идём на конце́рт?
   — Нет, что ты, Та́ня!

5. — Та́ня, почему́ ты со _____ не разгова́риваешь?
   я
   — Я ду́маю об экза́мене.

9. Э́то вку́сно и́ли нет?

Because our individual tastes are unique, we love some combinations of foods and hate others.

А. Что ты лю́бишь есть на за́втрак?

Find out what your partner likes to eat for breakfast, lunch, and dinner.

> — Что ты лю́бишь есть на **за́втрак?**
> — На за́втрак я люблю́ есть **хлеб с джéмом.**
> — А что ты пьёшь?
> — Я пью **ко́фе с молоко́м.** А ты?

ham sandwich, pizza with vegetables or sausage, chicken and rice, tea with sugar, macaroni and cheese

B. А что ты не лю́бишь есть?

Discuss with your partner what you don't like to eat and drink.

> Я не ем **макаро́ны с ры́бой.**
> Я не пью **ко́фе с са́харом.** А ты?

10. Ке́вин brought Ва́ня along to the Воло́дины for dinner, and Áнна Бори́совна is having a hard time trying to fix something he will like. Create a dialog in which Áнна Бори́совна and Ва́ня try to agree on what to make for dinner.

Óля с её но́вым дру́гом Ке́вином на у́лице
Че́хова в Звени́городе.

The Instrumental Case of Demonstrative and Possessive Pronouns and Adjectives

Masculine and Neuter Singular						
Case	Demonstrative and Possessive Pronouns			Adjectives		
Nom.	э́тот	мой	наш	но́вый молодо́й хоро́ший большо́й		
	э́то	моё	на́ше	но́вое молодо́е хоро́шее большо́е		
Instr.	э́тим	мои́м	на́шим	но́вым молоды́м хоро́шим больши́м		

1. Practicing pronunciation: instrumental case

с э́тим хоро́шим инжене́ром

с мои́м интере́сным дру́гом

с на́шим ста́рым уче́бником

Feminine Singular							
Case	Demonstrative and Possessive Pronouns			Adjectives			
Nom.	э́та	моя́	на́ша	но́вая	молода́я	хоро́шая	больша́я
Instr.	э́той	мое́й	на́шей	но́вой	молодо́й	хоро́шей	большо́й

2. Practicing pronunciation: instrumental case

с твое́й у́мной сестро́й

с э́той но́вой ру́чкой

с на́шей ру́сской тетра́дью

Plural							
Case	Demonstrative and Possessive Pronouns			Adjectives			
Nom.	э́ти	мои́	на́ши	но́вые	молоды́е	хоро́шие	больши́е
Instr.	э́тими	мои́ми	на́шими	но́выми	молоды́ми	хоро́шими	больши́ми

3. Practicing pronunciation: instrumental case

с э́тими интере́сными людьми́

с на́шими ру́сскими друзья́ми

с твои́ми люби́мыми профессора́ми

Interrogative Pronouns		
Case	Pronouns	
Nom.	кто	что
Instr.	кем	чем

4. Practicing pronunciation: instrumental case

С чем вы лю́бите чай?

С кем вы хо́дите в кино́?

5. Complete these sentences using the instrumental case.

1. Да́ша лю́бит разгова́ривать о жи́зни с _____

_____ дру́гом.

америка́нский   но́вый

2. Ва́ня лю́бит е́здить на велосипе́де с _____
   _____ ма́льчиками.
   эти симпати́чные

3. — Та́ня, мо́жет быть, я пригото́влю торт с _____

мо́жет быть = maybe

   _____ фру́ктами?
   твои́ люби́мые

   — Коне́чно, здо́рово!

4. Па́па с ма́мой ча́сто разгова́ривают с _____
   _____ сосе́дкой.
   на́ша но́вая

5. Са́ша иногда́ рабо́тает с _____
   _____ .   э́тот молодо́й
   архите́ктор

6. Ми́ша хо́чет рабо́тать с _____
   _____ .   э́тот бизнесме́н
   и э́тот ветерина́р

6. С кем вы хо́дите в кино́?

Find out about your partner.

— С кем ты хо́дишь в кино́?
— Обы́чно я хожу́ в кино́ **с мое́й но́вой сосе́дкой.** А ты?

---

1. С кем вы хо́дите в кино́?

2. С кем вы е́здите отдыха́ть?

3. С кем вы гуля́ете?

4. С кем вы хо́дите в магази́н?

5. С кем вы гото́вите обе́д?

6. С кем вы хо́дите в рестора́н?

Verbs with the Particle -ся

> When the accusative object of a sentence is promoted grammatically to the nominative subject position, the particle **-ся** is added to the verb. The result is a passive construction, with the agent in the instrumental case.
>
> Compare:
> *Поли́тика* не интересу́ет <u>меня́</u>.   Politics don't interest me.
> <u>Я</u> не **интересу́юсь** *поли́тикой*.   I am not interested in politics.

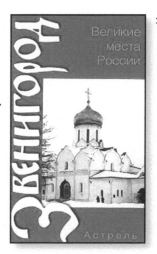

интересова́ться
(интересова́-ся)
(*imp.*) + *instr.* =
be interested

Óля интересу́ется исто́рией Звени́города.

Как вы ду́маете, когда́ у неё бы́ло вре́мя чита́ть э́ту кни́гу?

7. Practicing pronunciation: verbs with the particle **-ся**.

1. Я интересу́юсь ста́рыми кни́гами.
2. Ты интересу́ешься совреме́нной му́зыкой?
3. Он интересу́ется все́ми ва́шими друзья́ми.
4. Она́ интересу́ется все́ми э́тими фи́льмами.
5. Мы интересу́емся тем зда́нием.
6. Чем вы интересу́етесь?
7. Они́ интересу́ются твои́м но́вым сосе́дом.

Note the following instrumental case forms:

тот → (*instr.*)
  тем
весь → (*instr.*)
  всем
те → (*instr.*)
  те́ми
все → (*instr.*)
  все́ми

8. Чем вы интересу́етесь?

Discuss your interests with your classmates. Use the reference words below or add your own words. Share your information with the rest of the class once you have polled several people.

> — Чем ты интересу́ешься?
> — Я интересу́юсь **иску́сством.** А ты?
> — А я интересу́юсь **компью́терами.**

cars, grades, sports, theater, movies, modern music, classical music, literature, languages, art, pictures, computers, American history, Russian history

‡

Когда́ открыва́ются и когда́ закрыва́ются э́ти магази́ны?

> When the agent-subject is either irrelevant or unknown, it is omitted.
>
> | | |
> |---|---|
> | Дире́ктор **открыва́ет** магази́н в де́сять часо́в. | The manager opens the store at 10:00 a.m. |
> | Магази́н **открыва́ется** в де́сять часо́в. | The store opens at 10:00 a.m. |
> | Дире́ктор **закрыва́ет** магази́н в шесть часо́в. | The manager closes the store at 6:00 p.m. |
> | Магази́н **закрыва́ется** в шесть часо́в. | The stores closes at 6:00 p.m. |

9. Fill in the appropriate verb.

1. Áнна Бори́совна _____ гостя́м дверь.

   откры́ть/ откры́ться

2. Музе́й Пу́шкина _____ в де́сять часо́в.

   открыва́ть/ открыва́ться

3. Ва́ня забы́л ключ до́ма и не мог _____ дверь.

   откры́ть/ откры́ться

4. В кварти́ре бы́ло хо́лодно, и Ви́ктор Степа́нович _____ окно́.

   закры́ть/ закры́ться

5. — Та́ня, ты купи́ла хлеб?

   — Нет, ма́ма. Магази́н уже́ _____ _____.

   закры́ть/ закры́ться

> | | |
> |---|---|
> | Профе́ссор **начина́ет** ле́кцию в два часа́. | The professor starts his lecture at 2:00 p.m. |
> | Ле́кция **начина́ется** в два часа́. | The lecture starts at 2:00 p.m. |
> | Профе́ссор **зака́нчивает** ле́кцию в четы́ре часа́. | The professor ends his lecture at 4:00 p.m. |
> | Ле́кция **зака́нчивается** в четы́ре часа́. | The lecture ends at 4:00 p.m. |

10. Fill in the appropriate verb.

1. — Ва́ня, ты _____ сочине́ние? | зако́нчить/ зако́нчиться

   — Нет, не _____ . Я реша́л зада́чи по матема́тике. | зако́нчить/ зако́нчиться

2. — Та́ня, когда́ _____ ле́кция по исто́рии? | начина́ть/ начина́ться

   — В 10 часо́в.

3. — А́нна Бори́совна, когда́ вы _____ рабо́ту? | зака́нчивать/ зака́нчиваться

   — Обы́чно в три часа́.

4. — О́ля, когда́ в Звени́городе _____ фестива́ль иску́сств «Звени́, Звени́город»? | начина́ть/ начина́ться

   — В конце́ а́вгуста.

11. Та́ня, Ми́ша, and О́ля are making plans for the night and discussing when different places close and when movies begin, etc. Act out their possible conversations.

А.

> Та́ня: О́ля, ты не зна́ешь, когда́ закрыва́ется магази́н «Сувени́ры»?
>
> О́ля: По-мо́ему, он закрыва́ется в во́семь часо́в.
>
> Та́ня: Отли́чно! Я хочу́ купи́ть Ке́вину матрёшку.

магази́н «Сувени́ры», магази́н «Оде́жда», магази́н «Пода́рки», кни́жный магази́н, зоомагази́н

кни́жный магази́н = bookstore

зоомагази́н = pet store

B.

Óля:	Ми́ша, ты не зна́ешь, когда́ начина́ется «Ма́ма Ми́я»?
Ми́ша:	По-мо́ему, в во́семь и́ли в де́вять.

«Ма́йкл Кле́йтон», «Монго́л», «Двена́дцать», «Джу́но», «Австра́лия»

КУРС

Володина Т. В.
(фамилия, имя, отч. студента)

ПРАКТИЧЕСКИЕ ЗАНЯТИЯ

№ п/п	Наименование дисциплин	Кол. час.	Фамилия преподавателя	Отметка о зачете	Дата сдачи зачета	Подпись преподавателя
1	*История*					
2	*Философия*					
3	*Англ. язык*		*Сидоренко*	*зачёт*	*3/15*	*подпись*
4	*Теор. Психолог*					
5	*Страноведение*		*Пулин*	*зачёт*	*20/5*	*подпись*
6						
7						
8						
9						
10						

Декан факультета _____

13

▶ Today you will find out whether the extra day Та́ня spent studying was enough to help her pass her first exam.

PREviewing

1. A. You may remember that ⊠ **зачёт** is a pass-fail exam taken before regular exams.[▢] Examine Та́ня's **зачётная кни́жка** (pictured above) to determine the following:

Каки́е зачёты сдава́ла Та́ня? _____

_____

Она́ их сдала́? _____

B. А как вы ду́маете, Та́ня сдала́ и́ли не сдала́ пе́рвый экза́мен? Каку́ю отме́тку она́ получи́ла?

_____

_____

▢ Russian university exams are given at the end of each semester, like final exams in the U.S. The final exam is called an **экза́мен,** and any other test given during the semester is called either **контро́льная рабо́та** or **зачёт.** Grade books record the word **зачёт** in a given subject area to indicate that a student has successfully passed his/her pass/fail exams; no grade is given for **зачёты.** Grades for exams are recorded as follows: **отл. = отли́чно = пятёрка, хор. = хорошо́ = четвёрка, удовл. = удовлетвори́тельно = тро́йка, неуд. = неудовлетвори́тельно = дво́йка.**

2. A. The title of this episode is something you will hear Та́ня say today: «**Не бу́ду бо́льше ве́рить в приме́ты**». Russians tend to be superstitious. The following is a list of things that are considered to bring bad luck:

Плохи́е приме́ты: breaking a mirror

having one's path crossed by a black cat

the number thirteen

shaking hands over a threshold

whistling indoors

returning to the house when your forgot something

А америка́нцы ве́рят в приме́ты?_____

А вы? Вы суеве́рный челове́к? _____

суеве́рный = superstitious

B. ☒ ward off a bad omen, Russians will "spit" over their left shoulder three times (**«Тьфу-тьфу-тьфу!»**). This is similar to the English expression "knock on wood." Some other methods of warding off evil include turning around once and throwing salt over your left shoulder. As you are watching the video, try to determine the role superstition and bad omens play. Keep an eye out for which bad omens Та́ня encounters and how she wards them off.

VIEWING

▶ Now watch the second part of «**Не бу́ду бо́льше ве́рить в приме́ты**» with the SOUND OFF.

SOUND OFF

3. Та́ня is pursued by bad luck on the day of her first exam. Place the following bad omens in the order Та́ня encounters them.

разби́тое зе́ркало = broken mirror

_____ разби́тое зе́ркало

_____ число́ трина́дцать

_____ возвраще́ние домо́й

4. Ми́ша has trouble getting past the door attendant at the university when he accompanies Та́ню to the exam. Why do you think the attendant gives him a hard time about entering the building?

☐ No visitors are allowed during the exam period.

☐ He doesn't have a student ID.

☐ Men are not allowed on the grounds of the university.

5. 1. Who does Тáня run into before the exam?

    ☐ Óля

    ☐ Лéна

    ☐ Áнна Борúсовна

2. Judging by the expression on his face, the student who emerges from the exam room:

    ☐ passed with flying colors

    ☐ did poorly

    ☐ failed

3. The mood of the students preparing for the exam can be characterized as:

    ☐ anxious but confident

    ☐ calm and relaxed

    ☐ tense and fearful

4. Тáня's exam is:

    ☐ oral

    ☐ written

5. The questions students must answer for the exam are:

    ☐ determined before the exam

    ☐ decided by the examiner at the exam

    ☐ chosen by the student from a group of cards at the exam[1]

6. After the students take the exam, they receive their grades:

    ☐ right at the end of the exam

    ☐ in the mail

    ☐ at a meeting with the dean

---

[1] Most Russian exams are conducted orally. After students choose a numbered **билéт** (an examination card that contains approximately three test questions), they have a certain amount of time to prepare their answers at their desks. They then answer the questions orally and their professor gives them their grade.

▶ Now watch the second part of «**Не бу́ду бо́льше ве́рить в приме́ты**» with the SOUND ON.

6. How does the door attendant tell Ми́ша that he is not allowed to enter the building?

☐ Вам нельзя́.

☐ Без про́пуска нельзя́.

☐ На экза́мен нельзя́.

про́пуск = identification pass

7. The door attendant finally decides to let Ми́ша enter the building. What does Та́ня say to change his mind? Check all that apply.

☐ Он здесь у́чится.

☐ Он со мной.

☐ У меня́ экза́мен.

☐ Он здесь рабо́тает.

8. Right after Та́ня arrives to take her exam another student emerges from the exam room. What grade did he receive?□

☐ он получи́л дво́йку

☐ он получи́л тро́йку

☐ он получи́л четвёрку

9. When it's time for the next student to enter the exam room, neither Та́ня nor Ле́на wants to go. Fill in the names of the characters in the following conversation between Ми́ша, Ле́на, and Та́ня.

_____ : — Идёшь?

_____ : — Нет, пока́ нет. Иди́ ты.

_____ : — Иди́, иди́.

_____ : — Иду́.

□ The student remarks that the only **дво́йка** was given to a student for his **шпарга́лка**—his cheat sheet. If a student is caught using a **шпарга́лка**, his or her punishment is usually to receive a **дво́йка**. Many Russian students will take the chance and create very elaborate cheat sheets to use during exams and tests. If the student is not caught, he or she will not necessarily feel that they have cheated, as an American might, but rather that they beat the system.

10. Every student goes through the same routine before taking the exam. Identify everything that happens before Táня's exam. Check all that apply.

☐ The dean asks Táня for her grade book.

☐ Táня selects ⊠ **билéт**.

☐ The dean writes down the number of Táня's **билéт**.

☐ Táня takes an exam book from the dean.

☐ The dean tells Táня to prepare her answer.

☐ The dean warns Táня not to cheat.

11. Мйша is dying to know if Táня passed her exam. Fill in the missing answer.

Мйша: — Ну как?

Táня: — _____.

12. Táня shows Мйша and Лéна her grade book, where the abbreviation «отл.» (**отлйчно**) is written in the space for her exam grade. How does Мйша respond to the good news?

☐ Ой, отлйчно!

☐ Ой, пять!

☐ На пятёрку! Здóрово!

КУРС

Волóдина Ж. В.
(фамилия, имя, отч студента)

ПРАКТИЧЕСКИЕ ЗАНЯТИЯ

№ п/п	Наименование дисциплины	Кол. час.	Фамилия преподавателя	Отметка о зачете	Дата сдачи зачета	Подпись преподавателя
1	История		Филатов	отл.	12/5	
2	Философия					
3	Англ. язык		Мурадова	зачёт	21/5	
4	Теор. Психол.					
5	Строиноведение		Крол	зачёт	20/5	
6						
7						
8						
9						
10						

Декан факультета _____

13

сдать на пятёрку =
to get an A

Expressing Concern about Someone

POSTviewing

When Мйша notices that Táня is a little upset before her first exam, he asks her,

«**Что с тобóй?**»

This is equivalent to "What's wrong," or "What's with you?"

13. With your partner express concern about and say what's wrong with the following people.

Вйктор Степáнович — проблéмы на рабóте →
— Что с Вйктором Степáновичем?
— У негó проблéмы на рабóте.

> Лёна — проблёмы в университёте, Миша
> — проблёмы с подругой, родители Вани
> — проблёмы с сыном, Анна Борисовна —
> проблёмы со школьниками, Оля — проблёмы на
> работе, Кёвин — проблёмы с квартирой

14. Name some subjects you have trouble in.

> У меня проблёмы с литературой.

> math, Russian, history, music, literature, chemistry,
> biology

15. It's time for midterms, and your fellow classmates are
stressing out. Take turns with your partner asking each
other what is wrong.

> What's wrong?
> I did badly on an exam. →
> — Что с тобой?
> — Я плохо сдал(а) экзамен.

> I have 3 exams tomorrow, I failed a Russian exam,
> I have to write a paper, I got an F on my history exam,
> I have a lot of work, I have problems at home,
> I have no job and no money

Expressing Congratulations

> When Оля congratulates Тáня for getting an A on
> her exam, she says:
>
> ### Поздравляю с пятёркой!
>
> **Поздравляю** is used with the preposition **с** plus
> the instrumental case.

16. A. In Russian, any good news is an occasion for congratulations. Congratulate the characters from the video on their achievements, as indicated.

> Ле́на (хоро́шая отме́тка). →
> Ле́на, поздравля́ю с хоро́шей отме́ткой!

Ми́ша (но́вая рабо́та), Серге́й (но́вая маши́на), Ва́ня (четвёрка), Ке́вин (интере́сный фотоальбо́м), Са́ша (но́вый прое́кт), Та́ня (пе́рвый зачёт)

B. Expressions of congratulations are also used to wish someone a happy holiday. To wish someone a happy new year, you would say, **Поздравля́ю с Но́вым го́дом!**, or simply: **С Но́вым го́дом!** If you are ever at a loss for what a holiday is called, you can simply say: **С пра́здником!**

пра́здник = holiday

Wish your classmates happiness on the following holidays:

день рожде́ния, Междунаро́дный же́нский день, Но́вый год, Четвёртое июля, День благодаре́ния, День незави́симости

День благодаре́ния = Thanksgiving

день → *instr.*: с днём.

Тсссс! Да́ша занима́ется!

> The imperfective verb **занима́ться** (занима́й-ся) can be used by itself to indicate that someone is busy studying:
>
> Я всю ночь занима́лся.
> I studied all night long.
>
> **Занима́ться** is used together with the instrumental case with respect to a wide variety of educational, occupational, and leisure pursuits.
>
> Та́ня занима́ется исто́рией.
> Та́ня is studying history.

1. After О́ля left for Zvenigorod Та́ня buckled down and studied hard for her exam. Following Та́ня's example, act out similar conversations in which you choose studying over going out with your friends.

> — Ве́чером мы идём в кино́. Хо́чешь с на́ми?
> — У меня́ нет вре́мени, я бу́ду занима́ться исто́рией.

1. — В воскресе́нье мы идём на дискоте́ку. Хо́чешь с на́ми?

2. — В суббо́ту мы е́дем в Изма́йлово. Хо́чешь с на́ми?

3. — За́втра ве́чером мы идём в клуб танцева́ть са́льсу. Хо́чешь с на́ми?

4. — По́сле экза́мена на́ша гру́ппа идёт в рестора́н. Хо́чешь с на́ми?

5. — У нас есть биле́т на Мадо́нну. Хо́чешь с на́ми?

6. — Мы идём на день рожде́ния. Хо́чешь с на́ми?

ру́сская литерату́ра, биоло́гия, италья́нское кино́, фи́зика, америка́нский фолькло́р, матема́тика, англи́йский язы́к

Они́ занима́ются спо́ртом.

2. Чем ты занима́ешься?

Find out what sports and musical instruments your classmates play.

> — Ты занима́ешься спо́ртом?
> — Да, я игра́ю **в футбо́л.**
> — А в шко́ле ты игра́л?
> — Да, игра́л.
>
> — Ты занима́ешься му́зыкой?
> — Да, я игра́ю **на гита́ре.**
> — А в шко́ле ты игра́ла?
> — Нет, не игра́ла.

игра́ть в +
acc. = play a
sport

игра́ть на +
prep. = play
a musical
instrument

футбо́л, волейбо́л, хокке́й, бейсбо́л, те́ннис, ша́хматы, ка́рты, баскетбо́л

ша́хматы =
chess
ка́рты = cards

фле́йта, роя́ль, тромбо́н, гита́ра, саксофо́н

Кем вы бу́дете?

When you are stating what someone's profession was or will be, the profession is expressed in the instrumental case:

> Я бу́ду журнали́ст**кой.**
> Он был бизнесме́н**ом.**

Statements or questions with the verb **быть** absent (in the present tense) do not use instrumental.

> Я студе́нт/студе́нтка.

3. На како́м факульте́те вы у́читесь? Чем вы занима́етесь? Кем вы бу́дете?

Imagine that you are a senior and you have completely mapped out your career plans. You are at a family gathering at which a family member wants you to tell everyone what you have decided.

Матфа́к is an abbreviation for **математи́ческий факульте́т.**

> — Я учу́сь **на матфа́ке.** Я занима́юсь **матема́тикой.** Я бу́ду **матема́тиком.**

стать (ста́н-) (*perf.*)= become

Стать takes the instrumental case: стать врачо́м.

стать (ста́н-)					
Future Perfect				**Pronouns**	
я	ста́ну	мы	ста́нем	он	стал
ты	ста́нешь	вы	ста́нете	она́	ста́ла
он/она́	ста́нет	они́	ста́нут	оно́	ста́ло
Imperative: ста́нь(те)!				они́	ста́ли

4. А. Кем они́ ста́ли?

Describe the characters in the video who have already chosen their professions.

> Ке́вин фото́граф. →
> Он стал фото́графом.

1. Áнна Борúсовна учúтельница.
2. Елéна Петрóвна декáн.
3. Вúктор Степáнович бухгáлтер.
4. Мúша ветеринáр.
5. Óля журналúстка.

B. Интерéсно, кем онú хотéли стать?

Name the professions these characters might have chosen.

> Сергéй (милиционéр) →
> Сергéй **хотéл стать милиционéром.**

Áнна Борúсовна (балерúна), Елéна Петрóвна (космонáвт), Вúктор Степáнович (актёр), Мúша (президéнт), Óля (певúца)

C. Name the future professions of the following characters.

> Тáня **стáнет истóриком.**

Лéна (актрúса), Мúша (бизнесмéн), Сергéй (биóлог), Вáня (инженéр)

D. А вы? Кем вы хотéли стать в дéтстве? А сейчáс?

дéтство = childhood

5. Ask your partner what s/he is studying.

> — Чем ты занимáешься?
> — **Рýсским языкóм.** Ты же знáешь, у меня́ скóро экзáмен.
> — Лáдно, лáдно. Занимáйся. Так ты стáнешь отлúчником/отлúчницей!

отлúчник (*m.*), отлúчница (*f.*) = straight A student

history, math, physics, Spanish, biology, literature, economics

Это библиотéка. В этой библиотéке занимáется Тáня.
Это библиотéка, **в котóрой** занимáется Тáня.

Котóрый

Котóрый is used to introduce a relative clause; it takes its gender and number from the word it refers to in the main clause, but its case is determined by its own function in the relative clause.

> Это дом, **в котóром** живёт Кéвин.
>
> Это америкáнец, **с котóрым** Вáня занимáется англи́йским языкóм.

6. Combine the two sentences using **котóрый.**

> Это университéт. В этом университéте ýчится Лéна.
> Это университéт, **в котóром** ýчится Лéна.

1. Это кóмната. В этой кóмнате спит Сергéй.
2. Это кафетéрий. В этом кафетéрии обéдает Ви́ктор Степáнович.

3. Это парк. В э́том па́рке гуля́ют Ле́на и Са́ша.

4. Это джи́нсы. Э́ти джи́нсы но́сит Ва́ня.

5. Это общежи́тие. В э́том общежи́тии живёт Ле́на.

6. Это стадио́н. На э́том стадио́не Ми́ша игра́ет в футбо́л.

7. Это маши́на. На э́той маши́не е́здили О́ля и Ке́вин.

7. Write in the appropriate form of **кото́рый** and then see how many of the following questions you can answer. After you have completed the exercise, use the following scale to rate your performance.

> 1–3: Вы спи́те на заня́тиях.
>
> 4–5: Вы хорошо́ занима́етесь.
>
> 6–7: Вы отли́чник/отли́чница.

> — Как называ́ется у́лица, **на кото́рой** живёт Ке́вин?
> — У́лица, на кото́рой живёт Ке́вин, называ́ется **у́лица Королёва.**

Как называ́ется/называ́ются…

1. рок-гру́ппа, _____ лю́бит слу́шать Ле́на?

   _____

2. спекта́кль, _____ хоте́л посмотре́ть Ми́ша?

   _____

3. го́род, в _____ е́здила О́ля с Ке́вином?

   _____

4. компа́ния, в _____ рабо́тает сестра́ Ке́вина?

   _____

5. университе́т, в _____ у́чится Ле́на?

   _____

6. конфе́ты, _____ купи́ла Та́ня в магази́не?

   _____

7. цветы́, _____ Ми́ша купи́л Та́не?

   _____

8. You have been hired to translate for a group of Russian Elvis fans going to see Graceland. Describe the various relics and rooms you see as you accompany them on their tour. Feel free to be creative and add your own examples.

> Э́то кре́сло, **на кото́ром** сиде́л Э́лвис.

1. Э́то ко́мната, в _____ спал Э́лвис.

2. Э́то костю́м, _____ носи́л Э́лвис.

3. Э́то фотогра́фии, _____ снима́л Э́лвис.

4. Э́то кроссо́вки, в_____ ходи́л Э́лвис.

5. Э́то ло́жка, _____ ел Э́лвис.

6. Э́то каранда́ш, _____писа́л Э́лвис.

Студéнтка расскáзывает профéссору
о **своём** экзáмене.

The Reflexive Possessive Pronoun свой

Свой is used in place of other possessive
pronouns when the subject of the sentence and the
possessor are one and the same. It is declined just
like **мой** and **твой**.

Óля спрáшивала Тáню о **её** экзáмене.
Subject: Óля   Possessor: Тáня

Тáня расскáзывала Óле о **своём** экзáмене.
Subject and Possessor: Тáня

1. Use the appropriate possessive pronoun to complete these
sentences about the video characters.

> — Мáма, Кéвин хóчет показáть вам **свои**
> фотогрáфии.
> — Я с удовóльствием посмотрю́ **его**
> фотогрáфии.

с удовóльствием
= with pleasure

1. — О́ля, мо́жет быть, я расскажу́ тебе́ о _____ экза́мене?

   — Мы пото́м поговори́м о _____ экза́мене.

2. Ви́ктор Степа́нович не лю́бит говори́ть о _____ рабо́те в ба́нке. А́нна Бори́совна не про́сит его́ расска́зывать о _____ рабо́те.

3. Студе́нты не лю́бят говори́ть о _____ отме́тках роди́телям. Роди́тели всегда́ спра́шивают _____ дете́й об _____ отме́тках.

4. Ми́ша рассказа́л Ке́вину о _____ иде́е постро́ить ветерина́рный центр.

5. О́ля не хоте́ла расска́зывать Та́не о _____ пое́здке в Звени́город.

6. Гали́на Ива́новна мно́го занима́ется со _____ сы́ном.

7. Та́ня не по́мнила а́дрес _____ дру́га.

8. Ке́вин рассказа́л Ми́ше о би́знесе _____ сестры́.

2. As you have seen, Ми́ша is quite taken with his new girlfriend. In fact, some of his friends think that he may be obsessed with Та́ня! Judge for yourself after completing the following sentences.

> Ми́ша всегда́ говори́т о Та́не. →
> Ми́ша всегда́ говори́т о **свое́й люби́мой де́вушке.**

Ми́ша…

1. …рассказа́л всем о Та́не.
2. …хо́чет всех познако́мить с Та́ней.
3. …звони́т ка́ждый день Та́не.
4. …о́чень лю́бит Та́ню.
5. …пока́зывает всем фотогра́фию Та́ни.

3. Complete the following statements about the video characters. Fill in the appropriate forms of **свой** and **кото́рый.**

> Ке́вин показа́л О́ле **свои́** фотогра́фии, **кото́рые** он снял в Звени́городе.

1. Та́ня показа́ла О́ле _____ но́вый шарф, _____ ей купи́л Ми́ша.

2. Та́ня показа́ла Ми́ше _____ зачётную кни́жку, в _____была́ пятёрка по исто́рии.

3. Ва́ня показа́л Ке́вину _____ ро́лики, _____ ему́ купи́ла ма́ма.

4. Серге́й показа́л Ми́ше _____ ста́рую маши́ну, на _____ он е́здит по Москве́.

4. Ле́на and her friends are busy doing their own thing and nobody wants to walk her poor dog Ша́рик. Since Ша́рик doesn't express himself too well, fill in the blanks of his thoughts with the appropriate form of **свой.**

Ле́на чита́ет _____ курсову́ю

рабо́ту. Са́ша смо́трит _____

люби́мую переда́чу. Та́ня занима́ется _____

люби́мой исто́рией. О́ля говори́т со _____

люби́мым челове́ком. Что де́лать?! Лю́ди, погуля́йте с

бе́дным Ша́риком!

бе́дный = poor

Verts with the Particle -ся: Reciprocal Action

> The particle **-ся** can also be used with certain transitive verbs to express a reciprocal action with a plural subject. Compare:
>
> *Та́ня* ча́сто ви́дит <u>Ле́ну</u>.   Tanya often sees Lena.
> *Та́ня и Ле́на* ча́сто **ви́дятся**.   Tanya and Lena often **see each other.**
>
> You already know one verb with a reciprocal meaning:
>
> Познако́мьтесь!   Literally: Get acquainted with each other.

5. Practicing pronunciation: reciprocal verbs

встреча́ться/встре́титься

Ми́ша встре́тил Та́ню на вы́ставке. Они́ встре́тились на вы́ставке.

знако́миться/познако́миться

Та́ня познако́мила Ми́шу с Ке́вином. Ке́вин и Ми́ша познако́мились в торго́вом це́нтре.

ви́деться/уви́деться

Ле́на ви́дит Та́ню ка́ждый день в университе́те. Они́ ви́дятся ка́ждый день.

знако́мить
(знако́ми-)/
познако́мить
= acquaint,
introduce

знако́миться
(знако́ми-ся)/
познако́миться
= meet, become
acquainted

---

6. Read, translate and analyze the following sentences.

1. Та́ня познако́мила Ке́вина с Серге́ем в аэропорту́.

2. Когда́ Ми́ша ждал Та́ню, он встре́тил Пе́тю Васи́льева.

3. Ми́ша и Та́ня ча́сто ви́дятся.

4. А́нна Бори́совна и Са́ша познако́мились, когда́ Ле́на и Са́ша бы́ли у Смирно́вых.

5. — Здра́вствуйте, Еле́на Петро́вна!

   — Мы с ва́ми уже́ сего́дня встреча́лись.□

□ Russians greet each other with the word **здра́вствуй(те)** only once during any given day. If you say **здра́вствуйте** to a Russian friend a second time in a day, s/he might look at you quizzically or respond as the speaker does in this exercise.

6. Та́ня ка́ждый день ви́дит Ле́ну в университе́те.

7. В пе́рвый раз Ке́вин и Ми́ша встре́тились в торго́вом це́нтре.

8. Та́ня с Серге́ем встре́тили Ке́вина в аэропорту́.

7. Imagine that you are a journalist interested in researching Russians' attitudes about their jobs. Prepare questions for the video characters with a partner and then act out some of the interviews, taking turns being the interviewer and the interviewee.

Ива́н Петро́вич, расскажи́те, пожа́луйста, о свое́й рабо́те.

Когда́ вы ста́ли милиционе́ром?

Вам нра́вится рабо́тать милиционе́ром?

Рабо́тать милиционе́ром ску́чно и́ли интере́сно?

Вы всегда́ хоте́ли рабо́тать милиционе́ром?

Кем вы хоте́ли стать в де́тстве?

Он хо́тел стать поэ́том...

ску́чно = boring

А́нна Бори́совна (учи́тельница), Гали́на Ива́новна (дире́ктор), Ви́ктор Степа́нович (бухга́лтер), Ми́ша (ветерина́р), Са́ша (архите́ктор), О́ля (журнали́стка)

Еле́на Петро́вна не хо́чет быть дека́ном. Она́ лю́бит преподава́ть исто́рию.

А́нна Бори́совна лю́бит преподава́ть. Она́ преподаёт литерату́ру в шко́ле.

преподава́ть (препода**ва́й**-) (*imp.*) = teach

8. You are trying to find out who the best professors are so you can preregister for classes. Act out a dialog in which you and your partner discuss which classes to take.

> Кто у тебя преподаёт историю? Ну, как он/она́ преподаёт? Он/она́ тебе́ нра́вится? Говоря́т, что все его́/её боя́тся.

> Ты смеёшься? Отли́чный ку́рс. Здо́рово! Класс! Ой, не спра́шивай! О́чень тру́дный курс.

1. Now that you have seen the whole episode, can you come up with a title better than «Не бу́ду бо́льше ве́рить в приме́ты»?

PREviewing

_____

2. Come up with Russian equivalents for the following mini-episode titles.

The sisters meet after the exam   _____

Tanya is going to take the exam   _____

At the exam   _____

Happy ending   _____

▶ Now watch «**Не бу́ду бо́льше ве́рить в приме́ты**» with the SOUND ON.

VIEWING

3. Fill in the names of the appropriate characters according to this episode's plot.

_____ покупа́ет свое́й де́вушке моро́женое.

_____ говори́т, что её сестра́ обы́чно не опа́здывает.

_____ спра́шивает, как её экза́мен.

_____ не зна́ет, сдала́ Та́ня экза́мен и́ли не сдала́.

_____ покупа́ет де́вушкам еду́.

_____ лю́бит пи́ццу с гриба́ми.

_____ не ест мя́со.

_____ ест бутербро́д с ветчино́й и сы́ром.

_____ пьют сок.

_____ лю́бит Звени́город.

_____ говори́т, что ей нра́вится Ке́вин.

_____ не лю́бит Ке́вина.

_____ ду́мает, что Ке́вин то́лько говори́т, но не де́лает.

_____ расска́зывает о своём экза́мене.

_____ ходи́л с Та́ней на экза́мен.

_____ хорошо́ зна́ла то́лько де́сять вопро́сов.

_____ занима́лась всю ночь.

_____ берёт зачётную кни́жку Та́ни.

_____ берёт трина́дцатый биле́т.

_____ поздравля́ет Та́ню с пятёркой.

_____ не бу́дет бо́льше ве́рить в приме́ты.

4. Get into groups of three. Using the model below as an example, act out a conversation between you, your Russian friend and the vendor from whom s/he is buying you a present.

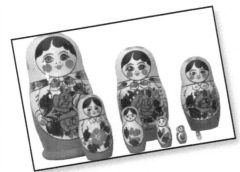

Матрёшки

— Каки́е тебе́ нра́вятся?
— Мне все нра́вятся.
— Ско́лько сто́ят ва́ши и́рисы?
— Се́мьдесят шту́ка.
— Мо́жно пять штук?
— Вот, пожа́луйста.
— Спаси́бо.
— Спаси́бо вам.
— Каки́е краси́вые! Спаси́бо!

значо́к, сувени́р, фотоальбо́м о Росси́и, плака́т, матрёшка, золота́я ры́бка

> When Óля asks Tа́ня whether she passed her exam, Tа́ня exclaims,
>
> ### «Ну и день!»
>
> "What a day!" The expression «Ну и...» signals strong emotion (exasperation, admiration, etc.) and can be used with just about any noun:
>
> ### Ну и зачёт!
> ### Ну и пого́да!

5. Create sentences that express Tа́ня's strong emotion towards the various subjects of Лéна's repeated question **«Ну, как?»**, following the model below.

> — Ну, как?
> — Ну и челове́к!

exam, movie, lecture, evening, play, trip, holiday, dinner, ballet

6. Congratulate your friend on her/his good news.

> — Ну, как, написа́ла контро́льную рабо́ту?
> — Да, написа́л(а).
> — Молоде́ц!

сдать экза́мен, получи́ть пятёрку, купи́ть маши́ну, е́здить в Звени́город

> Класс! Здо́рово! Вот э́то да! Отли́чно! Молоде́ц!
> Поздравля́ю!

7. Мы нашли́ рабо́ту!

Imagine that your classmates in Russian class have all graduated and found great jobs. Report the latest about your classmates and get their reactions.

находи́ть (находи̯-)/ найти́ (*irreg.*) = find

> — Дик нашёл рабо́ту в Кремле́.
> — Здо́рово!
> — Класс!

8. Они́ шли и́ли е́хали?

Та́ня и Ми́ша встре́тились с О́лей на ста́нции метро́ Тёплый стан. А вы по́мните, где нахо́дится МУМ? Он нахо́дится на ста́нции метро́ Белору́сская. А где нахо́дится телесту́дия, на кото́рой рабо́тает О́ля? Телесту́дия нахо́дится на ста́нции метро́ ВДНХ.

находи́ться (находи̯-ся) (*imp.*) = be located

How do you think Та́ня, Ми́ша and О́ля got to the place where they met? What kind of transportation did they use?

9. Imagine that after graduation, you and your friends all got jobs in different cities all over the world. Discuss your new job with a friend.

> — Я нашёл (нашла́) рабо́ту.
> — Здо́рово! А где?
> — В Шарло́ттсви́ле.
> — А где э́то нахо́дится ?
> — На ю́ге, в Вирджи́нии.

10. When Óля called Кéвин later that evening to tell him about Тáня's exam, he was still tired from the trip to Zvenigorod and didn't understand most of what she said. Correct the mistakes in the version of the story Кéвин told Вáня.

Вчерá Тáня сдавáла свой вторóй экзáмен. Онá не боя́лась, потому́ что онá óчень мнóго занимáлась и не пропускáла лéкции. Онá хорошó знáла все вопрóсы. Онá хорошó сдалá экзáмен. Онá получи́ла четвёрку. Пóсле экзáмена они́ с Лéной ходи́ли гуля́ть. Они́ éли пельмéни и пи́ли пи́во. Вéчером онá позвони́ла Óле и рассказáла ей о своём экзáмене по телефóну.

Чте́ние

*Д*а́мский ма́стер◊

ladies' hairdresser

И. Гре́кова

hair salon

А вот и парикма́херская.◊

sat down

Я се́ла◊ в кре́сло.

— Как вас зову́т? — спроси́ла я.

— Вита́лик.

I can't stand

— Терпе́ть не могу́◊ таки́х имён: Вале́рик, Вита́лик, Вла́дик, А́лик. То́лько и слы́шишь: ик, ик, ик...

— Как вы сказа́ли?

endings || something for example || main characters
"War and Peace"
What if

— Ра́ньше таки́х оконча́ний◊ не́ было. Что́-то◊ в них сентимента́льное. Вот, наприме́р,◊ геро́и◊ «Войны́ и ми́ра»◊: Никола́й Росто́в, Андре́й Болко́нский, Пьер Безу́хов. Е́сли бы◊ их зва́ли: Ко́лик, А́ндрик, Пье́рик...

Он засмея́лся.

— Интере́сно. Нельзя́ говори́ть Вита́лик? А как же меня́ звать?

means
vital

— Про́сто Вита́лий. Хоро́шее и́мя: «Вита́лий» — зна́чит◊ «жи́зненный».◊

— Я запишу́.

He drew out || notebook

Он вы́нул◊ большу́ю записну́ю кни́жку.◊

— Вита́лий — жи́зненный. В э́той записно́й кни́жке я цити́рую◊ ра́зные◊ мы́сли.◊

am quoting || different || ideas, thoughts

— Каки́е мы́сли?

— Ра́зные. А как, наприме́р, Э́дик? Есть тако́е и́мя — Э́дик? У меня́ това́рищ◊ Э́дик.

friend, comrade

— Вероя́тно,◊ он Эдуа́рд.

probably

— Эдуа́рд — э́то же не ру́сское и́мя.

— Нет, не ру́сское.

— Отку́да◊ же у нас, ру́сских, тако́е и́мя?

where from

— Была́ така́я мо́да одно́ вре́мя, по-мо́ему, глу́пая.◊

stupid

— А у вас де́ти есть?

— Два сы́на. Ста́ршему◊ два́дцать два, мла́дшему◊ — два́дцать.

elder || younger

— Как и мне. Мне то́же два́дцать, два́дцать пе́рвый. А как ва́ших дете́й зову́т?

— Ко́ля и Ко́стя. Просты́е ру́сские имена́. Са́мые хоро́шие.

— А я ду́мал, интере́снее — То́лик и́ли Э́дик. И́ли ещё Сла́вик.

— Когда́ у вас бу́дут де́ти, я вам сове́тую◊ назва́ть их са́мыми просты́ми имена́ми: Ва́ня, Ма́ша...

advise

— Извини́те, е́сли я вас спрошу́. Вот не́сколько имён и фами́лий: Никола́й Росто́в, Андре́й Болко́нский и ещё Пьер... Кака́я его́ фами́лия?

— Пьер Безу́хов.

— Так вот, я хоте́л вас спроси́ть. Пьер — э́то ра́зве ру́сское и́мя?

— Нет, францу́зское. По-ру́сски — Пётр.

— И каки́е э́ти лю́ди, о кото́рых вы говори́те? Андре́й, и Никола́й, и Пьер? Они́ ру́сские?

in high society — Ру́сские. Но в те времена́ в вы́сшем о́бществе◊ говори́ли по-францу́зски...

— А в каки́е э́то времена́?

— Во времена́ «Войны́ и ми́ра».

— Како́й войны́? Пе́рвой империалисти́ческой?

almost Я чуть не◊ засмея́лась, но он был о́чень серьёзен.

— Вита́лий, ра́зве вы не чита́ли «Войны́ и ми́ра»?

Who is the author? — А чьё э́то произведе́ние?◊

— Льва Толсто́го. Он вы́нул записну́ю кни́жку.

OK — Ага́.◊ Вот оно́: Лев Толсто́й, «Война́ и мир». Э́то
work произведе́ние◊ у меня́ в пла́не.

— А ра́зве вы в шко́ле «Войну́ и мир» не чита́ли?

— Я шко́лу не ко́нчил. ■

1. Разгово́р об имена́х

Э́то так и́ли нет?

	Да	Нет
А́втору не нра́вятся имена́ Вале́рик, Вита́лик, Вла́дик, А́лик.	☐	☐
А́втору не нра́вится и́мя Вита́лий.	☐	☐
А́втор ду́мает, что То́лик и Э́дик интере́сные имена́.	☐	☐
А́втор не лю́бит просты́е ру́сские имена́.	☐	☐
У сынове́й а́втора неру́сские имена́.	☐	☐

2. Как вы по́няли?

Discuss with your classmates.

1. Вита́лий чита́л «Войну́ и мир»?
2. Он зна́ет, кто написа́л э́то произведе́ние?
3. Он зна́ет, как зову́т геро́ев «Войны́ и ми́ра»?
4. Почему́ Вита́лий не чита́л рома́н «Война́ и мир»?

3. The diminutive suffix **-ик** can be added to masculine nouns to impart the meaning "little, small."

Form the diminutives using the suffix **-ик**.

стол — сто́лик "little table"

нож   _____

дом   _____

брат   _____

шарф   _____

слова́рь _____

4. Что зна́чит ва́ше и́мя?

Many names, especially ones of Latin or Greek origin, have a meaning.

A. 1. Что зна́чит и́мя Вита́лий?

_____

2. Вы зна́ете, что зна́чит ва́ше и́мя?

_____

B. 1. Do you know the meaning of any English names?

2. Do you know what your classmates' names mean?

5. Мо́дные имена́

It turns out that foreign names used to be fashionable in Russia. In the 1980s traditional Russian names became fashionable—as the narrator of «Да́мский ма́стер» would have liked it to happen.

Discuss the following topics with your classmates.

1. А в Аме́рике есть мо́дные имена́?

2. Каки́е имена́ сейча́с в мо́де?

3. Каки́е имена́ бы́ли в мо́де ра́ньше?

4. Каки́е имена́ вам нра́вятся?

6. Как вы ду́маете?

1. Вита́лий интересу́ется литерату́рой? Почему́ вы так ду́маете?

2. Вита́лий лю́бит занима́ться? Почему́ вы так ду́маете?

3. Как вы ду́маете, почему́ Вита́лий не око́нчил шко́лу?

4. Как вы ду́маете, Вита́лий око́нчит шко́лу?

5. Он всегда́ бу́дет парикма́хером?

6. Кем он ста́нет?

> ока́нчивать/
> око́нчить =
> to graduate

1. Кем я хочу́ стать?

Сего́дня был экза́мен не то́лько у Та́ни. В шко́ле у Ва́ни был экза́мен по англи́йскому языку́, и Ва́ня написа́л сочине́ние «Кем я хочу́ стать». Ва́ня написа́л его́ по-ру́сски, а пото́м перевёл на англи́йский. Но у него́ бы́ло ма́ло вре́мени, и он не зако́нчил его́ переводи́ть.

A. Vanya needs some help. He translated roughly half of his essay into English, but now his parents want to read it, so he needs to translate the English back into Russian for them. Re-translate the English portions of his essay back into Russian so his parents can understand what he wrote.

What I Want to Be

by Ivan Smirnov
7th grade

   When I was five years old, my mother asked me "Who do you want to be?" I told her that I would become a police officer. Ма́ма спроси́ла: «Почему́?» Я не знал, что ей сказа́ть. All my friends wanted to become astronauts and presidents. And I didn't want to be an astronaut. Я о́чень боя́лся раке́т и спу́тников.

   Who do I want to become now? I want to become a famous historian. Kevin and I went to the university where his friend Tanya studies. В тако́м университе́те о́чень интере́сно учи́ться! И, по-мо́ему, не о́чень тру́дно. Certainly, a historian should also practice sports, and I play soccer. Быть исто́риком здо́рово!

B. Как вы ду́маете, что Ва́ня получи́л на экза́мене?

Discuss Ва́ня's grade, and the merits and negative aspects of the essay with your partner.

> Я ду́маю, Ва́ня получи́л пятёрку. А ты?

C. Act out Ва́ня's conversation with his mother or father in which they discuss his performance on the exam. Use the following phrases.

Что ты получи́л?

Поздравля́ю с ....

Что с тобо́й?

Ну и экза́мен!

2. Каки́м спо́ртом вы занима́етесь?

The UNESCO committee on sports circulated a questionnaire among students in different countries in order to find out which sports are the most popular and how much time students spend playing sports.

A. Fill out the questionnaire, and discuss your answers in groups of four or five. Use the phrases: **я занима́юсь (те́ннисом), я игра́ю (в те́ннис).**

Спорт	Когда́ вы занима́етесь?	Как ча́сто вы занима́етесь?	Как до́лго вы занима́етесь?	С кем вы занима́етесь?
те́ннис	ле́том	два ра́за в неде́лю	два часа́	с бра́том
1.				
2.				
3.				
4.				

— Ле́том я занима́юсь те́ннисом.
— Ты ча́сто игра́ешь в те́ннис?
— Два ра́за в неде́лю.
— А ты до́лго игра́ешь?
— Два часа́.
— А с кем ты игра́ешь?
— Обы́чно я игра́ю с мои́м бра́том.

хокке́й, бейсбо́л, америка́нский футбо́л, футбо́л, волейбо́л, баскетбо́л, пинг-понг

B. Once you have each answered all of the questions, make some generalizations about your group's athletic activities and interests.

> В нашей группе три человека играют в футбол, два человека занимаются шахматами, и один человек занимается гимнастикой.

3. Поздравляю с днём рождения!

Таня called Даша at College Park to wish her a happy birthday and to tell her the latest news, but she forgot about the time difference and woke her up. With your partner, act out their conversation. The person playing Даша should constantly misunderstand what Таня is saying.

4. Как вы стали космонавтом?

Imagine that you work for the student newspaper and you are interviewing a famous actor/actress, an astronaut, a singer, etc. Find out where and what s/he studied, what s/he is interested in, what sports s/he plays, when and how his/her professional career began, etc.

5. Расскажите о своей студенческой жизни.

A. Act out interviews between applicants and the housing committee for the Russian House dormitory.

Questions the committee usually asks: *What do you study?*

What are you interested in?

What sports do you play?

Where and with whom do you live now?

Questions the applicants usually ask: *What do I have to do?*

With whom will I live?

B. As part of the application, students have to give their own opinion about student life. Use **который** in your definitions.

> Отличник — это студент, который получает только пятёрки на экзаменах.

Хоро́шее общежи́тие — э́то общежи́тие,_____.

Плохо́е общежи́тие — э́то общежи́тие, _____.

Хоро́ший сосе́д — э́то сосе́д, _____.

Плохо́й сосе́д — э́то сосе́д,_____.

Оптими́ст — э́то челове́к, _____.

Пессими́ст — э́то челове́к, _____.

6. Situations

A. Find out how your friend's exam went this morning. S/he is pale, has dark circles under his/her eyes, and didn't recognize you at first.

B. They say Hollywood personalities do not read menus at restaurants but order dishes of their own creation. Act out a situation in which the waiter/waitress tries desperately to accomodate a famous patron.

1. The Instrumental Case

A. Forms

The Instrumental Singular of Nouns				
First Declension				
Nom.	- ø, -о	стол	герóй	окнó	здáние
Instr.	-ом	столóм	герóем	окнóм	здáнием

Second Declension				
Nom.	-а	кáрта	тётя	дерéвня
Instr.	-ой	кáртой	тётей	дерéвней

Third Declension				
Nom.	- ø	дверь	мать	тетрáдь
Instr.	- ью	двéрью	мáтерью	тетрáдью

The Instrumental Plural of Nouns						
Nom.	-ы, -а	столы́	герói	óкна	кáрты	двéри	мáтери
Instr.	-ами	столáми	герóями	óкнами	кáртами	дверя́ми	матеря́ми

The Instrumental Case of Personal and Interrogative Pronouns									
Nom.	я	ты	он/онó	онá	мы	вы	онú	кто	что
Instr.	мнóй	тобóй	им	ей	нáми	вáми	úми	кем	чем

Note that **н**- is required before third-person pronouns when they are the object of a preposition: «Я говорúла с **ней** по телефóну», and «Мы с **нú**ми хóдим в ресторáны вмéсте».

The Instrumental Case of Adjectives

Masculine and Neuter

Nom.	-ый/-ой -ое	но́вый но́вое	молодо́й молодо́е	хоро́ший хоро́шее	большо́й большо́е
Instr.	- ым	но́вым	молоды́м	хоро́шим	больши́м

Feminine

Nom.	-ая	но́вая	молода́я	хоро́шая	больша́я
Instr.	-ой	но́вой	молодо́й	хоро́шей	большо́й

Plural

Nom.	-ые	но́вые	молоды́е	хоро́шие	больши́е
Instr.	-ыми	но́выми	молоды́ми	хоро́шими	больши́ми

The Instrumental Case of Demonstrative and Possessive Pronouns

Masculine and Neuter

Nom.	- ø, -о	э́тот, э́то	мой, моё	твой, твоё	наш, на́ше	ваш, ва́ше
Instr.	-им	э́тим	мои́м	твои́м	на́шим	ва́шим

Feminine

Nom.	-а	э́та	моя́	твоя́	на́ша	ва́ша
Instr.	-ой /-ей	э́той	мое́й	твое́й	на́шей	ва́шей

Plural

Nom.	-и	э́ти	мой	твой	на́ши	ва́ши
Instr.	-ими	э́тими	мои́ми	твои́ми	на́шими	ва́шими

B. Uses of the Instrumental

1. Instrument or Agent of Action

As its name suggests, the instrumental case expresses the agent or instrument of a given action. The instrument that performs or is used to perform an action will be in the instrumental case without a preposition.

Та́ня откры́ла дверь ключо́м.	Tanya opened the door with a key.
Ке́вин ест торт ви́лкой.	Kevin eats cake with a fork.
Я не люблю́ писа́ть карандашо́м.	I don't like to write with a pencil.

2. After the Preposition с

The instrumental is required after the preposition **с** to mean "accompanied by," "with," or "along with."

Та́ня е́здила в дере́вню **с дру́гом**.	Tanya went to the country with a friend.
Ви́ктор Степа́нович пьёт чай **с са́харом**.	Viktor Stepanovich drinks tea with sugar.
Я **с интере́сом** прочита́л ва́ше письмо́.	I read your letter with interest.

3. Equational Sentences

The following kind of simple sentences are termed "equational sentences" throughout the commentaries; one noun functions to define another. When the linking verb is the "zero" form (present tense) of the verb **быть**, both members of the equation are in the nominative case.

Ке́вин фото́граф.	Kevin is a photographer.
А́нна Бори́совна учи́тельница.	Anna Borisovna is a teacher.
Та́ня студе́нтка.	Tanya is a student.

When the linking verb is *any* verb form *other* than "zero" (the present tense of **быть**), the second member of the equation is in the instrumental case.

О́ля **была́** студе́нткой.	Olya was a student.
Ва́ня **бу́дет** инжене́ром.	Vanya will be an engineer.
О́ля **ста́ла** журнали́сткой.	Olya became a journalist.
Ва́ня **ста́нет** инжене́ром.	Vanya will become an engineer.

4. Other Verbs Followed by the Instrumental Case

A number of verbs require that their complement be in the instrumental case.

занима́ться (занима́й-ся)	be occupied with, do, study
Та́ня занима́ется англи́йским языко́м.	Tanya is studying English.
интересова́ться (интересова́-ся)	be interested in
Ми́ша интересу́ется ко́шками.	Misha is interested in cats.
Та́ня интересу́ется теа́тром.	Tanya is interested in the theater.

Instrumental case expresses manner of action. Note how it conveys information about profession in the example below.

Ви́ктор Степа́нович **рабо́тает** бухга́лтер**ом**.	Viktor Stepanovich works as an accountant.

5. Surnames in the Instrumental Case

All Russian surnames have **adjectival** endings in the instrumental case. Masculine surnames ending in -**ин** and -**ов** have nominal endings in the five other cases. Feminine surnames and all Russian plural surnames have adjectival endings in the five other cases as well as the instrumental.

Я говори́л с профе́ссором Ивано́в**ым**.	I spoke with Professor Ivanov.
Ке́вин хо́чет познако́миться с Мари́ей Анто́новной Ивано́в**ой**.	Kevin wants to meet/get acquainted with Maria Antonovna Ivanova.

Note that foreign surnames are not affected by this rule.

Ке́вин говори́л по телефо́ну с до́ктором Джо́нсон**ом**.	Kevin spoke with Doctor Johnson on the phone.

2. Verbs with the Particle -ся

In the world around us we can see grammatical agents acting upon patients in all kinds of situations: a man chops down a tree, the wind blows a leaf through the sky, a bird eats a worm, etc. The linguistic approximation of these real-world agents and patients are grammatical subjects and objects. When language functions to *report* these kinds of real actions, it uses a *subject+verb+object* construction. In situations in which language functions to *interpret* these kinds of actions, however, it does **not** use the same *subject+verb+object* construction. The difference between reporting and interpreting is that the interpreter makes choices to include, exclude, or stress certain elements of the agent-patient relationship; reporting, on the other hand, is a logical representation of a real act.

For example, in the sentence "The tree was chopped down" the word tree is the grammatical subject, but it is decidedly not the agent of the action—it is the patient. As a result, the "real" situation is *interpreted* in this sentence: 1) the speaker does not care to emphasize who chopped down the tree, and 2) the tree is very important to the speaker, who "promotes" it to the primary focus of the sentence as its grammatical subject.

As we have noted before, what English does lexically, or with words, Russian does with grammar. The addition of the particle -**ся** to the end of a Russian verb is the little red flag that signals when the agent-patient reality of the action of a given verb is being *interpreted* and not reported. Not all Russian verbs can take the particle -**ся**, and the functions of the -**ся** are affected by the meaning of each individual verb. This unit gives you an introduction to how Russian verbs are affected by the -**ся** particle. Exact conjugations of -**ся** verbs are also discussed below.

A. The particle -**ся** creates *passive statements* by "promoting" the verb's object to the position of grammatical subject. In the cases below, the verb's real agent or subject is omitted, revealing that the agent is unimportant (or unknown) to the speaker. The patient is now in the <u>nominative</u> case.

Кли́ника откры́лась в про́шлом году́. (Ми́ша откры́л кли́нику в про́шлом году́.)	The clinic (was) opened last year. (Misha opened the clinic last year.)
Когда́ начина́ется ле́кция? (Профе́ссор ско́ро начина́ет ле́кцию.)	When does the lecture start? (The professor is starting the lecture soon.)
Где́ нахо́дится ва́ша кварти́ра? (Я всегда́ нахожу́ мои́ ключи́ в су́мке.)	Where is your apartment located? (I always find my keys in my handbag.)

B. Some verbs can use an animate noun as their <u>object</u>:

Что вас интересу́ет?	What interests you?
Меня́ интересу́ет поли́тика.	Politics interest me.

The above statements can also be expressed in a way that assigns a more prominent (grammatical) role to the animate object by promoting it to the subject position in the sentence. The original agent is not omitted, but shifted instead to the instrumental case. As you remember, instrumental is an alternative means of expressing agent in Russian.

Я интересу́юсь поли́тикой.	I am interested in politics.

C. The particle -**ся** can also indicate a <u>reciprocal action</u> between or among two or more subjects. In such cases the real object or patient joins the real subject to form a plural subject; neither agent nor patient is given precedence over the other—they are equally important. English does this by adding the phrase "each other" to a verb phrase. Study the following examples.

Ле́на и Та́ня ви́дятся ка́ждый день. (Ле́на ви́дит Та́ню ка́ждый день. Та́ня ви́дит Ле́ну ка́ждый день.)	Lena and Tanya see each other every day. (Lena sees Tanya every day. Tanya sees Lena every day.)

Ми́ша и Ке́вин встре́тились в торго́вом це́нтре. (Ми́ша встре́тил Ке́вина в торго́вом це́нтре. Ке́вин встре́тил Ми́шу в торго́вом це́нтре.)	Misha and Kevin met each other at the mall. (Misha met Kevin at the mall. Kevin met Misha at the mall.)
Са́ша и А́нна Бори́совна познако́мились у Воло́диных. (Ле́на познако́мила А́нну Бори́совну с Са́шей у Воло́диных. Ле́на познако́мила Са́шу с А́нной Бори́совной у Воло́диных.)	Sasha and Anna Borisovna were introduced to/met each other at the Volodins'. (Lena introduced Anna Borisovna to Sasha at the Volodins'. Lena introduced Sasha to Anna Borisovna at the Volodins'.)

D. You will encounter a few verbs with the particle **-ся** that do not signal any obvious logical shift in the relationship between the agent and the patient of a verb. These verbs simply never occur without the particle **-ся**; all are intransitive.

боя́ться (боя́-ся) "be afraid"

Та́ня **боя́лась** экза́мена по исто́рии.	Tanya was afraid of the history exam.
Ва́ня не **бои́тся** соба́к.	Vanya isn't afraid of dogs.

надея́ться (наде́я-ся) "hope"

Та́ня **наде́ется**, что она́ полу́чит пятёрку на экза́мене.	Tanya hopes that she will get an A on the exam.

нра́виться (нра́ви-ся) "like"

Да́ше **нра́вится** торт.	Dasha likes the cake.

смея́ться (смея́-ся) "laugh"

Та́ня ча́сто **смеётся**.	Tanya laughs often.

E. Conjugation

The particle **-ся** is spelled **-ся** after consonantal endings and **-сь** after vocalic endings. Study the following conjugation paradigm.

встре́титься (встре́ти-ся) perf. "meet (each other)"					
Future Perfective				**Past**	
я	встре́чу**сь**	мы	встре́тим**ся**	он	встре́тил**ся**
ты	встре́тишь**ся**	вы	встре́тите**сь**	она́	встре́тила**сь**
он/она́	встре́тит**ся**	они́	встре́тят**ся**	оно́	встре́тило**сь**
Imperative: встре́ться! встре́тьтесь!				они́	встре́тили**сь**

3. The Reflexive Possessive Pronoun свой

Whenever the subject of a sentence or clause is also the possessor in that clause, Russian uses the possessive pronoun **свой** to indicate possession.

Вчера́ я чита́л свой докла́д.	Yesterday I read my (own) paper.
Вчера́ ты чита́л свой докла́д.	Yesterday you read your (own) paper.
Я зна́ю, что моя́ ма́ма лю́бит свою́ профе́ссию.	I know that my mother loves her (own) profession.
— Что вы ду́маете о свое́й профе́ссии?	— What do you think about your (own) profession?
— Я ду́маю, что моя́ профе́ссия о́чень интере́сная.	— I think that my profession is a very interesting one.

A. When the subject of a sentence or clause is in the third person, **свой** is the only means of indicating reflexive possession. **Свой** does not occur with this meaning in the nominative case, since it is never used attributively with the subject of a sentence or clause.

Ва́ня чита́ет свою́ кни́гу.	Vanya is reading his (own) book.
Ми́ша позвони́л свое́й де́вушке.	Misha called his (own) girlfriend.
О́ля лю́бит свой го́род.	Olya loves her (own) city.
Та́ня уви́дела свою́ сестру́, когда́ она́ шла в магази́н.	Tanya saw her (own) sister when she was walking to the store.
Они́ не ви́дели свои́х друзе́й.	They didn't see their (own) friends.

Compare the above sentences with the examples below in which the third person subjects do not have a reflexive **свой**. The meaning of the sentence is significantly altered in each case.

Ва́ня чита́ет его́ кни́гу.	Vanya is reading his (someone else's) book.
Ми́ша позвони́л его́ де́вушке.	Misha called his (someone else's) girlfriend.
О́ля лю́бит её го́род.	Olya loves her (someone else's) city.
Та́ня уви́дела её сестру́, когда́ она́ шла в магази́н.	Tanya saw her (someone else's) sister when she was walking to the store.
Они́ не ви́дели их друзе́й.	They didn't see their (someone else's) friends.

B. With first or second person subjects, **свой** is used for emphasis only. The meaning of the sentence will not be significantly changed if the subject's logical possessive pronoun is used in its place.

Я чита́ю свою́/мою́ кни́гу.	I am reading my own/my book.
Ва́ня, ты ча́сто говори́шь со свое́й/с твое́й учи́тельницей?	Vanya, do you often talk with your own/your teacher?

| Вы ездите в университет на своей/вашей машине? | Do you drive to the university in your own/ your car? |

4. The Relative Pronoun который and Relative Clauses

Russian has one virtually "all-purpose" relative pronoun, **который**, which is declined as a stem-stressed adjective. **Который** corresponds to the English "who," "which," and "that." Note that the relative clause is always preceded by a comma in Russian.

| Это <u>студент</u>, **который** учится в нашем университете. | This is the student who is studying at our university. |
| <u>Книги</u>, **которые** мне дала Лена, лежат в сумке. | The books that Lena gave me are in the handbag. |

The relative pronoun **который** has the gender and number of its referent in the main clause, while its case is determined by its syntactic role in the relative clause.

Вот <u>университет</u>, **в котором** учится Таня.	This is the university in which Tanya studies.
Вот <u>клиника</u>, **в которой** работал Миша.	This is the clinic that Misha used to work in.
Мы едем по <u>улице</u>, **на которой** живут Володины.	We're driving along the street on which the Volodins live.
Я дам тебе <u>журналы</u>, **о которых** я тебе говорил.	I'll give you the magazines I was telling you about.
У меня нет <u>книг</u>, **о которых** я тебе говорил.	I don't have the books I was telling you about.
Я знаю <u>мальчика</u>, **у которого** есть такая собака.	I know a boy who has this kind of dog.

NOUNS

биле́т (here) examination card
ветчина́ ham
вопро́с question
гастроно́м grocery store
гимна́стика gymnastics
гриб mushroom BB
де́тство childhood
доро́га road
зе́ркало mirror AB
зоомагази́н petstore
ка́рты playing cards
кни́жка book
    зачётная ~ grade book
космона́вт astronaut
матрёшка wooden nesting
    doll
отли́чник (*m.*), отли́чница
    (*f.*) straight A student
поэ́ма poem
пра́здник holiday
президе́нт president
приме́та sign, omen
про́пуск identification, pass
    AB (-á)
футболи́ст soccer player
цвето́к (pl. цветы́) flower BB
ша́хматы (pl. only) chess
шпарга́лка cheat sheet

PRONOUNS

кото́рый that, which
свой one's own
тако́й so, such

ADJECTIVES

бе́дный poor
голо́дный hungry
кни́жный book
прия́тный pleasant
разби́тый broken
романти́чный romantic
сле́дующий next
стро́гий strict
суеве́рный superstitious

VERBS

боя́ться (боя́-ся) (*impf.*) be
    afraid (II)
ве́рить (ве́ри-)/ пове́рить
    believe
ви́деться (ви́де-ся)/уви́деться
    see each other
встреча́ться (встреча́й-ся)/
    встре́титься (встре́ти-ся)
    meet
гото́виться (гото́ви-ся)/
    подгото́виться + к + *dat.*
    prepare for
зака́нчиваться (зака́нчивай-
    ся)/ зако́нчиться (зако́нчи-
    ся) finish
закрыва́ться (закрыва́й-ся)/
    закры́ться (закро́й-ся)
    close
занима́ться (занима́й-ся)
    (*impf.*) study; participate in
знако́мить (знако́ми-)/
    познако́мить acquaint
знако́миться (знако́ми-ся)/
    познако́миться
    meet, become acquainted
интересова́ться
    (интересова́-ся) (*impf.*) be
    interested in
наде́яться (наде́я-ся) (*imp.f*)
    hope
начина́ться (начина́й-ся)/
    нача́ться (на-чн́-ся) begin,
    start
находи́ть (находи́-)/
    найти́ (*irreg.*) find,
    locate
находи́ться (находи́-ся)
    (*impf.*) be located, be
    found
открыва́ться (открыва́й-ся)/
    откры́ться (откро́й-ся)
    open
поговори́ть (поговори́-)
    (*perf.*) to have a talk
поздравля́ть (поздравля́й-)/
    поздра́вить (поздра́ви-)
    congratulate

преподава́ть (преподава́й-)
    (*impf.*) teach
пропуска́ть (пропуска́й-)/
    пропусти́ть (пропусти́-)
    miss, skip (a class, etc.)
разреша́ть (разреша́й-)/
    разреши́ть (разреши́-)
    allow, permit
смея́ться (смея́-ся) (*impf.*)
    laugh
ста́вить (ста́ви-)/поста́вить
    give (someone a grade)
стать (ста́н-) (*perf.*) become

ADVERBS

во-вторы́х secondly
вообще́ in general, always
во-пе́рвых first of all
действи́тельно indeed,
    really
легко́ easy
лу́чше better
про́сто simply, it is simple
ро́вно exactly
ску́чно boring
снача́ла at first
тепе́рь now
удовлетвори́тельно
    satisfactorily

PREPOSITIONS

перед (+ *instr.*) before
с, со (+ *instr.*) with
через (+ *acc.*) across

EXPRESSIONS

Дава́й! (here) Go ahead!
Держи́. Here you go.
как бу́дто мы давно́
    знако́мы as if we've known
    each other for a long time
ка́жется it seems
как бу́дто as if
Кото́рый час? What time is it?
мо́жет быть maybe

Молодéц! Good job!
Ну, знáешь! Come on!
Он такóй мúлый. He is so nice.

ПоздравлЯю с пятёркой! Congratulations on the A!
покá нет not yet
С удовóльствием. With pleasure.

Что с тобóй? What's wrong with you?

*K*evin accompanies Olya as she shops for Misha's birthday present.

You will learn how to:

- ☐ APPROXIMATE ANY QUANTITY
- ☐ SAY HOW LONG AGO SOMETHING HAPPENED
- ☐ ASK FOR ADVICE
- ☐ COMPARE TWO OR MORE THINGS
- ☐ SUGGEST TO GO SOMEWHERE OR DO SOMETHING
- ☐ TALK ABOUT HOW THINGS AFFECT YOU AND OTHERS
- ☐ MAKE CONDITIONAL STATEMENTS
- ☐ SAY THAT YOU NEED TO DO SOMETHING
- ☐ SAY THAT YOU MAY OR MAY NOT DO SOMETHING
- ☐ SAY WHERE YOU OR SOMEONE ELSE SHALL GO OR HAVE (HAS) GONE
- ☐ TALK ABOUT BEING SICK OR BEING IN PAIN
- ☐ EXPRESS "TIME WHEN" IN THE FUTURE

Не зна́ю, что купи́ть

Óля:	—	Алло́?
Ке́вин:	—	Та́ня, э́то ты?
Óля:	—	Нет, э́то Óля. Приве́т, Ке́вин.
Ке́вин:	—	Óля, что ты де́лаешь за́втра?
Óля:	—	За́втра я должна́ купи́ть пода́рок Ми́ше. У него́ ско́ро день рожде́ния.
Ке́вин:	—	А куда́ ты идёшь? Мо́жно я с тобо́й?
Óля:	—	Коне́чно. Не зна́ю, куда́. Мо́жет быть, в ГУМ.⸋
Ке́вин:	—	А что тако́е ГУМ?
Óля:	—	Большо́й магази́н на Кра́сной пло́щади.⸋⸋
Ке́вин:	—	Во ско́лько ты идёшь?
Óля:	—	В оди́ннадцать часо́в.
Ке́вин:	—	Бу́ду ждать тебя́ ро́вно в оди́ннадцать на Кра́сной пло́щади.

Мо́жно я с тобо́й? = Can I go with you?

Что тако́е ГУМ? = What is GUM?

ро́вно в оди́ннадцать = at 11 sharp

⸋ **ГУМ, Госуда́рственный Универса́льный Магази́н,** is a huge indoor mall right off of Red Square. The design of ГУМ's wide staircases, fountains, and shops opening onto a covered gallery is based on the principles of Milan's Galleria. Built as a location for merchants to sell their wares in traditional **ряды́** or rows of booths (1889-94), ГУМ now has western stores like The Body Shop.

⸋⸋ **Кра́сная пло́щадь** (Red Square) is located in the very center of Moscow in one of its oldest historic districts. **Кремль, ГУМ, Мавзоле́й Ле́нина** (Lenin's tomb), and **Собо́р Васи́лия Блаже́нного** (St. Basil's Cathedral) can all be found there. The origin of the name **Кра́сная пло́щадь** is an old form of the word "beautiful" in Russian – **кра́сный**; so its original name is "Beautiful Square." **Кра́сная пло́щадь** is famous as a parade ground and as a magnet for visitors because of its beauty and historical significance.

1. Как вы ду́маете, что О́ля и Ке́вин ку́пят Ми́ше на день рожде́ния?

одеколо́н = cologne

> — Она́ ку́пит Ми́ше одеколо́н.
> — Что ты! Она́ ку́пит ему́ кни́гу.

га́лстук = necktie

> руба́шка с га́лстуком, одеколо́н, но́вая кни́га, большо́й рюкза́к, швейца́рские часы́, бейсбо́льная ке́пка, коро́бка конфе́т, фотоаппара́т, матрёшка, компа́кт-диск, биле́ты на бале́т

VIEWING

▶ Now watch the first part of «**Не зна́ю, что купи́ть**» with the SOUND OFF.

SOUND OFF

2. A. List the items that are available in each of the following stores (in English!):

мужска́я оде́жда	_____
же́нская оде́жда	_____
о́бувь	_____
часы́	_____
сувени́ры	_____

о́бувь (*f., sg. only*) = footwear

B. Which of the items you've listed above do Ке́вин and О́ля consider buying?

3. Match the items listed below with their prices.

tie	500 p.
watch	3350 p.
briefcase	1500 p.
shirt	900 p.

▶ Now watch the first part of «**Не зна́ю, что купи́ть**» with the SOUND ON.

SOUND ON

4. When О́ля is late meeting Ке́вин, she explains that the bus:

☐ was slow

☐ never came

☐ was late

5. When is Ми́ша's birthday?

- ☐ in a week
- ☐ the following day
- ☐ in two weeks

6. О́ля asks Ке́вин for advice on what to buy Ми́ша. Check the items that Ке́вин recommends, then check the items О́ля accepts as possibilities.

Ке́вин		О́ля
☐	су́мка	☐
☐	портфе́ль	☐
☐	рюкза́к	☐
☐	га́лстук	☐
☐	руба́шка	☐
☐	часы́	☐

> портфе́ль = briefcase

7. A. They decide to look at the watches because:

- ☐ Ми́ша lost his watch.
- ☐ О́ля thinks it's a good idea.
- ☐ Ми́ша asked for a watch.

B. The watch О́ля asks about costs:

_____

8. Ке́вин is attracted to the Russian souvenirs—when he sees the **матрёшка** dolls, he says «**Мо́жно купи́ть ему́ матрёшку**□». What is the best translation of Ке́вин's statement?

- ☐ We could buy him a wooden doll.
- ☐ May I buy him a wooden doll?
- ☐ Can you buy him a wooden doll?

□ People sell traditional Russian souvenirs in small stands set up throughout **ГУМ.** There you can buy **матрёшки,** lacquer boxes (**шкату́лки**), pens, dolls, Russian china (**гжель**), jewelry, and all kinds of linens for a little bit more than you could in any less tourist-frequented part of the city.

Approximating Numbers

When Óля finally arrives, she asks Кéвин if he has been waiting for a long time.

Óля: — Ты давнó ждёшь?

Кéвин: — **Минýт пять.** (About five minutes.)

To express an approximate time, simply reverse the numeral and the increment of time (минýта, час, день, недéля, etc.):

два гóда — **гóда два**

This also works to approximate a number used with any other noun:

сто человéк — **человéк сто**

четýре килогрáмма — **килогрáмма четýре**

You can use this formula with all numbers except **одúн** and its compounds.

9. Restate the following exact times as approximate times.

пять минýт → минýт пять

1. три гóда
2. две недéли
3. шесть часóв
4. два дня
5. дéсять минýт
6. трúдцать лет
7. четýре мéсяца
8. шесть лет

10. Use the numbers provided to approximate answers to the following questions about the video characters.

Óля давнó рабóтает журналúсткой? (три гóда) →

 — Óля давнó рабóтает журналúсткой?

 — Нет, **гóда три.**

1. Áнна Борисовна давно преподаёт в школе? (двадцать лет)

2. Ваня давно занимается английским языком? (два года)

3. Óля давно не была в Звенигороде? (пять месяцев)

4. Даша давно учится в Мэрилендском университете? (два семестра)

5. Кевин давно живёт на улице Королёва? (две недели)

Óля познакомилась с Кевином неделю **назад**.

назад = ago
неделю назад = one week ago
минуту назад = one minute ago

Назад follows the increment of time in the accusative case.

---

11. You can also approximate time in constructions with **назад**. Answer the following questions.

Когда Ваня начал учиться в школе? (шесть лет назад) →
— Когда Ваня начал учиться в школе?
— Ваня начал учиться в школе **лет шесть назад**.

---

1. Когда Óля начала работать журналисткой? (три года назад)

2. Когда Миша окончил институт? (два года назад)

3. Когда Саша стал архитектором? (четыре месяца назад)

4. Когда Миша стал бизнесменом? (три недели назад)

5. Когда Сергей купил машину? (семь месяцев назад)

6. Когда Миша познакомился с Кевином? (две недели назад)

Óля admits that she doesn't really like shopping

Óля: — **Чéстно говоря**, мне ужáсно не нрáвится
ходи́ть по магази́нам.

Кéвин: — И мне **тóже**.

Чéстно говоря is used to introduce an opinion or statement of
fact: "To tell you the truth, I hate shopping." Notice how Кéвин
agrees with Óля: «И мне **тóже**». "I hate (shopping) too.

12. Act out a conversation in which you tell your partner
something you don't like to do, and s/he expresses support for
your opinion. Feel free to add your own "pet peeves" to the list.

— Чéстно говоря, мне ужáсно не нрáвится
ходи́ть к зубнóму врачý.
— И мне тóже.

рабóтать в ресторáне, занимáться, ходи́ть в
парикмáхерскую, гуля́ть с собáкой, покупáть
продýкты, éздить на автóбусе, есть в столóвой,
жить в общежи́тии, носи́ть рубáшку с гáлстуком

13. Я не знáю, что купи́ть. Дай совéт!

Now it's your turn to step into Кéвин's shoes and help Óля
find the perfect gift for Ми́ша. Construct a dialog with your
partner using the phrases below.

Скóлько у тебя́ дéнег?

О чём ты дýмаешь? Он не бýдет э́то носи́ть.

Мóжет быть, купи́ть емý часы́?

Э́то óчень дóрого.

Э́то немóдно.

Ну и цéны!

Класс! Здóрово!

Что он бýдет с э́тим дéлать?

Я не знáю, какóй у негó размéр.

Чéстно говоря, мне э́то не нрáвится.

По-мóему, емý э́то óчень понрáвится.

Ке́вин: — Как краси́во! Дава́й посмо́трим!

О́ля: — Дава́й.

Making Suggestions and Invitations

To make a suggestion or invitation like, "Let's have lunch," use **дава́й(те)** + the first person plural of perfective verbs (future perfective):

Дава́й(те) пообе́да**ем**.
Дава́й(те) ку́п**им** Ми́ше матрёшку.

Just like other imperative forms, **дава́й** is used when addressing a single person in informal situations and **дава́йте** is used to refer to more than one person and in formal situations.

1. Practicing pronunciation: дава́й(те)

покупа́ть/**купи́ть**	Дава́й ку́пим.
обе́дать/**пообе́дать**	Дава́йте пообе́даем.
про́бовать/**попро́бовать**	Дава́й попро́буем.
смотре́ть/**посмотре́ть**	Дава́йте посмо́трим.
гуля́ть/**погуля́ть**	Дава́й погуля́ем.
танцева́ть/**потанцева́ть**	Дава́йте потанцу́ем.
игра́ть/**поигра́ть**	Дава́й поигра́ем.
расска́зывать/**рассказа́ть**	Дава́йте расска́жем.
гото́вить/**пригото́вить**	Дава́й пригото́вим.
брать/**взять**	Дава́йте возьмём.
открыва́ть/**откры́ть**	Дава́й откро́ем.

2. Take the initiative! Make suggestions to your partner using **дава́й**.

> Како́й краси́вый шарф! Дава́й (купи́ть). →
> — Како́й краси́вый шарф! Дава́й **ку́пим**.
> — Дава́й.

1. Я о́чень хочу́ есть. Дава́й (пообе́дать).

2. По-мо́ему, морко́вь с гриба́ми о́чень вку́сная. Дава́й (попро́бовать).

3. Сего́дня по телеви́зору бу́дет «Жизе́ль». Дава́й (посмотре́ть).

4. Кака́я весёлая му́зыка! Дава́й (потанцева́ть).

5. У тебя́ есть немно́жко вре́мени? Дава́й (поигра́ть) в ша́хматы.

6. Па́па ещё не зна́ет о твое́й пое́здке в Звени́город. Дава́й ему́ (рассказа́ть).

7. У нас нет обе́да. Дава́й (пригото́вить) обе́д.

8. Ой, мои́ люби́мые конфе́ты! Дава́й (взять).

9. В ко́мнате жа́рко. Дава́й (откры́ть) окно́.

про́бовать
(про́бова-)/
попро́бовать
= try, taste

To accept a
suggestion
or invitation,
simply repeat
the word
дава́й(те).

немно́жко =
a little, some

3. Restate the following sentences as suggestions.

> Я хочу́ с тобо́й познако́миться. →
> **Дава́й познако́мимся.**

1. Я должна́ с ва́ми поговори́ть.

2. Мы должны́ помо́чь Ке́вину.

3. Мы должны́ поду́мать, что купи́ть Ми́ше.

4. Мы мо́жем встре́титься в ГУ́Ме.

5. Как давно́ я не гуля́ла в Изма́йлово!

6. У́жин на столе́.

7. В ко́мнате хо́лодно. Мо́жно закры́ть окно́?

8. Мы должны́ рассказа́ть ма́ме о твоём экза́мене.

> When your suggestion is for a repeated activity, use
> **дава́й(те)** + the imperfective infinitive.
>
> **Дава́й(те)** говори́ть то́лько по-ру́сски.
> **Дава́йте** ме́ньше пропуска́ть заня́тия.

4. Imagine that you are at an incredibly boring party. Try to inject some life into the party by suggesting some possible diversions.

> play cards →
> — Дава́йте **поигра́ем в ка́рты.**
> — Это иде́я. Дава́йте.

иде́я = idea

eat dinner, watch a movie, listen to music, dance

5. Come up with some New Year's resolutions with your classmates.

> Дава́йте **бо́льше** чита́ть по-ру́сски.

бо́льше, ме́ньше

пропуска́ть заня́тия, говори́ть по-ру́сски, спать на заня́тиях, ходи́ть в кино́, писа́ть по-ру́сски, переводи́ть те́ксты, де́лать упражне́ния, ходи́ть на заня́тия

Суп вку́сный, а торт вкусне́е!

Making Comparisons

Most comparatives are formed by adding **-ee** to the adjectival or adverbial stem:

вку́сный   вку́сно

вкусне́е

The comparative form **вкусне́е** corresponds to the English, "tastier" or "more tasty."

6. Practicing pronunciation: comparatives

краси́вый	краси́во	краси́вее
бы́стрый	бы́стро	быстре́е
ме́дленный	ме́дленно	ме́дленнее
интере́сный	интере́сно	интере́снее
холо́дный	хо́лодно	холодне́е
тёплый	тепло́	тепле́е
весёлый	ве́село	веселе́е
серьёзный	серьёзно	серьёзнее
симпати́чный	симпати́чно	симпати́чнее
у́мный	у́мно	умне́е
глу́пый	глу́по	глупе́е

Быстре́е! Быстре́е! Быстре́е!

> ме́дленный = slow
>
> у́мный = smart
>
> глу́пый = stupid

7. Use comparatives to complete the following descriptions. Remember that the same comparative form works to replace both adjectives and adverbs.

> чем = than

> Зелёный шарф_____, чем кра́сный. (краси́вый) →
> Зелёный шарф **краси́вее**, чем кра́сный.

1. Óля_____, чем Та́ня. (серьёзный)

   Та́ня_____, чем Óля. (весёлый)

2. Пого́да в Звени́городе_____, чем пого́да в Москве́. (холо́дный)

   Пого́да в Москве́ _____, чем пого́да в Звени́городе. (тёплый)

3. Шокола́дный торт _____, чем тво́рог. (вку́сный)

4. Та́ня говори́т по-ру́сски_____, чем Ке́вин. (бы́стро)

5. — Моя́ соба́ка _____, чем Лэ́сси. (у́мный)

   — Нет, Лэ́сси _____, чем твоя́ соба́ка.

6. Óля дýмает, что Звенѝгород_____, чем Москвá. (интерéсный)

7. Тáня дýмает, что Мѝша_____, чем Сáша. (симпатѝчный)

> When **чем** is omitted from comparisons, the word that follows the comparative is in the genitive case:
>
> Зелёный шарф красѝвее, чем крáсный.
> Зелёный шарф красѝвее крáс**ного.**

8. Restate the comparisons in the previous exercise, omitting the word **чем** and making the necessary changes.

> Óля серьёзнее, чем Тáня. →
> Óля серьёзнее Тá**ни.**

9. Based on what you know so far from the video, act out these arguments with your partner.

> Сáша—Мѝша: сáмая **красѝвая** дéвушка
>   (Лéна — Тáня) →
> Сáша: — По-мóему, Лéна красѝвее Тáни.
> Мѝша: — Нет, что ты! Тáня сáмая красѝвая
>   дéвушка на свéте.

на свéте = in the whole wide world

1. Тáня—Кéвин: сáмый **интерéсный** гóрод (Москвá — Вашингтóн)

2. Óля—Кéвин: сáмая **вкýсная** едá (блинѝ — гáмбургер)

3. Лéна—Тáня: сáмый **симпатѝчный** человéк (Сáша — Мѝша)

Онѝ сáмые музыкáльные!

— Здесь всё до́рого! **Пойдём** в другой магази́н.

— **Пойдём.**

The prefix **по-** can be added to unidirectional verbs of motion to form perfectives (**пойти́, пое́хать**). These forms are often used in expressions of invitation: «**Дава́й пойдём в другой магази́н**» "Let's go to a different store." The word **дава́й(те)** may be omitted from these expressions.

друго́й = different

1. A. You run into a friend as you are loafing around on campus. Ask your friend where s/he is going and if you can come along.

> — Куда́ ты идёшь?
> — Я иду́ **в магази́н.**
> — Мо́жно я с тобо́й?
> — Пойдём!

Note that with the prefix **по-** the verb stem **идти́** changes its spelling.

class, post office, my brother's place, movie theater, library, home, my friend's place, cafeteria, cafe, dance club

B. Now that you have something to do, discuss how you and your friend are going to get to your destination.

> — **Пойдём пешко́м.**
> — Нет, **пое́дем на такси́.** Э́то быстре́е и удо́бнее.
> — Ла́дно, ла́дно, **пое́дем на такси́.**

удо́бно = comfortable

take a bus, go by car, take the metro, walk, take a taxi, go by bike

Formation of Comparatives: Consonant Alternations

Éхать на такси́ **бы́стро,** но **до́рого.**

Éхать на троллéйбусе **мéдленно,** но **дёшево.**

Éхать на такси́ *быстрée,* но *доро́же.*

Éхать на троллéйбусе *мéдленнее,* но *дешéвле.*

2. Practicing pronunication: comparatives

Comparative forms with consonantal alternation

ча́стый	ча́сто	ча́ще
рéдкий	рéдко	рéже
дорого́й	до́рого	доро́же
дешёвый	дёшево	дешéвле
гро́мкий	гро́мко	гро́мче
высо́кий	высоко́	вы́ше
до́лгий	до́лго	до́льше
по́здний	по́здно	по́зже
ра́нний	ра́но	ра́ньше
стро́гий	стро́го	стро́же
лёгкий	легко́	лéгче

Irregular comparatives

хоро́ший	хорошо́	лу́чше
плохо́й	пло́хо	ху́же
большо́й	мно́го	бо́льше
ма́ленький	ма́ло	мéньше

гро́мкий =
 loud
высо́кий =
 high, tall
до́лгий =
 a long time

3. Fill in the blanks with the appropriate comparative.

> Áнна Борúсовна стрóгая
> учúтельница, а декáн **стрóже.**

A. 1. На рýнке цéны **высóкие,** а в ГУ́Ме

_____.

рýнок = market

2. У Сергéя **дорогáя** машúна, а у Кéвина машúна

_____.

3. У Тáни был **лёгкий** зачёт, а у Лéны

_____.

B. 1. Óля **чáсто** éздит, в командирóвки, а Сергéй

_____.

2. Тáня говорúт **грóмко,** а Мúша _____ .

3. Бéлый хлеб стóит **дёшево,** а чёрный хлеб

_____ .

4. Тáня **дóлго** говорúт по телефóну, а Мúша

_____ .

5. Óля **рéдко** опáздывает, а Áнна Борúсовна

_____ .

6. Вáня спит **дóлго,** а егó родúтели

_____ .

7. Сáша **рáно** окóнчил университéт, а Мúша

_____ .

C. 1. Вáня **хорошó** говорúт по-англúйски, а Дáша

_____ .

2. Óля óчень **мáло** ест, а Тáня _____ .

3. Та́ня **мно́го** занима́ется, а Ле́на _____.

4. Ви́ктор Степа́нович **пло́хо** понима́ет по-англи́йски, а А́нна Бори́совна _____.

О́ле легко́ разгова́ривать с Ке́вином.

Impersonal Sentences

О́ле интере́сно е́здить в командиро́вки.

In an impersonal sentence or clause, the logical subject (in this case, О́ля) is in the dative case.

This applies to statements that describe feelings and attitudes.

4. By now you know the characters from the video well enough to describe their likes, dislikes and abilities. Combine the words from each column to make complete sentences.

Да́ше интере́сно учи́ться в Аме́рике.

Та́ня		жить в кварти́ре Смирно́вых
Ми́ша	интере́сно	рабо́тать в ба́нке
А́нна Бори́совна	прия́тно	организова́ть свой би́знес
Ке́вин	тру́дно	разгова́ривать с дека́ном
Ва́ня	хорошо́	занима́ться англи́йским языко́м
Ви́ктор Степа́нович	неприя́тно	рабо́тать со шко́льниками
Ле́на		сдава́ть экза́мены

5. Talk about your own likes, dislikes, and abilities.

> Мне ску́чно рабо́тать в рестора́не.
> Мне интере́сно занима́ться ру́сским языко́м.
> Мне легко́ писа́ть по-ру́сски.

> play tennis, study in the library, work during the summer,
> live in the dorm, study math, make breakfast, have lunch
> in a restaurant, take walks with friends, work at a store,
> play cards

6. Кто похо́ж на кого́? Кто умне́е? Кто краси́вее?

A. With your partner act out a conversation in which Homer and
Marge Simpson discuss who resembles whom and which of their
children is smarter, better looking, etc.

> Го́мер: По-мо́ему, Барт бо́льше похо́ж на
> меня́, а Ли́са бо́льше похо́жа на тебя́.
> Марж: Что ты! Они́ похо́жи на меня́!

B. What do the kids think? Act out a conversation in which Bart, Lisa, and Maggie argue about who resembles whom, who is smarter, who is more beautiful/handsome, etc.

> умнее, глупее, красивее, симпатичнее, веселее, серьёзнее
> больше похож(а) на, меньше похож(а) на

Анна Борисовна строгая, а декан строже.
Елена Петровна — **строжайший** человек.

The high-degree "superlative" of adjectives can be formed using the suffixes **-ейш-** and **-айш-**.

строжайший человек = {
   самый строгий человек

   очень строгий человек
}

---

7. Change the sentences according to the model, using **самый** to express the superlative degree.

> Лэсси — умнейшая собака. →
> Лэсси — самая умная собака.

1. Торт с фруктами — вкуснейший десерт.

2. «Война и мир» — серьёзнейший роман.

3. Журналист — интереснейшая профессия.

4. Теория психологии — труднейший курс.

8. Imagine that you have invited your Russian friend out for the evening. Use the following phrases to help you discuss where you are going to go and then decide the day, time, where you are going to meet, and how you are going to get there.

Дава́й пойдём на дискоте́ку.

Нет, лу́чше пойдём в кафе́.

Там интере́снее, удо́бнее, деше́вле.

Во ско́лько встре́тимся? Где?

Мне неудо́бно в шесть. Дава́й в семь.

Пое́дем на такси́. Это быстре́е.

Лу́чше пое́дем на авто́бусе. Так деше́вле.

> лу́чше = (here)
> it would be
> better

PREviewing

1. Imagine that one of your fellow classmates was absent when the first half of this episode was shown. She asked someone to tell her what happened, but got some of the information mixed up. Correct the mistakes in her version of the story.

необы́чный = unusual

ни́зкий = low

Помните, Оля с Ке́вином хоте́ли купи́ть пода́рок

Та́не. У неё ско́ро день рожде́ния. Оля хоте́ла

купи́ть необы́чный и о́чень дорого́й пода́рок. Но в

ГУ́Ме не́ было дороги́х веще́й. А на ры́нке це́ны не

таки́е ни́зкие, и мо́жно купи́ть мно́го интере́сных и

необы́чных веще́й. И вот они́ на ры́нке.

VIEWING

▶ Now watch the second part of «Не зна́ю, что купи́ть» with the SOUND OFF.

2. Read through the following statements before you watch the video, then put them in chronological order as you watch.

_____ Оля с Ке́вином хо́дят по ры́нку.

_____ Ке́вин фотографи́рует дете́й.

_____ Оля с Ке́вином иду́т на ры́нок.

_____ Они́ про́буют капу́сту.

_____ Золота́я ры́бка им о́чень понра́вилась, и они́ реши́ли купи́ть её.

_____ На ры́нке мно́го овоще́й и фру́ктов.

_____ Они́ ви́дят дома́шних живо́тных.

_____ Ке́вину нра́вится капу́ста.

▶ Now watch the second part of «**Не зна́ю, что купи́ть**» with the SOUND ON.

SOUND ON

дома́шний = domestic
дома́шнее живо́тное = pet

3. Что Ке́вину нра́вится?

	Да	Нет
Ему́ нра́вится кварти́ра, в кото́рой он живёт.	☐	☐
Ему́ нра́вятся хозя́ева кварти́ры Смирно́вы.	☐	☐
Ему́ нра́вится капу́ста.	☐	☐
Ему́ нра́вятся солёные огурцы́.	☐	☐

4. А. Что говори́т О́ля о ры́бке? Check all that apply.

☐ краси́вая   ☐ золота́я

☐ недорога́я   ☐ хоро́шенькая

хоро́шенький = cute

B. Ско́лько сто́ит ры́бка?

☐ 400 р.   ☐ 160 р.   ☐ 190 р.

5. As you are shopping at the grocery store, you come across a taste-test display. Ask the representative what the food is called and if you can try it.

POSTviewing

— Что э́то тако́е?
— Э́то тво́рог.
— Э́то вку́сно? Мо́жно попро́бовать?
— Пожа́луйста.
— Спаси́бо. О́чень вку́сно.

chocolate, bread, ham, cheese, salami, cake, chicken, pickles

Making a Statement Emphatic

You can make a statement more emphatic by adding the word **пра́вда**:

> Мне там **пра́вда** хорошо́.
> I really do like it there.

пра́вда = really

6. Agree with the following statements and make them more convincing by adding **пра́вда.**

> Я не бу́ду бо́льше ве́рить в приме́ты. →
> Я **пра́вда** не бу́ду бо́льше ве́рить в приме́ты.

1. Ке́вин о́чень мно́го фотографи́ровал.

2. О́ле ужа́сно не нра́вится ходи́ть по магази́нам.

3. Ке́вину интере́сно посмотре́ть ру́сские магази́ны.

4. Они́ не зна́ют, что купи́ть.

5. В ГУ́Ме о́чень высо́кие це́ны.

6. У Ке́вина о́чень симпати́чные хозя́ева.

Impersonal Statements in Future and Past Tense

Ке́вину **бы́ло** тру́дно занима́ться ру́сским языко́м.
Та́не **бу́дет** прия́тно поговори́ть с Ми́шей.

Since they have no grammatical subject, impersonal statements use the third-person singular, neuter form of **быть** to indicate future and past tense.

7. Discuss your academic experiences with your partner.

> — В шко́ле мне бы́ло легко́ занима́ться
> матема́тикой. А тебе́?
> — И мне бы́ло легко́.
> — Мне бу́дет интере́сно занима́ться
> ру́сским языко́м. А тебе́?
> — А мне нет.

8. A. О́ля is interested in how Ке́вин is getting along with the Смирно́вы and how he likes the apartment. Act out a conversation in which you inquire about your classmate's living situation. Use the sentences below for reference.

Как твоя́ но́вая кварти́ра/ко́мната? Как твои́ сосе́ди?

Тебе́ там удо́бно? Тебе́ там хорошо́?

Там удо́бно занима́ться?

Мне там пра́вда хорошо́/пло́хо, удо́бно/ неудо́бно.

Там удо́бно/неудо́бно занима́ться.

Сосе́ди пра́вда прия́тные/неприя́тные.

Ну и сосе́ди!

B. Imagine that you and a classmate are buying a going-away present for your Russian friend Да́ша. Act out a conversation in which the two of you are at a store talking with the clerk. Use the following phrases to build your dialog.

Како́й краси́вый/необы́чный/интере́сный...!

Дава́й ку́пим ей кни́гу.

А э́то ей понра́вится?

Класс! Здо́рово!

Ну и магази́н!

Ско́лько э́то сто́ит?

Э́то доро́же/деше́вле.

Наоборо́т, деше́вле/доро́же.

Я возьму́ две шту́ки.

Вот вам сда́ча.

сда́ча = change

есл́и ... то = if
... then

Е́сли мы не ку́пим пода́рок в
ГУ́Ме, **(то)** мы пойдём на ры́нок.

Conditional Sentences

> Note that in Russian, unlike in English, real time is used in
> conditional sentences. Compare:
>
> Е́сли мы **не ку́пим** *(future perfective)* пода́рок в
> ГУ́Ме, (то) мы пойдём на ры́нок.
>
> If we **don't buy** *(present)* a present at GUM, then
> we'll go to the market.

1. Analyze the following conditional ("if…then") sentences. Can you
come up with alternative "effects" of the causes presented in each
sentence?

Е́сли ты не хо́чешь покупа́ть руба́шку с га́лстуком, (то)
мы мо́жем купи́ть часы́.

Е́сли ты не ел чесно́к, (то) ты до́лжен его́ попро́бовать.

Е́сли Ми́ша лю́бит живо́тных, (то) ему́ понра́вится ры́бка.

Е́сли у тебя́ есть вре́мя, (то) мы мо́жем сего́дня ве́чером
посмотре́ть кино́.

чесно́к = (here)
pickled garlic

Éсли ты за́втра не бу́дешь занима́ться, (то) дава́й пойдём на дискоте́ку.

Éсли вы не́ были в Звени́городе, (то) вы не зна́ете како́й э́то краси́вый го́род.

Éсли бу́дет хо́лодно, (то) я возьму́ сви́тер.

Éсли ты пое́дешь в Звени́город, (то) я тебе́ покажу́ па́мятник преподо́бному Са́вве Сторожёвскому.

2. Your Russian friend has just come to America for the first time. Recommend some interesting or peculiarly American food that you think s/he should try. Switch roles and have your friend recommend Russian dishes to you.

> — Éсли ты не про́бовал(а) **су́ши,** то ты до́лжен/ должна́ попро́бовать.
> — Пра́вда? Обяза́тельно попро́бую.

фахи́тас, чиз-сте́йк, на́чос, га́мбургер, га́мбо, чесно́к, тво́рог, пельме́ни, блины́, икра́

> The perfective verbs **пойти́** and **пое́хать** are often used to express intended future actions:
>
> Я ско́ро **пое́ду** домо́й к роди́телям.
>
> In the past tense, these verbs convey the idea that someone has "set off" somewhere:
>
> — Где О́ля?
> — Она́ **пошла́** на рабо́ту.

3. Compare your weekend plans with your roommate's. In your dialogs one of you should ask if s/he can accompany the other.

> — Каки́е у тебя́ пла́ны?
> — Éсли у меня́ бу́дет вре́мя, то я пойду́ **в кино́.**
> — Мо́жно я с тобо́й?
> — Коне́чно, дава́й пойдём вме́сте.

вме́сте = together

concert, pool, dance club, home, sister's place, theater, gym

4. Óля has returned from one of her business trips and is surprised to find Táня alone at home. Construct Táня's answers to her questions regarding where everyone is.

> Где мáма? (магазúн) →
> — Где мáма?
> — Мáма с пáпой пошлú в магазúн.

1. Где пáпа? (рабóта)
2. Где Кéвин? (друг)
3. Где Мúша? (клúника)
4. Где Лéна? (библиотéка)
5. Где Сáша? (кинó)

5. A. Вáня can be a very difficult kid, and his mother is tired of fighting with him. Finish her sentences, telling him he doesn't have to do anything if he doesn't want to.

> Éсли ты не хóчешь смотрéть телевúзор, **не смотрú.**

1. Éсли ты не хóчешь игрáть в футбóл,...
2. Éсли ты не хóчешь занимáться,...
3. Éсли ты не хóчешь писáть бáбушке письмó,...
4. Éсли ты не хóчешь прóбовать мой суп,...
5. Éсли ты не хóчешь гулять с пáпой,...
6. Éсли ты не хóчешь говорúть с Кéвином по-англúйски,...

B. Вáня's mother has decided to be more tough with him. Connect the following sentences to finish her incentives and threats to get him to do better in school.

> Éсли ты бýдешь хорошó занимáться,
> я куплю́ тебé велосипéд.

Е́сли ты не сдашь экза́мен,	я дам тебе́ моро́женое.
Е́сли ты полу́чишь пятёрку,	ты не бу́дешь игра́ть в футбо́л.
Е́сли ты реши́шь все зада́чи,	ты не бу́дешь смотре́ть телеви́зор.
Е́сли ты пло́хо напи́шешь контро́льную,	ты мо́жешь пое́хать с Ке́вином в парк.

> О́ля: **Мне** ужа́сно **не нра́вится** ходи́ть по магази́нам.
> Ке́вин: Мне то́же. Но **мне интере́сно** посмотре́ть ру́сские магази́ны.
> Observe how О́ля and Ке́вин express their likes and dislikes with two different constructions.

6. Restate the following statements using adverbs in place of the verb **нра́виться**, as indicated in the model.

> Ва́не нра́вится учи́ться в шко́ле. →
> **Ему́ интере́сно** учи́ться в шко́ле.

1. А́нне Бори́совне нра́вится разгова́ривать со шко́льниками.

2. О́ле и Ке́вину нра́вится гуля́ть по па́рку.

3. Ва́не нра́вится занима́ться англи́йским языко́м.

4. Ми́ше нра́вится расска́зывать о би́знесе.

5. Та́не нра́вится учи́ться в МУ́Ме.

6. О́ле нра́вится е́здить в командиро́вки.

(не)интере́сно, (не)прия́тно, ску́чно, ве́село

> О́ле **ну́жно** купи́ть пода́рок.
> "Оля needs to buy a present."
>
> **Ну́жно** + any infinitive expresses the need to do something. The logical subject in this construction is in the dative case because this is an impersonal statement.

7. Что им ну́жно сде́лать?

Using the phrases below, create sentences stating who needs to do what.

> **Та́не** ну́жно подгото́виться к се́ссии.

организова́ть би́знес, реши́ть зада́чи, поговори́ть с милиционе́ром, снять кварти́ру для Ке́вина, сде́лать фотоальбо́м, пригото́вить у́жин, купи́ть проду́кты, пое́хать в Звени́город

Ми́ша, Ви́ктор Степа́нович, Ва́ня, Смирно́вы, О́ля, Ке́вин, А́нна Бори́совна, сёстры

8. Turn down your friend's invitations by explaining that you have something important to do.

> — **Дава́й пойдём в бассе́йн.**
> — Я не могу́ сейча́с. **Мне ну́жно помо́чь подру́ге.** Дава́й за́втра.
> — Ла́дно, дава́й.

пое́хать в Ту́лу, пойти́ обе́дать, пойти́ на вы́ставку, пое́хать к дру́гу, пойти́ в кино́, пойти́ в парк

помо́чь (кому́?), написа́ть рабо́ту, занима́ться, идти́ на рабо́ту, переводи́ть ру́сскую статью́, гото́виться к зачёту/экза́мену, встре́титься с преподава́телем

— Что у него боли́т? Рука́?

— Нет. У него боли́т всё! У него боли́т голова́, нос, го́рло, грудь, живо́т, спина́, па́лец. У него боля́т но́ги, ру́ки, зу́бы.

1. You had a little too much fun with your friends at the beach during spring break. Answer the following questions about yourself and your friends.

> Что с тобо́й? (голова́) →
> — Что с тобо́й?
> — **У меня́ боли́т голова́.**

болéть (болé-) (*imp.*) = hurt, be painful, ache

1. — Что с ним? (рука́)
2. — Что с ва́ми? (спина́)
3. — Что с ней? (зу́бы)
4. — Что с тобо́й? (го́рло)
5. — Что с ней? (живо́т)
6. — Что с ни́ми? (но́ги)
7. — Что с ним? (всё)

го́рло = throat
грудь (*f.*) = chest
живо́т = stomach
спина́ = back
па́лец = finger
нога́ = foot/leg
рука́ = hand/ arm
зуб = tooth

2. Match the ailment with the appropriate advice.

У неё боли́т го́рло.   Ему́ ну́жно ме́ньше есть.

У меня́ боли́т зуб.   Ей ну́жно пить чай.

У него́ боли́т живо́т.   Ему́ ну́жно пойти́ в апте́ку и купи́ть лека́рство.

У меня́ боли́т нога́.   Ей ну́жно ме́ньше писа́ть.

У него́ боли́т голова́.   Тебе́ не ну́жно гуля́ть.

У неё боли́т рука́.   Тебе́ нужно пойти́ к зубно́му врачу́.

апте́ка = pharmacy
лека́рство = medicine

3. Take turns with your partner asking each other why you missed class. Try to come up with the most excuses!

> — Почему́ тебя́ не́ было на заня́тии?
> — У меня́ боле́л зуб.
> — Ну, и как, тебе́ лу́чше?
> — Нет, ху́же.
> — Тебе́ ну́жно пойти́ к врачу́.
> — Да, я обяза́тельно пойду́.

Тебе́ лу́чше?
= Are you
feeling
better?

Expressing Permission and Denial of Permission

Ва́ня: Ма́ма, у меня́ боли́т живо́т.
                          Мне **мо́жно** есть пи́ццу?
Гали́на Ива́новна: Что ты! Е́сли у тебя́ боли́т
                          живо́т, тебе́ **нельзя́** есть пи́ццу.

Мо́жно and **нельзя́** + the infinitive are used in impersonal sentences with the meaning of permission/denial of permission. The logical subject is in the dative case.

4. Give your sick friend advice.

A.

спина́ (е́здить на велосипе́де) →
— У меня́ боли́т спина́. Как ты ду́маешь, мне
  мо́жно е́здить на велосипе́де?
— Что ты! Тебе́ нельзя́ е́здить на велосипе́де.

голова́ (идти́ на рок-конце́рт), нога́ (игра́ть в футбо́л),
у́хо (игра́ть на фле́йте), живо́т (есть ветчину́), рука́
(игра́ть в волейбо́л)

B.

— У меня́ боли́т живо́т.
— Тебе́ ну́жно пойти́ в апте́ку и купи́ть
  лека́рство.

зуб (ме́ньше есть шокола́д), голова́ (бо́льше отдыха́ть),
го́рло (пить тёплое молоко́), спина́ (бо́льше ходи́ть
пешко́м), рука́ (пойти́ к врачу́)

5. Practicing pronunciation:

бо́лен, больна́, больны́

Ты бо́лен? Что у тебя́ боли́т?

— Что с тобо́й?

— Я больна́.

Что с ва́ми? Вы больны́?

бо́лен (*m.*),
  больна́ (*f.*),
  больны́ (*pl.*)
  = sick

6. Read Ле́на's thoughts about her poor dog Ша́рик and answer the
questions based on what you read.

Что с Ша́риком? Что с на́шей бе́дной собáкой? Он не
пьёт, не ест и не хо́чет идти́ гуля́ть. Я бою́сь, что он бо́лен.
По-мо́ему, у него́ боли́т живо́т. Ну́жно
пойти́ с ним к ветерина́ру. Да-да, ну́жно
показа́ть его́ ветерина́ру. Мо́жет быть,
ему́ ну́жно дать лека́рство? Мо́жет быть,
Ми́ша даст сове́т.

1. Почему́ Ле́на ду́мает, что Ша́рик бо́лен?

2. Что у него́ боли́т?

3. Что ну́жно сде́лать? Кому́ ну́жно его́
   показа́ть?

4. Кто мо́жет дать сове́т?

Бе́дный Ша́рик!

Expressing "Time When" in the Future

У Ми́ши **через неде́лю** день рожде́ния.		
через + accusative		
через неде́лю	=	in a week
через два часа́	=	in two hours
через семе́стр	=	in a semester
через полтора́ ме́сяца	=	in one and a half months
через полторы́ неде́ли	=	in one and a half weeks

Note that the
preposition
через in the
time expression
is unstressed.

полтора́ (*m.*),
  полторы́ (*f.*)
  + gen. sg. =
  one and a
  half: полтора́
  ме́сяца,
  полторы́
  неде́ли

7. Answer the following questions about yourself using **через.**

> У Ми́ши день рожде́ния **через неде́лю.** А у вас? →
> — У Ми́ши день рожде́ния **через неде́лю.** А у тебя́?
> — У меня́ день рожде́ния **через ме́сяц.**

1. У Ва́ни контро́льная рабо́та через два дня. А у вас?
2. У Та́ни кани́кулы через три неде́ли. А у вас?
3. Ке́вин бу́дет у́жинать через полтора́ часа́. А вы?
4. Ле́на зако́нчит университе́т через два го́да. А вы?
5. У Ле́ны экза́мен через день. А у вас?
6. Та́ня начнёт рабо́тать через два го́да. А вы?
7. У А́нны Бори́совны начну́тся кани́кулы через полторы́ неде́ли. А у вас?

8. Encourage your procrastinating friend to finish the things s/he needs to do.

> — Тебе́ ну́жно написа́ть e-mail роди́телям.
> — Ла́дно, напишу́ через час.

> [
> call your sister, buy a present for your friend, help me, read the story, make lunch
>]

> [
> in one (two, three) hours, in a week, in one (two, three) days
>]

9. A. With your partner, act out conversations in which you find out that you cannot see the person you need to meet with.

> — Мне ну́жно поговори́ть **с дека́ном.**
> — Её нет. Она́ больна́.
> — А когда́ она́ бу́дет?
> — **Через неде́лю.**

милиционе́р, опера́тор, дире́ктор, учи́тель, преподава́тель, инжене́р, архите́ктор

два дня, пять часо́в, полторы́ неде́ли, две неде́ли, четы́ре дня, полтора́ часа́, ме́сяц, семе́стр

B. When you call a friend, you find that s/he has stepped out. Find out when s/he is coming back.

> — Алло́!
> — Алло́! Мо́жно Ми́шу?
> — Его́ нет. Он пошёл **на рабо́ту.**
> — А вы не зна́ете, когда́ он бу́дет?
> — По-мо́ему, **через час.** Позвони́те попо́зже.
> — Спаси́бо. До свида́ния.
> — До свида́ния.

попо́зже = a little bit later

a friend's place, pool, gym, university, the doctor's, pharmacy

UNIT

11

DAY 7

1. Combine the following sentences using **потому́ что**.

> Ке́вин и О́ля встре́тились на Кра́сной пло́щади, потому́ что они́ хоте́ли пойти́ в ГУМ.

Ке́вин и О́ля встре́тились на Кра́сной пло́щади.	Он не знал, что э́то тако́е.
О́ле ну́жно купи́ть Ми́ше пода́рок.	О́на не зна́ла его́ разме́р.
О́ля не могла́ купи́ть Ми́ше руба́шку.	Там це́ны ни́зкие.
О́ля не купи́ла часы́.	Они́ о́чень до́рого сто́ят.
О́ля с Ке́вином пошли́ на ры́нок.	У него́ че́рез неде́лю бу́дет день рожде́ния.
Ке́вин попро́бовал капу́сту.	Они́ о́чень симпати́чные.
Ке́вину хорошо́ у Смирно́вых.	Ми́ша лю́бит живо́тных.
О́ля купи́ла Ми́ше ры́бку.	Они́ хоте́ли пойти́ в ГУМ.

2. A. Óля is happy about their choice. A fish is a perfect pet, as opposed to other pets that can run away and get lost. People who lose their pets are often very worried and will do anything to find their beloved pet. Have you ever lost a pet? Read the ad below and write your own ad for a lost pet.

‡

_____

_____

_____

_____

_____

_____

_____

▶ Now watch «**Не зна́ю, что купи́ть**» with the SOUND OFF.

VIEWING

3. Working in a chain, narrate this episode of the video while you watch with the sound off. Use the outline below from last night's homework for reference.

Fill in the missing elements (endings, particles, prepositions, prefixes).

Ке́вин и О́ля встреча́ют_____ часо́в в 11

_____ Кра́сной пло́щади.

Они́ хо́дят по ГУМ____.□ О́ле ужа́сно не нра́вится

ходи́ть по магази́нам. А Ке́вин_____ интере́сно

посмотре́ть ру́сские магази́ны. В ГУ́Ме о́чень

краси́в_____. Здесь мо́жно уви́деть мно́го

краси́в_____ и мо́дн_____ веще́й.

О́ля не зна́ет, что купи́ть. Ке́вин ду́мает,

что руба́шка _____ га́лстуком хоро́ший

пода́рок. Они́ иду́т посмотре́ть руба́шки,

но О́ля не зна́ет разме́р Ми́ш____, и она́

реша́ет посмотре́ть часы́. О́ля не мо́жет

купи́ть часы́, потому́ что они́ о́чень

до́рог_____ сто́ят. Они́ реша́ют ____йти́

в друго́й магази́н. По доро́ге они́ захо́дят

на ры́нок. Там мо́жно купи́ть необы́чный

пода́рок, и це́ны там ни́_____.

□ If a Russian couple is not romantically involved, they won't walk holding hands (**за́ руку**), but arm in arm (**по́д руку**) as they shop or take walks. Couples and close friends walk **по́д руку** to show affection, and a man will escort a woman **по́д руку** (from a car, into a building, etc.) as a sign of respect.

Ры́нок не похо́ж _____ магази́н. Тут нет краси́вых мо́дных вещ_____, но есть мно́го овоще́й, фру́ктов и моло́чных проду́ктов. Ке́вин_____ интере́сн_____,

моло́чный = dairy

что тако́____ капу́ста. Он её ра́ньше не ел. О́ля даёт ему́ попро́бовать, и капу́ста Ке́вин___ нра́вится. Пото́м они́ про́буют солёные огурцы́. Они́ ид_____ в друго́й магази́н.

Ке́вин ви́дит ру́сские сувени́ры. Ему́ о́чень нра́в_____ матрёшки.

Он шу́тит, что мо́жно купи́ть Ми́ш_____ матрёшк_____, но О́л____ не нра́вится его́ иде́я.

Они́ ид_____ в зоомагази́н. И тут они́ ви́д_____ краси́в_____ золот_____ ры́бку, и они́ покупа́ют _____. Како́й хоро́ший пода́рок!

▶ Now watch «**Не зна́ю, что купи́ть**» with the SOUND ON.

SOUND ON

POSTviewing

4. Imagine you are watching the video with someone who does not speak Russian. Working in a chain, explain what О́ля and Ке́вин are talking about as you watch with the sound on.

5. Как вы ду́маете?

1. Что вкусне́е, капу́ста и́ли солёные огурцы́?

2. Како́й пода́рок лу́чше, часы́ и́ли золота́я ры́бка?

3. Что сто́ит бо́льше, руба́шка с га́лстуком и́ли матрёшка?

4. Что сто́ит ме́ньше, золота́я ры́бка и́ли часы́?

5. Где це́ны вы́ше, в магази́не и́ли на ры́нке?

6. Кто симпати́чнее, Ша́рик и́ли ры́бка?

7. Где интере́снее, на ры́нке и́ли в ГУ́Ме? Где ле́гче купи́ть пода́рок? Где краси́вее?

8. Кто лу́чше понима́ет Ми́шу, Ке́вин и́ли О́ля?

6. Вы уже́ зна́ете, что О́ля и Ке́вин купи́ли Ми́ше золоту́ю ры́бку. А интере́сно, что ку́пят Ле́на и Са́ша?

> Act out a shopping trip in which Ле́на and Са́ша buy a birthday present for Ми́ша.
>
> **Possible gifts:** cologne, t-shirt, books, flowers

7. A. When О́ля finally gets home after buying the goldfish, the Воло́дины can't wait to see the beautiful fish. In groups of four, act out possible conversations among Та́ня, О́ля, А́нна Бори́совна, and Ви́ктор Степа́нович. Include some of the following lines in your conversation.

She's so cute!

How old is she?

What is her name?

What a nice present!

How much did she cost?

I think Ми́ша will really like her.

Лю́ди, да́йте мне немно́жко воды́!

B. The fish is a little out of sorts—the Воло́дины think that maybe there is something wrong with her. Act out their discussion.

Maybe she's sick.	I think her eye hurts.
She's probably cold.	She's afraid of us.
She wants to play.	She feels bad.

Since this story takes place in a hospital, medical terminology is used extensively. Following is the list of words that you need to know in order to understand the plot.

желу́дочное кровотече́ние	intestinal bleeding
приёмная	patient admitting room
сумасше́дший	crazy
рентге́новский кабине́т	x-ray room
обсле́довать	test, examine
я был вы́нужден голода́ть	I had to fast
небольша́я опера́ция	minor surgery
желе́зное здоро́вье	excellent health (lit. iron health)
вы́писаться из	check out of
запрети́ть	forbid, prohibit

Холоди́льник

С. Довла́тов

В больни́цу я попа́л◊ с желу́дочным кровотече́нием.   came
Лежу́ в приёмной. Америка́нский до́ктор спра́шивает:
— Ку́рите?
— Да.
— Мно́го?
— Бо́льше па́чки в день.
— Точне́е◊?   More precisely

get annoyed	Я на́чал раздража́ться◊ и сказа́л:
	— Три́дцать две шту́ки. А по воскресе́ньям — два́дцать шесть.
get up	— Поня́тно, — сказа́л америка́нец, — встаёте◊ по́зже.
	Пото́м он спроси́л:
	— Пьёте?
	— Да.
	— Мно́го?
	— Е́сли пью, то мно́го.
	— Ско́лько?
He won't believe (me) if I answer honestly, I thought. But there is no reason to lie, either.	Че́стно, ду́маю, отве́тить, не пове́рит.◊ Но и врать бессмы́сленно.◊
	— Ли́тра полтора́, — говорю́.
	— Вина́ и́ли пи́ва?
	— Во́дки.
fell into thought	Тут он надо́лго заду́мался.◊ Пото́м спроси́л:
	— Како́й сейча́с год?
obviously || check || intellectual capabilities	Ви́дно,◊ реши́л прове́рить◊ мои́ у́мственные спосо́бности.◊ Я отве́тил.
	— В како́м го́роде мы нахо́димся?
	— В Нью-Йо́рке.
touch	— Мо́жете косну́ться◊ па́льцем но́са?
	— Своего́ и́ли ва́шего?
crazy	До́ктор по́нял, что я не сумасше́дший.◊ Слы́шу:
fatty food || sweets || spicy food	— Лю́бите жи́рное◊, сла́дкое◊, о́строе◊?
except carrots	— Я, — говорю́, — люблю́ всё, кро́ме морко́ви.◊

Пото́м мы пое́хали в рентге́новский кабине́т. На груди́ у меня́ лежа́л том[◊] Достое́вского. До́ктор спра́шивает:

— Что э́то за кни́га? Солжени́цын?

— Достое́вский.

— Э́то тради́ция?

— Да, — говорю́, — э́то тради́ция. Ру́сский писа́тель умира́ет с то́мом Достое́вского на груди́.

— Но́у Байбл? — спроси́л америка́нец. ("Не с Би́блией?")

— Нет,— говорю́,— мы же атеи́сты…[◊]

Неде́лю меня́ обсле́довали. Неде́лю я был вы́нужден голода́ть. В результа́те — небольша́я опера́ция и коро́ткая заключи́тельная[◊] бесе́да[◊]:

— Когда́-то[◊] у вас бы́ло желе́зное здоро́вье. К сожале́нию, вы его́ по́лностью разру́шили.[◊] Отны́не ва́ше спасе́ние — дие́та.[◊]

Причём[◊] строжа́йшая…

Вы́писался я из больни́цы. Встре́тил знако́мого. Он говори́т:

— Я слы́шал, что ты у́мер.

— Пра́вильно,— отвеча́ю,— ра́зве э́то жизнь?[◊] Кури́ть мне запрети́ли. Пить запрети́ли. И да́же есть запрети́ли. Что мне ещё остаётся?[◊] То́лько чита́ть и писа́ть.

— Ну,— говори́т мой друг, — э́то пока́ зре́ние хоро́шее…[◊]

Тут я и взя́лся за[◊] но́вую кни́гу. ∎

volume

atheists

final || conversation

at one time || Unfortunately, you completely destroyed it. || From now on diet is your only hope.

mind you

Is this really a life?

What is left for me (to do)?

it's only as long as you have decent eyesight

started

1. You have already found out quite a bit about the narrator from what you read in the first part of this story. Mark the following statements about him as true or false. Это так или нет?

	Да	Нет
⊠⊠ is a chain smoker.	☐	☐
⊠⊠ drinks moderately.	☐	☐
He prefers wine.	☐	☐
He eats whatever he wants.	☐	☐
He is going insane.	☐	☐
He is extremely religious.	☐	☐
He reads Dostoevsky.	☐	☐

2. Identify what happened to the narrator as a result of his consultation with the doctor.

He:	Да	Нет
had x-rays taken	☐	☐
stayed in the hospital for a month	☐	☐
underwent an operation	☐	☐
was instructed to observe a strict diet	☐	☐
was prescribed strong medication	☐	☐

3. After the narrator checks out of the hospital, he runs into a friend on the street. His friend is surprised to see him because he thought that the narrator:

- ☐ was still in the hospital
- ☐ was dead
- ☐ had returned to Russia

4. Name the three bitter losses the narrator suffers as a result of his hospital stay.

1. _____

2. _____

3. _____

5. According to him, what is the only positive thing left in his life?

_____

6. How do you explain the timing of the narrator's new book?

       ☐   He was inspired by his recent experiences.

       ☐   He was scared by his friend.

       ☐   There was nothing else left for him to do.

7. Restate the following restrictions imposed on the narrator of the story using **нельзя́.**

Мне запрети́ли кури́ть.   _____

Мне запрети́ли есть.   _____

Мне запрети́ли пить.   _____

8. The doctor orders the narrator to go on ☒ **строжа́йшая дие́та.** Note how the suffix **-ейш/-айш** is used to form superlatives.

Restate the following superlatives using **о́чень.**

> интере́снейший расска́з →
> **о́чень интере́сный** расска́з

краси́вейший го́род, важне́йший экза́мен, длинне́йший по́езд, умне́йший челове́к, тала́нтливейший писа́тель, вкусне́йший шокола́д

> Ра́зве э́то жизнь?!?
> Is this really a life?!

9. The narrator has his own idea about what constitues the good life: drinking vodka, smoking, and eating whatever he wants. What do you think the good life is? How about a terrible life?

> Занима́ться, рабо́тать, не спать — ра́зве э́то жизнь?
> Не ду́мать о заня́тиях, гуля́ть, — вот э́то жизнь!

занима́ться всё вре́мя, ходи́ть ка́ждый день на заня́тия, рабо́тать 60 часо́в в неде́лю, игра́ть в те́ннис, отдыха́ть на мо́ре

10. **A.** You are living at your university's international dormitory and have been given the responsibility of interviewing prospective residents to live in the Russian wing. Ask them if they have any bad habits: drinking, smoking, listening to loud music, etc. Tell them what is allowed and forbidden in the dormitory.

B. Imagine that you are an exchange student in Moscow and you catch the flu. With your partner, act out your visit to the doctor, explaining what is wrong with you, answering the doctor's questions about your lifestyle, and listening to his/ her advice on how to get well.[□]

[□] Russians and Americans do not always agree on the best home remedies for the common cold or flu. Americans drink cold juice and eat ice cream when they are sick. Russians believe that any cold beverage and especially ice cream are very bad for you when you have a sore throat or a cold; a warm scarf around your neck and plenty of hot tea and soup are the best things for you.

1. A. Что понра́вится Ми́ше?

Imagine that you are also looking for a present for Ми́ша. Discuss with your partner what you think he will like. Use the phrases below.

Я пойду́ покупа́ть пода́рок Ми́ше.

Мо́жно я с тобо́й?

Дава́й пойдём в...

Я не зна́ю, что купи́ть.

Дава́й ку́пим ему́...

Е́сли мы ку́пим ему́..., (то)...

Что он бу́дет де́лать с... ?

...лу́чше (ху́же), чем...

...деше́вле (доро́же), чем...

B. Что купи́ть?

With your partner discuss a birthday present for a video character of your choice.

2. Что с Ми́шей?

The decision to quit his job at the clinic and to start a new business was not easy for Ми́ша. When Та́ня realized that something was wrong with him, she did her best to cheer him up, and she succeeded!

A. Act out a conversation between Ми́ша and Та́ня in which Та́ня suggests different plans for the weekend, and Ми́ша turns them down.

> Let's go see a movie.
> Let's watch TV.
> Let's go to...
> I'm not interested.
> I really don't like...
> To tell you the truth...

B. Та́ня is afraid Ми́ша is sick. She suggests he see a doctor or get some rest. Act out their conversation.

> What's wrong with you?
> Are you sick?
> I have a headache.
> You need to go to the doctor.
> You need to get some rest.
> You need to work less.

3. Talk to your friend, an exchange student from Russia, who has culture shock and can't seem to finish his/her coursework. Explain the consequences, give him/her advice, and offer help.

> Я хочу́ дать тебе́ сове́т.
>
> Е́сли ты не сдашь экза́мен по матема́тике, то...
>
> Тебе́ ну́жно бо́льше занима́ться.
>
> Тебе́ нельзя́ пропуска́ть заня́тия.
>
> Дава́й пойдём вме́сте в библиоте́ку.

4. Мы о́чень за́няты!

Ва́ня's little cousin Ма́ша tries desperately to get someone's attention, but everybody is busy. Give reasons why all those people can't play with her.

Ба́бушка:	Я не могу́ с тобо́й игра́ть.
	Мне ну́жно гото́вить обе́д.

Де́душка: _____

_____

Па́па: _____

_____

Ма́ма: _____

_____

Тётя: _____

Дя́дя: _____

_____

Ва́ня: _____

_____

5. Гость и хозя́ин

A. Ва́ня is trying to be hospitable to his guest, Ма́ша, but no matter what he says to try to start a conversation, his cousin disagrees.

> Ва́ня: Мне нра́вятся мои́ роди́тели.
> Ма́ша: А мне не нра́вятся.

1. Ва́ня: У меня́ боли́т живо́т.
   Ма́ша: _____
2. Ва́ня: Мне нра́вится гуля́ть на у́лице.
   Ма́ша: _____
3. Ва́ня: Я ду́маю о фигу́ре. Я на́чал ме́ньше есть.
   Ма́ша: _____
4. Ва́ня: Роди́тели лю́бят смотре́ть телеви́зор. И мне интере́сно.
   Ма́ша: _____
5. Ва́ня: У меня́ о́чень ма́ло вре́мени. Я всё вре́мя за́нят.
   Ма́ша: _____

B. Кто лу́чше, ко́шки и́ли соба́ки?

Ке́вин is trying to explain to О́ля that dogs are better than cats in many ways. But О́ля insists that cats are better. Act out their argument. Use the comparatives.

> Ке́вин: Соба́ки лу́чше. Они́ добре́е, чем ко́шки.
> О́ля: Нет, ко́шки лу́чше. Ко́шки добре́е, чем соба́ки.

бо́льше/ме́ньше едя́т, спят, лю́бят хозя́ев, лю́бят игра́ть
краси́вее, умне́е, глупе́е, симпати́чнее, веселе́е, серьёзнее

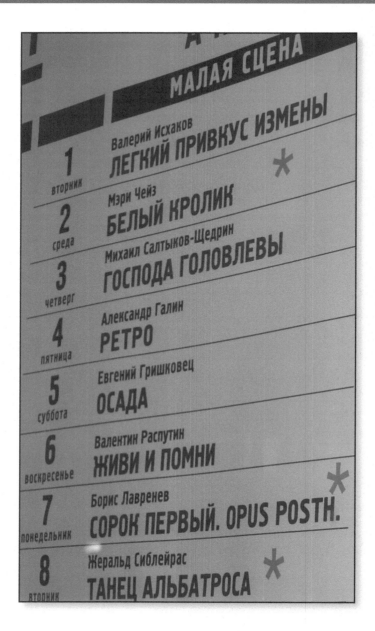

МАЛАЯ СЦЕНА

1
вторник
Валерий Исхаков
ЛЕГКИЙ ПРИВКУС ИЗМЕНЫ *

2
среда
Мэри Чейз
БЕЛЫЙ КРОЛИК

3
четверг
Михаил Салтыков-Щедрин
ГОСПОДА ГОЛОВЛЕВЫ

4
пятница
Александр Галин
РЕТРО

5
суббота
Евгений Гришковец
ОСАДА

6
воскресенье
Валентин Распутин
ЖИВИ И ПОМНИ

7
понедельник
Борис Лавренев
СОРОК ПЕРВЫЙ. OPUS POSTH. *

8
вторник
Жеральд Сиблейрас
ТАНЕЦ АЛЬБАТРОСА *

6. Situations

1. Imagine that you take your pet with you to Moscow, and it gets sick. Take it to Миша's clinic.

2. Study what is playing at Moscow theaters and make plans with your roommate to go to the theater.

3. Your roommate doesn't look too well. It turns out s/he has a toothache. Study the ads and persuade him/her to see the dentist.

стоматоло́гия
= dentistry

1. Impersonal Sentences

An impersonal sentence in Russian has no grammatical subject and its predicate is invariably in the neuter singular. Since English cannot have a sentence without a grammatical subject, the English equivalents of Russian impersonal sentences usually have the word "it" or "there" in subject position. In Russian impersonal sentences, however, there is no subject of any sort (neither the personal pronoun **оно́** nor the demonstrative **э́то**). The kernel of the sentence is the predicate—in many cases a form identical to an adverb, a neuter short-form adjective, or other part of speech. Tense is indicated by using **быть** in the third-person singular, neuter form (**бы́ло, бу́дет**, or **ø**).

Impersonal sentences constitute an important and very frequent class of utterances in Russian. They describe actions or states which impinge upon the speaker "from without:" physical conditions, emotional states, or other conditions which do not depend upon the speaker's will.

Хо́лодно.	It is cold.
Здесь хо́лодно.	It is cold here.
В Звени́городе бы́ло хо́лодно.	It was cold in Zvenigorod.
Когда́ вы пое́дете в Звени́город, там бу́дет хо́лодно.	When you go to Zvenigorod, it will be cold.

When a logical subject (the perceiver or experiencer) is specified, it will always be in the dative case:

Серге́ю не́ было хо́лодно.	Sergey was not cold.
О́ле и Ке́вину бы́ло ве́село.	Olya and Kevin had a good time.
Им не бу́дет ску́чно.	They will not be bored.
На ле́кции Та́не бы́ло интере́сно.	It was interesting for Tanya at the lecture.

2. Impersonal Sentences with Modal Words as Predicates

A. Sentences with **мо́жно**, "⊠n⊠ may," "it is permitted," or "it is possible," are impersonal sentences. Logical subjects are in the dative case.

— Здесь мо́жно кури́ть?	— Can I smoke here?
— Мо́жно.	— Yes, you may.
— Мо́жно **нам** взять ва́шу ру́чку?	— May we borrow your pen?
— Да, пожа́луйста.	— Yes, certainly.

| У меня́ уже́ не боли́т нога́. **Мне мо́жно игра́ть в футбо́л.** | My leg is not hurting any more. I can play soccer. |
| На да́че мо́жно жить и зимо́й. | (Even) in the winter you can live at the dacha. |

B. The opposite of **мо́жно** is **нельзя́**, which denies permission (when used with an imperfective infinitive) or states objective impossibility (when used with a perfective infinitive).

В больни́це нельзя́ кури́ть.	Smoking is not permitted in the hospital.
В э́той ко́мнате нельзя́ рабо́тать.	It is impossible to work in this room.
— Мо́жно взять ваш журна́л?	May I borrow your magazine?
— К сожале́нию, нельзя́. Я его́ не прочита́л.	Unfortunately, no. I haven't finished reading it.
— У меня́ боли́т го́рло.	I have a sore throat.
— (Тебе́) нельзя́ есть моро́женое.	You can't eat ice cream.

C. **Ну́жно** and **на́до** are identical in meaning and usage in modern Russian and convey the idea of necessity or obligation.

| Мне ну́жно купи́ть проду́кты. | I have to buy groceries. |
| Студе́нтам ну́жно мно́го занима́ться. | Students have to study a lot. |

3.   The Comparative Degree

A. Formation of Comparatives

For most adjectives and adverbs, the comparative is formed by replacing the standard ending with the comparative suffix **-ee**, which is added directly to the stem. Some common examples follow:

	Adjective	**Adverb**	**Comparative**
beautiful	краси́**вый**	краси́во	краси́**вее**
cheerful	весёл**ый**	ве́село	веселе́е
fast	бы́стр**ый**	бы́стро	быстре́е
warm	тёпл**ый**	тепло́	тепле́е
cold	холо́дн**ый**	хо́лодно	холодне́е
interesting	интере́сн**ый**	интере́сно	интере́снее
usual	обы́чн**ый**	обы́чно	обы́чнее
old	ста́р**ый**	старо́	старе́е

A small number of adjective stems in -д, -т, -г, -к, as well as -ст, and -х have consonantal alternation, after which the suffix -e is added.

	Adjective	Adverb	Comparative
loud	гро́мкий	гро́мко	гро́мче
simple	просто́й	про́сто	про́ще
frequent	ча́стый	ча́сто	ча́ще
dear, expensive	дорого́й	до́рого	доро́же
stern	стро́гий	стро́го	стро́же
quiet	ти́хий	ти́хо	ти́ше
young	молодо́й	мо́лодо	моло́же

A further group undergoes changes of the stem as well as consonant mutation.

	Adjective	Adverb	Comparative
easy	лёгкий	легко́	ле́гче
high	высо́кий	высоко́	вы́ше
low	ни́зкий	ни́зко	ни́же
cheap	дешёвый	дёшево	деше́вле
long	до́лгий	до́лго	до́льше
short	коро́ткий	ко́ротко	коро́че
old (person)	ста́рый	старо́	ста́рше
early	ра́нний	ра́но	ра́ньше
late	по́здний	по́здно	по́зже

Four standard adjectives (big, little, good, bad) are irregular in Russian:

	Adjective	Adverb	Comparative
big	большо́й	мно́го	бо́льше
little	ма́ленький	ма́ло	ме́ньше
good	хоро́ший	хорошо́	лу́чше
bad	плохо́й	пло́хо	ху́же

A few standard adjectives, derived from comparatives, have a special meaning: **ста́рший** "elder, older," or "senior;" **мла́дший** "younger," or "junior."

Óля — ста́ршая сестра́, а Та́ня — мла́дшая.	Olya is the older sister, and Tanya is the younger sister.

B. Use of comparatives in sentences (**чем** "than")

The meaning of "than" may always be expressed with the conjunction **чем**.

Ле́на умне́е, **чем** её ста́ршая сестра́.	Lena is smarter than her older sister.

"Than" may also be expressed by the genitive case, without any conjunction.

Твоя́ маши́на лу́чше, **чем** моя́.	Your car is better than mine.
Твоя́ маши́на лу́чше **мое́й**.	
Торт вкусне́е, **чем** суп.	Cake tastes better than soup.
Торт вкусне́е **су́па**.	

Note that these comparative forms are indeclinable and function as predicates.

4. The Superlative Degree

A. The superlatives of any adjective may be formed by means of **са́мый** (**са́мый дорого́й**, "most expensive;" **са́мый у́мный**, "most intelligent").

А́нна Бори́совна — са́мая хоро́шая учи́тельница в на́шей шко́ле.	Anna Borisovna is the best teacher at our school.
Ва́ня — са́мый у́мный шко́льник в на́шей шко́ле.	Vanya is the most intelligent student at our school.

B. In everyday Russian, the superlatives of adjectives and adverbs are obtained by adding the word **всех** to the comparative form of the adjective or adverb: **лу́чше всех, интере́снее всех, умне́е всех.**

Золота́я ры́бка — са́мая краси́вая ры́бка.	Золота́я ры́бка **краси́вее всех**.

C. Special Forms of Comparatives and Superlatives

The adjectives **хоро́ший** and **плохо́й** have special superlatives: **лу́чший** and **ху́дший**, respectively.

D. A few adjectives also form high-degree "superlatives" by means of the suffixes **-ейш-, -айш-: нове́йший,** "very (the most) recent, very (the most) new," **строжа́йший**, "very (the most) strict." These forms occur predominantly in literary Russian.

5. Motion Verbs in the Perfective: The Prefix по-

The prefix **по-** can be added to unidirectional verbs of motion to form a perfective verb.

идти́—**пойти́**
е́хать—**пое́хать**

A. The perfective verb marks the onset of motion.

— Где Ва́ня?	— Where is Vanya?
— Его́ здесь нет, он пошёл домо́й.	— He's not here, he went home.

B. In the future tense, **пойти́** and **пое́хать** express the intention to undertake a specific trip or journey:

Ско́ро я пойду́ домо́й.	I will go home soon.
Он за́втра пое́дет в Москву́.	He'll make a trip to Moscow tomorrow.

6. Time Expressions

A. The Preposition через

The preposition **через** governs the accusative case. **Через**, like all other prepositions, is unstressed and pronounced together with the word it precedes as one phonetic unit.

When followed by a noun denoting a unit of time, **через** conveys the meaning "in" or "after" that unit.

У нас экза́мены через неде́лю.	We have exams in a week.
Он бу́дет здесь через час.	⊠⊠ will be here in an hour.

B. The Adverb наза́д

The adverb **наза́д** (ago) governs the accusative case and <u>follows</u> the noun denoting a unit of time.

Ке́вин дал Та́не диски́ неде́лю наза́д.	Kevin gave Tanya the CDs a week ago.
Я сдал экза́мен мину́ту наза́д.	I passed the exam a minute ago.

Ва́ня познако́мился с Ке́вином
ме́сяц наза́д.

Vanya met Kevin a month ago.

7. The First-Person Imperative (Self-Inclusive Imperative)

The first-person imperative is a common form of invitation or exhortation which involves both the speaker and the addressee in the performance of the action. Formation of the first-person imperative is determined by the aspect of the verb in question.

For imperfective verbs the pattern is: **дава́й(те)** + infinitive.

Дава́й рабо́тать.	Let's work.
Дава́йте отдыха́ть.	Let's rest.
Дава́йте не говори́ть об э́том.	Let's not talk about that.

For perfective verbs the pattern is: **дава́й(те)** + first person plural (future perfective).

Дава́йте отдохнём!	Let's take a rest.
Дава́й напи́шем но́вое сочине́ние.	Let's write a new essay.

8. "If" Clauses (Expressing Real Condition)

The conjunction **е́сли** "if" introduces a real condition. When the main (consequence) clause follows the "if"-clause, the conjunction **то** may or may not be used to introduce it. Note that in Russian a future tense form is used after **е́сли** to express a future condition, whereas in English a present tense form is used with "if."

Е́сли ты пое́дешь в Звени́город, (то) посмотри́ у́лицу Че́хова.	If you go to Zvenigorod, see Chekhov Street.
Е́сли вы не е́ли блины́, (то) вы должны́ их попро́бовать.	If you have not eaten bliny, you should try them.

The conjunction **то** may be disregarded or rendered by "then" only in conditional sentences. When narrating events, use **пото́м** "then, next."

NOUNS

апте́ка pharmacy
врач doctor BB
    зубно́й ~ dentist
га́лстук tie
гжель (*f.*) a type of Russian
    china
го́рло throat
грудь (*f.*) chest AC
живо́т stomach BB
зарпла́та salary
зуб tooth AC
иде́я idea
кабине́т office
лека́рство medicine
нога́ (*pl.* но́ги) foot, leg CC
о́бувь (*f.*) (*sg. only*) shoes
одеколо́н cologne
па́лец finger
парикма́херская beauty
    parlor, hairdresser's
портфе́ль briefcase
посу́да (*sg. only*) dishes
разме́р size
рука́ (*pl.* ру́ки) hand, arm CC
ры́нок market
сда́ча change
сове́т advice
спина́ back CA
стоматоло́гия dentistry
цена́ (*pl.* це́ны) price CA
чесно́к garlic BB
шкату́лка lacquer box

ADJECTIVES

бо́лен (*m.*), больна́ (*f.*),
    больны́ (*pl.*) sick
высо́кий high, tall
глу́пый stupid
гро́мкий loud
дешёвый cheap
до́лгий long
же́нский female, women's
ме́дленный slow
моло́чный milk

мужско́й male, men's
необы́чный unusual
неприя́тный unpleasant
ни́зкий low
у́мный smart
хоро́шенький cute
швейца́рский Swiss

VERBS

боле́ть (боле́-) (*impf.*) hurt,
    ache
дари́ть (дари́й-)/подари́ть
    give as a gift
знако́миться (знако́ми-ся)/
    познако́миться become
    acquainted
пойти́ (*perf., irreg.*) go (by
    foot)
пое́хать (*perf., irreg.*) go (by
    vehicle)
поигра́ть (поигра́й-) (*perf.*)
    play
потанцева́ть (потанцева́-)
    (*perf.*) dance
про́бовать (про́бова-)/
    попро́бовать try, taste
шути́ть (шути́й-)/пошути́ть
    (пошути́й-) (*impf.*)
    joke, make fun of

ADVERBS

бли́зко close
ве́село happily, cheerfully
гро́мко loudly, aloud
далеко́ far
дёшево cheap
легко́ easily
лу́чше better
наза́д ago
немно́жко a little
неприя́тно unpleasant
неудо́бно uncomfortable
ни́зко low
попо́зже a little bit later

прия́тно pleasant
ро́вно exactly
стро́го strictly
то́же also, too
удо́бно comfortably
ху́же worse

PREPOSITIONS

по (+ *dat. pl.*) around, from
    one to another
че́рез (+ *acc.*) in, after,
    through

MODAL WORDS

ну́жно (+ *dat.* + *inf.*) need (to)

NUMERALS

полтора́ (*m.*), полторы́ (*f.*)
    (+ *gen.*) one and a half

CONJUNCTIONS

чем than
е́сли...то if...then

EXPRESSIONS

Дава́й(те)... Let's...
Мо́жно я с тобо́й? May I go
    with you?
на све́те in the whole wide
    world
пра́вда truly, really, indeed
Ра́зве э́то жизнь? Is this
    really a life?
ро́вно в 11.00 at 11:00 sharp
Тебе́ лу́чше? Are you
    feeling better?
У меня́ боли́т... My...
    hurts.
Че́стно говоря́ To tell you
    the truth...
Что э́то тако́е? What is this?

*T*anya postpones a date with Misha so she can study for an exam, and Kevin and Olya make plans to go out. When all four finally meet up with each other at the end of the episode, the mystery of the CDs that Kevin's sister sent for Misha is solved!

Всё хорошо, что хорошо кончается

You will learn how to:

☐ SAY THAT YOU ARE PREPARING FOR SOMETHING

☐ EXPRESS YOUR AGREEMENT

☐ EXPRESS A LACK OF SOMETHING

☐ SAY THAT YOU ARE ARRIVING OR LEAVING

☐ SAY WHERE YOU ARE COMING FROM AND WHERE YOU ARE GOING TO

☐ EXPRESS HOW LONG YOU INTEND TO STAY SOMEWHERE

☐ SAY THAT IT IS TIME TO DO SOMETHING

☐ EXTEND AN INVITATION TO A FRIEND

☐ EXPRESS A SIMILARITY OR PARALLELISM OF ACTION, ACTORS, PLACE OR TIME

☐ RELAY INFORMATION WHICH IS INDEFINITE OR NOT FULLY SPECIFIED

☐ USE DOUBLE NEGATIVES AND BE GRAMMATICAL AT THE SAME TIME!

☐ EXPRESS PURPOSE

☐ SAY THAT YOU ARE A GUEST IN SOMEONE'S HOME

В э́ту библиоте́ку хо́дит занима́ться Та́ня[].
Здесь она́ гото́вится к экза́мену.

> **Та́ня гото́вится к** экза́мену.
> Та́ня is getting ready for her exam.
>
> Она́ не **гото́ва к** экза́мену!
> She is not ready for her exam!

1. А. У Та́ни экза́мены. Она́ должна́ мно́го занима́ться. Ей ну́жно хорошо́ сдать экза́мены, потому́ что она́ хо́чет получи́ть стипе́ндию. Она́ уже́ сдала́ экза́мен по исто́рии и получи́ла «отли́чно» (пятёрку).

- Как вы ду́маете, како́й у неё сле́дующий экза́мен?
- Ско́лько ещё экза́менов она́ должна́ сдать в э́том семе́стре?
- Та́ня ста́ла серьёзнее?
- Она́ полу́чит стипе́ндию и́ли нет?

[] Russian university libraries operate very differently from libraries in the U.S. In Russia, patrons may not browse the stacks to look for books; they must tell the librarian the book they want, and the librarian will get it for them as they wait.

Sidebar notes:

гото́виться (гото́ви-ся) (*imp.*) + **к** + dative = prepare for

гото́в, -а, -о, -ы = ready

PREviewing

сле́дующий = next

UNIT
12
DAY 1

В. А вы? Ско́лько вре́мени вы обы́чно гото́витесь к экза́мену? Вы обы́чно гото́витесь с друзья́ми? Где вы гото́витесь? Как вы гото́витесь?

VIEWING

▶ Now watch the first part of «**Всё хорошо́, что хорошо́ конча́ется**» with the SOUND ON.

В пе́рвой ча́сти ви́део, кото́рую вы сейча́с уви́дите, два разгово́ра.

Пе́рвый разгово́р: Ми́ша и Та́ня

откуда = from where

из + **gen**. = from
из кли́ники

с + **gen**. = from
с рабо́ты

со́товый телефо́н =
моби́льный телефо́н
= cell phone

2. Отку́да Ми́ша звони́т Та́не?

☐ с со́тового телефо́на

☐ из до́ма

☐ из кли́ники

3. Кому́ он звони́т? There can only be one answer to this question: Та́не! However, you can refer to Та́ня in many different ways. Check all that apply.

Ми́ша звони́т

☐ свое́й подру́ге

☐ одно́й симпати́чной де́вушке

☐ студе́нтке Моско́вского университе́та

☐ сестре́ О́льги

☐ до́чери А́нны Бори́совны

☐ подру́те Да́ши

4. Чем занима́ется Та́ня?

Она́

☐ пи́шет письмо́ Да́ше

☐ гото́вится к экза́мену

☐ чита́ет люби́мый журна́л

5. Ми́ша звони́т Та́не, потому́ что он хо́чет

☐ пойти́ с ней на вы́ставку

☐ поговори́ть с ней по телефо́ну

☐ спроси́ть её о Ке́вине

6. Та́ня не мо́жет пойти́ с ним, потому́ что

- ☐ она́ идёт гуля́ть с сестро́й
- ☐ у неё сего́дня экза́мен
- ☐ она́ идёт занима́ться в библиоте́ку с Ле́ной

7. Та́ня про́сит Ми́шу позвони́ть ей по́зже. Когда́ он до́лжен позвони́ть?

- ☐ через три часа́
- ☐ ро́вно в три часа́
- ☐ в 15.00

8. Почему́ Та́ня бои́тся экза́мена?

- ☐ она́ пропусти́ла мно́го заня́тий
- ☐ дека́н её не лю́бит
- ☐ экза́мен о́чень тру́дный

9. Когда́ бу́дет экза́мен?

- ☐ через два дня
- ☐ через три дня
- ☐ в сле́дующую сре́ду

Второ́й разгово́р: О́ля и Та́ня

10. Э́то так и́ли нет?　　　　　　　　　　Да　　Нет

О́ля идёт гуля́ть с Ми́шей.　　　　　　☐　　☐
О́ля ду́мает, что Та́ня несерьёзная.　　☐　　☐
О́ле о́чень нра́вится шарф Та́ни.　　　☐　　☐

11. Како́й сюрпри́з! Вы по́мните э́ти ди́ски? Кто их принёс? Кому́? Для кого́? Что на э́тих ди́сках?

Expressing Agreement

— Я позвоню́ тебе́ че́рез три часа́.
— Ла́дно, **договори́лись**.

Договори́лись is frequently used to close a conversation and implies mutual understanding and agreement. It can be translated as "It's a deal," or "agreed."

12. Answer for the following video characters and accept the invitations below.

— Та́ня, дава́й вме́сте гото́виться к экза́мену.
— **Ла́дно, договори́лись.**

1. — Та́ня, дава́й сего́дня вме́сте пообе́даем.

2. — О́ля, дава́й погуля́ем ве́чером в па́рке.

3. — Ва́ня, пойдём вме́сте в Изма́йлово в воскресе́нье.

4. — Та́ня, пойдём вме́сте на вы́ставку соба́к.

5. — Ке́вин, дава́й ку́пим Ми́ше золоту́ю ры́бку.

6. — Ми́ша, пойдём вме́сте на экза́мен по исто́рии.

— Пойдём на вы́ставку.
— Не могу́. Иди́ **без меня́**.

13. Disagree with these statements by restating them with the preposition **без**.

без + *gen.* = without

О́ля пообе́дала со свое́й сестро́й. →
Нет, О́ля пообе́дала **без свое́й сестры́**.

1. Ми́ша ходи́л на вы́ставку со свое́й подру́гой.

2. О́ля была́ на ры́нке со свои́м дру́гом.

3. А́нна Бори́совна была́ в теа́тре со свои́ми
   шко́льниками.

4. Та́ня покупа́ла проду́кты со свое́й сестро́й.

5. Ке́вин смотре́л телеви́зор со свои́ми хозя́евами.

6. Ва́ня реша́л зада́чу со свои́м учи́телем.

14. Play the role of the "perfect" student: when your friend calls
to suggest doing something, you turn down the offer by
explaining that you have to get ready for an exam, test, etc.

> — Пойдём вме́сте **в кино́.**
> — Я не могу́. Я **гото́влюсь к контро́льной.**
>   Иди́ без меня́.
> — Ла́дно. Я тебе́ позвоню́ попо́зже.
> — Ла́дно, договори́лись.
> — Ну, пока́.

— А где Та́ня?
— Она́ ушла́.

Та́ня пришла́ домо́й.

Prefixed Verbs of Motion: Expressing Arrival and Departure

When used with verbs of motion, the prefix **при-** indicates arrival, and the prefix **у-** indicates departure.

When a prefix like **при-** or **у-** is added to a multidirectional verb of motion, the verb becomes imperfective. When a prefix is added to a unidirectional verb of motion, the verb becomes perfective. Take a look at the following examples:

prefix	+ multidir.	= imperfective verb	prefix	+ unidir.	= perfective verb
при-	+ ходи́ть	= приходи́ть	при-	+ идти́	= прийти́
у-	+ ходи́ть	= уходи́ть	у-	+ идти́	= уйти́

приходи́ть/ прийти́ **"come, arrive"**			
приходи́ть (приходи́-)		прийти́ (*irreg.*)	
Present		Perfective Future	
прихожу́	прихо́дим	приду́	придём
прихо́дишь	прихо́дите	придёшь	придёте
прихо́дит	прихо́дят	придёт	приду́т
Imperative: приходи́(те)!		Imperative: приди́(те)!	

приходи́ть/ прийти́ "come, arrive"	
приходи́ть (приходй-)	**прийти́** (*irreg.*)
Past	
приходи́л приходи́ла приходи́ло приходи́ли	пришёл пришла́ пришло́ пришли́

уходи́ть/ уйти́ "leave, depart"				
уходи́ть (уходй-)				**уйти́** (*irreg.*)
Present			**Perfective Future**	
ухожу́	ухо́дим		уйду́	уйдём
ухо́дишь	ухо́дите		уйдёшь	уйдёте
ухо́дит	ухо́дят		уйдёт	уйду́т
Imperative: уходи́(те)!			**Imperative**: уйди́(те)!	
Past			
уходи́л уходи́ла уходи́ло уходи́ли				ушёл ушла́ ушло́ ушли́

1. A. Read and analyze the following sentences. Remember that adverbs like **ча́сто**, **всегда́**, and **обы́чно** indicate a repeated action, requiring an imperfective verb.

1. Ми́ша **пришёл** на рабо́ту в де́вять часо́в. Он всегда́ **прихо́дит** в де́вять часо́в.

2. Ке́вин **ушёл** де́сять мину́т наза́д. Он ча́сто **ухо́дит** с Ва́ней.

3. Сёстры **пришли́** домо́й по́здно. Они́ ча́сто **прихо́дят** вме́сте.

B. Fill in the missing verbs.

1. Та́ня **пришла́** в университе́т часо́в в де́сять. Она́ обы́чно _____ ра́ньше.

2. О́ля **ушла́** ра́но, потому́ что она́ больна́. Она́ обы́чно_____ в шесть.

3. Сёстры **ушли** вме́сте. Они́ всегда́_____
ра́ньше, чем роди́тели.

2. A. Read and analyze. Note that the highlighted verbs are in the future tense.

Note that in expressions of approximation, the preposition used in the time expression remains attached to the numeral, в два часа́ → часа́ в два at 2 o'clock → at about 2 o'clock.

1. Ви́ктор Степа́нович бо́лен. Ско́ро к нему́ **придёт** врач.

2. — Мы **придём** часа́ в два, ла́дно?

—Ла́дно, договори́лись.

3. Я за́втра **уйду́** без тебя́. Мне ну́жно ра́но быть на рабо́те.

4. Не бо́йтесь, мы без вас не **уйдём**.

5. Е́сли вы **уйдёте**, закро́йте окно́.

6. Та́ня и О́ля ско́ро **уйду́т**. Они́ не мо́гут тебе́ помо́чь.

B. Fill in the missing verbs in the future tense.

1. — Когда́ ты придёшь?

— Я _____ через три часа́.

2. — Вы за́втра придёте к нам?

— Обяза́тельно _____.

3. О́ля и Та́ня сейча́с ухо́дят. Они́ _____
_____ ве́чером.

4. — Когда́ ты за́втра уйдёшь? Мо́жно я с тобо́й?

— Коне́чно. Я _____
ро́вно в семь три́дцать.

prefix	+ multidir.	= imperfective verb	prefix	+ unidir.	= perfective verb
при-	+ е́здить	= приезжа́ть	при-	+ е́хать	= прие́хать
у-	+ е́здить	= уезжа́ть	у-	+ е́хать	= уе́хать

Doctors still make house calls in Russia. The doctor will come the same day you call, and, if you have a virus like the flu, s/he might even request that you stay home so you won't infect the rest of the patients at the doctor's office.

приезжа́ть/ прие́хать **"arrive, come"**	
приезжа́ть (приезжа́й-)	**прие́хать** (*irreg.*)
Present	**Perfective Future**
приезжа́ю приезжа́ем приезжа́ешь приезжа́ете приезжа́ет приезжа́ют **Imperative**: приезжа́й(**те**)!	прие́ду прие́дем прие́дешь прие́дете прие́дет прие́дут **Imperative**: приезжа́й(**те**)!
Past	
приезжа́л приезжа́ла приезжа́ло приезжа́ли	прие́хал прие́хала прие́хало прие́хали

уезжа́ть/ уе́хать **"depart, leave"**	
уезжа́ть (уезжа́й-)	**уе́хать** (*irreg.*)
Present	**Perfective Future**
уезжа́ю уезжа́ем уезжа́ешь уезжа́ете уезжа́ет уезжа́ют **Imperative**: уезжа́й(**те**)!	уе́ду уе́дем уе́дешь уе́дете уе́дет уе́дут **Imperative**: уезжа́й(**те**)!
Past	
уезжа́л уезжа́ла уезжа́ло уезжа́ли	уе́хал уе́хала уе́хало уе́хали

3. A. Read and analyze the following sentences.

1. Да́ша **прие́хала** в Нью-Йо́рк. Она́ туда́ ча́сто **приезжа́ет** со Сти́вом.

2. В э́том году́ Ке́вин **уе́хал** в Москву́. Ле́том он обы́чно **уезжа́ет** к роди́телям и́ли к друзья́м.

3. О́ля **уе́хала** в командиро́вку. Она́ ча́сто **уезжа́ет** в командиро́вки.

Remember that adverbs indicating a repeated action require an imperfective verb.

B. Fill in the missing imperfective verbs in the present tense.

1. Роди́тели Ле́ны прие́хали в Москву́. Они́ всегда́_____на по́езде.

2. Ва́ня прие́хал к ба́бушке. Он обы́чно _____к ней по́сле экза́менов.

3. Смирно́вы уе́хали на да́чу. Ле́том они́ ча́сто_____на да́чу.

4. A. Read and analyze the following sentences.

1. Ле́на за́втра не **прие́дет**, потому́ что ей ну́жно гото́виться к экза́мену.

2. По-мо́ему, Ле́на и Са́ша **прие́дут** по́зже.

3. — Почему́ вы хоти́те **уе́хать**?
   — Я не хочу́, мне ну́жно.

B. Fill in the missing verbs in the future tense.

1. — О́ля, когда́ ты прие́дешь домо́й?
   — Я_____через две неде́ли.

2. — Вы прие́дете к нам на да́чу в воскресе́нье?
   — Да, коне́чно,_____.

3. — Ке́вин, вы не уе́дете в а́вгусте?
   — Нет-нет, не _____. Я бу́ду в Москве́.

5. Answer the following questions in complete sentences.

Когда́ Та́ня пришла́ в Моско́вский худо́жественный теа́тр? (around 7:00) →
Та́ня пришла́ в Моско́вский худо́жественный теа́тр **часо́в в семь.**

---

1. Когда́ Ке́вин прие́хал в Москву́? (3 weeks ago)

2. В како́й день Смирно́вы прие́хали домо́й? (on Wednesday)

3. Во ско́лько Та́ня ушла́ в библиоте́ку? (at 10:30)

4. Во ско́лько Ке́вин пришёл в ГУМ? (around 11:00)

5. Когда́ О́ля уе́хала в командиро́вку? (on Sunday)

6. Когда́ О́ля и Ке́вин уе́хали в Звени́город? (on Tuesday)

7. Во сколько Таня пришла на экзамен? (around 3:00)

8. Когда Даша приехала в Америку? (last semester)

9. Когда Миша ушёл в библиотеку? (5 minutes ago)

10. Когда Саша и Лена ушли на дискотеку? (two hours ago)

6. Complete the following sentences about these hard-working people by filling in the appropriate form of **приходи́ть** to indicate what time they come home from work.

> Ви́ктор Степа́нович о́чень мно́го рабо́тает. Ра́ньше он **приходи́л** домо́й в пять, а сейча́с он **прихо́дит** в семь.

1. Я о́чень мно́го рабо́таю. Ра́ньше я _____ домо́й в три, а сейча́с я_____в семь.

2. О́ля о́чень мно́го рабо́тает. Ра́ньше она́_____ _____домо́й в четы́ре, а сейча́с она́_____ _____ в шесть.

3. Ты о́чень мно́го рабо́таешь. Ра́ньше ты_____ _____домо́й в шесть, а сейча́с ты_____ _____в во́семь.

4. Мы с му́жем о́чень мно́го рабо́таем. Ра́ньше мы_____домо́й в пять три́дцать, а сейча́с мы_____в семь три́дцать.

5. Вы о́чень мно́го рабо́таете. Ра́ньше вы_____ _____домо́й в шесть три́дцать, а сейча́с вы_____в во́семь.

6. Воло́дины о́чень мно́го рабо́тают. Ра́ньше они́ _____домо́й в пять, а сейча́с они́_____ в шесть три́дцать.

7. A. You call someone who has gone out of town. Find out when this person is supposed to return.

> — Мо́жно **Олю**?
> — Её нет. Она́ уе́хала в **командиро́вку**.
> — А вы не зна́ете, когда́ она́ бу́дет?
> — Она́ прие́дет **через неде́лю**.

Ке́вин (Звени́город), Да́ша (Аме́рика), Гали́на
Ива́новна (да́ча), Ле́на (роди́тели), Ва́ня (ба́бушка)

B. This time you call a friend who has stepped out of the house for a
while. Ask when s/he will be home.

> — Мо́жно **Та́ню**?
> — Её нет. Она́ ушла́ в **библиоте́ку**.
> — А вы не зна́ете, когда́ она́ бу́дет?
> — Она́ придёт **через три часа́**.

Ми́ша (кли́ника), Ле́на (Са́ша), Ва́ня (шко́ла), Ви́ктор
Степа́нович (банк), Оля (рабо́та), А́нна Бори́совна
(врач)

Ке́вин прие́хал **из Аме́рики.**   Ке́вин прие́хал **в Москву́.**

DIRECTIONS	
to	**from**
<u>**куда́?**</u>	<u>**отку́да?**</u>
туда́	отту́да
сюда́	отсю́да

acc.	**в** ⟷ **из**	
	на ⟷ **с**	gen.
dat.	**к** ⟷ **от**	

1. Practicing pronunciation: expression of direction

Я иду́ в университе́т.   Я иду́ из университе́та.

Они́ иду́т в шко́лу.   Они́ иду́т из шко́лы.

Мы идём на рабо́ту.   Мы идём с рабо́ты.

Она́ идёт к бра́ту.   Она́ идёт от бра́та.

2. Pretend you don't hear the last part of the following statements. Ask the speaker to repeat the information you missed.

> — Смирно́вы прие́хали с да́чи.
> — **Отку́да?**
> — **С да́чи.**
>
> — Ле́на с Ша́риком пришли́ от ветерина́ра.
> — **От кого́?**
> — **От ветерина́ра.**

1. — Ке́вин и Та́ня прие́хали **из аэропо́рта**.

2. — Ле́на пришла́ **к Та́не**.

3. — Та́ня ушла́ **из метро́**.

4. — Ке́вин прие́хал **в Изма́йлово**.

5. — Та́ня ушла́ **от дека́на**.

6. — О́ля прие́хала **из командиро́вки**.

7. — Сёстры пришли́ **из магази́на**.

8. — Ке́вин и О́ля уе́хали **в Звени́город**.

9. — Та́ня и Ми́ша пришли́ **с экза́мена**.

10. — О́ля и Ке́вин пришли́ **с ры́нка**.

11. — Та́ня ушла́ **в библиоте́ку**.

12. — Ми́ша пришёл **в библиоте́ку**.

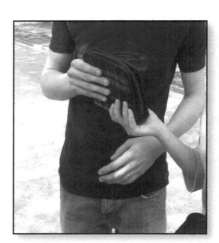

От кого́ э́ти ди́ски?
Для кого́ э́ти ди́ски?

От кого́ э́тот пода́рок?
Кому́ э́тот пода́рок?

3. Here's a little math to keep you on your toes! Indicate when the following people left based on the given information.

> Та́ня пришла́ на экза́мен в три.
> Она́ ушла́ с экза́мена че́рез час. →
>
> — Когда́ она́ ушла́ с экза́мена?
> — В четы́ре.

1. Ке́вин и О́ля пришли́ на ры́нок в два. Они́ ушли́ с ры́нка че́рез со́рок мину́т.
2. Ми́ша пришёл в Моско́вский худо́жественный теа́тр в шесть. Он ушёл че́рез полтора́ часа́.
3. Ле́на и Са́ша пришли́ к Та́не в шесть. Они́ ушли́ че́рез пятна́дцать мину́т.
4. Ва́ня пришёл в шко́лу в во́семь. Он ушёл че́рез семь часо́в.
5. О́ля пришла́ на рабо́ту в де́вять. Она́ ушла́ че́рез во́семь часо́в.

ТО́ЖЕ

> When Та́ня says good-bye to her sister, she tells her that she is also leaving soon.
>
> О́ля: Я ско́ро ухожу́.
> Та́ня: Я то́же (ско́ро ухожу́).
>
> **То́же** is used in reaction to someone's statement to point to similarities in actions, actors, etc.
>
> Since **то́же** always introduces old information, all redundant information (in parentheses) can be omitted.

> Prefixed imperfective verbs of motion in the present tense can be used to indicate an action that will occur in the near future:
>
> Мы ско́ро ухо́дим. = We're leaving soon.

4. Read the following conversations, then give short answers omitting the redundant information.

> — Та́не ну́жно мно́го гото́виться к экза́мену.
> — **Нам** то́же ну́жно мно́го гото́виться к экза́мену.
> — **Нам** то́же.

1. — Óля не ест мя́со.

   — **Я** то́же не ем мя́со.

2. — У Лёны есть соба́ка.

   — **У нас** то́же есть соба́ка.

3. — Ва́не нра́вится е́здить на велосипе́де.

   — **Мне** то́же нра́вится е́здить на велосипе́де.

4. — Óля прие́хала из командиро́вки.

   — **Мои́ друзья́** то́же прие́хали из командиро́вки.

5. — Та́ня ушла́ в библиоте́ку.

   — **Моя́ сосе́дка** то́же ушла́ в библиоте́ку.

6. — Ке́вину ну́жно бо́льше чита́ть по-ру́сски.

   — **Нам то́же** ну́жно бо́льше чита́ть по-ру́сски.

7. — К Та́не ча́сто прихо́дит её друг.

   — **Ко мне** то́же ча́сто прихо́дит мой друг.

5. Give your reactions using **то́же**.

А.

> — У меня́ мно́го друзе́й.
> — У меня́ то́же.

1. — Мои́м роди́телям нра́вится рок-му́зыка.

   — _____.

2. — В на́шем университе́те отли́чная библиоте́ка.

   — _____.

3. — Мне нра́вится ходи́ть на ры́нок.

   — _____.

4. — У мои́х друзе́й о́чень ма́ло вре́мени.

   — _____.

5. — Нам ну́жно гото́виться к экза́мену.

   — _____.

Note that short answers with **то́же** reflect the syntax of the full sentence.

— **Я** хочу́ есть.

— **Я** то́же (хочу́ есть).

— **Мне** ну́жно уходи́ть.

— **Мне** то́же (ну́жно уходи́ть).

B.

> — У меня́ нет де́нег.
> — У меня́ то́же.

Note that **то́же** is used both in affirmative and negative statements

1. — Я не люблю́ ква́шеную капу́сту.

   —_____.

2. — Мне не нра́вятся дли́нные пальто́.

   —_____.

3. — У нас до́ма нет соба́к.

   —_____.

4. — Я не могу́ идти́ сего́дня в кино́.

   —_____.

6. А. Оля́ рабо́тает на телеви́дении. Её програ́мма «Без че́тверти де́сять» о́чень популя́рная. Они́ пока́зывают переда́чи из всех городо́в.

телеви́дение = television

переда́ча = program

Из каки́х городо́в они́ пока́зывают переда́чи?

Из _____

Москва́, Петербу́рг, Волгогра́д, Ту́ла, Яросла́вль, Псков, Магада́н, Новосиби́рск

В. О́ля ча́сто е́здит в командиро́вки.

Куда́ она́ е́здила в э́том году́? Она́ е́здила

_____

Кавка́з, Кострома́, Но́вгород, Крым, Белару́сь, Ура́л

7. Та́ня из Москвы́, а Ке́вин из Вашингто́на. А отку́да вы? Из како́го шта́та? Из како́го го́рода?

Ask your partner where s/he is from.

1. Вы по́мните, что Та́ня не могла́ пойти́ на вы́ставку с Ми́шей, потому́ что она́ должна́ была́ гото́виться к экза́мену. У неё о́чень тру́дный экза́мен по тео́рии психоло́гии. Она́ пошла́ в библиоте́ку занима́ться вме́сте с Ле́ной, а О́ля ушла́ гуля́ть с Ке́вином.

Ми́ша пошёл на вы́ставку оди́н. Пото́м он позвони́л Та́не с со́тового телефо́на, но она́ ещё не пришла́ домо́й. Ну и день! Посмотри́те фильм и скажи́те, куда́ пое́хал Ми́ша, и каки́е его́ жда́ли сюрпри́зы.

▶ Now watch the second part of «**Всё хорошо́, что хорошо́ конча́ется**» with the SOUND OFF.

2. Ну и день!

Ми́ша звони́т Та́не, но она́ ещё не пришла́. Он реша́ет пое́хать в _____ встре́тить её. Он е́дет в библиоте́ку на _____.

▶ Now watch the second part of «**Всё хорошо́, что хорошо́ конча́ется**» with the SOUND ON.

SOUND ON

As you watch the video with the sound on, see if your predictions were correct.

3. How long has it been since Ми́ша first called Та́ня at the beginning of this episode?

Ми́ша звони́л:

- ☐ три часа́ наза́д
- ☐ трина́дцать мину́т наза́д
- ☐ три́дцать мину́т наза́д

4. 1. When О́ля sees Ми́ша, she asks him, «Что с тобо́й?» because:

- ☐ they have been waiting for him for an hour
- ☐ he has just made a fool out of himself by mistaking her for Та́ня
- ☐ he looks sick

2. Ми́ша never finished his reply to О́ля's question. How do you think he would have finished his sentence?

А я ду́мал, ...
- ☐ что ты лю́бишь меня́.
- ☐ что ты уе́хала в командиро́вку.
- ☐ что ты Та́ня.

3. What does Ке́вин say as Та́ня hands the CDs to Ми́ша?
- ☐ These are the CDs for the computer.
- ☐ These are the CDs I gave to Та́ня.
- ☐ These are the CDs I brought you.

4. What does Ми́ша say when he looks at the CDs?
- ☐ It's too late!
- ☐ This is just what I needed!
- ☐ These are the wrong CDs!

5. Match the following people and actions:

Та́ня   says there were no CDs.

Ке́вин   found the CDs today.

О́ля   claims he gave the CDs to Та́ня.

Ми́ша   thanks Ке́вин for his help.

6. The scene at the library ends on a positive note: The friends decide to (check all that apply):

☐ пообе́дать в кафе́

☐ пойти́ на вы́ставку

☐ погуля́ть в па́рке

☐ посмотре́ть фильм

Expressing Intended Length of Stay

> Ми́ша пришёл на вы́ставку на час.
> **на** + accusative
>
> When used with verbs of motion, the preposition **на** + accusative case indicates the intended length of one's stay.
>
> на мину́ту = for a minute
> на семе́стр = for a semester
>
> Also, note the following adverbs:
>
> надо́лго = for a long time
> навсегда́ = forever

5. Practicing pronunciation: the preposition **на** and the prefix **на-**

на час, на пять часо́в, на три дня, на четы́ре го́да, на два семе́стра, на всю жизнь, надо́лго, ненадо́лго, навсегда́

6. Ask and answer the following questions regarding the video characters' actions.

> Та́ня надо́лго пришла́ в библиоте́ку? (one hour) →
> — Та́ня надо́лго пришла́ в библиоте́ку?
> — **На час.**

1. Ле́на надо́лго пришла́ к подру́ге? (15 minutes)
2. Ке́вин и О́ля надо́лго уе́хали в Звени́город? (one day)
3. О́ля надо́лго уе́хала в командиро́вку? (two weeks)
4. Ке́вин надо́лго прие́хал в Москву́? (three months)
5. Да́ша надо́лго уе́хала в Аме́рику? (two semesters)

Note that **надо́лго** in questions means "for how long?"

7. Find out how long the following people intend to be out of town.

> Смирно́вы (да́ча) →
> — Смирно́вы надо́лго уезжа́ют на да́чу?
> — На три неде́ли.

> сосе́ди (мо́ре), сестра́ (командиро́вка), Да́ша (Аме́рика), роди́тели (Евро́па), ты (кани́кулы), вы (друзья́)

Taking Leave

> «Ну, я ухожу́, **мне пора́**».
> "Well, I'm leaving. It's time for me to go."
> **Мне пора́** домо́й.
> **Мне пора́** спать.
> **Мне пора́** на рабо́ту.
>
> Note that **мне пора́** is an impersonal construction in which the logical subject is expressed in the dative case. The verb of motion is often omitted:
>
> Мне пора́ (идти́) домо́й.

8. You have just finished having tea at someone's house, and it's time for you to go. Take leave and promise to call your host later.

> — Ну, мне пора́ **в университе́т**. Я вам позвоню́.
> — Хорошо́, спаси́бо. До свида́ния.

Extending Invitations

> **Приходи́те** к нам в клуб.
> **Приходи́те** все ко мне на день рожде́ния.
> **Приезжа́йте** ко мне на да́чу.

9. Play the role of different characters in the video and invite guests to where you work or live.

> Ви́ктор Степа́нович (банк) →
> — Приходи́те ко мне в банк.
> — Спаси́бо, **Ви́ктор Степа́нович.**

Ми́ша (кли́ника), А́нна Бори́совна (шко́ла), Та́ня
(университе́т), Ле́на (общежи́тие), Серге́й (о́фис)

10. A. Invite someone to an event at your university/college.

> Приходи́те к нам на дискоте́ку.

exhibition, lecture, tea, dinner, party, concert, play

B. Act out a dialog using the invitations in part A as a starting point. Have your partner find out on what day and time the event is, where it takes place, who is coming, etc.

Dances in Russian schools and universities are called **дискоте́ки**. The same word is also used to describe a dance club or disco in the city.

— А что ты хо́чешь купи́ть?

— Что́-нибудь необы́чное и не о́чень дорого́е.

The Indefinite Particle -нибудь

> When talking about something unknown, Russians use indefinite pronouns and adverbs. They are formed by adding the unstressed particle **-нибудь** to the appropriate pronoun or adverb, and are often used in questions or requests.
>
> кто → кто́-нибудь

1. Practicing pronunciation: indefinite particle **-нибудь**

кто	→	кто́-нибудь
что	→	что́-нибудь
где	→	где́-нибудь
куда́	→	куда́-нибудь

какой → какой-нибудь

откуда → откуда-нибудь

когда → когда-нибудь

2. Read and analyze.

А. 1. Óля, давáй поéдем кудá-нибудь в суббóту.

2. Дай мне, пожáлуйста, какóй-нибудь шарф.

3. Давáй кýпим какúе-нибудь журнáлы.

В. 1. Óля с Кéвином купúли чтó-нибудь для Мúши?

2. Ктó-нибудь встрéтил Кéвина в аэропортý?

3. Мúша подарúл Тáне какúе-нибудь цветы?

4. Вы когдá-нибудь вúдели золотýю рыбку?

5. Кéвин когдá-нибудь был в Звенúгороде?

6. Óля éздила кудá-нибудь в командирóвку?

7. Мúша откýда-нибудь получúл дúски?

дарúть
(дари-)/
подарúть
(подари-) =
give as a gift

> Indefinite pronouns are declined just like their counterparts:
>
> Вы знáете **когó-нибудь** в Звенúгороде? Онá **чéм-нибудь** занимáется в свобóдное врéмя? Давáй пойдём на **какýю-нибудь** выставку.

3. Read each question and replace it with a less specific one by using an indefinite pronoun or adverb.

> Мы пойдём в суббóту в **Измáйлово?** →
> Мы пойдём в суббóту **кудá-нибудь?**

1. Óля хотéла купúть подáрок на день рождéния?

_____

2. Вáня ходúл с Кéвином в кинó?

_____

подáрок
на день
рождéния
= birthday
present

3. Тáня рассказáла мáме о своём экзáмене?

_____

4. Вы с Óлей éздили на ры́нок в суббóту?

   _____

5. Ми́ша звони́л Тáне в воскресéнье?

   _____

6. Тáня писáла Дáше о Ми́ше?

   _____

7. Óля былá в мáе в Звени́городе?

   _____

8. Вáня отдыхáет с роди́телями на дáче?

   _____

4. Fill in the missing pronouns and adverbs.

> Ты **кудá**-нибудь уезжáешь на кани́кулы?

1. К Ми́ше _____-нибудь придёт на день рождéния?

2. К Смирнóвым _____-нибудь приéхал из Амéрики?

3. Áнны Бори́совны нет дóма? Онá _____-нибудь ушлá?

4. Éсли пойдёшь в магази́н, купи́ _____-нибудь торт.

5. У нас есть _____-нибудь фру́кты?

6. Вáня занимáется _____-нибудь спóртом?

7. Сергéй _____-нибудь у́чится?

8. Сáша _____-нибудь интересу́ется?

9. Вам нрáвятся _____-нибудь ру́сские именá?

10. Éсли вы _____-нибудь бу́дете в Москвé, приходи́те к нам.

Double Negation in Russian

Ничто́ has the form **ничего́** in the accusative.

> — Кто́-нибудь мне звони́л?
> — Нет, **никто́ не** звони́л.

Double negatives are a no-no in English: "No one didn't call" as opposed to "No one called." In Russian, however, double negation is the rule. The negative pronouns and adverbs used in such sentences are formed by adding **ни-**:

кто	никто́
что	ничто́
како́й	никако́й
где	нигде́
куда́	никуда́
когда́	никогда́

5. Practicing pronunciation: double negation

никто́ не мо́жет

никогда́ не бу́ду

никуда́ не хожу́

ничего́ не зна́ю

нигде́ не́ был

Ничего́ не ви́жу, ничего́ не слы́шу,
ничего́ не зна́ю, ничего́ никому́ не скажу́!

6. Answer the following questions in the negative.

> — Óля с Ке́вином купи́ли что́-нибудь в ГУ́Ме?
> — Нет, они́ **ничего́ не купи́ли.**

1. Кéвин когдá-нибудь был на Байкáле?
2. Тáня éздила кудá-нибудь в командирóвку?
3. Тáня писáла Дáше чтó-нибудь о скандáле и милúции?
4. Óля покáзывала комý-нибудь золотýю ры́бку?
5. Кéвин знал когó-нибудь в Москвé рáньше?
6. Вы гдé-нибудь вúдели такýю интерéсную вы́ставку?

7. Play the role of Кéвин and describe some of things you are seeing and doing for the first time in Russia.

> Я никогдá рáньше не **вúдел такóе красúвое метрó.**

> есть такóй вкýсный солёный огурéц, éздить в Звенúгород, вúдеть такóй красúвый проспéкт, разговáривать с такóй интерéсной дéвушкой, жить с такúми симпатúчными людьмú, вúдеть такýю интерéсную архитектýру, éздить на трамвáе

> — Тáня, ты с кéм-нибудь говорúла о Кéвине?
> — Нет, я **ни с кем** не говорúла.
>
> In prepositional phrases the preposition "cuts into" the indefinite pronoun forming a three-part phrase:
>
> никтó → ни у когó
> ничтó → ни о чём

8. At the end of the academic year you are so tired and overwhelmed that you end up feeling that life is passing you by. React to the statements below by saying that you see no one, talk to no one, etc.

> — Вчерá Тáня встречáлась **с Мúшей.**
> — А я **ни с кем** не встречáлся (встречáлась).

1. Я чита́л **об интере́сной вы́ставке.**
2. Вчера́ я познако́мился **с о́чень симпати́чным челове́ком.**
3. Я слы́шала **о но́вом фи́льме.**
4. Ско́ро я уе́ду **к мое́й сестре́.**
5. Мы с подру́той е́здили **к мои́м роди́телям.**

9. In groups of 3 or 4 act out a situation at the police station in which several witnesses are being interrogated by a **милиционе́р.** The witnesses should be as uncooperative as possible, saying they don't know anything. Use the questions below as a reference.

> — Вы ви́дели э́того челове́ка?
> — **Я никого́ не ви́дел(а).**
> — А вы?
> — Я то́же никого́ не ви́дел(а).

Вы что́-нибудь зна́ете об э́той исто́рии?

Вы мо́жете нам че́м-нибудь помо́чь?

Вы встреча́ли э́ту же́нщину?

Вы зна́ете э́тих люде́й?

Вы уходи́ли из до́ма вчера́ ве́чером?

Вы что́-нибудь слы́шали?

Где вы бы́ли вчера́ ве́чером?

Вы когда́-нибудь ра́ньше бы́ли в мили́ции?

Что вы де́лали вчера́ ве́чером?

Expressing Purpose

Чтобы is used with the infinitive of verbs to express purpose.

Ми́ша пое́хал в библиоте́ку, **чтобы** <u>встре́тить</u> Та́ню.
Ми́ша went to the library (in order) to meet Та́ня.

Note that the agent in both clauses is the same (Ми́ша).

Чтобы уви́деть Кремль, вы должны́ идти́ по Тверско́й у́лице.

1. Combine the phrases on the left with those on the right using **чтобы**.

> Та́ня пое́хала с Ке́вином, **чтобы** показа́ть ему́ но́вую кварти́ру.

Та́ня пое́хала с Ке́вином .   купи́ть ка́рту и откры́тки

Ле́на пришла́ к Та́не   купи́ть проду́кты

Ми́ша купи́л биле́ты   взять свои́ ди́ски

Та́ня пое́хала в кварти́ру   показа́ть ему́ но́вую кварти́ру

Ке́вин пое́хал в торго́вый це́нтр   гото́виться к экза́мену вме́сте с Ле́ной

Та́ня с Ми́шей и Ке́вином пошли́ в кафе́   помо́чь Ке́вину

Дека́н вы́звала Та́ню   поговори́ть с ней о её пробле́мах

Сёстры пошли́ в магази́н   пообе́дать и поговори́ть

Ке́вин пое́хал в Звени́город   купи́ть Ми́ше пода́рок

О́ля с Ке́вином пошли́ на ры́нок   пойти́ с Та́ней в теа́тр

Та́ня пошла́ в библиоте́ку   де́лать фотоальбо́м

Note the use of the perfective infinitives in the purpose clauses in most cases.

2. Complete the following sentences to indicate the video characters' goals and intentions.

> Чтобы **получи́ть** стипе́ндию, Та́ня должна́ хорошо́ сдать экза́мены.

pass
1. Чтобы _____ экза́мен, Та́ня должна́ мно́го занима́ться.

open
2. Чтобы _____ свой би́знес, Ми́ша до́лжен найти́ партнёра.

help
3. Чтобы _____ Ми́ше, Ке́вин до́лжен поговори́ть с сестро́й.

help
4. Чтобы _____ Ке́вину, Та́ня должна́ найти́ ему́ кварти́ру.

prepare
5. Чтобы _____ к экза́мену, Та́не ну́жно пойти́ в библиоте́ку.

buy
6. Чтобы _____ пода́рок Ми́ше, О́ле с Ке́вином ну́жно пое́хать на ры́нок.

3. Provide a logical continuation for these sentences.

> Я позвони́л(а) подру́ге, чтобы спроси́ть об экза́мене.

1. Я ходи́л(а) в магази́н, чтобы

_____.

2. Я купи́л(а) проду́кты, чтобы

_____.

3. Я весь день гото́вился (гото́вилась) к экза́мену, чтобы

_____.

4. Мы ча́сто хо́дим в библиоте́ку, чтобы

_____.

5. Мои́ друзья́ мно́го занима́ются, чтобы

    _____.

6. Мой брат мно́го чита́ет по-испа́нски, чтобы

    _____.

4. Почему́ вы хоти́те говори́ть по-ру́сски?

Talk about the reasons you are studying Russian.

> Я хочу́ понима́ть по-ру́сски,
> чтобы чита́ть Достое́вского.

I study Russian, I want to speak Russian,
I want to know Russian

to work in Moscow, to become a millionaire,
to talk to Russians in Russia, to go to Russia,
to read Russian literature

The Indefinite Particle -то

Indefinite pronouns and adverbs with the particle **-то**
indicate that the speaker is talking about something
definite but unspecified, and either does not know or
chooses not to name what it is.

кто́-то	где́-то
что́-то	когда́-то
како́й-то	куда́-то

Note that the
particle **-то** is
never stressed.

5. Read and translate the following sentences.

Он **куда́-то** ушёл, не зна́ю, куда́.

Я вас **где́-то** ра́ньше ви́дела, не по́мню, где.

Ле́на и Са́ша купи́ли Ми́ше **каку́ю-то** кни́гу, я не по́мню, каку́ю.

Кто́-то тебе́ звони́л, не по́мню, как его́ зову́т.

Они́ **почему́-то** не пришли́, не зна́ю, почему́.

6. Complete the following statements about the video characters.

> Ми́ша подари́л Та́не **каки́е-то** цветы́. Я не по́мню, каки́е.

1. Ле́на взяла́ у Та́ни _____ ди́ски. Я не по́мню, каки́е.

2. Ми́ша купи́л Та́не _____ шарф. Я не по́мню, како́й.

3. Та́ня с Ле́ной уе́хали _____ занима́ться. Я не зна́ю, куда́.

4. О́ля с Та́ней хоте́ли _____ встре́титься. Не зна́ю, где.

5. Серге́й пое́хал с _____ в Звени́город. Не зна́ю, с кем.

6. Смирно́вы рассказа́ли _____ милиционе́ру. Я не зна́ю, что.

7. Моя́ соба́ка _____ всё вре́мя хо́чет есть. Не зна́ю, почему́.

8. Ша́рик _____ боя́лся моего́ дру́га. Не зна́ю, почему́.

9. Ми́ша _____ ревну́ет Та́ню. Не зна́ю, почему́.

10. Та́ня _____ прогуля́ла заня́тия. Не зна́ю, почему́.

11. Та́ня _____ опозда́ла в теа́тр. Не зна́ю, почему́.

7. Imagine that you were up very late last night writing a re-cap of this unit's episode, and as you were re-typing your assignment this morning you found that you couldn't read your own handwriting! Fill in the blanks with indefinite pronouns and adverbs so you can get your homework turned in on time.

Какóй сюрпрѝз! Тáня нашлá _____ дѝски для

компью́тера. Онѝ лежáли _____ в квартѝре. Онѝ

пришлѝ от _____ из Амéрики. Онá знáла, что

_____ их ждёт. Потóм онá пошлá в _____

библиотéку. Там онá встрéтилась с _____ и

далá дѝски _____. _____ был óчень рад

получѝть дѝски!

8. Play the role of the conscientious teacher and give advice to your students. Tell them what they need to do in order to pass their exams, get good grades, find a job, and to speak, read, understand, and write Russian well.

9. Interview a famous person and find out what one needs to do in order to become a famous actor, a writer, a millionaire, an astronaut, etc.

Ми́ша поду́мал, что О́ля — э́то Та́ня!

PREviewing

1. Your classmate has been stricken by confused viewer syndrome and is having a bit of trouble retelling the story in the video. Help him/her by replacing the words in bold.

Москва́. У́лица. Ми́ша с телефо́ном в руке́. Он звони́т **кому́-то**.

Кварти́ра Воло́диных. О́ля гото́вится к встре́че с **ке́м-то**. Та́ня и Ми́ша говоря́т по телефо́ну. Он хо́чет пойти́ с ней **куда́-то**, но она́ не мо́жет, потому́ что она́ должна́ занима́ться с **ке́м-то** и гото́виться к **чему́-то**.

О́ля приглаша́ет сестру́ сде́лать **что́-то** вме́сте и ухо́дит. Та́ня гото́вится уходи́ть и нахо́дит **что́-то** на сту́ле.

Москва́. У́лица. Ми́ша хо́чет поговори́ть с **ке́м-то** по телефо́ну, но **кого́-то** нет до́ма.

У́лица. Остано́вка тролле́йбуса. Ми́ша е́дет на тролле́йбусе **куда́-то**. Он приезжа́ет в библиоте́ку и ви́дит там Та́ню с **каки́м-то** мужчи́ной. Как неприя́тно! Но э́то не Та́ня, а О́ля! Отли́чно! Из библиоте́ки идёт Та́ня с **че́м-то** в руке́. Э́то ди́ски от **кого́-то**. Все ра́ды, все смею́тся, все сча́стливы! Всё хорошо́, что хорошо́ конча́ется!

приглаша́ть
(приглаша́й-)/
пригласи́ть
(пригласи́-) = invite

▶ Now watch «**Всё хорошо́, что хорошо́ конча́ется**» with the SOUND ON.

2. Mark the following statements as true or false. Э́то так и́ли нет?

	Да	Нет
У Воло́диных		
Ми́ша звони́т Та́не по телефо́ну.	☐	☐
Он приглаша́ет Та́ню пойти́ на вы́ставку.	☐	☐
Она́ не мо́жет пойти́ с ним, потому́ что у неё сего́дня экза́мен.	☐	☐
Ми́ша говори́т, что бу́дет звони́ть по́зже.	☐	☐
О́ля идёт гуля́ть с Ке́вином.	☐	☐
Та́не неприя́тно, что она́ должна́ занима́ться, когда́ все отдыха́ют.	☐	☐
О́ля приглаша́ет её пойти́ в кино́ по́сле библиоте́ки.	☐	☐
О́ля берёт краси́вый шарф, кото́рый Ми́ша купи́л Та́не.	☐	☐
Та́ня ви́дит ди́ски для компью́тера, кото́рые сестра́ Ке́вина передала́ для Ми́ши.	☐	☐
Она́ берёт ди́ски, чтобы отда́ть их Ми́ше.	☐	☐
На у́лице		
Ми́ша звони́т Та́не, но её ещё нет до́ма.	☐	☐
Он е́дет в библиоте́ку, чтобы встре́титься с Та́ней.	☐	☐
Он встреча́ется с Ке́вином и О́лей.	☐	☐
Э́то о́чень прия́тная встре́ча.	☐	☐
О́ля даёт Ми́ше ди́ски для компью́тера.	☐	☐
То́лько Та́ня понима́ет и мо́жет объясни́ть, почему́ ди́сков не́ было так до́лго.	☐	☐
Ми́ша приглаша́ет всех на свой день рожде́ния.	☐	☐

3. You don't have to be a psychoanalyst to answer the following questions about why the characters in the video do the things they do.

> — Почему́ Ми́ша позвони́л Та́не?
> — Потому́ что он хоте́л пригласи́ть её на вы́ставку.

1. Почему́ Óля взяла́ шарф сестры́?

2. Почему́ сёстры реши́ли встре́титься через три часа́?

3. Почему́ Ми́ша пое́хал в библиоте́ку?

4. Почему́ Ми́ша поду́мал, что Óля — э́то Та́ня?

5. Почему́ Ке́вин ду́мал, что он дал ди́ски Та́не?

6. Почему́ Óля ду́мала, что ди́сков не́ было?

> The word **гость** (guest) is useful in describing social situations. For example, when you have company, you can say:
>
> У нас го́сти.
>
> If you are a guest at someone's home you are «**в гостя́х**»:
>
> Мы бы́ли в гостя́х у Та́ни.
>
> When you want to invite someone over to your house, you would say:
>
> Приходи́(те) в го́сти!

Note the use of the prepositional to express location and the accusative to express destination.

4. Приходи́ ко мне в го́сти!

Show a new exchange student from Russia your hospitality and invite him/her to your home. Use the following list as a guide to your conversation, adding other expressions as needed.

Приходи́ ко мне в го́сти!

С удово́льствием.

Кто у тебя́ бу́дет?

Что мы бу́дем де́лать?

Когда́? Во ско́лько?

Где ты живёшь?

Что́-нибудь ну́жно купи́ть?

5. Пойдём куда́-нибудь в суббо́ту!

In groups of 3 or 4 discuss your weekend plans using the ads from the internet. Make suggestions, comment on your friends' ideas, and come to a decision about what you are going to do. Use the following phrases for reference.

Дава́йте куда́-нибудь пойдём.

Пойдём в кафе́ «Ру́сская Тро́йка» и́ли на како́й-нибудь конце́рт.

Отли́чная иде́я. Дава́й.

Нет, лу́чше пойдём в арт-кафе́ «Ду́ровъ».

Э́то иде́я.

Что ты!

Там о́чень до́рого и ску́чно.

Кака́я ерунда́!

Ла́дно, пойдём без тебя́.

О чём ты говори́шь!

Приходи́те все ко мне в го́сти□.

Ла́дно, договори́лись.

□ To be «**в гостя́х**» at a Russian's house is not an informal event. Your Russian friends will likely have prepared special food and have bought drinks for you, too. They will also likely expect you to stay for several hours.

1. Answer the following questions based on what you already know about this story.

	Да	Нет
This is the story of a little boy who leaves home looking for adventure.	☐	☐
Since his destination is the Antarctic, he packs carefully for the trip, bringing lots of warm clothes.	☐	☐
An old woman and a priest were in his compartment.	☐	☐

2. Can you predict what will happen in the last part of the story?

*П*УТЕШÉСТВЕННИК

В. Голя́вкин

Я реши́л в Антаркти́ду поéхать. В Антаркти́де всегда́ зима́. И нет лéта. Туда́ тóлько сáмые смéлые◊ éдут. Так Вóвкин◊ пáпа сказáл. Вóвкин пáпа там был два рáза.◊ Он с Вóвкой по рáдио говори́л. Спрáшивал, как живёт Вóвка, как ýчится.

courageous

Vovka's || two times

Ýтром я взял бутербрóды, лимóн, стакáн и футбóльный мяч◊ и положи́л◊ в сýмку.

soccer ball || put

Нáша кóшка гуля́ла по столý. Я её тóже в сýмку.

Вот я ужé на перрóне.◊ Как мнóго нарóду◊ éдет!

platform || people

Я сел◊ в вагóн.◊ Напрóтив◊ меня́ спалá старýшка.◊ Потóм со мной сел воéнный.◊ Он сказáл: "Привéт сосéдям!"

took a seat || train car || opposite || old woman || military officer

Пóезд трóнулся.◊ Я смотрéл в окнó. Вот наш дом…

moved

Ужé не ви́дно нáшего дóма. Мне стáло сначáла◊ немнóжко стрáшно◊. Но э́то тóлько сначáла.

at the beginning

scary

again	Я сно́ва◊ сел.
	— Тебя́ как зову́т? — спроси́л вое́нный.
	— Са́ша.
	— А что же ба́бушка⬚ спит?
Who knows!	— А кто её зна́ет!◊
Where are you headed to?	— Куда́ путь де́ржишь?◊
Far away…	— Далеко́…◊
	— В го́сти?
Um-hm	— Угу́…◊
	— Надо́лго?
grown-up	Он со мной разгова́ривал как со взро́слым,◊ и о́чень понра́вился мне.
	— Неде́ли на две, — сказа́л я серьёзно.
	— Ну что же, непло́хо, — сказа́л вое́нный, — о́чень непло́хо.
	Я спроси́л:
	— Вы в Антаркти́ду?
	— Нет, а ты в Антаркти́ду хо́чешь?
	— Отку́да вы зна́ете?
	— Все хотя́т в Антаркти́ду.
	— И я хочу́.
	— Ну вот ви́дишь!
called || checkers	Вое́нного кто́-то позва́л◊ игра́ть в ша́шки.◊ И он ушёл в друго́е купе́. Вдруг я слы́шу:
shouted || conductor	— Что э́то тако́е? — закрича́л◊ проводни́к.◊ — Почему́ здесь ко́шка? И я ви́жу, э́то моя́ Му́рка.
	— Э́та ко́шка моя́.
	— С кем э́тот ма́льчик?

⬚ In Russia, young children tend to call men and women of their parents' generation дя́дя and тётя and men and women of their grandparents' generation ба́бушка and де́душка as a form of address. The officer on the train mistakenly assumes that the old woman is Sasha's grandmother.

— Я с кóшкой.

— С какóй кóшкой?

— С моéй.

— Он с бáбушкой éдет, — сказáл воéнный, — онá здесь, в купé.

— Этот мáльчик с вáми?

— Он с командѝром,◊ — сказáла старýшка.   commander

— Антарктѝда… — вспóмнил◊ воéнный — всё   remembered
понятно… Этот мáльчик решѝл поéхать в Антарктѝду. И
вот взял кóшку… И ещё что ты взял, мáльчик?

— Лимóн, — сказал я, — и ещё бутербрóды…

— Какóй плохóй мáльчик! — сказáла старýшка.

— Безобрáзие!◊ — сказáл проводнѝк.   An outrage!

Потóм почемý-то все стáли◊ смеяться. Дáже бáбушка   began
стáла смеяться. И я тóже смеялся.

—Берѝ кóшку, — сказáл проводнѝк. — Ты приéхал. Вот
онá, твоя Антарктѝда!

Пóезд остановѝлся.◊   stopped

«Прáвда,◊ — дýмаю, — Антарктѝда? Так скóро?»   really

Мы сошлѝ◊ с пóезда на перрóн. Меня посадѝли◊ на   got off || put, seated
встрéчный пóезд◊ и я поéхал домóй.   train coming
          from the opposite
          direction

3. Now answer the following questions about the last part of the
   story.

   A. What is the conductor upset about?

   B. How does the conductor find out that Cáшa is traveling alone? Why didn't
      anyone realize it sooner?

   C. How is the problem finally resolved?

4. Чья это кóшка? С кем этот мáльчик?

   Using the story for reference, improvise the final scene between Cáшa,
   the passengers and the conductor in groups of four.

5. Imagine that you are about to take an adventurous trip. Discuss the necessary preparations with your travel partner. Be sure to mention what you are going to pack, the weather in your country of destination, etc.

Let's go to Greece!	Anywhere but Greece.
Let's invite John.	What do we need to take?
I don't have a warm sweater.	Do you have a good suitcase?
I need to get a bag.	What's the weather like there?
Should we take any food?	Are we going by train?
Are we taking the cat/dog?	Let's buy a new suitcase.

1. Banks have always been a great attraction for thieves. This time the bank where Ви́ктор Степа́нович works became their target.

A. The following article about the bank robbery appeared in «Вече́рняя Москва́». Read it and fill in the missing words.

«Вече́рняя Москва́»
Воскресе́нье, 2 ию́ня

Всё хорошо́, что хорошо́ конча́ется

Вчера́, в суббо́ту пе́рвого ию́ня, в Комме́рческом ба́нке на Тверско́й у́лице бы́ло мно́го мили́ции. Что там случи́лось? Вот что нам рассказа́л ста́рший лейтена́нт мили́ции С. Н. Му́хин.

Шко́льники С. и Т. _____

(were walking) в 14.00 _____ (from the

library) домо́й и уви́дели, что _____

(some people) _____ (walk around) по

ба́нку. Они́ зна́ли, что банк _____

(never works) в суббо́ту. Они́ позвони́ли в мили́цию.

_____ (Someone) сказа́л граби́телям,

что должна́ _____ (come) мили́ция,   граби́тель = thief

и они́ бы́стро _____ (left). Граби́тели

серьёзно _____ (got ready) к

э́той опера́ции. Мили́ция _____

(found) в ба́нке специа́льные инструме́нты, кото́рыми они́

хоте́ли _____ (open) сейф. Но

_____ (without the keys) и ко́да сейф

не откры́лся. Е́сли вы зна́ете _____   код = combination

(anything) об э́том инциде́нте, _____

(anything) ви́дели и́ли _____ (anything)

слы́шали, позвони́те по телефо́ну 231-45-60.

B. Surprisingly enough, the guard seems to know nothing about the intruders. Answer in the negative.

> — Вы кому́-нибудь дава́ли ключи́?
> — Нет, никому́ не дава́л.

1. Вы кого́-нибудь ви́дели?

   _____

2. Вы что́-нибудь слы́шали?

   _____

3. Вы что́-нибудь зна́ете?

   _____

4. Вы когда́-нибудь открыва́ли сейф?

   _____

5. Вы куда́-нибудь уходи́ли из ба́нка?

   _____

C. As a bank employee, Ви́ктор Степа́нович had to give a full account of his whereabouts on Friday and Saturday. Provide a summary of his statement in Russian.

> I left home at 8:00 in the morning on Friday. I went to the bank on the bus. I arrived at the bank at 8:50 am. I left for 45 minutes at 12:00 to buy a present for my wife. At 6:30 we closed the safe, closed the doors, and left. I arrived home at 7:00 pm and watched TV all evening. On Saturday morning I went for a walk. During the day I didn't go out anywhere; I helped my wife prepare dinner.

D. The Moscow police have detained some suspects in the case of the failed bank robbery. The suspects have no alibi and provide inconsistent accounts of their movements on Saturday.

Act out the situation, one partner playing the role of the police officer and the other of the suspect. Use the provided phrases.

Where did you go?
When did you leave home?
When did you arrive at ...?
For how long did you go out?
Did you see anyone, talk to anyone?

2. Ва́ня and his best friend Ко́ля never agree on anything. Their likes and dislikes are exactly opposite. React to these statements by saying the opposite.

А.

> — Я всегда́ пью чай с са́харом.
> — А я всегда́ пью чай без са́хара.

1. Я всегда́ ем хлеб с ма́слом.

   _____

2. Я люблю́ гуля́ть с роди́телями.

   _____

3. Я обы́чно ем моро́женое с шокола́дом.

   _____

4. Я всегда́ хожу́ на у́лицу с соба́кой.

   _____

5. Я могу́ пригото́вить обе́д с ма́мой.

   _____

В.

> — Я всегда́ смотрю́ телеви́зор в суббо́ту ве́чером.
> — А я никогда́ не смотрю́ телеви́зор в суббо́ту ве́чером.

1. Я всегда́ у́жинаю о́чень по́здно.

   _____

2. Я всегда́ чита́ю но́чью.

   _____

3. Я всегда́ пью ко́ка-ко́лу.

_____

4. Я всегда́ ем на за́втрак бутербро́ды.

_____

5. Я всегда́ ду́маю о фи́льмах, кото́рые я смотрю́.

_____

3. Situations

1. Your teenage sibling is totally bored. No matter how hard you try to suggest s/he do something (see a movie, etc.), s/he is not interested.

2. Invite a Russian friend to your birthday party. Specify the time and location.

3. Your friend is making arrangements for a trip to Russia. Discuss his/her itinerary, dates of arrival to and departure from different locations, the length of stay, the purpose of visiting different cities, etc.

1. Prefixed Verbs of Motion

The addition of a prefix to a verb of motion limits or specifies the nature of the motion. For example, the basic verbs of motion you have already learned such as **идти́/ ходи́ть** "go (on foot)" or **éхать/éздить** "go (by vehicle)" are sometimes replaced by prefixed forms of the same two pairs of verbs to convey the more specific meanings of "arrive, depart, exit, enter, cross over, approach, step away," etc.

Prefixed forms of the motion verbs no longer represent unidirectional versus multi-directional verbs, but rather perfective and imperfective verbs, respectively.

Perfective:
К нам прие́хали го́сти.   Guests arrived at our place.

Imperfective:
Ми́ша к нам ча́сто прихо́дит.   Misha often comes to see us.

A. The Prefixes **при**- and **у**-

When the prefix **при**- is added to a motion verb, it conveys the meaning of motion toward a point of reference: **приходи́ть/ прийти́** "arrive (on foot);" **приезжа́ть/ прие́хать** "arrive (by vehicle)." When the point of reference is unstated in a given sentence, it is understood to be motion toward the speaker.

Ми́ша ча́сто приезжа́ет к нам.   Misha often visits us.
Врач ско́ро придёт.   The doctor will soon be here.

The prefix **у**- signals motion away from a point of reference, which is also often the speaker: **уходи́ть/ уйти́** "leave, depart (on foot);" **уезжа́ть/ уе́хать** "leave, depart (by vehicle)."

Óля уе́хала в командиро́вку.   Olya left on a business trip.
— Мо́жно Ви́ктора Степа́новича?   — May I speak to Viktor Stepanovich?
— Он уже́ ушёл домо́й.   — He has already gone home.

— Где Да́ша Серге́ева?   — Where is Dasha Sergeeva?
— Она́ уе́хала учи́ться в Аме́рику.   — She has gone to America to study.

B. Forms of Prefixed Verbs of Motion

Although the prefixed stems are similar in form to their unprefixed counterparts, some formal differences must be memorized. Study the following groups of motion verbs, paying careful attention to the formal similarities and differences between the unprefixed (multidirectional and unidirectional) and prefixed (imperfective and perfective) forms. Non-predictable forms are given in bold face. The others are for your general review.

Multidirectional		Imperfective			
ходи́ть (ходи̌-)		**приходи́ть** (приходи̌-)		**уходи́ть** (уходи̌-)	
я хожу́	мы хо́дим	я прихожу́	мы прихо́дим	я ухожу́	мы ухо́дим
ты хо́дишь	вы хо́дите	ты прихо́дишь	вы прихо́дите	ты ухо́дишь	вы ухо́дите
он/а́ хо́дит	они́ хо́дят	он/а́ прихо́дит	они́ прихо́дят	он/а́ ухо́дит	они́ ухо́дят
он	ходи́л	он	приходи́л	он	уходи́л
она́	ходи́ла	она́	приходи́ла	она́	уходи́ла
оно́	ходи́ло	оно́	приходи́ло	оно́	уходи́ло
они́	ходи́ли	они́	приходи́ли	они́	уходи́ли
ходи́(те)!		приходи́(те)!		уходи́(те)!	

Multidirectional		Imperfective			
éздить (éзди-)		**приезжа́ть** (приезжа́й-)		**уезжа́ть** (уезжа́й-)	
я éзжу	мы éздим	я приезжа́ю	мы приезжа́ем	я уезжа́ю	мы уезжа́ем
ты éздишь	вы éздите	ты приезжа́ешь	вы приезжа́ете	ты уезжа́ешь	вы уезжа́ете
он/а́ éздит	они́ éздят	он/а́ приезжа́ет	они́ приезжа́ют	он/а́ уезжа́ет	они́ уезжа́ют
он	éздил	он	приезжа́л	он	уезжа́л
она́	éздила	она́	приезжа́ла	она́	уезжа́ла
оно́	éздило	оно́	приезжа́ло	оно́	уезжа́ло
они́	éздили	они́	приезжа́ли	они́	уезжа́ли
éзди(те)!		приезжа́й(те)!		уезжа́й(те)!	

Note that the multidirectional **éзди-** does not undergo normal prefixation; instead, prefixes are added to -**езжа́й**-

Unidirectional	Perfective	
<u>идти́</u> (*irreg.*)	<u>прийти́</u> (*irreg.*)	<u>уйти́</u> (*irreg.*)
я иду́ мы идём	я приду́ мы придём	я уйду́ мы уйдём
ты идёшь вы идёте	ты придёшь вы придёте	ты уйдёшь вы уйдёте
он/а́ идёт они́ иду́т	он/а́ придёт они́ приду́т	он/а́ уйдёт они́ уйду́т
он шёл	он пришёл	он ушёл
она́ шла	она́ пришла́	она́ ушла́
оно́ шло	оно́ пришло́	оно́ ушло́
они́ шли	они́ пришли́	они́ ушли́
иди́(те)!	приди́(те)!	уйди́(те)!

Unidirectional	Perfective	
<u>е́хать</u> (*irreg.*)	<u>прие́хать</u> (*irreg.*)	<u>уе́хать</u> (*irreg.*)
я е́ду мы е́дем	я прие́ду мы прие́дем	я уе́ду мы уе́дем
ты е́дешь вы е́дете	ты прие́дешь вы прие́дете	ты уе́дешь вы уе́дете
он/а́ е́дет они́ е́дут	он/а́ прие́дет они́ прие́дут	он/а́ уе́дет они́ уе́дут
он е́хал	он прие́хал	он уе́хал
она́ е́хала	она́ прие́хала	она́ уе́хала
оно́ е́хало	оно́ прие́хало	оно́ уе́хало
они́ е́хали	они́ прие́хали	они́ уе́хали
поезжа́й(те)!	приезжа́й(те)!	уезжа́й(те)!

2. Prepositions with Verbs of Motion

The following three pairs of prepositions function to describe the goal to which (**куда́**) and the starting point from which (**отку́да**) motion occurs.

TO куда́?	FROM отку́да?
в (+ acc.)	из (+ gen.)
на (+ acc.)	с (+ gen.)
к (+ dat.)	от (+ gen.)
в университе́т	из университе́та
на рабо́ту	с рабо́ты
к врачу́	от врача́

Ке́вин прие́хал **в** Росси́**ю**.
Kevin came to Russia.

Ке́вин уе́хал **из** Росси́**и**.
Kevin left Russia.

А́нна Бори́совна ра́но ухо́дит **на** рабо́т**у**.
Anna Borisovna leaves early for work.

А́нна Бори́совна по́здно ухо́дит **с** рабо́т**ы**.
Anna Borisovna leaves work late.

Ле́на с Ша́риком пришли́ **к** ветерина́ру.
Lena and Sharik arrived at the veterinarian's.

Ле́на с Ша́риком пришли́ **от** ветерина́р**а**.
Lena and Sharik came back from the veterinarian's.

3. The Preposition на: Expression of Intention

The preposition <u>**на** + the accusative case</u> denotes a period of time over which the effect of an action is expected or intended to last.

Ке́вин прие́хал в Москву́ **на** три ме́сяца.

Kevin came to Moscow for three months.

Мо́жно взять э́ту кни́гу **на** мину́ту?

May I take this book for a minute?

4. The Indefinite Particles -нибудь and -то

The unstressed particles -**нибудь** and -**то** are added to the pronouns **како́й, кто,** and **что**, and the adverbs **когда́, где,** and **куда́** to create indefinite pronouns or adverbs.

A. The Particle -нибудь

Indefinite pronouns and adverbs with the particle -**нибудь** are typically used in questions and imperative sentences, particularly requests. In questions, these pronouns and adverbs show that the speaker is unaware of what (who) the agent, object or place of the action is or will be.

Са́ша, вы говори́ли **с ке́м-нибудь** о ва́шем прое́кте?	Sasha, have you spoken with anyone about your project? *(I don't know whether you have spoken with someone, that's why I'm asking.)*
Мне сего́дня **кто́-нибудь** звони́л?	Did anybody call me today? *(I don't know whether someone called, that's why I'm asking.)*

Similar meaning is conveyed in requests, in which the speaker *has no preference in or is undecided about* what (who) the agent, object or place of the action is or will be.

Ми́ша, дай мне, пожа́луйста, **каку́ю-нибудь** кни́гу.	Misha, please give me any book. *(I don't have a specific book in mind, any book is fine.)*
Гали́на Ива́новна, расскажи́те нам **что́-нибудь** о ва́шем сы́не.	Galina Ivanovna, tell us something about your son. *(We aren't asking for any specific information, anything you want to say about him is fine.)*
Пое́дем **куда́-нибудь** в воскресе́нье.	Let's drive somewhere on Sunday. *(I don't have a specific destination in mind, anywhere is fine.)*

B. The Particle -то

The particle **-то** imparts the meaning of "definite but unspecified." The person, thing, place or time is definite, but the speaker does not give an exact description either because s/he doesn't want to or because s/he doesn't know.

У́тром вам **кто́-то** звони́л.	Someone called you this morning.
Стив Дже́ксон живёт **где́-то** в Вашингто́не.	Steve Jackson lives somewhere in Washington.
О́ля **что́-то** сказа́ла, но я не по́нял.	Olya said something, but I didn't understand.

Compare the following sentences containing examples of both **-то** and **-нибудь** and note carefully the differences in their usage and meaning:

Я хочу́ **что́-нибудь** почита́ть.	I want to read something.
Ви́ктор Степа́нович **что́-то** чита́л, а А́нна Бори́совна смотре́ла телеви́зор.	Viktor Stepanovich was reading something and Anna Borisovna was watching television.
Ми́ша, я тебе́ **что́-то** купи́л на день рожде́ния.	Misha, I bought you something for your birthday.
Ми́ша, я тебе́ **что́-нибудь** куплю́ на день рожде́ния.	Misha, I'm going to buy you something for your birthday.

5. Negative Pronouns and Adverbs with Double Negation

Negative pronouns and adverbs are formed with the prefix **ни-**.

Pronouns			
кто	who	никто́	no one, nobody
что	what	ничто́	nothing
како́й	some	никако́й	no kind (of), not any *(used as a modifier)*

Adverbs			
когда́	when	никогда́	never
где	where *(locational)*	нигде́	nowhere *(locational)*
куда́	where *(directional)*	никуда́	nowhere *(directional)*

Negative pronouns and adverbs must be followed by a negated verb, creating a double negative in Russian.

Я **никогда́ не́** был в Аме́рике.	I have never been in America.
Этой кни́ги **нет нигде́**.	That book isn't available anywhere.
Сего́дня я **никуда́ не** пойду́.	I won't go anywhere today.

The pronouns **никто́** and **ничто́** are declined like **кто** and **что**, the only exception being that **ничто́** has the form **ничего́** in the accusative

Никто́ не чита́л э́ту кни́гу.	No one read this book.
Я здесь **никого́** не зна́ю.	I don't know anyone here.
Я **ничего́** не зна́ю об э́том.	I don't know anything about it.
Са́ша **ничего́** никому́ не даст.	Sasha won't give anything to anyone.

6. Clauses Stating Purpose

Clauses stating purpose are normally introduced in Russian by the conjunction **чтобы** (unstressed and pronounced as a single accentual unit together with the following verb). When both clauses have the same subject, the pattern is: **чтобы** + verb infinitive.

Мы пошли́ на конце́рт, **чтобы послу́шать** «Руби́новую ата́ку», на́шу люби́мую гру́ппу.	We went to the concert to hear "Ruby Attack," our favorite band.
Ми́ша позвони́л Та́не, **чтобы пригласи́ть** её на вы́ставку.	Misha called Tanya to invite her to an exhibit.

7. Тóже (Adverb of Parallelism "also, ... as well")

The adverb **тóже** occurs in Russian conversation to indicate similarity or parallelism of actions, actors, time, place, or manner. Since **тóже** introduces old information, i.e., references to what has gone before in the conversation, the portion of the sentence that follows **тóже** is often omitted.

Тáня ýчится в МУ́Ме, и Лéна **тóже** (ýчится в МУ́Ме).	Tanya studies at the International University in Moscow, and so does Lena.
Мúша óчень хотéл пойтú в теáтр, и Тáня **тóже** (хотéла пойтú).	Misha wanted to go to the theater, and so did Tanya.

NOUNS

гость guest AC
грабитель thief
ерунда́ nonsense
звоно́к (here) phone call BB
информа́ция information
инциде́нт incident
кани́кулы (*pl. only*)
    vacation (from school)
ка́рта map
код combination
крова́ть (*f.*) bed
милиционе́р police officer
мили́ция police
непра́вда untruth, lie
откры́тка post card
охра́на protection
    пожа́рная ~ fire
    department
переда́ча television show
плака́т poster
по́мощь (*f.*) help
    ско́рая ~ ambulance
прихо́жая foyer
сейф safe
сканда́л scandal
со́товой телефо́н cell phone
су́мочка handbag
сюрпри́з surprise
телеви́дение television
тео́рия theory
шко́льник (*m.*), **шко́льница**
    (*f.*) school child

PRONOUNS

никако́й no kind of, no such
никто́ no one
ничто́ nothing

ADJECTIVES

гото́в (*m.*), **-а** (*f.*), **-о** (*n.*), **-ы**
    (*pl.*) ready
необы́чный unusual
си́ний dark blue
сле́дующий next

сча́стлив (*m.*), **-а** (*f.*),
    -о (*n.*), **-ы** (*pl.*) happy

VERBS

гото́виться (гото́ви-ся)
    (*impf.*) **+ к +** dative prepare
    for something
дари́ть (дари́-)/ **подари́ть**
    give as a gift
наде́ть (наде́н-) (*perf.*) put
    on, try on
пове́рить (пове́ри-) (*perf.*)
    believe
поговори́ть (поговори́-)
    (*perf.*) have a talk
приглаша́ть (приглаша́й-)/
    пригласи́ть (пригласи́-)
    invite
приезжа́ть (приезжа́й-)/
    прие́хать (*irreg.*) arrive
    (by vehicle)
приходи́ть (приходи́-)/
    прийти́ (*irreg.*) arrive (on
    foot)
расстра́иваться
    (расстра́ивай-ся) (*impf.*)
    be upset
спроси́ть (спроси́-) (*perf.*)
    ask
уезжа́ть (уезжа́й-)/ **уе́хать**
    (*irreg.*) leave, depart (by
    vehicle)
уходи́ть (уходи́-)/ **уйти́**
    (*irreg.*) leave, depart (on
    foot)
целова́ть (целова́-) (*impf.*)
    kiss

ADVERBS

вдруг suddenly
ещё still
навсегда́ forever
надо́лго for a long time
нигде́ nowhere (locational)
никогда́ never

никуда́ nowhere
    (directional)
отку́да from where
отсю́да from here
отту́да from there
попо́зже a little bit later
про́сто simply
сто́лько so much, so many
то́же also, too
то́чно exactly

PREPOSITIONS

без + gen. without
из + gen. from
на + acc. for (temporal)
о́коло + gen. around
от + gen. from
с + gen. from

MODALS

на́до must

PARTICLES

-то "some-," "any-"
-нибудь "some-," "any-"

EXPRESSIONS

Всё хорошо́, что хорошо́
    конча́ется. All's well that
    ends well.
Договори́лись! It's agreed!
    It's a deal!
ещё раз once more, again
как раз то, что… just the
    thing that…
кста́ти by the way
мне пора́ it's time for me
    to…
на рука́х in one's arms

*E*veryone gathers at Misha's party in the park for his birthday celebration. Not everyone has a great time, despite the wonderful food and gracious host.

С днём рождёния!

You will learn how to:

☐ Express regret

☐ Refer to the object of a sentence when it is identical to the subject

☐ Say that you are bringing something or someone

☐ Describe a hypothetical situation like, "If I didn't know Russian, I wouldn't be able to read Cyrillic"

☐ Express the desire or command that someone do something

☐ Throw a birthday party "Russian style"

☐ Express "some" of an object or substance

☐ Express logical cause and effect

☐ Pass on a command or direction for a third party to take care of

☐ Find out how someone is feeling

☐ Say that you are moving to a new home or apartment

☐ Say that you have changed jobs

☐ Convey that the time of an event has been changed

☐ Say that it is raining or snowing

☐ Invite friends to your house for a party

1. Миша пригласи́л всех в парк на день рожде́ния. Вы не зна́ете, ско́лько ему́ бу́дет лет? Как вы ду́маете, кто придёт на день рожде́ния Ми́ши? Каки́е пода́рки полу́чит Ми́ша? Интере́сно, ему́ понра́вится золота́я ры́бка?

В па́рках ру́сские иногда́ лю́бят справля́ть дни рожде́ния и други́е пра́здники. Вы когда́-нибудь отмеча́ли что́-нибудь в па́рке? Как вы ду́маете, э́то ве́село?

Посмотри́те на ка́рту, и вы уви́дите, где нахо́дится парк. Это парк «Тага́нский». Он нахо́дится на ста́нции метро́ «Тага́нская». Сюда́ мо́жно прие́хать на электри́чке и́ли на маши́не.

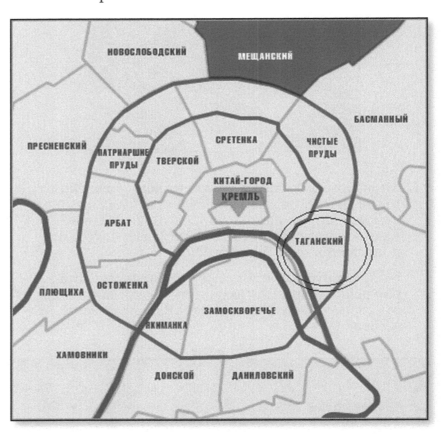

VIEWING

▶ Now watch the first part of «**С днём рожде́ния!**» with the SOUND OFF.

2. Comment on the differences between Тага́нский парк and го́род Москва́.

_____

_____

3. **A.** Кто прие́хал вме́сте с Серге́ем?

_____

B. Им ску́чно и́ли ве́село?

_____

4. Какая погода в парке?

_____

5. One of Миша's friends explains why he got the goldfish. Вы помните, как его зовут? Вы его видели раньше? Когда?

_____

6. As the friends are waiting for lunch, each person is busy doing something. Match the name with their specific activities:

Кевин	setting the table
Оля	handing presents to the birthday boy
Таня и Лена	talking on the phone
Миша	greeting guests

7. After setting the table, Кевин says something that upsets Таня and Оля. Can you guess what he might be talking about?

Он говорит:

☐ о еде, которую приготовили Таня и Оля

☐ о рыбке

☐ о подруге в Америке

▶ Now watch the first part of «**С днём рождения!**» with the SOUND ON.

SOUND ON

8. While on the phone, Кевин says, «**Извини, я на одну минутку.**» What is the best translation of this?

☐ Excuse me. It will just take a minute.

☐ Hold on, guys.

☐ Sorry, I have to go.

9. Mark the questions Кевин asks Сергей.

☐ Do you need any help?

☐ What is **винегрет**?

☐ Can you pass the salad?

☐ Where is the goldfish?

10. Сергéй explains to Кéвин what **винегрéт**[*] is. To which of the following categories does this Russian dish belong?

☐ десéрт

☐ суп

☐ салáт

11. Кéвин asks Óля if the apartment she found for him is still available because:

☐ he thinks he will be more comfortable there

☐ Вáня is beginning to get on his nerves

☐ the Смирнóвы have asked him to leave

12. Mark off all of the information that Óля and Тáня gather regarding Кéвин's secret.

☐ Кéвин has a girlfriend.

☐ Кéвин's girlfriend's name is Mary.

☐ Кéвин's girlfriend has just arrived in Moscow.

13. What does Мúша ask Óля and Тáня to do after they are shocked with the news about Кéвин?

☐ help him with the final preparations

☐ find the flowers

☐ come to the table to begin the celebration

POSTviewing >

Expressing Regret

> **Жáлко**, что он скóро от нас уéдет.
>
> **Жáлко** expresses regret and is similar to "It's a shame," or "It's too bad."

14. Evaluate the following statements using **хорошó** or **жáлко**.

> **Хорошó**, что Тáня получúла пятёрку на экзáмене.
> **Жáлко**, что Кéвин скóро уéдет от Смирнóвых.

---

[*] **Свёкла** (beets) are a very popular ingredient in Russian dishes; **борщ** and **винегрéт** are both made with **свёкла**.

1. Óля моглá поéхать с Кéвином в Звени́город.

2. В Звени́городе бы́ло хóлодно.

3. В Звени́городе нé было дождя́.

4. Тáня не моглá пойти́ на вы́ставку с Ми́шей.

5. Ми́ша с Тáней не посмотрéли спектáкль «Чáйка».

6. Áнне Бори́совне нрáвится рабóтать в шкóле.

7. Óля с Кéвином купи́ли золоту́ю ры́бку.

8. Ми́ша не пригласи́л Вáню в парк.

9. Кéвин занимáлся ру́сским языкóм в университéте.

Verifying a Source of Information

Óля: Он хóчет переéхать в другу́ю квартúру. Похóже, что к нему́ подру́га приéдет.

Тáня: Подру́га? **Откýда ты знáешь?**

Óля is shocked to find out that Кéвин has a girlfriend. In disbelief her sister asks, "How do you know?"

15. Finish these mini dialogs based on the plot of the video. (There may be more than one correct answer regarding who is the source of information.)

— Óля скóро éдет в командирóвку.
— **Откýда ты знáешь?**
— **Тáня сказáла.**

1. — У Смирнóвых живёт америкáнец.

— _____?

— _____.

2. — Óля с Кéвином éздили в Звени́город.

— _____?

— _____.

3. — Та́ня получи́ла пятёрку на экза́мене.

   — _____?

   — _____.

4. — О́ля прие́хала из командиро́вки.

   — _____?

   — _____.

5. — Ми́ша организу́ет но́вый би́знес.

   — _____?

   — _____.

6. — Ви́ктор Степа́нович рабо́тает в но́вом ба́нке.

   — _____?

   — _____.

7. — Та́ня у́чится в МУ́Ме.

   — _____?

   — _____.

8. — Серге́й прекра́сно во́дит маши́ну.

   — _____?

   — _____.

16. Create dialog in which you tell a friend some news and s/he reacts to it.

> — Кэт получи́ла дво́йку.
> — Пра́вда? Жа́лко. Отку́да ты зна́ешь?
> — Джеф сказа́л.

> go to Russia, find a job, buy a new car, do not pass one's exam, do not get a scholarship, graduate, become a doctor, have a toothache, be renting an awful apartment, write a great class project

> Класс! Жа́лко. Здо́рово! Ужа́сно! Отли́чно!

> Молодéц Кéвин, что привёз тебя́ **с собóй**.
> It's great that Кéвин brought you with him.

The Reflexive Pronoun себя́

The reflexive pronoun **себя́** refers back to the subject just like
the English pronouns "myself, yourself, himself, herself," etc. It is
declined like the pronoun **ты**, but it has no nominative form. The
genitive and accusative is **себя́**, the dative and prepositional is **себé**,
and the instrumental is **собóй**.

1. Read and translate the following sentences.
Pay attention to the reflexive pronoun **себя́**.

> Эгои́сты лю́бят тóлько **себя́**.
>
> А́нна Бори́совна не лю́бит говори́ть
> о **себé**.
>
> Лéна купи́ла **себé** нóвую кóфту.
>
> — Где Óля?
> — Онá ушлá **к себé** в кóмнату. Онá **у
> себя́** в кóмнате занимáется.

2. Insert the appropriate form of **себя́** and then
translate these sentences.

> Ви́ктор Степáнович пошёл гуля́ть
> и взял с **собóй** зóнтик.

Тáня лю́бит готóвить
у себя́ на ку́хне.

1. Тáня, ты опя́ть опоздáла! Ты ду́маешь тóлько о
   _____.

2. Кéвин в áвгусте уезжáет к _____ в Амéрику.

3. Когдá Кéвин поéхал в Звени́город, он взял с
   _____ фотоаппарáт.

4. Вáня купи́л _____ нóвые рóлики.

5. Роди́тели Вáни пригласи́ли Волóдиных к _____
   в гóсти.

6. — Где дека́н?

— Она́ у _____.

7. — Я иду́ в магази́н.

— Возьми́ меня́ с _____.

8. Вы должны́ бо́льше ду́мать о _____ и о своём здоро́вье.

Серге́й привёз Ке́вина и Та́ню к Ке́вину домо́й.

привезти́ (привёз-)					
Perfective Future				**Past**	
я	привезу́	мы	привезём	он	привёз
ты	привезёшь	вы	привезёте	она́	привезла́
он/она́	привезёт	они́	привезу́т	оно́	привезло́
Imperative: привези́(те)!				они́	привезли́

3. В парк все что́-то привезли́.☐ Кто привёз что?

1. О́ля с Ке́вином _____ ры́бку и кни́гу.

2. Ле́на _____ цветы́, а Са́ша _____ пода́рок.

3. Та́ня _____ торт, а Серге́й _____ во́дку и котле́ты.

4. Ми́ша ничего́ не _____. Он _____ себя́.

☐ Whenever Russians go to a friend's for a party or even just to visit, they generally bring a gift for their host(s). The gift might be food, wine, a knick-knack, or something to read or wear.

4. Everyone enjoys receiving gifts! Answer your partner in the affirmative to indicate that the people listed below are planning on bringing something back from their trips.

> — Éсли ты поéдешь на дáчу, привезёшь мне грибы́?
> — Обязáтельно **привезу́**.

1. — Éсли Óля поéдет в командирóвку, онá привезёт подáрки?
2. — Éсли Смирнóвы поéдут в Крым, они́ привезу́т винó?
3. — Éсли ты поéдешь в Росси́ю, привезёшь мне альбóм о Москвé?
4. — Éсли вы поéдете на ры́нок, привезёте мне капу́сты?
5. — Éсли ты поéдешь в Ту́лу, привезёшь мне самовáр?[†]

5. Describe where the best products in America come from. Feel free to add some products of your own, or to substitute states different from the ones listed below if you disagree.

> Сáмые лу́чшие грибы́ привóзят из Росси́и.

бифштéкс (Канзáс), винó (Калифóрния), сыр (Вискóнсин), апельси́ны (Флори́да), я́блоки (Вашингтóн), картóшка (Айдáхо), ры́ба (Аля́ска), ветчинá (Вирджи́ния), крáбы (Мэрилéнд)

с Аля́ски = from Alaska

Муж принёс домóй ребёнка.
Женá принеслá домóй цветы́.

Мáльчик принёс кóшку.

[†] The city of Tula, not far from Moscow, is famous for its samovars.

принести́ (принёс-́)					
Perfective Future				**Past**	
я	принесу́	мы	принесём	он	принёс
ты	принесёшь	вы	принесёте	она́	принесла́
он/она́	принесёт	они́	принесу́т	оно́	принесло́
Imperative: принеси́(те)!				они́	принесли́

приноси́ть (приноси́-)/ принести́ (принёс-́) = bring (on foot), carry

6. Your friend invites you over for the day. Offer to bring something.

> — Приходи́те ко мне за́втра в го́сти.
> — Что́-нибудь принести́?
> — Нет, спаси́бо, ничего́ не ну́жно.
> — Хо́чешь, я принесу́ **торт**?
> — Ла́дно, договори́лись.

Note that the word **ну́жно** is omitted here. Что́-нибудь (ну́жно) принести́?

chocolate, ice cream, cookies, cheese, ham, coffee, caviar, fruit, bread, wine

7. Formulate logical questions to the answers listed below. Hint: the words in bold indicate the answers to the questions.

> **Отку́да** О́ля привезла́ всем пода́рки?
> О́ля привезла́ всем пода́рки **из командиро́вки**.

1. _____?
Ке́вин привёз интере́сные фотогра́фии из Звени́города.

2. _____?
Смирно́вы привезли́ **Ва́не** но́вый кра́сный велосипе́д.

3. _____?
Ми́ша ча́сто прино́сит Та́не **цветы́**.

4. _____?

   Когда́ сёстры бы́ли ма́ленькие, А́нна Бори́совна иногда́ привози́ла их с собо́й **на рабо́ту**.

5. _____?

   Ба́бушка Ва́ни всегда́ прино́сит ему́ конфе́ты.

6. _____?

   Та́ня встре́тила Ке́вина в аэропорту́ и привезла́ его́ **домо́й**.

7. _____?

   Ва́ня хорошо́ у́чится. Он всегда́ прино́сит домо́й **пятёрки**.

8. _____?

   Де́вушки пошли́ в магази́н и принесли́ проду́кты.

8. Complete the following sentences using the verbs **приноси́ть/ принести́** or **привози́ть/привезти́** depending on whether the subjects are carrying or transporting their objects. Be sure to choose the appropriate tense and aspect.

> Когда́ Ке́вин пое́дет к себе́ домо́й, он **привезёт** роди́телям пода́рки из Росси́и.

1. Ле́на хоте́ла _____ соба́ку на да́чу.

2. Приезжа́йте к нам в го́сти и _____ свои́х друзе́й.

3. Ты не _____ мне сви́тер из ко́мнаты? Мне хо́лодно.

4. Почему́ ты никогда́ не _____ мне цветы́?

5. У меня́ боли́т голова́. _____ мне аспири́н. Он на ку́хне.

6. Нам _____ по́чту два ра́за в день.

7. В Росси́ю чай _____ из Гру́зии.

8. В Моско́вский зоопа́рк ско́ро _____ слоно́в из А́фрики.

по́чта (here) = mail

9. Когда́ ты пое́дешь в Арме́нию, _____ мне что́-нибудь, пожа́луйста.

10. Я тебе́ _____ что́-то из Звени́города. Хо́чешь посмотре́ть?

9. You and your roommate are having a big housewarming party at your new apartment. Using the words and sentences below for reference, discuss the various gifts your guests brought for you.

- Кто принёс фрукто́вый торт? Он тако́й вку́сный!

- А Ким что́-нибудь принесла́?

- Кака́я некраси́вая карти́на! Кто её принёс?

- Жа́лко, что Джим не пришёл. Он всегда́ прино́сит вку́сные конфе́ты.

- Вот э́то винегре́т!

- Класс! Нам э́то о́чень ну́жно! Спаси́бо большо́е!

> a new teapot, a Russian samovar, pretty tulips, a new toaster, chocolates, fruit cake, an old refrigerator, a cute white kitten, an old awful picture, a little mirror, a big purse, a green lamp

The Subjunctive Mood

Е́сли **бы** О́ля не говори́ла по-англи́йски, она́ **бы** не поняла́ разгово́р Ке́вина с Мэ́ри.

To express an unreal condition in Russian, such as:

"If I were 300 years old, I would have known Пу́шкин!"

the unstressed particle **бы** is inserted in both clauses, typically after the first word in each clause.

Note the obligatory use of the past tense in both clauses after **бы**.

1. A. Practicing pronunciation

Е́сли бы Ми́ша не пригласи́л друзе́й, они́ бы не прие́хали в парк.

Е́сли бы Серге́й не спроси́л, Ке́вин бы не узна́л, что тако́е винегре́т.

Е́сли бы у них не́ было раскладно́го стола́, они́ бы сиде́ли на траве́.

Е́сли бы Та́ня не пригото́вила винегре́т, они́ бы е́ли карто́шку.

Е́сли бы О́ля не слы́шала разгово́р Ке́вина, она́ бы не зна́ла о Мэ́ри.

2. Read each of the following unreal conditional sentences, then restate them using the conjunction **потому́ что** to describe the events as they really happened.

> Та́ня не опозда́ла бы в теа́тр, е́сли бы она́ не пое́хала в кварти́ру Ке́вина.
>
> **Та́ня опозда́ла в теа́тр, потому́ что она́ пое́хала в кварти́ру Ке́вина.**

1. Ке́вин не прие́хал бы к Смирно́вым, е́сли бы Та́ня записа́ла а́дрес пра́вильно.
2. Та́ня посмотре́ла бы спекта́кль «Ча́йка», е́сли бы она́ не опозда́ла в теа́тр.

3. Миша бы не подумал, что Оля — это Таня, если бы сёстры не были похожи.

4. Таня не купила бы три коробки конфет, если бы она их не любила.

5. Кевин не мог бы разговаривать с Олей, если бы он не говорил по-русски.

6. Таня не получила бы пятёрку, если бы она не готовилась к экзамену.

7. Оля купила бы Мише рубашку, если бы она знала его размер.

8. Анна Борисовна ушла бы из школы, если бы она не любила свою работу.

9. Оля купила бы Мише часы, если бы они не стоили так дорого.

10. Миша не открыл бы свой бизнес, если бы он хотел работать в клинике.

3. Если бы рыбка могла говорить, что бы она сказала?

> Если бы рыбка могла говорить, она бы сказала: «Где я?»

> Who are you people? I don't want to go to the park!
> I am hungry! I am cold! Aren't you going to give me food?
> I don't like macaroni, give me water!

4. Fill in the appropriate form of the verb **быть** to complete the following subjunctive statements.

1. Если бы Таня не прогуляла лекцию, у неё бы не _____ неприятного разговора с деканом.

2. Если бы шофёр не повернул налево, у него бы не _____ проблём с милиционером.

3. Éсли бы пациéнт не пил и не курúл, он бы
   _____ здорóв.

4. Кéвин уéхал бы от Смирнóвых, éсли бы емý там
   _____ неудóбно.

5. Éсли бы Мúша не любúл живóтных, он бы не
   _____ ветеринáром.

6. Óля купúла бы Мúше матрёшку, éсли бы он
   _____ турúстом.

Кéвин, я хочý, чтобы ты попрóбовал винегрéт. Это
óчень вкýсно.

Clauses of Purpose

Вáня не хóчет, **чтобы** *Кéвин* уезжáл.
Вáня doesn't want Кéвин to leave.

When the two clauses connected by **чтобы** have different subjects,
only the past tense form of the verb can be used in the **чтобы** clause.
Remember that a **чтобы** clause is separated by a comma.

5. Read and translate the following sentences.

1. Я хочу́, что́бы вы прие́хали ко мне в го́сти.
2. Та́ня не хо́чет, что́бы Ми́ша её ревнова́л.
3. Дека́н не хо́чет, что́бы Та́ня пропуска́ла заня́тия.
4. Ры́бка не хо́чет, что́бы в до́ме была́ ко́шка.
5. Ми́ша хо́чет, что́бы в ветерина́рном це́нтре бы́ло всё.
6. Да́ша хо́чет, что́бы Та́ня с О́лей помогли́ Ке́вину.

6. Your Russian teacher noticed that you've been slacking off lately and has called you in for a conference after class. What are some things s/he might say to encourage you to do better in class?

> Я хочу́, что́бы вы **ча́ще ходи́ли в библиоте́ку**.

> [speak Russian more, translate Russian texts more often, talk with your friends less in class, skip class less, always bring your textbook to class, get only A's and B's, not to sleep in class, read and write Russian more, make fewer mistakes, watch the video not only in class]

7. The following sentences contain requests made by different characters from the video. Restate these requests using **что́бы**.

> «Купи́ проду́кты», — сказа́ла А́нна Бори́совна О́ле. →
> **А́нна Бори́совна сказа́ла О́ле, что́бы она́ купи́ла проду́кты.**

1. «Подожди́ нас», — сказа́л Ке́вин Ми́ше.
2. «Расста́вьте стол», — попроси́л Ми́ша Ке́вина и Серге́я.
3. «Не говори́ ма́ме о моём разгово́ре с дека́ном», — сказа́ла Та́ня О́ле.
4. «Переведи́ э́тот текст до́ма», — сказа́ла учи́тельница Ва́не.
5. «Помоги́ мне перевести́ э́тот текст», — попроси́л Ва́ня Ке́вина.

6. «Уходи́те из на́шей кварти́ры», — сказа́ли Смирно́вы Ке́вину.

7. «Живи́те у нас», — сказа́ла Гали́на Ива́новна Ке́вину.

8. «Не ешь сто́лько шокола́да», — сказа́ла Оля Та́не.

сто́лько = so much

8. Try to step inside the shoes of the characters from the video and guess why they do the things they do.

1. Оля пое́хала в Звени́город, чтобы…
   □ Та́ня могла́ гото́виться к экза́мену.
   □ познако́миться с Ке́вином.

2. Ке́вин пое́хал в парк, чтобы…
   □ поздра́вить Ми́шу с днём рожде́ния.
   □ Оля не была́ одна́.

3. Ке́вин хоте́л привезти́ Ва́ню в парк, чтобы…
   □ он отдохну́л в па́рке.
   □ познако́мить его́ с Олей.

отдохну́ть (отдохну́-) (*perf.*) = rest, vacation

4. Оля привезла́ винегре́т в парк, чтобы…
   □ Ке́вин его́ попро́бовал.
   □ не гото́вить в па́рке.

5. Ми́ша ушёл из кли́ники, чтобы…
   □ организова́ть свой би́знес.
   □ у него́ бы́ло бо́льше де́нег и вре́мени.

6. Ми́ша пригласи́л всех в парк, чтобы…
   □ Та́не бы́ло ве́село.
   □ показа́ть Ке́вину, что тако́е ру́сский день рожде́ния.

9. Talk about your dreams and plans for the future.

> Я хочу́, **чтобы** у меня́ была́ интере́сная рабо́та.
> Я пое́ду в Росси́ю, **чтобы** занима́ться ру́сским языко́м.

Пра́здничный стол

1. In the second half of this episode, you will see everyone come to the table to eat dinner and celebrate Ми́ша's birthday.

   A. Make a list of all the expressions you know associated with eating. Be sure to include how to praise good food, make a toast, offer someone food or drink, and ask someone what s/he is having.

   _____

   _____

   _____

   _____

   _____

   _____

   _____

B. You have already previewed some of the dishes they will serve at the party. What other kinds of food and drinks do you think Ми́ша might have at his party?

_____

_____

_____

C. Here are some other words and expressions you will hear today:

Бери́… (котле́ты)	Have some…
Переда́й… (хлеб)	Pass the…
вы́пить за… (друзе́й)	to drink to…
голо́дный	hungry
сыт (сыта́, сы́ты)	full
Дать тебе́ ещё… (сала́та)?	Would you like more…?
Тебе́ положи́ть что́-нибудь?	Should I serve you something?

> положи́ть (положи́- x)
> (*perf.*) = place, serve

2. At the end of the first part of this episode, it becomes clear that О́ля suspects that Ке́вин's American girlfriend is soon coming to Moscow for a visit. What do you think is going to happen next?

▶ Now watch the second part of «**С днём рожде́ния!**» with the SOUND ON.

SOUND ON

VIEWING

3. Identify the speaker in each of the following lines:

_____ — Приве́т!

_____ — Здра́вствуй!

_____ — Поздравля́ю!

_____ — С днём рожде́ния! Э́то тебе́.

4. Како́й пода́рок принёс Ке́вин Ми́ше? Ми́ше понра́вился э́тот пода́рок? Почему́?

_____

5. Ми́ша offers to pour Ке́вин some _____, but

he says he would prefer _____.

6. What is О́ля's reaction when Та́ня offers her favorite food?

☐ Извини́, что́-то не хо́чется.

☐ Да, спаси́бо.

☐ Я сыта́.

7. In his toast to Ми́ша, Серге́й mentions Ми́ша's:

☐ parents

☐ colleagues

☐ clients

8. О́ля's silence has spoiled Ке́вин's appetite. What does he say when he turns down the food that the other guests offer him?

☐ Спаси́бо, но э́то невку́сно.

☐ Спаси́бо, мне э́то не нра́вится.

☐ Спаси́бо, я уже́ сыт.

9. Which of the following things does Ми́ша not say in his toast to the birthday guests?

☐ Я хочу́ вы́пить за госте́й.

☐ Спаси́бо, что вы пришли́ ко мне.

☐ Большо́е спаси́бо за ры́бку.

☐ Спаси́бо за ва́ши пода́рки.

10. Mark the following statements as true or false based on Ке́вин and О́ля's conversation at the end of the episode.

	Да	Нет
О́ля е́дет за́втра в командиро́вку.	☐	☐
Она́ бу́дет там отдыха́ть.	☐	☐
Она́ прие́дет через три неде́ли.	☐	☐
Ке́вин ничего́ не понима́ет.	☐	☐

желáть (желáй-) (*imp.*)
(комý, чегó) = to
wish someone
something
счáстье = happiness
здорóвье = health
успéхи (*pl.*) = success

Мúша, желáю тебé счáстья,
здорóвья и успéхов!

11. Use the space below to write a birthday card to one of your
close friends.

Кто хóчет винегрéт**а**? Хóчешь вин**á**?

With nouns denoting substances and liquids, the *genitive case*
is often used in place of the accusative to indicate "some."

Хóчешь сал**á**т**а**?

Would you like *some* salad?

12. Practicing pronunciation

Дай мне, пожа́луйста, воды́.

Положи́ мне ры́бы.

Я хочу́ су́па.

Вы́пей молока́.

Е́сли пойдёшь в магази́н, купи́ мне хле́ба.

13. Imagine that as your roommate is going out, you ask him/her to pick up something for you at the store.

> Е́сли пойдёшь в магази́н, купи́ мне **шокола́да**.

> ква́шеная капу́ста, ветчина́, сок, минера́льная вода́, сыр, хлеб, карто́шка, свёкла, ко́ка-ко́ла

14. Imagine that you are having your Russian friend over for dinner. Construct a dialog in which you offer him/her something to eat.

> — Что тебе́ положи́ть?
> — Положи́ мне колбасы́.
> — Хо́чешь ещё карто́шки?
> — Нет, спаси́бо.

> жа́реная ку́рица, ры́ба, беф-стро́ганов, шашлы́к, борщ, винегре́т, сала́т, пи́цца, грибы́, о́вощи, фру́кты, торт, моро́женое

15. Create a dialog among a group of four friends at a pot luck dinner, using the phrases below.

- Бери́те винегре́т.
- Хо́чешь ещё карто́шки?
- Переда́йте, пожа́луйста, помидо́ры.
- Ты ничего́ не ешь! Что тебе́ положи́ть?
- Ничего́ не ну́жно. Я сыт(а́).
- Спаси́бо большо́е.

- Ой, как вку́сно! Кака́я вку́сная ку́рица!
- Как тебе́ нра́вятся котле́ты?
- Я не ем мя́со.
- Ты бу́дешь сок?
- Спаси́бо, я бо́льше не могу́.
- А ты про́бовал сала́т?

Пусть де́вочки тебе́ помо́гут.

The Third-Person Imperative

Пусть де́вочки тебе́ помо́гут.

The third-person imperative corresponds to English expressions
of volition beginning with the word "Let (him, her, etc.) …" and is
formed by the word **пусть** + a noun or pronoun (in the nominative)
+ a verb in the appropriate form.

1. Act out the following conversations in which the second speaker
tries to get someone else to do something s/he promised to do.

> купи́ть
> — Ты уже́ **купи́л** проду́кты?
> — Нет, у меня́ не́ было вре́мени. Пусть О́ля **ку́пит**.

1. поговори́ть

   — О́ля, ты уже́ _____ с Ке́вином о Мэ́ри?

   — Нет, мне неприя́тно с ним говори́ть. Пусть Та́ня с

   ним _____.

2. снять

— Та́ня, ты уже́ _____ кварти́ру Ке́вину?

— Нет ещё, у меня́ не́ было вре́мени. Пусть О́ля

_____.

3. позвони́ть

— Ты уже́ _____ в мили́цию?

— Нет ещё, у меня́ нет вре́мени. Пусть па́па

_____.

4. купи́ть

— Па́па, ты уже́ _____ пода́рок ба́бушке?

— Нет ещё, у меня́ не́ было вре́мени. Пусть ма́ма

_____.

5. сде́лать

— Та́ня, ты уже́ _____ винегре́т?

— Нет ещё, у меня́ нет вре́мени. Пусть О́ля

_____.

6. пригото́вить

— О́ля, Та́ня уже́ _____ у́жин?

— Нет ещё, у неё боли́т голова́. Пусть па́па

_____.

Та́ня не мо́жет гото́вить у́жин.
Она́ **пло́хо себя́ чу́вствует**.

The verb **чу́вствовать** with the reflexive pronoun **себя́** refers to the subject's state of health. It is most often used with adverbs like **пло́хо, хорошо́, отли́чно,** etc. and cannot be used to say things like "I feel cold" or "I feel hungry."

чу́вствовать
(чу́вств**ова**-)
(*imp.*) себя́
= feel

2. Read and analyze the following sentences.

1. Как вы себя чу́вствуете?
2. Как ты себя чу́вствуешь?
3. Я чу́вствую себя хорошо́.
4. Мы чу́вствуем себя отли́чно.
5. Е́сли ты бу́дешь лу́чше себя чу́вствовать, приходи́ ко мне в го́сти.
6. Ми́ша пло́хо себя чу́вствует.
7. Меня́ вчера́ не́ было, потому́ что я пло́хо себя чу́вствовала.

больно́й (*here*) = patient

— Как себя чу́вствует ваш больно́й?
— По-мо́ему, лу́чше.

3. Act out the following conversations in which you explain why you couldn't attend certain events.

Note that **бы** can be used in independent clauses to indicate an unreal situation.

> — Жа́лко, что тебя́ не́ было **на конце́рте**.
>   Тебе́ бы э́тот **конце́рт** о́чень понра́вился.
> — Я не могла́ прийти́. **Я пло́хо себя чу́вствовал(а).**

лекция, заня́тие, день рожде́ния, дискоте́ка, ру́сский чай, собра́ние, фильм

Я пло́хо себя чу́вствовал(а). Я был(а́) бо́лен (больна́).
Я был(а́) о́чень за́нят(а́). У меня́ не́ было вре́мени.
У меня́ боле́л(а) голова́ (живо́т, зуб).

4. Explain to your partner why you are not feeling too well today.

> — Что с тобо́й?
> — Я себя́ пло́хо чу́вствую.
> — Ты бо́лен (больна́)?
> — У меня́ боли́т нога́.

> I have a headache, I have a stomachache, I am sick, I have a toothache

Expressing Reasons for an Action

> Я себя́ пло́хо чу́вствовал,
> **поэ́тому** я не пошёл на конце́рт.

поэ́тому =
  that's why,
  therefore

5. Use **поэ́тому** to match the following causes with their effects.

> Часы́ до́рого сто́или, **поэ́тому** О́ля не могла́ их купи́ть.

Ма́льчику Са́ше бы́ло ску́чно	она́ не могла́ занима́ться
Часы́ до́рого сто́или	О́ля реши́ла помо́чь свое́й сестре́
Ви́ктор Степа́нович пло́хо себя́ чу́вствовал	О́ля взяла́ с собо́й ку́ртку
Ке́вину бы́ло удо́бно у Смирно́вых	он не хоте́л уезжа́ть
У Ле́ны боле́ла голова́	он не пошёл гуля́ть с жено́й
Ми́ше бы́ло ску́чно рабо́тать в кли́нике	О́ля не могла́ их купи́ть
У Та́ни не́ было вре́мени	он реши́л пое́хать в Антаркти́ду
В Звени́городе бы́ло хо́лодно	он организова́л свой би́знес

6. Кéвин was not the only one who noticed that something was wrong with Óля at the party. Below are the thoughts of the other guests at Мúша's birthday party. Read through the selections below, and then write what you imagine Óля might have been thinking.

Лéна:

> Что с Óлей? Онá такáя стрáнная. Мóжет быть, онá плóхо себя́ чýвствует? Онá весь вéчер ни с кем не разговáривала, ничегó не éла и ничегó не пилá. Что случúлось? Мóжет быть, ей с нáми неинтерéсно?

Что
случúлось?
= What
happened?

Сергéй:

> Что с Кéвином? Мóжет быть, емý не понрáвился винегрéт? Мóжет быть, он не лю́бит ходúть в гóсти? Мóжет быть, у негó болúт живóт? А говоря́т, что американцы всегдá смею́тся! Ерундá! А с Óлей всё поня́тно. Онá не прóбовала винегрéт, поэтому ей так плóхо. Éсли бы онá попрóбовала винегрéт, ей бы бы́ло вéсело.

Сáша:

> Какúе стрáнные лю́ди! Тáня говорúла, что Óля весёлая… А онá ничегó не ест, весь вéчер молчúт, ни на когó не смóтрит. Мóжет быть, ей неприя́тно, что я пришёл. Мóжет быть, у неё болúт головá…

Кéвин:

> Как хорошó, что Мúша пригласúл меня́ к себé на день рождéния. Я никогдá не ел такóй вкýсный винегрéт! Какóй красúвый стол! Какóй хорóший обéд! Онú бы не смоглú всё это приготóвить без Тáни.

Óля:

> _____

> _____

> _____

7. А. Your roommate is complaining about how bad s/he feels. Give him/her advice on what to do in order to feel better.

> — Я о́чень пло́хо себя́ чу́вствую. У меня́ всегда́
>   боли́т голова́.
> — Ты до́лжен (должна́) бо́льше занима́ться спо́ртом
>   и ча́ще есть. Тебе́ ну́жно ме́ньше рабо́тать.

B. Imagine that as the president of the Russian club, you have a full itinerary of club activities planned when you suddenly get sick. Delegate your responsibilities to other members of the club.

> Я пло́хо себя́ чу́вствую. Я не могу́ организова́ть
> ве́чер ру́сской му́зыки. Пусть Ка́тя его́ организу́ет./
> Скажи́те, чтобы Ка́тя его́ организова́ла.

организова́ть собра́ние, де́лать чай, пойти́ в магази́н, пока́зывать фильм, позвони́ть студе́нтам и пригласи́ть их на чай, де́лать газе́ту, игра́ть в ру́сском спекта́кле

The Prefix пере-

You already know one verb with the prefix **пере-**
переводи́ть/перевести́ "*trans*late."

пере- "across"

Ке́вин хо́чет **перее́хать** на другу́ю кварти́ру, потому́ что ему́ там бу́дет удо́бнее.

Kevin wants to move to another apartment because he'll be more comfortable there.

переходи́ть/перейти́	на другу́ю рабо́ту, в друго́й класс
переезжа́ть/перее́хать	на но́вую кварти́ру
переноси́ть/перенести́	репети́цию на сле́дующую неде́лю
перевози́ть/перевезти́	ве́щи на но́вую кварти́ру
передава́ть/переда́ть	привет кому́-то
переводи́ть/перевести́	с ру́сского на англи́йский

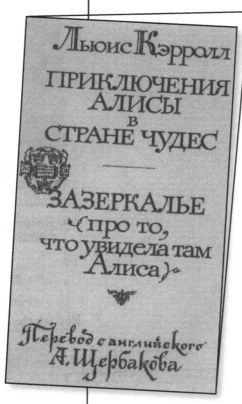

Льюис Кэрролл

ПРИКЛЮЧЕНИЯ АЛИСЫ
в
СТРАНЕ ЧУДЕС

ЗАЗЕРКАЛЬЕ
(про то,
что уви́дела там
Алиса)

Перевод с английского
А. Щербакова

1. Read and translate.

1. Ми́ша переда́л Та́не хлеб.

2. Ва́ня перешёл в восьмо́й класс.

3. Ле́на перевела́ текст с ру́сского на англи́йский.

4. Когда́ Ке́вин бу́дет переезжа́ть на другу́ю кварти́ру, Серге́й перевезёт его́ ве́щи.

5. Дава́йте перенесём пое́здку на воскресе́нье.

6. Ему́ бу́дет легко́ переезжа́ть, потому́ что ему́ не на́до ничего́ перевози́ть.

7. Éсли уви́дишь Са́шу, переда́й ему́ приве́т от меня́.

8. Переда́й Óле приве́т.

2. Complete the following sentences with the verbs in parentheses.

1. Вы не зна́ете, Ке́вин уже́ _____?   (перее́хать)

2. Говоря́т, что Ва́ня ско́ро _____ в девя́тый класс.   (перейти́)

3. Ми́ша давно́ хоте́л _____ на другу́ю кварти́ру.   (перее́хать)

4. Ви́ктор Степа́нович _____ рабо́тать в друго́й банк в про́шлом году́.   (перейти́)

5. Та́ня попроси́ла Серге́я _____ Ке́вина на другу́ю кварти́ру.   (перевезти́)

6. Когда́ Ле́на ви́дит Та́ню, она́ всегда́ про́сит _____ приве́т Оле.   (переда́ть)

7. Серге́й попроси́л Ке́вина _____ ему́ помидо́ры.   (переда́ть)

8. Пого́да была́ плоха́я, поэ́тому мы _____ пое́здку на друго́й день.   (перенести́)

9. Дава́й _____ компью́тер в другу́ю ко́мнату. Здесь неудо́бно рабо́тать.   (перенести́)

10. _____ Ле́не, что у Ми́ши за́втра день рожде́ния.   (переда́ть)

3. Restate the following sentences using imperatives.

> Здесь мо́жно переходи́ть у́лицу.
> **Переходи́те** у́лицу здесь.

1. Ты не мо́жешь переда́ть мне карто́шку?

2. Серге́й, ты до́лжен перевезти́ Ке́вина на но́вую кварти́ру.

3. Оля, не ну́жно передава́ть ма́ме разгово́р с дека́ном.

4. Ке́вин, не ну́жно переезжа́ть на но́вую кварти́ру.

5. Та́ня, ты мо́жешь перевести́ письмо́ на ру́сский язы́к?

6. Ке́вин, ты мо́жешь перенести́ ла́мпу мне в ко́мнату?

7. Нельзя́ переходи́ть у́лицу здесь.

8. Нельзя́ кури́ть.

Иду́т лю́ди. Идёт дождь.

Describing the Weather

The verbs **идти́** and **пойти́** are used in the idioms expressing that it is raining or snowing:

Идёт дождь. Вчера́ **шёл** дождь.
It is raining. Yesterday it rained.

Éсли **пойдёт** снег, мы не пое́дем на да́чу.
If it snows, we won't go to the dacha.

4. Fill in your overprotective girlfriend's/boyfriend's advice on what to do if it rains.

Éсли пойдёт дождь, **возьми́ с собо́й зо́нтик**.

не забу́дь плащ, возьми́ с собо́й пальто́, положи́ в су́мку сви́тер, закро́й окно́, поезжа́й на такси́, погуля́й с соба́кой по́зже

5. Use the weather as a reason to explain why you didn't go somewhere.

> Éсли бы не шёл снег, я бы **пошёл гуля́ть с мое́й соба́кой**.

> go to the library, university, market, dacha, Ке́вин's place, concert, Ле́на's place, doctor's, movie theater, dance club

> — На про́шлой неде́ле бы́ло так хо́лодно!
> А кака́я пого́да бу́дет **на э́той неде́ле**?
> — На э́той неде́ле бу́дет тепло́.
> — Отли́чно!
>
> In "time when" expressions **на** + prepositional case is used for the word **неде́ля**.

6. Кака́я бу́дет пого́да?

Вы слы́шали прогно́з пого́ды? Как вы ду́маете, кака́я пого́да бу́дет на сле́дующей неде́ле?

Ask your partner what s/he thinks.

> — Кака́я пого́да бу́дет на сле́дующей неде́ле?
> — Я ду́маю, на сле́дующей неде́ле бу́дет идти́ дождь. А ты как ду́маешь?

> Additional new information in a conversation is introduced with the help of **А ещё (и ещё)**:
>
> Я интересу́юсь исто́рией и поли́тикой.
> **А ещё** я интересу́юсь му́зыкой.
> I am interested in history and politics.
> I am interested in music, also.

7. Какие у вас планы? Что вы будете делать на этой неделе? Что вы делали на прошлой неделе?

Create a dialog with your partner

> — Что ты будешь делать на этой неделе?
> — Я буду заниматься.
> — А ещё?
> — А ещё я пойду в гости к моей соседке. У неё будет день рождения. А ты?

A ещё? = What else?

8. Now that you know the word **передать**, you can use it to leave a telephone message with someone. Read the conversation below, then act out a similar conversation with a partner.

> — Можно Сашу?
> — Он не может говорить по телефону.
> — Что с ним?
> — У него температура и болит горло. Что-нибудь ему передать?
> — Передайте, пожалуйста, что ему звонила Лена.
> — Что-нибудь ещё?
> — И ещё передайте привет.

ПРИГЛАШЕНИЕ

Приглашаю на день рождения!

к кому: *к Мише*

куда: *в парк*

когда: *в субботу, 8 июня,*
                в 2 часа.

Russians do not send written invitations to close friends. So Мишa sent out just one birthday invitation—guess to whom!

1. Кéвин, on the other hand, wants to send everyone invitations to his housewarming party. Pictured above is Кéвин's invitation to Мишa's birthday party. Using this invitation as a model, write an invitation to Кéвин's upcoming housewarming party in the space below.

   Кéвин's party will be held at his new apartment on Saturday, August 3 at 3:00. His new address is: **ýлица Королёва, дом 10, квартúра 4**.

PREviewing

ПРИГЛАШАЕМ!

2. A. Вы бы́ли на дне рожде́ния у Ми́ши.[□] Э́то похо́же на америка́нский пра́здник, на ваш день рожде́ния?

Вам понра́вился день рожде́ния Ми́ши? Вам бы́ло интере́сно, ве́село, ску́чно?

Кака́я еда́ вам понра́вилась, а кака́я нет?

B. Write a list of ingredients you think are necessary for a great party.

> a lot of delicious food; nice weather; a lot of good friends; a big chocolate cake; good music; presents, presents, and presents

_____

_____

_____

3. Replace the words in bold to indicate what happened in this episode. Check your answers as you watch the video.

Парк Тага́нский. Ста́нция «Тага́нская». Все иду́т по у́лице **куда́-то**.

На дне рожде́ния у **кого́-то**. **Кто́-то** собира́ет на стол. Ке́вин с О́лей разгова́ривают о **чём-то**.

Ле́на с **ке́м-то** прихо́дит в парк. Она́ принесла́ **что́-то**. **Кто́-то** принёс кни́гу, кото́рая называ́ется «Ска́зки Пу́шкина».

Кто́-то говори́т тост, и все вме́сте гро́мко говоря́т **что́-то**.^{□□} Ми́ша предлага́ет тост за **кого́-то**. О́ля с Ке́вином говоря́т о **чём-то**. Ке́вин ничего́ не понима́ет.

<hr>

[□] In Russia you are expected to give your own birthday party. Russians generally prepare the food and make all of the arrangements for friends to come to their home for the celebration.

^{□□} Making toasts in Russia is an art. The first toast at every event is for the honored person or guest; at a wedding the first toast is raised to the newlyweds, at birthdays the first toast is to the health of the celebrator, etc. The second toast is traditionally for the host and/or hostess. You may drink to someone's health «За ва́ше здоро́вье», «За встре́чу», etc.

▶ Now watch «**С днём рождéния!**» with the SOUND OFF.

4. Using the previous exercise as a guide, narrate what is happening in the video as you watch with the sound off.

VIEWING

▶ Now watch «**С днём рождéния!**» with the SOUND ON.

5. Fill in the missing names to indicate who does what at Мúша's party.

_____ прóсит Мúшу общáться с гостями.

_____ предлагáет тост за именúнника.

_____ дýмает, что Кéвин ничегó не ест.

_____ объясняет, что винегрéт — э́то салáт со свёклой.

_____ хóчет переéхать на квартúру, котóрую нашлá Óля.

_____ дýмает, что к Кéвину приéдет подрýга.

_____ приглашáет всех к столý.

_____ поздравляет Мúшу и дáрит емý цветы́.

_____ хóчет вы́пить за Мúшу.

_____ не хóчет бóльше винá.

_____ éдет зáвтра в командирóвку.

_____ не понимáет, что случúлось.

6. Propose your own toasts to Мúша.

POSTviewing

Я хочý вы́пить за тебя́!

your happiness, your health, your new business, your success, our friendship

7. Unfortunately, Кевин never got the chance to ask Оля what was wrong. Imagine that you are in a similar situation, but you have the opportunity to find out what is bothering your friend.

> — Что случилось с Крисом? Что с ним?
> — **Он не сдал экзамен по биологии.**
> — Откуда ты знаешь?
> — Боб мне сказал.
> — Жалко.

[s/he got an F in Russian, his/her friend moved away, s/he isn't feeling well, his/her head hurts]

8. Миша's birthday gives him the chance to reflect back upon his life and accomplishments. You already know quite a bit about Миша's background—that he graduated from the veterinary institute, began working in a clinic, and is now embarking on his first private business venture. Using the information that you have as a starting point, put together a short biography of Миша Котов. Use as many dates and time expressions as possible.

9. The popular Russian newspaper «Коммерсант» is interviewing Мишу for a piece about young entrepreneurs. One of you plays the role of the reporter writing the article, and must come up with questions to ask Мишу. Be sure to touch on the topics of his education, interests, former job, and reasons for going into business for himself. Press him for more details using the phrase «А ещё?»

13

1. Using the English summaries you prepared as a reference, mark the following statements as true or false.

	Да	Нет
Once upon a time there lived a young girl named Nina.	☐	☐
She was saved from bad fall by a young man on the bus.	☐	☐
A sorcerer changed her large nose to a small one in exchange for one of her fingers.	☐	☐
Nina gave the sorcerer another finger to obtain the name of the man who saved her life.	☐	☐
The man did not recognize Nina when she came to visit him.	☐	☐
The next time Nina went to see the man who saved her, she discovered that he was dying.	☐	☐

2. Share your predictions about what might happen at the end of the tale.

*H*ос

Л. Петрушéвская

В однóм гóроде жилá óчень красúвая дéвушка по úмени◊ **called**
Нúна. У неё бы́ли кудря́вые◊ вóлосы,◊ большúе сúние, как **curly || hair**
мóре, глазá, огрóмный◊ нос и прекрáсные бéлые зу́бы. Однó **huge**
её пóртило◊ — большóй нос. Однáжды◊ Нúна пошлá к врачу́. **spoiled || once**
Онá сказáла:

— Вот все мои́ дéньги. Сдéлайте мне мáленький нос!

Врач сказáл ей:

— Я не могу́ вам помóчь. Поезжáйте в другóй гóрод, там
живёт волшéбник,◊ мóжет быть, он вам помóжет. **sorcerer**

Дéвушка поéхала в другóй гóрод. В однóм купé с ней
éхал бéдно одéтый◊ молодóй человéк, котóрый читáл **poorly dressed**
большу́ю кни́гу. Нóчью пóезд си́льно тряхну́ло,◊ и во снé◊ **jolted || as she slept**
Нúна упáла.◊ Но и молодóй человéк не спал и поймáл◊ её. **fell || caught**

— Спасибо вам, молодой человек, — сказала Нина.

Нина пошла к волшебнику. Он сказал, что может помочь Нине, но за это◊ захотел большой палец◊ с её правой руки. Нина согласилась,◊ стала красавицей,◊ но без одного пальца. В поезде ей принесли несколько букетов роз, лимонад, и много коробок шоколада. Каждый день Нину приглашали на балы,◊ она стала королевой красоты◊ города. Но никто не знал, что у неё не осталось денег◊ и она ест один раз в день — вечером, на балу, кофе с мороженым. Наконец,◊ она поехала опять◊ в другой город к волшебнику.

Она сказала ему:

— Скажите мне, где найти моего милого,◊ того человека из поезда.

— Ладно, — сказал волшебник, — но я должен взять у вас ещё один палец на правой руке.

Хорошо, — ответила девушка.

— Адрес его такой: он живёт в вашем городе, улица Правой руки, дом два, на чердаке.◊

Нина приехала в свой город и нашла тот дом. Она вошла◊ к своему милому на чердак и спросила:

— Вы меня узнаёте?◊

— Нет, — сказал он.

— Помните, вы ещё меня поймали, когда я упала в поезде.

— Нет, это были не вы, — ответил её милый. — У той девушки было другое лицо. Она была такая смешная!◊

Нина не знала, что ещё сказать, и ушла. Но каждый день она приходила на улицу Правой руки.

Но вот однажды◊ ночью Нина позвонила в чердачную◊ дверь.

Marginal glosses (left column):

for that || thumb

agreed || a beautiful woman

balls || queen of beauty

she had no money

finally || again

sweetheart

attic

entered

recognize

funny

once || attic

Ей откры́ла стару́шка в чёрном.

— Что вам на́до? — спроси́ла она́.

— Что с ним случи́лось? — спроси́ла Ни́на.

— Он о́чень бо́лен.

Ни́на вошла́ в ко́мнату на чердаке́ и уви́дела своего́ ми́лого, кото́рый лежа́л и тяжело́ дыша́л.◊

◊ was breathing with difficulty

— Кто вы? Я вас не зна́ю, — сказа́л он.

— Что с ва́ми?— спроси́ла Ни́на.

— Я ско́ро умру́.

Ни́на се́ла◊ в ночно́й по́езд и прие́хала в друго́й го́род к своему́ волше́бнику.

◊ boarded

— Я ниче́м не могу́ вам помо́чь, — сказа́л волше́бник.

— Я вас прошу́, — запла́кала◊ Ни́на, — спаси́те◊ моего́ ми́лого! Возьми́те что хоти́те, возьми́те пра́вую ру́ку.

◊ cried out || save

— Я возьму́ обра́тно◊ мой нос, — сказа́л волше́бник.

◊ back

— Бери́те и спаси́те моего́ ми́лого, — отве́тила Ни́на.

И в тот же моме́нт она́ ста́ла тако́й, как была́. Ей не подари́ли ни одно́й ро́зы. В по́езде она́ не получи́ла ни одно́й коро́бки конфе́т.

Ни́на побежа́ла◊ на у́лицу Пра́вой руки́ и вошла́◊ в ко́мнату своего́ люби́мого. Он сиде́л на крова́ти◊ и пил пи́во.

◊ ran || entered

◊ bed

— А, э́то вы? — сказа́л он. — Прия́тно сно́ва◊ вас уви́деть. А то тут приходи́ла кака́я-то деви́ца◊ и выдава́ла себя́ за вас.◊ Смешне́е ва́шего лица́ я не ви́дел нигде́.

◊ again

◊ girl

◊ pretended she was you

Ни́на засмея́лась и запла́кала сра́зу.◊

◊ at once

— Почему́ вы пла́чете?◊ — поинтересова́лся молодо́й челове́к. — Не хоти́те вы́йти за меня́ за́муж?◊

◊ crying

◊ marry me

Ни́на отве́тила:

— Я ведь не та, что была́.

И она́ сняла́ се́рую перча́тку◊ с пра́вой руки́.

◊ glove

— Это? Это ерунда, — сказал молодой человек. — Меня зовут Анисим, и я врач. Вот, примите.[◊]

Нина приняла маленькую ложку лекарства, и её правая рука стала такой же, как раньше.

И Нина вышла замуж за своего милого Анисима и родила ему много смешных детей.

3. Ответьте на вопросы по-русски.

1. На чём Нина ездила к волшебнику?

   _____

2. Сколько раз она ездила к волшебнику? А к Анисиму?

   _____

3. Что случилось в жизни Нины, когда волшебник сделал ей маленький красивый нос?
   - ☐ Ей дарили конфеты и цветы.
   - ☐ У неё было много денег.
   - ☐ Её приглашали танцевать.

4. Read the last conversation between Нина and the sorcerer and answer the following questions.

A. Why did Нина go back to see the sorcerer?
   - ☐ to get her nose back
   - ☐ to restore her missing finger
   - ☐ to save the life of the man she loved

B. The sorcerer:
   - ☐ first refuses to help, then gives in
   - ☐ throws her out of his house
   - ☐ turns her into a frog

5. Now read about Нина's return home and her conversation with Анисим.

A. What is the significance of Анисим's address?

B. Mark the following statements as true or false.

	Да	Нет
She finds that Ани́сим has fully recovered.	☐	☐
He doesn't like her new nose.	☐	☐
He proposes to her.	☐	☐
It turns out that Ани́сим is also a sorcerer.	☐	☐
Ани́сим restores her missing finger.	☐	☐

6. Translate the last line of the story.

7. Imagine that many years later Ни́на retells this story to her grandchildren. Fill in the missing words and endings.

Когда́ я была́ молод_____, я была́ краси́вая. Но _____ не

нра́вился мой нос. Я хоте́ла, чтобы _____ меня́ был ма́ленький

и краси́вый нос. Я пое́хала в друго́й го́род _____ волше́бнику,

чтобы он сде́лал мне но́вый нос. Когда́ я е́хала в друго́й го́род к

волше́бнику, я встре́тила ваш_____ де́душку. Он был тако́й

серьёзный, у́мный и чита́л больш_____ -больш_____ кни́гу.

Он мне о́чень понра́вился. Когда́ волше́бник сде́лал мне но́вый нос,

я ста́ла о́чень популя́рн_____. Мне дари_____ цветы́, конфе́ты,

я мно́го танцева́ла. Но ва́шему де́душке не нрави_____ мой но́вый

нос. Э́то бы́ло ужа́сно. Одна́жды ваш де́душка был бол_____.

Я поняла́, что он умира́ет. Я пое́хала к волше́бнику, чтобы он

помо́_____ де́душке, и волше́бник помо́г _____, но взял мой

краси́вый нос. У меня́ опя́ть был большо́й смешно́й нос, и ва́шему

де́душке он о́чень понра́вился. И я ста́ла его́ жен_____.

8. Like all children, Ни́на's grandchildren want to hear her story again and again. Retell the story from Ани́сим's point of view.

13

DAY 9

_____ Центр PLUS
ТЫ-МНЕ, Я-ТЕБЕ
ЧАСТНЫЕ ОБЪЯВЛЕНИЯ

1. День рожде́ния Ми́ши

Ми́ша's friends are making arrangements for his birthday. When Та́ня sees birthday wishes published in the newspaper **«Центр plus»**, she decides to write a message for Ми́ша. Help her write the message.

> любо́вь (*gen. sg.* любви́) = love

_____

_____

_____

_____

_____

_____

_____

_____

_____

_____

_____

_____

_____

ПОЗДРАВЛЕНИЯ

Лайма, дорогая! Поздравляем с днем рождения! Оставайся всегда такой же молодой и красивой. Счастья тебе, любви и улыбок.

Дорогая Юлечка! Поздравляем тебя с днем рождения. Желаем здоровья, счастья и любви. Ирина и Дмитрий.

Дорогой Сереженька! От всей души поздравляем тебя с днем рождения! Желаем тебе здоровья, счастья, отличных отметок в школе. Любящие тебя мама, папа и Маришка.

Папуля, дорогой! Поздравляю с 70-летием. Желаю здоровья, долголетия, хорошего настроения! Твоя дочь.

Александр! От всей души поздравляем тебя с днем рождения! Желаем тебе оставаться таким же добрым, отзывчивым, любящим сыном и племянником. Здоровья, любви и счастья, успехов в спорте. Любящие тетя Наташа и Маша.

Любимая моя Галина Николаевна! Поздравляю Вас с днем рождения. От всей души желаю Вам здоровья, счастья, улыбок, долгих лет жизни. Ваша Люба.

Поздравляем милую Надежду с днем рождения. Желаем счастья, здоровья. Оставайся всегда такой же жизнерадостной. Удачи тебе. Нина, Кристина.

Дорогая Анна Михайловна, желаю Вам здоровья, долгих лет жизни, добра и радости. Люда.

ПОЗДРАВЛЕНИЯ

Таню и Сашу поздравляем с Днем рождения. Желаем любви, счастья и удачи. Ира, Вова.

Дорогую Светочку поздравляем с наступающим Днем рождения. Оставайся всегда милой и жизнерадостной. Любви тебе, счастья и успехов во всем.

Поздравляю Нину Дерновую с Днем рождения, желаю счастья, любви. Люда.

Любочка! Поздравляю тебя с Днем рождения. Желаю счастья, удачи. Целую. Люблю.

Поздравляем Нину Ивановну с Днем рождения. Желаем здоровья, долгих лет жизни, счастья в личной жизни.

Иришку поздравляю с Днем рождения. Желаю счастья. Крестная Люба.

Дорогую Валерию Сергеевну поздравляем с Днем рождения. Ваши коллеги по работе.

Дорогие Наташа и Коля! Поздравляем вас с рождением сына. Бабушка, Настя.

Дорогой Володя! Поздравляем тебя с Днем рождения, желаем тебе всего самого лучшего. Дима, Оля, Марат и Саша.

Поздравляем Кирилиных Сергея и Валю с 1-й годовщиной свадьбы. Леонид и Света.

Дорогие «львята»! Леонид Дмитриевич! Ольга Ивановна! От всей души поздравляю Вас с Днем рождения! Желаю быть здоровыми, такими же дружными, а чтоб дом ваш был всегда таким же гостеприимным, а сердца - отзывчивыми. Валешка.

2. Гото́вить — э́то мужска́я и́ли же́нская рабо́та?

A. Ва́ня is showing interest in cooking so he baked a cake for Ми́ша's birthday party. Too bad there was no cake baked by Ва́ня. It didn't come out right. Next time it will!

Act out Ва́ня's conversation with Гали́на Ива́новна as they decide which ingredients he will need to make the following chocolate cake for Misha's birthday.

Шокола́дный торт

Для э́того то́рта вам ну́жно взять:

3 стака́на муки́	Крем
300 г. смета́ны	400 г. смета́ны
2 ло́жки ма́сла и́ли маргари́на	10 ло́жек са́хара
1 стака́н са́хара	
4 яйца́	
200 г. шокола́да	
1 ло́жку вани́ли	

Приготовле́ние:

Положи́те шокола́д, ма́сло и са́хар в большу́ю кастрю́лю (pan) и растопи́те (melt). Зате́м доба́вьте муку́, смета́ну, я́йца и вани́ль. Вы́ложите в фо́рму и поста́вьте (bake) в духо́вку (oven) на 40-50 мину́т.

мука́ = flour

— Ма́ма, я иду́ в магази́н.
— Ва́ня, ты зна́ешь, что тебе́ ну́жно купи́ть?
— Мне ну́жно купи́ть муки́.
— А ещё что?

B. In groups of four make preparations for your farewell party after a semester abroad in Russia. Discuss the menu and what each of you will need to bring.

> — Ира, что мне принести?
> — Принеси, пожалуйста, мяса для пельменей.
> — Мяса? Отлично. А сколько?
> — Килограмма два.
> — Ладно. Володя, может быть, ты принесёшь лука?
> — Конечно. А что ещё?
> —А ещё принеси яиц.

C. Your farewell party is a real success. Following Russian hospitality, you and your friends offer each other different dishes.

> — Володя, хочешь ещё пельменей?
> — Нет, спасибо. Положи мне, пожалуйста, блинов.
> — Ты будешь блины со сметаной или с вареньем?
> — С вареньем.

варенье = preserves

3. Записка младшей сестре (младшему брату)

Your parents are on vacation and have put you in charge of your younger sibling. Write a note asking your sibling to do several things, then exchange notes with your classmates and discuss their contents.

> У кого самая смешная записка?
> У кого самая серьёзная записка?

> Купи хлеба и молока. →
> Сара написала, чтобы её брат купил хлеба и молока.

4. Что я возьму с собой?

Imagine that you are given a chance to take whatever you wish to a desert island. Make your choices and give reasons why you want to take these particular items with you.

> На острове часто идёт дождь,
> поэтому я привезу с собой плащ.

остров = island

5. Imagine that you won one million dollars in the lottery. What would you do with this money?

Éсли бы у меня́ был оди́н миллио́н до́лларов, я бы:

_____

6. Imagine that you have a time machine. Where and when would you like to live? Why?

7. Situations

1. You have invited your Russian friend to your home town, so s/he needs to know what to pack. Tell your friend about the weather to be expected at this time of the year, and what s/he should bring with him/her.

2. Your friend is not feeling well, so s/he won't be able to go to a party with you. Act out your conversation in which s/he calls to tell you s/he won't be coming.

1. The Reflexive Pronoun себя

The reflexive pronoun **себя** "oneself" indicates a direct object, indirect object or object of a preposition that is identical to the subject of the sentence.

Case	Form
Nom.	—
Gen. Acc.	себя
Dat. Prep.	себе
Instr.	собой

Он о́чень лю́бит **себя́**.	⊠⊠ is very fond of himself.
Я не люблю́ говори́ть о **себе́**.	I don't like to talk about myself.
Смирно́вы купи́ли **себе́** чемода́н.	The Smirnovs bought themselves a suitcase.
Возьми́те с **собо́й** рюкза́к.	Take your backpack with you!
Она́ ушла́ к **себе́**.	She went off to her own room/place.

The forms of the reflexive pronoun are not affected by the number or gender of the subject.

2. The Subjunctive Mood

The speaker of Russian uses the unstressed particle **бы** to mark an action as hypothetical or contrary to fact; it often occurs with **е́сли**. The particle **бы** is always used with the <u>past tense form</u> of the verb. The particle **бы** and the word preceding it are pronounced as a single accentual unit; it usually occurs after the first stressed word in the sentence or immediately after the verb.

Note that English distinguishes tense in subjunctive, while Russian does not. Each of the following Russian sentences corresponds to two statements in English.

Е́сли бы у меня́ была́ маши́на, я бы пое́хал на да́чу.	If I were to have a car, I would drive to the dacha. If I had had a car, I would have driven to the dacha.
Е́сли бы Ке́вин пришёл, он бы тебе́ помо́г.	If Kevin came, he would help you. If Kevin had come, he would have helped you.

Context (e.g. the presence of adverbs of time) usually helps to specify tense in Russian, thus ruling out all ambiguity regarding the time of the action or state under discussion.

Éсли бы вчера́ была́ хоро́шая пого́да, мы бы пошли́ гуля́ть.	If the weather had been good yesterday, we would have gone for a walk.
Éсли бы он пришёл за́втра, я бы рассказа́л ему́ об э́том.	If he were to come tomorrow, I would tell him about it.

In sentences that do not indicate a condition, the particle **бы** with the past tense of a verb presents the action or state denoted by the sentence as a desirable outcome.

Я бы вы́пил стака́н со́ка.	I would drink a glass of juice.

Contrast the following two pairs of if-sentences in Russian which are formally very similar except for the subjunctive markers.

Éсли у меня́ за́втра бу́дет маши́на, я пое́ду на да́чу.	If I have a car tomorrow, I will go to the dacha. (Speaker considers this a <u>possibility</u>)
Éсли бы у меня́ за́втра была́ маши́на, я бы пое́хал на да́чу.	If I were to have a car tomorrow, I would go to the dacha. (Speaker considers this <u>unlikely</u>)
Éсли ты был вчера́ на собра́нии, то ты обяза́тельно ви́дел Ви́ктора Степа́новича.	If you were at the meeting yesterday, then you definitely saw Viktor Stepanovich. (Factual)
Éсли бы ты был вчера́ на собра́нии, то ты бы обяза́тельно уви́дел Ви́ктора Степа́новича.	If you had been at the meeting, then you definitely would have seen Viktor Stepanovich. (Contrary to fact)

3. Clauses of Purpose

Clauses of purpose are normally introduced in Russian by the conjunction **чтобы** (unstressed and pronounced as a single accentual unit with the following word). Formally, there are two types of clauses of purpose.

A. When both clauses have the <u>same subject</u>, the pattern is **чтобы** + verb infinitive (See Analysis XII, 6).

<u>Ке́вин</u> пошёл на конце́рт, чтобы **послу́шать** ру́сскую певи́цу.	Kevin went to the concert to hear the Russian singer.
<u>Ми́ша</u> позвони́л Серге́ю, чтобы **пригласи́ть** его́ на день рожде́ния.	Misha called Sergey to invite him to his birthday.

B. When the <u>subject</u> in the clause of purpose is <u>different</u> from that of the main clause, the pattern is **чтобы** + past tense form of the verb:

<u>Мы</u> пошли́ к Ле́не, чтобы <u>она́</u> **помогла́** нам гото́виться к экза́менам.	We went to Lena's so that she would help us prepare for exams,
<u>Ва́ня</u> принёс тетра́ди, чтобы <u>учи́тель</u> **посмотре́л** их.	Vanya brought his notebooks so the teacher would look at them.

C. The same pattern (**чтобы** + past tense form of the verb) applies to constructions expressing <u>commands</u> or <u>volition</u>.

<u>А́нна Бори́совна</u> сказа́ла, чтобы <u>О́ля</u> **купи́ла** проду́кты.	Anna Borisovna said that Olya should buy groceries.
<u>Ке́вин</u> не хо́чет, чтобы О́ля **е́хала** в командиро́вку.	Kevin doesn't want Olya to go away on business.

4. Partitive Genitive

The partitive genitive is used to indicate "some" of any noun that is divisible into smaller units: most foods and liquids fall into this category. No prepositions are used.

Положи́ мне, пожа́луйста, **хле́ба**.	Please serve me <u>some</u> bread.
Дай ему́ **вина́**. (gen.)	Give him <u>some</u> wine.

Compare:

Дай ему́ **вино́**. (acc.)	Give him the wine.

5. The Conjunction поэ́тому

The conjunction **поэ́тому** is used to introduce a clause that is presented as the logical outcome of what has gone before.

О́ля была́ в командиро́вке, **поэ́тому** она́ не могла́ говори́ть с Ке́вином.	Olya was away on business, so she couldn't talk with Kevin.

6. The Prefix пере- with Motion Verbs

The prefix **пере-** is used with verbs of motion to indicate movement across or over something. It is used to express moving (i.e. into a new apartment or home) or crossing a street. The prefix **пере-** combines with verbs of motion following the model for **у-**. (See Analysis XII, 1)

Ке́вин ско́ро перее́дет на но́вую кварти́ру.	Kevin will soon move into a new apartment.
Дава́й перейдём у́лицу здесь.	Let's cross the street here.

7. Idioms with Verbs of Motion

The unidirectional verb **идти́** is required in Russian with certain inanimate nouns.

Идёт дождь.	It's raining.
Идёт снег.	It's snowing.
Вре́мя идёт.	Time is passing.
Сего́дня идёт фильм.	There is a film showing today.
Мы не хоти́м гуля́ть — идёт дождь.	We don't want to go for a walk— it's raining.
Вчера́ весь день шёл снег.	It snowed all day yesterday.

8. The Motion Verbs Expressing "Bring"

The prefix **при-** combines with two pairs of verbs to express the notion of "bring":

при-носи́- *(imperf.)*	при-нёс́- : *(perf.)* bring (on foot)
при-вози́- *(imperf.)*	при-вёз́- : *(perf.)* bring (by vehicle)

The formation of the imperfectives requires no comment, since they are standard **и**-verbs, conjugating like **ходи́**-.

The perfective forms represent the class of non-suffixed stems in **-с/-з** with endings stressed throughout. Two features of this class are noteworthy: 1) the expected ⊠[1] + C^2 deletion does not occur in the infinitive and past tense forms; 2) the masculine past tense form ends in **с** or **з** (rather than **л**).

принести́ (принёс́-) "carry"		привезти́ (привёз́-) "carry, haul"	
принесу́	принесём	привезу́	привезём
принесёшь	принесёте	привезёшь	привезёте
принесёт	принесу́т	привезёт	привезу́т
принёс		привёз	
принесла́		привезла́	
принесло́		привезло́	
принесли́		привезли́	
принеси́(те)!		привези́(те)!	

Ми́ша был рад, что друзья́ пришли́ к нему́ на день рожде́ния.	Misha was glad that his friends came to his birthday party.
Ке́вин принёс Ми́ше кни́гу, а Ле́на принесла́ ему́ цветы́.	Kevin brought Misha a book, and Lena brought him flowers.

9. The Third-Person Imperative

The Russian third-person imperative corresponds to English expressions of volition beginning with the word "let" or "have." The word **пусть** (or, colloquially, **пуска́й**) <u>precedes</u> the subject of the sentence that describes the action being performed.

Пусть О́ля закро́ет дверь.	Have Olya close the door.
Пусть Та́ня отдыха́ет.	Let Tanya rest.
Пусть де́ти игра́ют в саду́, е́сли хотя́т.	Let the children play in the garden if they want.

10. Жа́лко and Пора́ in Impersonal Sentences

Certain words like **жа́лко** and **пора́** that were historically nouns or other parts of speech have also come to function as predicates in impersonal sentences. The past and future tenses of these predicates are expressed by **бы́ло** and **бу́дет**, respectively.

Пора́ обе́дать.	**It is time** to have lunch.
Мне **жа́лко** ры́бку.	I feel **sorry** for the goldfish.
Мне бы́ло **жа́лко** Ке́вина.	I felt **sorry** for Kevin.
Мне бу́дет **жа́лко** О́лю.	I shall feel **sorry** for Olya.
Жа́лко, что Та́ня не пое́хала в Звени́город.	**It's too bad** that Tanya didn't go to Zvenigorod.

NOUNS

альбо́м album
больно́й (here) patient
варе́нье preserves
винегре́т beet salad
внима́ние attention
здоро́вье health
капу́ста cabbage
  ква́шеная ~ Russian
  sauerkraut
кра́бы crabs
любо́вь (f.) love (III)
мука́ flour
ого́нь fire BB
о́стров island AB
по́чта (here) mail
репорта́ж live broadcast
рю́мка wine glass
свёкла beets
сча́стье happiness
успе́х success
эго́ист egoist
электри́чка commuter train

PROPER NOUNS

Тага́нская Taganskaya
  (railway station outside
  Moscow)
Ту́ла Tula (city of just over a
  half million located 110
  miles south of Moscow)

PRONOUNS

себя́ oneself

ADJECTIVES

же́нский women's
голо́дный hungry
мужско́й men's
сыт (m.), сыта́ (f.) сы́ты (pl.)
  full (e.g. food)
телевизио́нный television

VERBS

возвраща́ться
  (возвраща́йся)/ верну́ться
  (верну́-ся) return
бе́гать (бе́гай-) (impf.) run
жела́ть (жела́й-) (impf.)
  wish
кома́ндовать (кома́ндова-)
  (impf.) command
мыть (мо́й-) (impf.)
  wash
налива́ть (налива́й-)/
  нали́ть (наль/й́-) pour
  (conjugate like пить)
отдохну́ть (отдохну́-) (perf.)
  rest
относи́ть (относи́-)/
  отнести́ (отнёс-́) take away
перевози́ть (перевози́-)/
  перевезти́ (перевёз-́) move
  things by vehicle
передава́ть (передава́й-)/
  переда́ть (irreg.) pass, give
переезжа́ть (переезжа́й-)/
  перее́хать (irreg.) + на +
  ⬚c. move (by vehicle) to a
  new apartment/home
переноси́ть (переноси́-)/
  перенести́ (перенёс-́) + на
  + ⬚c. (here) move an
  event to a new time
переходи́ть (переходи́-)/
  перейти́ (irreg.) cross;
  move from one grade to
  another, change jobs
повора́чивать
  (повора́чивай-)/
  поверну́ть (поверну́-) turn
подожда́ть (подожда́-)
  (perf.) wait
положи́ть (положи́-) (perf.)
  place, lay

привози́ть (привози́-)/
  привезти́ (привёз-́) bring
  (by vehicle)
приноси́ть (приноси́-)/
  принести́ (принёс-́) bring
  (by foot)
продава́ть (продава́й-)/
  прода́ть (irreg.) sell
разреша́ть (разреша́й-)/
  разреши́ть (разреши́-)
  allow
сади́ться (сади́-ся)/ сесть
  (irreg.) sit down
собира́ть (собира́й-)/
  собра́ть (со-б/ра́-) gather,
  collect
убега́ть (убега́й-)/ убежа́ть
  (irreg.) run away
уме́ть (уме́й-) (impf.) be
  able to
чу́вствовать (чу́вствова-)
  себя́ (impf.) feel

ADVERBS

специа́льно especially
сто́лько + gen. so many

PREPOSITIONS

про + ⬚c. about

CONJUNCTIONS

поэ́тому that's why, therefore

PARTICLES

бы (identifies an unreal
  situation) subjunctive
  particle

EXPRESSIONS

Всем нали́ли? Is everyone's glass full?

вы́пить *(perf.)* за + ▧▧▧ drink to

идёт дождь it's raining

идёт снег it's snowing

жа́лко it's a shame, it's too bad

зага́дывать/ загада́ть жела́ние make a wish

зна́чит (it) means

Как ты себя́ чу́вствуешь? How do you feel?

пусть let

разреши́те allow (me)

Спаси́бо за + acc▧.… Thank you for…

Что случи́лось? What happened?

**Конéц
истóрии**

*O*lya returns from her business trip, but she ends up receiving a surprise herself!

This unit is a review of Volumes I and II, with a heavy focus on Volume II. You will review Kevin, Tanya, Misha, and Olya's story as well as the grammar and vocabulary you have learned so far.

You will learn how to:

- ☐ REASSURE SOMEONE
- ☐ EXPRESS AN OPINION WITHOUT SOUNDING OPINIONATED

Óля была́ в командиро́вке.

Óля прие́хала из командиро́вки.

▶ Today you will watch the conclusion of "Live from Russia!" Óля surprised Ке́вин at Ми́ша's birthday party with the news that she would be leaving for a business trip for 3 weeks. This episode takes place on the day of Óля's return home.

1. Оля́ привезла́ всем пода́рки!

Here are the presents Óля brought back from her trip to Lake Baikal:

тёплые ва́режки	warm mittens
сушёные бе́лые грибы́	dried white mushrooms□
сушёная клю́ква	dried cranberries

- Как вы ду́маете, кому́ она́ привезла́ ва́режки?
- Кому́ сушёные грибы́?
- Кому́ клю́кву?

□ Mushroom picking is a favorite Russian leisure activity. Russian forests contain a wide variety of mushrooms that are suitable for picking: **бе́лый гриб** is considered the most delicious and is the most sought after. Mushrooms can be cooked fresh or preserved for the winter by pickling, marinating or drying.

2. In this final episode, «**Коне́ц исто́рии**», you will see each character's story come to a conclusion. Make predictions about the following:

- What will happen between Ке́вин and О́ля?

- Will Ми́ша's veterinary business thrive with the help of Ке́вин's sister?

- Will Ке́вин ever finish his photo album about Russia?

VIEWING

▶ Now watch «**Коне́ц исто́рии**» with the SOUND ON.

3. What do you think the Воло́дины are doing at the very beginning of the episode?

А́нна Бори́совна	working on the computer
Та́ня	going to the internet cafe
О́ля	happy about sister's return
Ви́ктор Степа́нович	reading a magazine

4. Match each person's name with the present s/he receives.

тёплые ва́режки	Та́ня
сушёные бе́лые грибы́	А́нна Борисовна
клю́ква	Ми́ша

5. The sisters are really excited to see each other after О́ля's long trip. Identify the speaker in the following lines:

_____: — Ну, каки́е тут но́вости?

_____: — А тебя́ интересу́ет кто́-нибудь конкре́тно?

_____: — Ну, как дела́ у Ми́ши?

6. О́ля explains to Та́ня that she was filming for a show called «**Без че́тверти де́сять**», which also happens to be the time when the show airs every Tuesday evening. Can you express this time in numbers? How would you express this in "official time?" (See Appendix X.)

че́тверть (*f.*) = quarter

7. Mark the following statements about the sisters' conversation as true or false.

	Да	Нет
Óля is pleased with her business trip.	☐	☐
Táня says that she would never want a job in television.	☐	☐
Óля is impressed by Táня's transformation into a serious student.	☐	☐
Míша is doing very well.	☐	☐
There seems to be no more striking news.	☐	☐

8. The sisters' conversation is interrupted by the appearance of three people. Name the people who enter internet cafe.

_____

_____

_____

9. A. Óля becomes upset when she sees who is standing next to Кéвин. What is the possible explanation for her reaction?

☐ She didn't want to see Кéвин ever again.

☐ She couldn't believe that Кéвин had the nerve to bring his girlfriend to the cafe.

B. Óля quickly warms up to Мэ́ри after discovering that she is:

- ☐ the president of the company Ми́ша is doing business with
- ☐ not Ке́вин's girlfriend, but his sister
- ☐ Ми́ша's cousin from Murmansk

10. Óля is happy that Ке́вин is having a exhibition of his work. How does she say this?

- ☐ Пра́вда? Ке́вин поздравля́ю тебя́!
- ☐ Так э́то твоя́ вы́ставка? Как я ра́да!
- ☐ Кака́я вы́ставка? Я ничего́ не зна́ю.

11. Try to remember how the following phrases are expressed in Russian in this episode.

1. Nice to meet you.

   _____

2. She is also a veterinarian, can you imagine?

   _____

3. Mary agreed to become our business partner.

   _____

4. How long will she stay in Moscow?

   _____

5. Are you coming to the exhibit tomorrow?

   _____

6. I hope nobody forgets and nobody is late. It opens at 3:00 p.m. sharp.

   _____

12. Mark the following statements as true or false.

	Да	Нет
Ке́вин invites everyone to his photo exhibit.	☐	☐
The exhibit opens the next day.	☐	☐
The exhibit begins at 6:00 p.m. sharp.	☐	☐

13. A. Мэри did not get to do a lot of the things she had planned during her short visit to Moscow. Act out a conversation between Таня and Миша in which Таня expresses regret that Мэри wasn't able to do something and Миша reassures her that Мэри can do it on her next visit.

> — Жалко, что Мэри **не увидела Звенигород**.
> — Ничего, в другой раз **увидит**.

попробовать квашеную капусту, посмотреть Измайлово, купить матрёшку, познакомиться с Ваней, увидеть Байкал, попробовать солёные огурцы

B. Listen to your partner's regrets and reassure him/her that next time things will be different.

> — Жалко, что я **не получил пятёрку**.
> — Ничего, в другой раз **получишь**.

didn't go to the concert, didn't buy my parents a gift, didn't see the new exhibit, didn't have lunch in the new restaurant

14. У Миши хорошая новость — Мэри стала партнёром в его бизнесе!

A. Describe some other "transformations" that the characters in the video have undergone.

> Миша и Кевин стали **друзьями**.

B. Now look into your crystal ball and predict what the
future holds for the characters in the video. Discuss
your ideas with your partner.

> — Ми́ша ста́нет больши́м бизнесме́ном.
> — Не зна́ю, не зна́ю./ Обяза́тельно.

The phrase **не зна́ю, не
зна́ю** is used to express
skepticism: "I'm not
sure."

Expressing Opinions

Мне ка́жется, что ты ста́ла серьёзнее.
It seems to me that you've become more serious.

The expression **мне ка́жется** is used to express an
opinion. **Мне ка́жется** makes a statement sound less
categorical and the speaker less opinionated.

15. Express your opinion of the following statements using the
"softening phrase" **«мне (не) ка́жется»**.

> Та́ня ста́ла серьёзнее. →
> **Мне ка́жется**, что Та́ня ста́ла серьёзнее.
> **Мне не ка́жется**, что Та́ня ста́ла серьёзнее.

1. О́ля и Мэ́ри ста́нут друзья́ми.

2. Ке́вин рад ви́деть О́лю.

3. Ке́вин не уе́дет из Москвы́.

4. У Ми́ши бу́дет всё в поря́дке.

5. Ми́ша бу́дет занима́ться англи́йским языко́м.

6. Та́ня найдёт хоро́шую рабо́ту.

16. A. Playing the roles of Óля, Кéвин, and Мэ́ри, continue the conversation about Мэ́ри's trip and impressions of Moscow. The person playing Óля should find out:

- ✓ when Мэ́ри arrived

- ✓ what hotel she is staying in (whether or not the hotel is comfortable, whether it is similar to American hotels, how much the hotel costs, etc.)[ ]

- ✓ how she liked the metro

- ✓ what she thinks about Russian cuisine (which dishes she tried and what her favorite was)

- ✓ why she decided to become Миша's partner

B. Now have Мэ́ри ask someone questions. You may choose any character from the video that Мэ́ри could have met, including the Смирнóвы, Лéна, Сáша, and Сергéй.

> жить в гости́нице = stay in a hotel

[ ] Russians are not as private as Americans can be when it comes to discussing money. Your Russian friends will tell you how much money they make, how much they pay in rent, how much they paid for any new item, etc. and will generally assume you will do the same.

1. Вот и закóнчилась нáша истóрия!

A. Everything has happened so fast! Change the sentences below to indicate when the events took place.

> Откры́лась вы́ставка фотогрáфий Кéвина Джéксона. 30.6 →
> Вы́ставка фотогрáфий Кéвина Джéксона откры́лась **тридцáтого
> ию́ня**.

1. Кéвин приéхал в Москвý.	15.5
2. Тáня привезлá Кéвина на квартúру.	15.5
3. Смирнóвы приéхали домóй с дáчи.	15.5
4. Лéна привезлá своегó нóвого дрýга к Тáне, чтóбы познакóмить их.	15.5
5. Мúша с Тáней должны́ бы́ли пойтú в теáтр, но онá опоздáла.	15.5
6. Смирнóвы с Кéвином позвонúли в милúцию, потомý что никтó ничегó не мог поня́ть.	15.5
7. Тáня с Мúшей встрéтились на вы́ставке в галерéе Шúлова.	18.5
8. Тáня познакóмила Кéвина с Мúшей.	19.5
9. Кéвин принёс дúски для Мúши.	24.5

10. Таню вы́звала дека́н, потому́ что она́
    пропусти́ла мно́го заня́тий.   24.5

11. О́ля прие́хала из командиро́вки.   24.5

12. Сёстры пошли́ в магази́н покупа́ть
    проду́кты.   24.5

13. О́ля с Ке́вином пое́хали в Звени́город.   25.5

14. Та́ня сдала́ экза́мен и получи́ла пятёрку. 27.5

15. О́ля с Ке́вином пошли́ покупа́ть
    пода́рок Ми́ше.   1.6

16. О́ля с Ке́вином купи́ли золоту́ю ры́бку.   1.6

17. Та́ня нашла́ ди́ски, кото́рые Ке́вин
    принёс для Ми́ши.   2.6

18. Все прие́хали в парк на день рожде́ния
    Ми́ши.   8.6

19. О́ля узна́ла, что у Ке́вина есть подру́га
    в Аме́рике.   8.6

20. Ке́вин познако́мил О́лю со свое́й сестро́й. 29.6

B. The following events all took place on the same day. Provide the
exact time each event took place.

Ке́вин прие́хал в Москву́. 14.45 →
Ке́вин прие́хал в Москву́ **в четы́рнадцать часо́в
со́рок пять мину́т.**

---

1. Та́ня привезла́ Ке́вина на кварти́ру.   16.10

2. Та́ня пое́хала домо́й.   17.20

3. Смирно́вы прие́хали домо́й с да́чи.   17.50

4. Ле́на привезла́ своего́ но́вого дру́га к Та́не,
   чтобы познако́мить их.   18.20

5. Смирно́вы с Ке́вином позвони́ли в мили́цию,
   потому́ что никто́ ничего́ не мог поня́ть.   18.15

6. Ми́ша с Та́ней должны́ бы́ли пойти́ в
   Моско́вский худо́жественный теа́тр, но
   она́ опозда́ла.   19.00

2. A. Choose the three events Ке́вин would consider to be the most important events of his time in Moscow and say how long ago they took place in reference to the last day of the story.

> Ке́вин с Ми́шей познако́мились **неде́ль шесть наза́д**.

B. Now pretend that it is the day Ке́вин arrived in Moscow. "Predict" three things that will happen during his stay.

> Через де́сять дней О́ля с Ке́вином пое́дут в Звени́город.

3. Answer the following questions based on what happened in the video. If you don't know for sure, take a guess.

> — Ско́лько вре́мени О́ля была́ в командиро́вке?
> — **Три неде́ли.**

1. Ско́лько вре́мени Ми́ша ждал Та́ню о́коло теа́тра?
2. Ско́лько вре́мени Ке́вин разгова́ривал с милицонéром?
3. Ско́лько вре́мени О́ля с Ке́вином бы́ли в Звени́городе?
4. Ско́лько вре́мени Ке́вин живёт в Москве́?
5. Ско́лько вре́мени Ке́вин жил у Смирно́вых?
6. Ско́лько вре́мени Да́ша живёт в Аме́рике?
7. Ско́лько вре́мени Ке́вин с О́лей иска́ли пода́рок Ми́ше?

4. У Воло́диных го́сти

This is not the first time Ке́вин has been a guest at someone's home in Moscow—he knows all about drinking tea from a samovar, open-faced sandwiches, and the great hospitality Russians show their guests. He is not at all surprised when he hears А́нна Бори́совна send her husband out to buy groceries for unexpected guests.

А́нна Бори́совна не зна́ла, что у них бу́дут го́сти. Она́ говори́т, что Ви́ктор Степа́нович до́лжен пойти́ в магази́н и купи́ть проду́кты. Вот спи́сок:

шокола́дные конфе́ты	3 кор.
фрукто́вое пече́нье	2 пач.
швейца́рский сыр	1 кг
тво́рог	1 пач.
колбаса́	полкило́
кра́сное вино́	1 бут.
апельси́новый сок	1 пак.
я́блоки	3 кг
ко́фе	2 пач.
лимо́ны	2 шт.

Act out their conversation. Ви́ктор Степа́нович protests some of the items А́нна Бори́совна suggests he buys.

| А́нна Бори́совна: | Купи́, пожа́луйста, три килогра́мма я́блок. |
| Ви́ктор Степа́нович: | Так мно́го? |

А́нна Бори́совна: купи́…, возьми́…, не забу́дь купи́ть…

Ви́ктор Степа́нович   Так мно́го?
Что ты, э́то о́чень до́рого.
Че́стно говоря́, я не люблю́…
То́лько не…
Я не голо́дный.
Ты же зна́ешь, я не ем…

5. Look at the pictures below and describe what is happening in each shot.

Здесь Сергей встречает Кевина в аэропорту.

Москва в объективе

В Москве тридцатого июня открывается выставка американского фотографа Кевина Джексона

Выставка открывается в три часа

Адрес: Фотоцентр, Гоголевский бульвар, дом 8
Вход бесплатный

Below you can see some of Kevin's work. He also provided the titles.

Собо́р Васи́лия
Блаже́нного[ ]

В Па́рке культу́ры и о́тдыха
и́мени Го́рького[ ][ ]

Москва́ в
объекти́ве =
Moscow in
focus

вход
беспла́тный
= free
admission

Где купи́ть кни́гу?

[ ] **Собо́р Васи́лия Блаже́нного** was built in 1555–61 to commemorate Russia's victory over the Tatar state in Kazan. It is located on Red Square.

[ ][ ] **Па́рк культу́ры и о́тдыха и́мени Го́рького** is the biggest amusement park in Moscow and is located on the banks of the Moscow River.

На Пло́щади Восста́ния[

Па́мятник Пу́шкину
на Тверско́й

Па́мятник Ю́рию
Долгору́кому на Тверско́й[[

Собо́ры Моско́вского Кремля́

[This building is a very distinctive Moscow sight. Seven buildings in Moscow all have the same basic design; Moscow State University is one of them. The buildings were constructed under Stalin's rule and are known as examples of his Gothic style.

[[**Ю́рий Долгору́кий** (d. 1157) was one of Russia's ruling princes. His name is associated with the first historical records of the city of Moscow in Russia's Primary Chronicle.

Моско́вские мосты́

В це́нтре Москвы́: Кита́й-го́род[1]

В воскресе́нье в Москве́

Ле́том в Коло́менском[2]

[1] **Кита́й-го́род** is one of the oldest city districts in Moscow. Adjacent to Red Square, the area is marked by the contrast between modern buildings and very old churches and historical buildings.

[2] **Коло́менское** originally was a small village near Moscow dating to the 14th century. From the 15th to the 17th centuries it was one of the residences of the Russian czars. Historical buildings and churches remain preserved in Kolomenskoe today, though they are surrounded by modern housing developments.

1. Translate the following biography for the exhibit into Russian.

Kevin Jackson was born in 1985 in Bryn Mawr, a small town on the east coast. In 1987 his family moved to New York. When he was 5 years old, he began school and got his first camera for his birthday. Nobody thought he would become a professional photographer. Little Kevin took pictures of everyone and everything—cars, buses, his parents, his dog, and… himself! In 2002 he moved to Washington, where he lived and studied for four years. Kevin studied Russian architecture at the university, and decided that one day he would go to Russia.

2. Write your comments about Ке́вин's exhibit in the following "guest book."

Спасибо, Кевин! Прекрасная выставка. Мне она очень понравилась.

_____

_____

_____

_____

_____

_____

This is the best exhibit I've ever been to!

I'm so glad you've come to our country.

I haven't seen such great pictures in a long time.

How do you know so much about Moscow?

Come back, Kevin! I hope that we'll see more pictures soon.

Congratulations on a wonderful exhibit!

We wish you success.

Terrific!

Good job!

I think the picture of the bridge is the best!

3. Describe your life including information on how old you were when you began school, when you graduated, etc. Include something about your plans for the future.

4. A. Ке́вин often consulted with the Смирно́вы for advice on how best to get to the places he wanted to photograph. Act out their possible conversations.

> — Я никогда́ не ви́дел па́мятник Ю́рию Долгору́кому. Где он нахо́дится?
> — Э́тот па́мятник нахо́дится в це́нтре го́рода, на Тверско́й у́лице. Е́сли вы хоти́те его́ уви́деть, туда́ лу́чше е́хать на метро́.

Собо́р Васи́лия Блаже́нного (Кра́сная пло́щадь, метро́/тролле́йбус/авто́бус)

Парк культу́ры и о́тдыха и́мени Го́рького (Ле́нинский проспе́кт, Садо́вое кольцо́, метро́/тролле́йбус/авто́бус)

Пло́щадь Восста́ния (Садо́вое кольцо́, тролле́йбус)

Па́мятник Пу́шкину (у́лица Тверска́я, метро́/тролле́йбус)

Собо́ры Моско́вского Кремля́ (центр го́рода, метро́, пешко́м)

Коло́менское (юг Москвы́, метро́/авто́бус, пешко́м)

Большо́й теа́тр (Театра́льная пло́щадь, метро́)

Моско́вский университе́т (Воробьёвы го́ры, метро́/тролле́йбус)

B. Play the role of the Смирно́вы as they give Ке́вин advice on what to wear on his excursions.

> — Говоря́т, что за́втра бу́дет хо́лодно. Возьми́те с собо́й сви́тер.
> — Обяза́тельно возьму́.

5. A. Да́ша is in America for the first time and had a lot of questions when she first arrived. Answer her questions about how Americans dress in different situations.

ходи́ть в +
prep. = wear

> — Мо́жно ходи́ть на рабо́ту в шо́ртах?
> — Нет. У нас не хо́дят в шо́ртах.

на рабо́ту, в го́сти, в теа́тр, на заня́тия, на дискоте́ку

jeans, sweater, t-shirt, shirt and tie, suit, pants, miniskirt, sneakers

B. Now give Да́ша advice on where she should and shouldn't go.

The phrase **не ходи́** refers to unwanted, unnecessary action.

> — Куда́ ты идёшь?
> — Я иду́ в столо́вую.
> — Не ходи́. Там невку́сно.

movie theater/bad movie; library/closing in half an hour; new store/expensive; dance club/music is awful; Russian club meeting/ended half an hour ago; pool/closed on Monday; doctor/she's gone; Tom's place/he went to work; Jane's place/she moved to another dorm; lab/let's go see a movie instead

6. Rate each of the characters in the video on a scale of 1 to 5 in each of the following categories. Discuss your evaluations with your partner.

	симпати́чный	у́мный	интере́сный	серьёзный	весёлый	энерги́чный
Та́ня						
Ке́вин						
О́ля						
Ми́ша						
Серге́й						
А́нна Бори́совна						
Ви́ктор Степа́нович						
Ле́на						
Са́ша						
Ва́ня						

> Мне бо́льше понра́вилась Та́ня, потому́ что она́ така́я весёлая и энерги́чная.

1. Rate each video episode on a scale of 1 to 5 in each of the following categories, then discuss the results with your classmates.

	смешнóй	интерéсный	понятный	корóткий	лёгкий
1. Здрáвствуйте, э́то я!					
2. Кто здесь живёт?					
3. Что дéлать?					
4. Вот э́то спектáкль!					
5. Ужáсная истóрия					
6. За нáше бýдущее!					
7. У меня ещё есть врéмя					
8. Какáя ты несерьёзная!					
9. Поéздка в Звенúгород					
10. Не бýду бóльше вéрить в примéты!					
11. Не знáю, что купúть					
12. Всё хорошó, что хорошó кончáется					
13. С днём рождéния!					
14. Конéц истóрии					

— Мне бóльше всегó понрáвился пятый эпизóд, потомý что он сáмый смешнóй и интерéсный.
— А мне кáжется, что тринáдцатый эпизóд интерéснее и смешнéе.

2. Combine the two clauses in the sentences below with **когда́, поэ́тому, что́бы, потому́ что, почему́, кото́рый,** and **что.**

1. Та́ня пое́хала в аэропо́рт, _____ встре́тить Ке́вина.

2. Серге́й помо́г Та́не встре́тить Ке́вина, _____ у Та́ни нет маши́ны.

3. Та́ня и Серге́й показа́ли Ке́вину мно́го интере́сных па́мятников, _____ они́ е́хали из аэропо́рта.

4. Та́ня привезла́ Ке́вина в кварти́ру, _____ сняла́ для него́ О́ля.

5. Та́ня пригото́вила бутербро́ды, _____ Ке́вин ничего́ не ел весь день.

6. У Та́ни не́ было вре́мени поу́жинать, _____ Ми́ша ждал её в теа́тре.

7. Ке́вин позвони́л Та́не, _____ она́ прие́хала и помогла́ ему́.

8. Ми́ша поду́мал, _____ Та́ня не придёт в теа́тр.

9. Та́ня опозда́ла в теа́тр, _____ Ми́ша дал биле́ты како́й-то де́вушке.

10. Та́ня рассказа́ла Ми́ше о сканда́ле с кварти́рой, _____ они́ встре́тились на вы́ставке в галере́е Ши́лова.

11. Ке́вин показа́л Та́не сувени́ры, _____ он купи́л в торго́вом це́нтре.

12. Ке́вин рассказа́л Ми́ше о свое́й сестре́, _____ она́ то́же занима́ется би́знесом.

13. Сёстры о́чень похо́жи, _____ Ке́вин поду́мал, что О́ля — э́то Та́ня.

14. У Та́ни был неприя́тный разгово́р с дека́ном, _____ она́ пропусти́ла не́сколько ле́кций.

15. Та́ня пошла́ в магази́н с сестро́й, _____ в э́тот день прие́хала из командиро́вки.

16. Та́ня рассказа́ла О́ле о кварти́ре и о свои́х пробле́мах в университе́те, _____ сёстры шли из магази́на.

17. О́ля пое́хала в Звени́город помога́ть Ке́вину с фотоальбо́мом, _____ Та́ня могла́ гото́виться к экза́мену по исто́рии.

18. Та́ня хорошо́ сдала́ экза́мен, _____ она́ не бу́дет бо́льше ве́рить в приме́ты.

3. Е́сли бы…

A. Imagine what you would say if you met Та́ня, О́ля, Ми́ша, and Ке́вин in Moscow. Complete the following statements.

1. Е́сли бы я был(а́) дру́гом/подру́гой Та́ни, я бы

   _____.

2. Е́сли бы я учи́лся/учи́лась в МУ́Ме, я бы

   _____.

3. Е́сли бы я рабо́тал(а) с Ми́шей, я бы

   _____.

B. What would you do if you went to Moscow or Zvenigorod?

1. Е́сли бы я рабо́тал(а) в Москве́, я бы

   _____.

2. Е́сли бы я пое́хал(а) в Звени́город, я бы

   _____.

3. Е́сли бы я жил(а́) в Москве́, я бы

   _____.

4. Е́сли бы я учи́лся/учи́лась в Москве́, я бы

   _____.

5. Е́сли бы я отдыха́л(а) в Москве́, я бы

   _____.

4. Your friend is going to Moscow on a study abroad program. S/he has never been to Russia and asks you about life in Moscow. Comment on the cultural differences and similarities between Russia and the U.S. using the following words and questions as a reference.

дом/кварти́ра   го́сти
рабо́та   пра́здники
шко́ла   магази́ны
институ́т/университе́т   о́тдых
тра́нспорт   дома́шние живо́тные

В Москве́ лю́ди живу́т в кварти́рах и́ли в свои́х дома́х?

Кварти́ра в Москве́ похо́жа на кварти́ру в Аме́рике?

В Росси́и обы́чно рабо́тают в суббо́ту и в воскресе́нье?

Студе́нты в Росси́и мно́го занима́ются? У них есть экза́мены? Когда́?

В Москве́ есть метро́?

В Росси́и да́рят пода́рки на день рожде́ния?

Каку́ю еду́ гото́вят, когда́ в до́ме го́сти?

В Москве́ больши́е магази́ны?

Магази́ны в Москве́ похо́жи на магази́ны в Аме́рике?

Куда́ лю́ди в Росси́и хо́дят в суббо́ту и в воскресе́нье?

В Москве́ лю́бят соба́к и ко́шек?

1. Кто ваш люби́мый геро́й?

А. Кто ваш люби́мый геро́й фи́льма? Расскажи́те о нём.

В. Retell the events of the video from the perspective of one of the video characters.

> Ви́ктор Степа́нович: У меня́ две до́чери, О́ля и Та́ня. О́ля, моя́ ста́ршая дочь, уже́ зако́нчила университе́т, она́ рабо́тает журнали́сткой…
>
> …15 ма́я Та́ня пришла́ домо́й как обы́чно. Но она́ не ходи́ла в университе́т. Она́ ча́сто пропуска́ет заня́тия, и я бою́сь, что у неё бу́дут пробле́мы. Та́ня е́здила в аэропо́рт…

2. How would you change the video to make it more interesting?

> Фильм был бы лу́чше, е́сли бы он был коро́че. Фильм был бы интере́снее, е́сли бы Ке́вин не говори́л по-ру́сски.

3. Make a prediction about what will happen to one of the characters and see if your partner can guess who you are talking about.

> — Он бу́дет миллионе́ром.
> — По-мо́ему, э́то Ке́вин.
> — Пра́вильно.

4. Через пять лет…

A. In groups of four think of a possible continuation of the story. Choose a time (2, 5, 10, etc. years later) and imagine what might happen in the lives of all the characters.

- Где они́ бу́дут жить?
- Чем они́ бу́дут занима́ться?
- У них бу́дут де́ти?

- Где они́ бу́дут рабо́тать?
- У них бу́дет семья́?
- Чем они́ бу́дут интересова́ться?

B. Once you have developed the "plot line," act out an episode in which all (or some of) the characters meet.

Imagine that you are writing the screenplay for "Live from Russia: II." You have already thought about where the characters will be years in the future, so your screenplay should set the stage for the characters' future actions. The sequel will begin at Kevin's photo exhibit the day after the video ended. Describe the plot of the first episode, using the following sentence as a beginning:

> Все прихо́дят на вы́ставку Ке́вина, где их ждёт большо́й сюрпри́з…

NOUNS

ва́режка mitten
клю́ква cranberries
партнёр partner
ребя́та guys
че́тверть (*f.*) one quarter AC

PROPER NOUNS

Кита́й-го́род Kitay gorod (region in downtown Moscow)
Коло́менское Kolomenskoye (restored historic area southeast of Moscow)
Пло́щадь Восста́ния Square of the 1905 Revolution

ADJECTIVES

апельси́новый orange
грибно́й mushroom

легкомы́сленный flakey, not serious
меховой fur
поня́тный understandable, intelligible
сушёный dried

VERBS

представля́ть (представля́й-)/ **предста́вить** (предста́ви-) imagine
соглаша́ться (соглаша́й-ся)/ **согласи́ться** (согласи́-ся) agree
ста́вить (ста́ви-)/ поста́вить (*here*) put
успева́ть (успева́й-)/успе́ть (успе́й-) have time

ADVERBS

гора́здо much

EXPRESSIONS

А э́то тебе́. And this is for you.
В друго́й раз. Another time.
вход беспла́тный free admission
жить в гости́нице stay in a hotel
Мне ка́жется… It seems to me…
Москва́ в объекти́ве Moscow in focus
Не зна́ю, не зна́ю. I'm not sure.
Так мно́го? Why so much?
ходи́ть в + *prep.* wear

The Russian Alphabet

Cyrillic Letter		Name of Letter	Cyrillic Letter		Name of Letter
А а	*А а*	a	П п	*П п*	pe
Б б	*Б б*	be	Р р	*Р р*	er
В в	*В в*	ve	С с	*С с*	es
Г г	*Г г*	ge	Т т	*Т т*	te
Д д	*Д д*	de	У у	*У у*	u
Е е	*Е е*	ye	Ф ф	*Ф ф*	ef
Ё ё	*Ё ё*	yo	Х х	*Х х*	kha
Ж ж	*Ж ж*	zhe	Ц ц	*Ц ц*	tse
З з	*З з*	ze	Ч ч	*Ч ч*	che
И и	*И и*	i	Ш ш	*Ш ш*	sha
Й й	*Й й*	i kratkoye (short i)	Щ щ	*Щ щ*	scha
К к	*К к*	ka	ъ	*ъ*	tvyordi znak (hard sign)
Л л	*Л л*	el	ы	*ы*	yeri
М м	*М м*	em	ь	*ь*	myagkiy znak (soft sign)
Н н	*Н н*	en	Э э	*Э э*	e oborotnoye (reversed e)
О о	*О о*	o	Ю ю	*Ю ю*	yu
			Я я	*Я я*	ya

APPENDIX I

Summary Tables of Noun Endings

Singular

Case	First Declension — Masc.Inanimate/Masc.Animate			First Declension — Neuter		Second Declension — Feminine	
Nom.	теа́тр	словарь	ма́льчик	окно́	мо́ре	газе́та	ку́хня
Acc.	теа́тр	словарь	ма́льчика	окно́	мо́ре	газе́ту	ку́хню
Gen.	теа́тра	словаря́	ма́льчика	окна́	мо́ря	газе́ты	ку́хни
Prep.	теа́тре	словаре́	ма́льчике	окне́	мо́ре	газе́те	ку́хне
Dat.	теа́тру	словарю́	ма́льчику	окну́	мо́рю	газе́те	ку́хне
Instr.	теа́тром	словарём	ма́льчиком	окно́м	мо́рем	газе́той	ку́хней

Plural

Case	First Declension — Masc.Inanimate/Masc.Animate			First Declension — Neuter		Second Declension — Feminine	
Nom.	теа́тры	словари́	ма́льчики	о́кна	моря́	газе́ты	ку́хни
Acc.	теа́тры	словари́	ма́льчиков	о́кна	моря́	газе́ты	ку́хни
Gen.	теа́тров	словаре́й	ма́льчиков	о́кон	море́й	газе́т	ку́хонь
Prep.	теа́трах	словаря́х	ма́льчиках	о́кнах	моря́х	газе́тах	ку́хнях
Dat.	теа́трам	словаря́м	ма́льчикам	о́кнам	моря́м	газе́там	ку́хням
Instr.	теа́трами	словаря́ми	ма́льчиками	о́кнами	моря́ми	газе́тами	ку́хнями

Summary Tables of Noun Endings (Cont'd.)

Third Declension

Case	Singular	Plural
Nom.	тетрáдь	тетрáди
Acc.	тетрáдь	тетрáди
Gen.	тетрáди	тетрáдей
Prep.	тетрáди	тетрáдях
Dat.	тетрáди	тетрáдям
Instr.	тетрáдью	тетрáдями

Irregular Third Declension: мать, дочь

Case	Singular		Plural	
Nom.	мать	дочь	мáтери	дóчери
Acc.	мать	дочь	матерéй	дочерéй
Gen.	мáтери	дóчери	матерéй	дочерéй
Prep.	мáтери	дóчери	матерáх	дочерáх
Dat.	мáтери	дóчери	матерáм	дочерáм
Instr.	мáтерью	дóчерью	матерáми	дочерáми

Summary Tables of Pronoun Declension

Personal Pronouns

	я	ты	он/оно	она	мы	вы	они
Nom.	я	ты	он/оно	она	мы	вы	они
Acc.	меня	тебя	его	её	нас	вас	их
Gen.	меня	тебя	его	её	нас	вас	их
Prep.	обо мне	о тебе	о нём	о ней	о нас	о вас	о них
Dat.	мне	тебе	ему	ей	нам	вам	им
Instr.	мной	тобой	им	ей	нами	вами	ими

Interrogative Pronouns

	кто	что
Nom.	кто	что
Acc.	кого	что
Gen.	кого	чего
Prep.	о ком	о чём
Dat.	кому	чему
Instr.	кем	чем

Demonstrative and Possessive Pronouns

Masculine and Neuter Singular

	этот	это	наш	наше	мой	моё	чей	чьё	весь	всё	тот	то
Nom.	этот	это	наш	наше	мой	моё	чей	чьё	весь	всё	тот	то
Acc. *inan.*	этот	это	наш	наше	мой	моё	чей	чьё	весь	всё	тот	то
anim.	этого		нашего		моего		чьего		всего		того	
Gen.	этого		нашего		моего		чьего		всего		того	
Prep.	этом		нашем		моём		чьём		всём		том	
Dat.	этому		нашему		моему		чьему		всему		тому	
Instr.	этим		нашим		моим		чьим		всем		тем	

Summary Tables of Pronoun Declension (Cont'd.)

Feminine Singular

Nom.	э́та	на́ша	моя́	чья	вся	та
Acc.	э́ту	на́шу	мою́	чью	всю	ту
Gen.	э́той	на́шей	мое́й	чьей	всей	той
Prep.	э́той	на́шей	мое́й	чьей	всей	той
Dat.	э́той	на́шей	мое́й	чьей	всей	той
Instr.	э́той	на́шей	мое́й	чьей	всей	той

Plural

Nom.	э́ти	на́ши	мои́	чьи	все	те
Acc.	э́ти / э́тих	на́ши / на́ших	мои́ / мои́х	чьи / чьих	все / всех	те / тех
Gen.	э́тих	на́ших	мои́х	чьих	всех	тех
Prep.	э́тих	на́ших	мои́х	чьих	всех	тех
Dat.	э́тим	на́шим	мои́м	чьим	всем	тем
Instr.	э́тими	на́шими	мои́ми	чьи́ми	все́ми	те́ми

Summary of Adjective Endings

Case	Stem-Stressed Masculine/Neuter	Stem-Stressed Feminine	Stem-Stressed Plural	Ending-Stressed Masculine/Neuter	Ending-Stressed Feminine	Ending-Stressed Plural
Nom.	но́вый · но́вое	но́вая	но́вые	молодо́й · молодо́е	молода́я	молоды́е
Acc. *inan.*	но́вый · но́вое	но́вую	но́вые	молодо́й · молодо́е	молоду́ю	молоды́е
anim.	но́вого			молодо́го		
Gen.	но́вого	но́вой	но́вых	молодо́го	молодо́й	молоды́х
Prep.	но́вом	но́вой	но́вых	молодо́м	молодо́й	молоды́х
Dat.	но́вому	но́вой	но́вым	молодо́му	молодо́й	молоды́м
Instr.	но́вым	но́вой	но́выми	молоды́м	молодо́й	молоды́ми

Nouns That Use the Preposition <u>на</u> to Indicate Location and Direction

на ю́ге
на се́вере
на за́паде
на восто́ке

на Байка́ле
на Во́лге
на Неве́
на Кавка́зе
на Ура́ле

на вокза́ле
на да́че
на ку́хне
на мо́ре
на о́строве
на по́чте
на проспе́кте
на рабо́те
на ры́нке
на у́лице

на заня́тии
на кани́кулах
на ку́рсе
на ле́кции
на пра́ктике
на репети́ции
на семина́ре
на собра́нии
на факульте́те
на экза́мене

на бале́те
на вы́ставке
на дискоте́ке
на дне рожде́ния
на конце́рте
на пра́зднике
на спекта́кле
на экску́рсии

Stress Patterns in Russian Nouns

Shifting stress in inflections (i.e. declensions, conjugations, etc.) is a characteristic feature of Russian. Most Russian words (about 96 percent of the Russian vocabulary) have fixed stress. However, there are many words with shifting stress, i.e. words in whose declension, conjugation, changing for the degrees of comparison, etc. the stress shifts from the stem to the ending or vice versa.

Nouns have eight shifting stress patterns in their declensional paradigm. Two of these patterns apply only to a few words.

The main types of shifting stress patterns in the noun declensional paradigm reflect the accentual opposition between the singular and the plural: fixed stress on the stem (A) in the singular vs. fixed stress on the ending (B) in the plural: **мо́ре** "sea" – **моря́** "seas" (this pattern covers only masculine and neuter nouns); fixed stress on the ending (B) in the singular vs. fixed stress on the stem (A) in the plural: **письмо́** "letter" – **пи́сьма** "letters", **окно́** "window" - **о́кна** "windows" (this pattern covers masculine, feminine and neuter nouns).

Shifting stress (C) in the singular is not typical of nouns: there are only 31 feminine nouns belonging to this pattern. The pattern represents an opposition between the accusative and the other cases: the stress on the stem in the accusative vs. the stress on the ending in all the other forms: **рука́** "hand and/or arm"), **руки́, руке́, ру́ку, руко́й, о руке́**. Shifting stress in the plural (C) reflects the opposition between the nominative (and the accusative of inanimate nouns), which has stem stress, and the oblique cases, which have end stress: **го́ры** "mountains", **гор, гора́ми, о гора́х.**

Stress in Russian serves to differentiate between the forms of a word, e.g. **го́рода** "of a city" – **города́** "cities", **мо́ря** "of the sea" – **моря́** "seas", **письма́** "of a letter" – **пи́сьма** "letters", **руки́** "of the hand and/or the arm" – **ру́ки** "hands and/or arms". There are several hundred nouns whose genitive singular and nominative plural are distinguished only by stress.

As a rule, shifting stress occurs in unsuffixed, commonly used words with a monosyllabic or disyllabic stem. Rarely used suffixed words, recently borrowed suffixed words, and suffixed words with polysyllabic stems generally have fixed stress.

There are six basic shifting stress declensional patterns: AB, BA, AC, BC, CA, and CC. A two-place symbol will be used to designate each type of stress pattern: the first place refers to the singular; the second place to the plural. Within each place:

A indicates stress fixed on the stem[1].

B indicates stress fixed on the ending.

C indicates the one possible shift of stress in the singular or plural:

singular – stress is shifted to the root (initial syllable) in the *feminine accusative only*.

plural - stress is shifted to the root (initial syllable) in the *nominative* (and the *accusative* if the latter is identical with the nominative) *only*.

In all other forms stress remains fixed on the post-root syllable.

Thus, there are logically nine possible types, of which eight actually exist in Russian:

	AA	AB	AC
Nom.	кни́га	сад	гость
Acc.	кни́гу	сад	го́стя
Gen.	кни́ги	са́да	го́стя
Prep.	кни́ге	са́де	го́сте
Dat.	кни́ге	са́ду	го́стю
Instr.	кни́гой	са́дом	го́стем
Nom.	кни́ги	сады́	го́сти
Acc.	кни́ги	сады́	гостéй
Gen.	книг	садóв	гостéй
Prep.	кни́гах	садáх	гостя́х
Dat.	кни́гам	садáм	гостя́м
Instr.	кни́гами	садáми	гостя́ми

---

[1] Stem stress in the plural that is opposed to ending stress in the singular (i.e. types BA and CA) always falls on the final stem syllable, not counting the inserted vowel of the genitive plural. Thus: высотá — высóты, меньшинствó — меньши́нства; письмó — пи́сьма — пи́сем, ремеслó — ремёсла — ремёсел.

	BA	BB	BC
Nom.	жена́	язы́к	губа́
Acc.	жену́	язы́к	губу́
Gen.	жены́	языка́	губы́
Prep.	жене́	языке́	губе́
Dat.	жене́	языку́	губе́
Instr.	жено́й	языко́м	губо́й
Nom.	жёны	языки́	гу́бы
Acc.	жён	языки́	гу́бы
Gen.	жён	языко́в	губ
Prep.	жёнах	языка́х	губа́х
Dat.	жёнам	языка́м	губа́м
Instr.	жёнами	языка́ми	губа́ми

	CA	CB	CC
Nom.	зима́	No nouns of	рука́
Acc.	зи́му	this stress type	ру́ку
Gen.	зимы́	are attested in	руки́
Prep.	зиме́	Russian.	руке́
Dat.	зиме́		руке́
Instr.	зимо́й		руко́й
Nom.	зи́мы		ру́ки
Acc.	зи́мы		ру́ки
Gen.	зим		рук
Prep.	зи́мах		рука́х
Dat.	зи́мам		рука́м
Instr.	зи́мами		рука́ми

Pattern AB

а́дрес (-а́)	ме́сто (-а́)	сло́во (-а́)
го́род (-а́)	мо́ре (-я́)	суп
де́ло (-а́)	мост	сын (*nom. pl.* сыновья́)
дире́ктор (-а́)	муж (*nom. pl.* мужья́)	сыр
до́ктор (-а́)	но́мер (-а́)	учи́тель (-я́)
дом (-а́)	профе́ссор (-а́)	хлеб (-а́)
друг (*nom. pl.* друзья́)	ряд	цвет (-а́)
и́мя (*nom. pl.* имена́)	сад	час

Pattern BA

вино́	окно́	семья́
жена́	письмо́	сестра́ (*gen. pl.* сестёр)
		страна́

Pattern AC

год (and AB)	дере́вня	о́вощи *pl.*
гость	но́вость *f.*	соль *f.*

Pattern BB

врач	рубль
дека́брь	сентя́брь
день	слова́рь
звоно́к (*gen. sing.* звонка́)	статья́
каранда́ш	стол
нож	февра́ль
ноя́брь	четве́рг
октя́брь	эта́ж
певе́ц (*gen. sing.* певца́)	язы́к
плащ	янва́рь
продаве́ц (*gen. sing.* продавца́)	

Pattern CA   Pattern CC

вода́	голова́
	доска́
	среда́

NUMERALS

1. Cardinal Numerals

1	оди́н, одна́, одно́	20	два́дцать	100	сто
2	два, две	21	два́дцать оди́н	200	две́сти
3	три	22	два́дцать два	300	три́ста
4	четы́ре	23	два́дцать три	400	четы́реста
5	пять	24	два́дцать четы́ре	500	пятьсо́т
6	шесть	25	два́дцать пять	600	шестьсо́т
7	семь	26	два́дцать шесть	700	семьсо́т
8	во́семь	27	два́дцать семь	800	восемьсо́т
9	де́вять	28	два́дцать во́семь	900	девятьсо́т
10	де́сять	39	два́дцать де́вять		
		30	три́дцать	1000	ты́сяча
11	оди́ннадцать	40	со́рок	2000	две ты́сячи
12	двена́дцать	50	пятьдеся́т	3000	три ты́сячи
13	трина́дцать	60	шестьдеся́т	4000	четы́ре ты́сячи
14	четы́рнадцать	70	се́мьдесят	5000	пять ты́сяч
15	пятна́дцать	80	во́семьдесят		
16	шестна́дцать	90	девяно́сто		
17	семна́дцать				
18	восемна́дцать				
19	девятна́дцать				

a. Spelling rule: Numerals up to 40 have **ь** at the end; those after 40 have **ь** in the middle of the word: пятна́дцать – пятьдеся́т, пятьсо́т, семна́дцать – се́мьдесят, семьсо́т.

b. 21, 32, 43, etc. are formed by adding the digit to the ten: два́дцать оди́н (одна́, одно́), три́дцать два (две), со́рок три, etc.

c. **Ты́сяча** "thousand" is a regular feminine noun; further thousands are regular too: две ты́сячи, три ты́сячи, пять ты́сяч, со́рок ты́сяч.

d. **Миллио́н** "million" and **миллиа́рд** (or **биллио́н**) "thousand million" are regular masculine nouns and decline accordingly: два миллио́на, пять миллио́нов; три миллиа́рда, девяно́сто миллиа́рдов.

e. Remember that in writing numerals, a comma is used in Russian where a decimal point is used in English. Thus, 32,5 means "thirty-two and a half" in Russian. Thousands are marked off either by a period or by a space. For example: 6.229.315 or 6 229 315 (cf. the English 6,229,315).

2. Ordinal Numerals

1	пе́рвый		20	двадца́тый
2	второ́й		30	тридца́тый
3	тре́тий		40	сороково́й
4	четвёртый		50	пятидеся́тый
5	пя́тый		60	шестидеся́тый
6	шесто́й		70	семидеся́тый
7	седьмо́й		80	восьмидеся́тый
8	восьмо́й		90	девяно́стый
9	девя́тый			
10	деся́тый		100	со́тый
			200	двухсо́тый
11	оди́ннадцатый		300	трёхсо́тый
12	двена́дцатый		400	четырёхсо́тый
13	трина́дцатый		500	пятисо́тый
14	четы́рнадцатый		600	шестисо́тый
15	пятна́дцатый		700	семисо́тый
16	шестна́дцатый		800	восьмисо́тый
17	семна́дцатый		900	девятисо́тый
18	восемна́дцатый		1000	ты́сячный
19	девятна́дцатый			

a. The Russian ordinal numerals corresponding to 21st, 32nd, 43rd, etc. are composed of the *cardinal* representing the ten and the *ordinal* representing the digit: два́дцать пе́рвый (-ое, -ая, -ые), три́дцать второ́й, со́рок тре́тий; семь ты́сяч семьсо́т седьмо́й, etc.

b. The Russian 2000th, 3000th, etc. are formed on the pattern of the hundreds: двухты́сячный, трёхты́сячный, пятиты́сячный, шеститы́сячный, etc.

3. Declension of Cardinal Numerals

The declension of the numeral 1 is given in Unit VIII, Analysis 9B.

2, 3 and 4 have similar declensions: these (1–4) are the only numerals with special forms for the animate accusative.

The numerals 5–20, and 30 are regular nouns of the 3rd declension.

40, 90 and 100 have a simple declension which has only two forms, a nominative-accusative and a genitive-prepositional-dative-instrumental.

The numeral **полтора́** "one and a half" has in addition a feminine nominative-accusative form (полторы́).

50, 60, 70, 80 and the hundreds are treated as compound words, each part following its own declension pattern, although they are written and pronounced as single words.

1000 is a normal second declension noun; however, beside the normal instrumental case form ты́сячей, the form ты́сячью is encountered.

a.

Nom.	два *m./n.*, две *f.*	три	четы́ре
Acc.	(as Nom. or Gen.)	(as Nom. or Gen.)	(as Nom. or Gen.)
Gen.-Prep.	двух	трёх	четырёх
Dat.	двум	трём	четырём
Instr.	двумя́	тремя́	четырьмя́

Nom.-☒c.	пять	во́семь	пятна́дцать	три́дцать
Gen.-Prep.-Dat.	пяти́	восьми́	пятна́дцати	тридцати́
Instr.	пятью́	восьмью́	пятна́дцатью	тридцатью́

Nom.-☒c.	полтора́ *m./n.*, полторы́ *f.*	со́рок	девяно́сто	сто
Gen.-Prep.-Dat.-Instr.	полу́тора	сорока́	девяно́ста	ста

b. Remember that in the numerals пятьдеся́т (50), шестьдеся́т (60), се́мьдесят (70), во́семьдесят (80) and the hundreds, there is potentially a second stress. However, the stress marked in the paradigm always remains primary.

In the forms containing трёх and четырёх the two dots over the **ё** indicate the secondary stress, and the fact that the vowel **ё** is pronounced /o/: трёхсо́т / тр^ьохсо́т/.

Nom.-☒c.	пятьдеся́т	пятьсо́т	две́сти	три́ста	четы́реста
Gen.	пяти́десяти	пятисо́т	двухсо́т	трёхсо́т	четырёхсо́т
Prep.	пяти́десяти	пятиста́х	двухста́х	трёхста́х	четырёхста́х
Dat.	пяти́десяти	пятиста́м	двумста́м	трёмста́м	четырёмста́м
Instr.	пятью́десятью	пятью́ста́ми	двумяста́ми	тремяста́ми	четырьмяста́ми

c. In numerals compounded of the elements given above, each element is declined; e.g.:

Nom.-☒c.	пять ты́сяч две́сти шестьдеся́т четы́ре (рубля́)
Gen.	пяти́ ты́сяч двухсо́т шести́десяти четырёх (рубле́й)
Prep.	пяти́ ты́сячах двухста́х шести́десяти четырёх (рубля́х)
Dat.	пяти́ ты́сячам двумста́м шести́десяти четырём (рубля́м)
Instr.	пятью́ ты́сячами двумяста́ми шестью́десятью четырьмя́ (рубля́ми)

d. For the syntax of the cardinal numerals, see Unit VIII, Analysis 9A.

4. Declension of Ordinal Numerals

a. Ordinal numerals are declined like adjectives, except the word for "third," which has the following forms:

Nom.	тре́тий	тре́тье	тре́тья	тре́тьи
Acc.	(as Nom. or Gen.)	тре́тье	тре́тью	(as Nom. or Gen.)
Gen.	тре́тьего		тре́тьей	тре́тьих
Prep.	тре́тьем		тре́тьей	тре́тьих
Dat.	тре́тьему		тре́тьей	тре́тьим
Instr.	тре́тьим		тре́тьей	тре́тьими

b. In a compound ordinal only the final element is declined: в ты́сяча две́сти девяно́сто тре́тьем году́ "in 1293."

IRREGULAR PLURALS

1. Plurals in -ья

The plural of a small number of masculine and neuter nouns is formed by adding the suffix **-ья**. In learning to use these words, it is helpful to distinguish root-stressed nouns from the four nouns in Russian that are ending-stressed. The genitive plural of the root-stressed group is formed with **-ев**; the genitive plural of the ending-stressed group is formed with **-ø**.

A. Root-stressed plurals in -ья (—́ья):

брáт- "brother"			стýл- "chair"		
	Nom.	брáтья		Nom.	стýлья
	Acc.	брáтьев		⊠⊠c.	стýлья
	Gen.	брáтьев		Gen.	стýльев
	Prep.	брáтьях		Prep.	стýльях
	Dat.	брáтьям		Dat.	стýльям
	Instr.	брáтьями		Inst.	стýльями

There are about 20 other nouns of this type.

B. Ending-stressed plurals in -ья (—ья́):

муж- "husband"			сынов- "son"		
	Nom.	мужья́		Nom.	сыновья́
	Acc.	мужéй[*] (fill-vowel)		Acc.	сыновéй[*] (fill-vowel)
	Gen.	мужéй[*] (fill-vowel)		Gen.	сыновéй[*] (fill-vowel)
	Prep.	мужья́х		Prep.	сыновья́х
	Dat.	мужья́м		Dat.	сыновья́м
	Instr.	мужья́ми		Instr.	сыновья́ми

друз- "friend"			княз- "prince"		
	Nom.	друзья́		Nom.	князья́
	Acc.	друзéй[*] (fill-vowel)		Acc.	князéй[*] (fill-vowel)
	Gen.	друзéй[*] (fill-vowel)		Gen.	князéй[*] (fill-vowel)
	Prep.	друзья́х		Prep.	князья́х
	Dat.	друзья́м		Dat.	князья́м
	Instr.	друзья́ми		Instr.	князья́ми

---

[*] Zero ending preceded by fill vowel **e**: муж/й-ø, etc.

2. Plurals in -ан-е

Nouns ending in **–ан –ин** denote a member of a social or ethnic group; the **–ин** suffix marks the singular form only. The nominative plural ends in **-е**, the genitive plural in **-ø**: **граждани́н** "citizen" (*m.*), **англича́нин** "Englishman," **крестья́нин** "peasant" (*m.*):

	Singular	*Plural*
Nom.	граждани́н	гра́ждане
Acc.	граждани́на	гра́ждан
Gen.	граждани́на	гра́ждан
Prep.	граждани́не	гра́жданах
Dat.	граждани́ну	гра́жданам
Instr.	граждани́ном	гра́жданами

Note that feminine nouns in this group have regular declension throughout: **гражда́нка, англича́нка**, etc.

3. Plural of человéк "man," "person"

The plural declension of **челове́к** "man," "person" is: **лю́ди, люде́й, лю́дях, лю́дям, людьми́**.

4. Plural of ребёнок "child"

The Russian for "child" is **ребёнок**. Its plural is **де́ти**:

	Singular	*Plural*
Nom.	ребёнок	де́ти
Acc.	ребёнка	дете́й
Gen.	ребёнка	дете́й
Prep.	ребёнке	де́тях
Dat.	ребёнку	де́тям
Instr.	ребёнком	детьми́

5. Plural of neuter nouns и́мя "name" and вре́мя "time"

И́мя "name" and вре́мя "time" are neuter; their plurals are formed with the help of the infix **-ен-** with the nominative ending in **-а**:

	Plural	
Nom.	имена́	времена́
Acc.	имена́	времена́
Gen.	имён	времён
Prep.	имена́х	времена́х
Dat.	имена́м	времена́м
Instr.	имена́ми	времена́ми

6. Miscellaneous

A. The words **де́ньги** "money" and **часы́** "watch" or "clock" are always plural.

	Plural	
Nom.	де́ньги	часы́
Acc.	де́ньги	часы́
Gen.	де́нег	часо́в
Prep.	деньга́х	часа́х
Dat.	деньга́м	часа́м
Instr.	деньга́ми	часа́ми

B. In all plural forms of **сосе́д** "neighbor" **д** is replaced by **дь**.

	Plural
Nom.	сосе́ди
Acc.	сосе́дей
Gen.	сосе́дей
Prep.	сосе́дях
Dat.	сосе́дям
Instr.	сосе́дями

C. The genitive plural of **сестра́** (BA) and **дере́вня** (AC) has an unexpected stress on the fill vowel: **сестёр** and **дереве́нь**. Otherwise they are regular.

VERBS OF MOTION

идти́ (*irreg., impf., unidirectional*) "go on foot"

Present					Past	
я	иду́		мы	идём	он	шёл
ты	идёшь		вы	идёте	она́	шла
он/она́	идёт		они́	иду́т	оно́	шло
Imperative: иди́(те)!					они́	шли

éхать (*irreg., impf., unidirectional*) "go by vehicle"

Present					Past	
я	éду		мы	éдем	он	éхал
ты	éдешь		вы	éдете	она́	éхала
он/она́	éдет		они́	éдут	оно́	éхало
Imperative: езжáй(те)!					они́	éхали

ходи́ть (ходи̌-, *impf., multidirectional*) "go on foot"

Present					Past	
я	хожу́		мы	хо́дим	он	ходи́л
ты	хо́дишь		вы	хо́дите	она́	ходи́ла
он/она́	хо́дит		они́	хо́дят	оно́	ходи́ло
Imperative: ходи́(те)!					они́	ходи́ли

éздить (éзди-, *impf., multidirectional*) "go by vehicle"

Present					Past	
я	éзжу		мы	éздим	он	éздил
ты	éздишь		вы	éздите	она́	éздила
он/она́	éздит		они́	éздят	оно́	éздило
Imperative: éзди(те)!					они́	éздили

Verbs of Motion with Prefix по-

пойти́ (*irreg., perf.*) "go on foot"

Future Perfective				Past	
я	пойду́	мы	пойдём	он	пошёл
ты	пойдёшь	вы	пойдёте	она́	пошла́
он/она́	пойдёт	они́	пойду́т	оно́	пошло́
Imperative: пойди́(те)!				они́	пошли́

пое́хать (*irreg., perf.*) "go by vehicle"

Future Perfective				Past	
я	пое́ду	мы	пое́дем	он	пое́хал
ты	пое́дешь	вы	пое́дете	она́	пое́хала
он/она́	пое́дет	они́	пое́дут	оно́	пое́хало
Imperative: поезжа́й(те)!				они́	пое́хали

Verbs of Motion with the Prefix при-

приходи́ть (приходи̌-)/прийти́ (*irreg.*) "come on foot"

приходи́ть (приходи̌-)

Present				Past	
я	прихожу́	мы	прихо́дим	он	приходи́л
ты	прихо́дишь	вы	прихо́дите	она́	приходи́ла
он/она́	прихо́дит	они́	прихо́дят	оно́	приходи́ло
Imperative: приходи́(те)!				они́	приходи́ли

прийти́ (*irreg.*)

Future Perfective				Past	
я	приду́	мы	придём	он	пришёл
ты	придёшь	вы	придёте	она́	пришла́
он/она́	придёт	они́	приду́т	оно́	пришло́
Imperative: приди́(те)!				они́	пришли́

приезжа́ть (приезжа́й-)/прие́хать (*irreg.*) "come, arrive by vehicle"

приезжа́ть (приезжа́й-)

Present				Past	
я	приезжа́ю	мы	приезжа́ем	он	приезжа́л
ты	приезжа́ешь	вы	приезжа́ете	она́	приезжа́ла
он/она́	приезжа́ет	они́	приезжа́ют	оно́	приезжа́ло
Imperative: приезжа́й(те)!				они́	приезжа́ли

прие́хать (*irreg.*)

Future Perfective				Past	
я	прие́ду	мы	прие́дем	он	прие́хал
ты	прие́дешь	вы	прие́дете	она́	прие́хала
он/она́	прие́дет	они́	прие́дут	оно́	прие́хало
Imperative: приезжа́й(те)!				они́	прие́хали

Verbs of Motion with the Prefix у-

уходи́ть (уходй-)/уйти́ (*irreg.*) "leave, depart on foot"

уходи́ть (уходй-)

Present				Past	
я	ухожу́	мы	ухо́дим	он	уходи́л
ты	ухо́дишь	вы	ухо́дите	она́	уходи́ла
он/она́	ухо́дит	они́	ухо́дят	оно́	уходи́ло
Imperative: уходи́(те)!				они́	уходи́ли

уйти́ (*irreg.*)

Future Perfective				Past	
я	уйду́	мы	уйдём	он	ушёл
ты	уйдёшь	вы	уйдёте	она́	ушла́
он/она́	уйдёт	они́	уйду́т	оно́	ушло́
Imperative: уйди́(те)!				они́	ушли́

уезжа́ть (уезжа́й-)/уе́хать (*irreg.*) "leave, depart by vehicle"

уезжа́ть (уезжа́й-)

Present				Past	
я	уезжа́ю	мы	уезжа́ем	он	уезжа́л
ты	уезжа́ешь	вы	уезжа́ете	она́	уезжа́ла
он/она́	уезжа́ет	они́	уезжа́ют	оно́	уезжа́ло
Imperative: уезжа́й(те)!				они́	уезжа́ли

уе́хать (*irreg.*)

Future Perfective				Past	
я	уе́ду	мы	уе́дем	он	уе́хал
ты	уе́дешь	вы	уе́дете	она́	уе́хала
он/она́	уе́дет	они́	уе́дут	оно́	уе́хало
Imperative: уезжа́й(те)!				они́	уе́хали

SUMMARY LIST OF ALL RUSSIAN VERB TYPES

> Every Russian verb form consists of:
>
> a root (CVC) + verb classifier (suffix) + ending
>
> basic stem
>
> *Suffixed stems* equal CVC + suffix.
> *Non-suffixed stems* equal CVC + **ø**.

Formation of the Present Tense: First Conjugation

		Stem + Ending Markers =			Form	
			Conj. (I) + Person			
Sing.	я	чита́й- +	-ø +	-у	я	чита́ю
	ты	чита́й- +	-е +	-шь	ты	чита́ешь
	он/она́/оно́	чита́й- +	-е +	-т	он/она́/оно́	чита́ет
Pl.	мы	чита́й- +	-е +	-м	мы	чита́ем
	вы	чита́й- +	-е +	-те	вы	чита́ете
	они́	чита́й- +	-у +	-т	они́	чита́ют

Formation of the Present Tense: Second Conjugation

		Stem + Ending Markers =			Form	
			Conj. (I) + Person			
Sing.	я	говори́ +	-ø +	-у	я	говорю́
	ты	говори́ +	-и +	-шь	ты	говори́шь
	он/она́/оно́	говори́ +	-и +	-т	он/она́/оно́	говори́т
Pl.	мы	говори́ +	-и +	-м	мы	говори́м
	вы	говори́ +	-и +	-те	вы	говори́те
	они́	говори́ +	-а +	-т	они́	говоря́т

Formation of the Past Tense

Stem	+ Ending Markers =			Form	
	Tense	**Gender**			
говори́ +	-л +	-ø -a -o -и	(masculine subj.) (feminine subj.) (neuter subj.) (plural subj.)	он она́ оно́ они́	говори́л говори́ла говори́ло говори́ли

I. Suffixed Stems

Second Conjugation

проси́- "request"	1.	-и-	Alternation in 1st pers. sing. only; thousands of verbs, mostly transitive.	проси́ть прошу́ про́сишь про́сят проси́л
ви́де- "see"	2.	-e-	Alternation in 1st pers. sing. only; about 50 verbs, mostly transitive.	ви́деть ви́жу ви́дишь ви́дят ви́дел
слы́ша- "hear	3.	-жа-	Note that *жа* represents **жа, ша, ща, ча** plus 2 я-verbs: **стоя́ть, боя́ться**; about 30 verbs, mostly intransitive.	слы́шать слы́шу слы́шишь слы́шат слы́шал

First Conjugation

писӑ- "write"	4.	-a-	Alternation *throughout* the present tense; about 60 verbs.	писа́ть пишу́ пи́шешь пи́шут писа́л
наде́я-ся "hope"		-я-	No alteration possible; 12 verbs.	наде́яться наде́юсь наде́ешься наде́ются наде́ялся

жда̌- "wait for"		-a-	*Preceded by a non-syllabic root*; no alternation occurs; in some stems an **o** or **e** is inserted between stem consonants; 15 verbs.	ждать жду ждёшь ждут ждал, ждала́, жда́ли
рисова́- "draw"	5.	-ова-	Alternation (**-ова-** with **-уй-**) *throughout* present tense; thousands of verbs, many of which have stems borrowed from foreign languages.	рисова́ть рису́ю рису́ешь рису́ют рисова́л
чита́й- "read"	6.	-ай-	Thousands of verbs, all imperfective.	чита́ть чита́ю чита́ешь чита́ют чита́л
уме́й- "know how"	7.	-ей-	Hundreds of verbs, mostly intransitive.	уме́ть уме́ю уме́ешь уме́ют уме́л
отдохну́- "relax"	8.	-ну- (-ну-)[1]	Hundreds of verbs, mostly intransitive.	отдохну́ть отдохну́ отдохнёшь отдохну́т отдохну́л
дава́й- "give"	9.	-авай-	Alternation **-авай-** with **-ай-** in the present tense but not in the imperative; only 3 verbs.	дава́ть даю́ даёшь даю́т (дава́й!) дава́л
боро̌-ся "struggle"	10.	-o-[*]	Alternation **p/p**[b] throughout the present tense; in all stems stress is shifted back to left; 4 verbs + 1 irreg. verb.	боро́ться борю́сь бо́решься бо́рются боро́лся

---

[1] (-*ну*-) indicates a subclass of Number 8 in which the suffix -*ну*- disappears in past tense forms: ги́бнуть — гиб, ги́бла, ги́бли.

[*] Verb classifiers followed by an asterisk are not covered in *Russian Stage One*.

II. Non-Suffixed Stems (About 100 in all; all are 1st conjugation)

A. Resonant stems (i.e. stems ending in **н**, **р**, or **м**) or stems in **в** or **й**.

жйв- "live"	1.	-в-	3 verbs.	жить живу́ живёшь живу́т жил, жила́, жи́ли
ста́н- "become"	2.	-н-	4 verbs; all stem-stressed.	стать ста́ну ста́нешь ста́нут стал
откро́й- "open"	3.	-ой-	5 verbs; all stem-stressed; alternation of **о** with **ы** before consonantal endings.	откры́ть откро́ю откро́ешь откро́ют откры́л
ду́й- "blow"		-й-*	4 verbs; all stem-stressed.	дуть ду́ю ду́ешь ду́ют дул

Non-Syllabic Stems

пь̆/й-		-й-	Preceded by a non-syllabic root (**и** added before consonantal endings); 5 verbs.	пить пью пьёшь пьют (пей!) пил, пила́, пи́ли
ў-м/**р**- "die"	4.	-р-	Preceded by a non-syllabic root; and alternation of **р** with **ере** before **ть** with **ер** before other consonants; in masc. past **л** is dropped; 3 verbs.	умере́ть умру́ умрёшь умру́т у́мер, умерла́, у́мерли

Stress mark over non-suffixed stems refers to the past tense. Unless specially indicated, stress in the present tense falls on the endings.

на̌-чн- "begin"	5a. -м- or -н-	Preceded by a non-syllabic root; **м** or **н** changes to **я** before any consonantal ending; 5 verbs.	нача́ть начну́ начнёшь начну́т на́чал, начала́, на́чали
	5b. -йм/-ним	Changes to **ня** before consonantal endings.	
по̌-**йм**- "understand"	-йм-	Non-syllabic root occurring after prefixes ending in a vowel.	поня́ть пойму́ поймёшь пойму́т по́нял, поняла́, по́няли
с-**ни̌м**-ˣ "remove"	-ним-	Variant of -**йм**- used after prefixes ending in **a** consonant. Shifting stress in both tenses.	снять сниму́ сни́мешь сни́мут снял, сняла́, сня́ли

B. Obstruent stems (i.e. stems in **д, т, г, к** or **б**) or stems in **с** or **з**—no others occur.

вед-́ "lead"	1. -д- or -т-	**д** or **т** changes to **с** before infinitive. Omission of **д** or **т** in past is regular; 14 verbs.	вести́ веду́ ведёшь веду́т вёл, вела́, вели́
вёз-́ "carry (by vehicle)"	2. -з- or -с-	In masc. past **л** is dropped; other consonantal endings simply added without omissions; 7 verbs.	везти́ везу́ везёшь везу́т вёз, везла́, везли́
тёк-́ "flow"	3. -г- or -к-˙	Alternation before **ё**: **г** or **к** + inf. **ть** becomes **ч**. In masc. past **л** is dropped, other consonantal endings added without omissions; 11 verbs.	течь теку́ течёшь теку́т тёк, текла́, текли́
грёб-́ "dig, row"	4. -б-˙	**б** changes to **с** in infinitive; in masc. past **л** is dropped, other consonantal endings added without omissions; 2 verbs.	грести́ гребу́ гребёшь гребу́т грёб, гребла́, гребли́

INVENTORY OF IRREGULAR VERBS

I. Suffixed Stems

<u>хотéть</u>: хочý, хóчешь, хóчет, хотúм, хотúте, хотя́т   "want"
<u>бежáть</u>: бегý, бежúшь, бежúт, бежúм, бежúте, бегýт; бегú!   "run" (*unidirectional*)
<u>спать</u>: сплю, спишь, спят; спал, спалá, спáло, спáли   "sleep"

II. Non-Suffixed Stems

<u>взять</u>: возьмýт; взял, взялá, взя́ло, взя́ли   "take"
<u>быть</u>: бýдут; был, былá, бы́ло, бы́ли; будь!   "be"
<u>éхать</u>: éдут; поезжáй!   "go (by vehicle) "
<u>идтú</u>: идýт; шёл, шла, шло, шли   "go (on foot)"
<u>сесть</u>: ся́дут; сел, сéла   "sit down"
<u>мочь</u>: могý, мóжет, мóгут; мог, моглá, моглó, моглú   "can, be able"

III. Irregular

<u>дать</u>: дам, дашь, даст, дадúм, дадúте, дадýт; дай!
                                      дал, далá, дáло, дáли   "give"
<u>есть</u>: ем, ешь, ест, едúм, едúте, едя́т; ешь! ел, éла   "eat"

INVENTORY OF RUSSIAN VERB STEMS

I. Suffixed Stems

Second Conjugation

1. -и-
ве́ри; пове́ри- believe
включи́- turn on (P.)
води̌- drive a car
встре́ти- meet, encounter (P.)
говори́- say, tell
гото́ви- prepare, cook, prepare for
(под)гото́ви-ся prepare for
дари̌-, подари̌- give as a gift
договори́-ся agree (P.)
е́зди- go, drive
зако́нчи- finish (P.)
(за)плати̌ – pay
(по)звони́- call
(по)знако́ми-(ся) acquaint
ко́нчи- end, finish
купи̌- buy
кури̌- smoke
люби̌- love
находи̌-ся find, locate
наруши̌- break, violate
носи̌- wear
(по)нра́ви-ся like
объясни́- explain
отве́ти- answer
относи̌- take away
переводи̌- translate
перевози̌- move things by vehicle
переходи̌- cross, move from one grade to another, change jobs
переноси̌- move an event to a new time
(за)плати̌- pay
поговори́- have a talk
(по)звони́- call
поздра́ви- congratulate
положи̌- place, serve

получи̌- receive
по́мни- remember
(по)проси̌- ask, request
(по)ста́ви- give a grade, put
(по)стро́и- build
предста́ви- imagine
приглоси́- invite (Imp. = приглаша́ть)
(при)гото́ви- cook, prepare
пропусти̌- miss, skip
разреши́- allow, permit
расстро́и-ся be upset
реши́- solve, decide
роди́-ся be born
сади́-ся sit down
серди̌-ся be angry
согласи́-ся agree
спеши́- hurry
спроси̌- ask
ста́ви- give a grade, put
станови̌-ся become
сто́и- cost
уходи̌- leave, depart (on foot)
учи̌-ся study (at school, university)
ходи̌- go (on foot)
шути̌- joke, make fun

2. -е-
(у)ви́де- see
боле́- hurt, ache
(по)смотре̌- look at, watch
сиде́- sit
уви́де-ся see (each other)

3. -жа-
лежа́- be in lying position
молча́- be silent
слы́ша- hear

First Conjugation

4. -a-
зака́за̌- order (P.)
запиcǎ- write down (P.)
(на)пиcǎ- write
пока́за̌- show
расска́за̌- tell
сказа̌- say, tell (P.)

-я-
наде́я-ся hope
смея́-ся laugh

n/s -a-
бра̌- take buy
(подо)жда̌- wait
собра̌- gather, collect

5. -ова-
волнова́-(ся) worry, be nervous
интересова́-ся be interested in
кома́ндова- command
организова́- organize
(по)про́бова- try, taste
(по)танцева́- dance
(по)целова́- kiss
ревнова́- be jealous
рекомендова́- recommend
фотографи́рова- take pictures of
чу́вствова- feel

6. -ай-
бе́гай- run
возвраща́й- return
встреча́й- meet
вызыва́й- call in
ду́май- think
(с)де́лай- do
жела́й- wish
забыва́й- forget
(по)за́втракай- have breakfast
загада́й- make a wish
*зага́дывай- (жела́ние)
зака́зывай- order
зака́нчивай- finish

закрыва́й- (-ся) close
занима́й-ся – participate, study
запи́сывай- write down
знай- know
(по)игра́й- play
помога́й- help
конча́й- end, finish
мечта́й- dream
надева́й- put on, try on
налива́й- pour
наруша́й- break, violate
начина́й-ся begin, start
(по)обе́дай- have lunch
обеща́й- promise
обраща́й- (внима́ние) pay attention
опозда́й- be late
*опа́здывай- be late
отвеча́й- answer
отдыха́й- rest, relax
открыва́й-ся open
(от)руга́й- scold
переезжа́й- move to (a new apartment)
повора́чивай- turn
(по)гуля́й- go for a walk
(по)ду́май- think
поздравля́й- congratulate
пока́зывай- show
покупа́й- buy
получа́й- receive
(по)у́жинай- have supper
представля́й- imagine
прогуля́й- skip (class, work, etc.)
пропуска́й- miss, skip
рабо́тай- work
разгова́ривай- talk, have a conversation
разреша́й- allow, permit
расска́зывай- tell
расстра́ивай-ся be upset
реша́й- solve, decide
рожда́й-ся be born (Imp.)
(с)де́лай- do
слу́шай- listen

снима́й- rent (an apartment), shoot (a film)

собира́й- gather, collect

соглаша́й-ся agree

спра́шивай- ask

убега́й- run away

уезжа́й- leave, depart

узна́й- recognize, find out (P.)

умира́й- die

чита́й- read

7. -ей-
(по)жале́й- take pity on

уме́й- be able to

успе́й- have time

8. -ну-
верну́-ся return

отдохну́- rest, relax

поверну́- turn

9. -авай-
встава́й- get up

преподава́й- teach

продава́й- sell

сдава́й- rent, take (pass) an exam

узнава́й- recognize, find out (Imp.)

10. -о-*

II. Non-Suffixed Stems

A. Resonant stems

1. -в-
жи̌в-ут live

2. -н-
наде́н- wear

ста́н- become

3. -ой-
закро́й- close

мо́й- wash

откро́й- open

-й-*

Non-Syllabic Stems

-й-
(вы)пь-ˣй- drink

(на)ль-ˣй- pour

4. -р-
у̌мер- die

5a. -м- ; -н-
на̌чн- begin, start

5b. -йм-
поня́ть/пойму́т understand (P.) (Imp. = понима́ть)

-ним-
сни̌мˣ- rent (an apartment), shoot (a film)

B. Obstruent stems

1. -д- ; -т-
перевёд-´ translate

попад-´ end up (P.)

2. -з- ; -с-
отнёс-´ take away

перенёс-´ move an event to a new time; transfer by hand

принёс-´ bring (on foot)

привёз-´ bring (by vehicle); (Imp. = привози́ть)

3. -г- ; -к-

Inventory of Irregular Verbs

Suffixed Stems	Non-Suffixed Stems	Irregular
спать - sleep убежа́ть - run away хоте́ть - want	быть - be забы́ть - forget е́хать - go, drive идти́ - go (walk) перее́хать - move to a new apartment (с)мочь - be able сесть - sit down уе́хать - leave, depart уйти́ - leave, depart (on foot)	дать - give прода́ть - sell (съ)есть - eat сдать - rent, take (pass) an exam

FIRST CONJUGATION VERBS

- If there is a stress shift, it will occur in present tense forms (for suffixed stems) or past tense forms (non-suffixed stems)
- If there is mutation, it will occur throughout the present tense and imperative forms only!
- The present tense endings are as

у/ю	ем
ешь	ете
ет	ут / ют

I. ай —	Mutation	Imp/Perf
вызыва́ть (вызыва́й-)	No	Imperfective
де́лать (де́лай-)	No	Imperfective
ду́мать (ду́май-)	No	Imperfective
гуля́ть (гуля́й-)	No	Imperfective
за́втракать (за́втракай-)	No	Imperfective
зака́зывать (зака́зывай-)	No	Imperfective
закрыва́ть (закрыва́й-)	No	Imperfective
знать (зна́й-)	No	Imperfective
игра́ть (игра́й-)	No	Imperfective
начина́ть (начина́й-)	No	Imperfective
обе́дать (обе́дай-)	No	Imperfective
обеща́ть (обеща́й-)	No	Imperfective
опа́здывать (опа́здывай-)	No	Imperfective
опозда́ть (опозда́й-)	*No*	*Perfective*
отвеча́ть (отвеча́й-)	No	Imperfective
отдыха́ть (отдыха́й-)	No	Imperfective
пока́зывать (пока́зывай-)	No	Imperfective
покупа́ть (покупа́й-)	No	Imperfective
получа́ть (получа́й-)	No	Imperfective
помога́ть (помога́й-)	No	Imperfective
понима́ть (понима́й-)	No	Imperfective
пообе́дать (пообе́дай-)	*No*	*Perfective*
прогуля́ть (прогуля́й-)	*No*	*Perfective*
прочита́ть (прочита́й-)	*No*	*Perfective*
рабо́тать (рабо́тай-)	No	Imperfective
расска́зывать (расска́зывай-)	No	Imperfective
реша́ть (реша́й-)	No	Imperfective

слу́шать (слу́ш**ай**-)	No	Imperfective
спра́шивать (спра́шив**ай**-)	No	Imperfective
у́жинать (у́жин**ай**-)	No	Imperfective
чита́ть (чит**а́й**-)	No	Imperfective

II. ова—

ревнова́ть (ревн**ова́**-)	No	Imperfective
рисова́ть (рис**ова́**-)	No	Imperfective
танцева́ть (танц**ева́**-)	No	Imperfective
фотографи́ровать (фотографи́р**ова**-)		Imperfective
целова́ть (цел**ова́**-)	No	Imperfective

III. авай —

дава́ть (д**ава́й**-)	No	Imperfective
сдава́ть (сд**ава́й**-)	No	Imperfective

IV. ой—

*закры́ть (закр**о́й**-)*	No	*Perfective*
*откры́ть (откр**о́й**-)*	No	*Perfective*

V. а—

заказа́ть (заказа̌-)	*Yes (з → ж)*	*Perfective*
написа́ть (написа̌-)	*Yes (с → ш)*	*Perfective*
писа́ть (писа̌-)	*Yes (с → ш)*	Imperfective
показа́ть (показа̌-)	*Yes (з → ж)*	*Perfective*
рассказа́ть (рассказа̌-)	*Yes (з → ж)*	*Perfective*
сказа́ть (сказа̌-)	*Yes (з → ж)*	*Perfective*

VI. Non Syllabic A verbs

*вы́звать (вы́з/в**а**-)*	*No*	*Perfective*
ждать (жда̌-)	No	Imperfective

VII. Non Suffixed

вы́пить	*Yes (пи → пь)*	*Perfective*
жить (жи̌**в**-)	No	Imperfective
нача́ть (на̌чн-)	*No*	*Perfective*
*перевести́ (перевё**д**-)*	*No*	*Perfective*
пить	Yes (пи → пь)	Imperfective
*поня́ть (по̌**й**м-)*	*No*	*Perfective*

SECOND CONJUGATION VERBS

- If there is a stress shift, it will occur in present tense only.

- If there is mutation, it will occur in the first person singular (я form).

- The present tense forms are as follows

у / ю	им
ишь	ите
ит	ат / ят

и—

говори́ть (говори́-)	No	Imperfective
гото́вить (гото́ви-)	Yes (в → вл)	Imperfective
звони́ть (звони́-)	No	Imperfective
купи́ть (купи̌-)	*Yes (п → пл)*	*Perfective*
люби́ть (люби̌-)	Yes (б → бл)	Imperfective
нра́виться(нра́ви -ся)	No	Imperfective
переводи́ть (переводи̌-)	Yes (д → ж)	Imperfective
позвони́ть (позвони́-)	*No*	*Perfective*
получи́ть (получи̌-)	*No*	*Perfective*
по́мнить (по́мни-)	*No*	*Perfective*
понра́виться (понра́ви -ся)	*No*	*Perfective*
приготóвить (приготóви-)	*Yes (в → вл)*	*Perfective*
проси́ть (проси̌-)	Yes (с → ш)	Imperfective
реши́ть (реши́-)	*No*	*Perfective*
серди́ться (серди̌-ся)	Yes (д → ж)	Imperfective
спеши́ть (спеши́-)	No	Imperfective
учи́ться (учи̌-ся)	No	Imperfective

жа —

лежа́ть (лежа́-)	No	Imperfective
молча́ть (молча́-)	No	Imperfective
слы́шать (слы́ша-)	No	Imperfective
стоя́ть (стоя́-)	No	Imperfective

е —

ви́деть (ви́де-)	Yes (д → ж)	Imperfective
посмотре́ть (посмотре̌-)	*No*	*Perfective*
сиде́ть (сиде́-)	Yes (д → ж)	Imperfective

| смотрéть (смотрě-) | No | Imperfective |
| увúдеть (увúде-) | Yes (д → ж) | *Perfective* |

irregular-

быть		Imperfective (irreg.)
дать		Imperfective
есть		Imperfective
мочь		Imperfective
опоздáть		*Perfective*
помóчь		*Perfective*
сдать		*Perfective*
смочь		*Perfective*
съесть		*Perfective*
хотéть		Imperfective

SUMMARY OF PREPOSITIONS

без	+ genitive	1. Ми́ша прие́хал без подру́ги. 2. Сейча́с без десяти́ де́вять.
в, во	+ prepositional	1. Та́ня живёт в Москве́, а её ба́бушка во Влади́мире. 2. Ке́вин прие́хал в ма́е.
	+ accusative	1. Он прие́хал в сре́ду. 2. О́ля е́здила в Звени́город, а я во Владивосто́к.
для	+ genitive	Ва́ня хоте́л сде́лать торт для Ми́ши.
за	+ accusative	За вас! За на́ше бу́дущее!
из	+ genitive	Ва́ня идёт из шко́лы.
к, ко	+ dative	Ле́на е́дет к ба́бушке. Пойдём ко мне!
на	+ prepositional	1. Кни́га стои́т на по́лке. 2. Мы бы́ли на да́че. 3. О́ля и Ке́вин е́хали на маши́не. 4. Да́ша прие́хала в Аме́рику на год.
	+ accusative	1. Положи́ кни́гу на по́лку. 2. Мы е́дем на да́чу. 3. Что сего́дня на обе́д? Что на пе́рвое?
о, об, обо	+ prepositional	Они́ говори́ли о тебе́, обо мне́ и об иску́сстве.
о́коло	+ genitive	Та́ня и Ми́ша встре́тились о́коло библиоте́ки.
от	+ genitive	Я иду́ от врача́.
пе́ред	+ instrumental	Та́ня о́чень волнова́лась пе́ред экза́меном.
по	+ dative	1. Я купи́л уче́бник по исто́рии. 2. Мы гуля́ли по го́роду. 3. Ва́ня шёл по у́лице. 4. О́ля не лю́бит ходи́ть по магази́нам.
про	+ genitive	Са́ша подари́л Ми́ше кни́гу про слоно́в.
с, со	+ genitive	1. Возьми́ ту кни́гу с по́лки. 2. Смирно́вы прие́хали с да́чи.
	+ instrumental	1. Куда́ О́ля е́здила со свои́м но́вым дру́гом? 2. Ле́на встре́тилась с Та́ней. 3. Мы е́ли суп с карто́шкой.
у	+ genitive	1. У меня́ есть э́та кни́га. 2. Ле́на сейча́с у Та́ни, а О́ля у врача́.
через	+ accusative	1. Чёрная ко́шка перебежа́ла через доро́гу. 2. О́ля прие́дет через два дня.

SUMMARY OF SPECIAL COMPARATIVES

Standard Alternation			
	Adjective	**Adverb**	**Comparative**
loud	гро́мкий	гро́мко	гро́мче
simple	просто́й	про́сто	про́ще
frequent	ча́стый	ча́сто	ча́ще
dear	дорого́й	до́рого	доро́же
stern	стро́гий	стро́го	стро́же
quiet	ти́хий	ти́хо	ти́ше
young	молодо́й	мо́лодо	моло́же

Complex Alternations			
	Adjective	**Adverb**	**Comparative**
low	ни́зкий	ни́зко	ни́же
cheap	дешёвый	дёшево	дешёвле
long	до́лгий	до́лго	до́льше
short	коро́ткий	ко́ротко	коро́че
old (person)	ста́рый	старо́	ста́рше
early	ра́нний	ра́но	ра́ньше
late	по́здний	по́здно	по́зже

Irregular			
	Adjective	**Adverb**	**Comparative**
big	большо́й	мно́го	бо́льше
little	ма́ленький	ма́ло	ме́ньше
good	хоро́ший	хорошо́	лу́чше
bad	плохо́й	пло́хо	ху́же

SUMMARY OF TIME EXPRESSIONS

1. "The time is..."

Сейча́с час.	It is now one o'clock.
Сейча́с уже́ у́тро.	It is already morning.
Вчера́ был вто́рник.	Yesterday was Tuesday.

"The time is..." is expressed in Russian as an equational *nominative* sentence.

За́втра бу́дет четве́рг.	Tomorrow will be Thursday.
Сего́дня тридца́тое.	Today is the 30th.
За́втра бу́дет пе́рвое ма́я.	Tomorrow will be May 1.
Сего́дня пя́тница, тре́тье ма́я.	Today is Friday, May 3.
Сего́дня вто́рник, тридца́тое апре́ля ты́сяча девятьсо́т девяно́сто седьмо́го го́да.	Today is Tuesday, April 30, 1997.
Сейча́с ты́сяча девятьсо́т девяно́сто седьмо́й год.	Now it is 1997.

2. "Time when"

A. "Time when" in Russian is expressed as follows:

в	(+ acc.)	(for periods of time *shorter* than a week)
на	(+ prep.)	(for "week")
в	(+ prep.)	(for periods of time *longer* than a week)

Он прие́хал в час.	He arrived at one o'clock.
Они́ рабо́тали во вто́рник.	They worked on Tuesday.
Она́ бу́дет здесь на э́той неде́ле.	She will be here this week.
На про́шлой неде́ле вас здесь не́ было.	You weren't here last week.
Он придёт на бу́дущей неде́ле.	He'll come next week.

Мы ви́дели его́ в э́том семе́стре.	We saw him this semester,
Он жил в восемна́дцатом ве́ке.	He lived in the 18th century.
Он роди́лся в ма́е.	He was born in May.
Он роди́лся в ты́сяча девятьсо́т деся́том году́.	He was born in 1910.

B. The genitive case is used to express the date of an event.

Он роди́лся деся́того ма́я,	He was born on May 10,
ты́сяча девятьсо́т деся́того го́да.	1910.

C. There are two significant exceptions to this rule, both of which you have already learned: for seasons of the year and parts of the day the instrumental of the noun *without* a preposition is used.[1]

Он прие́хал ле́том/о́сенью/зимо́й/весно́й.	He arrived in the summer/autumn/winter/spring.
Она́ рабо́тала сего́дня у́тром.	She worked this morning.
Мы уви́димся сего́дня ве́чером.	I'll see you tonight.
Мы там бы́ли вчера́ ве́чером.	We were there last night.
Ба́бушка уже́ давно́ ма́ло спит но́чью.	For a long time now Grandmother has slept little at night.
Пе́тя к нам приходи́л сего́дня днём.	Petya stopped by to see us this afternoon.

D. The question «**В кото́ром часу́?**» "When?" or "At what time?" is answered by the **в** + *the accusative* construction.

Note that **в полови́не второ́го** is an exception to the **в** + *the accusative* rule.

E. "Time after" is expressed by **через** + *the accusative*. "Ago" is rendered by the time phrase + (**тому́**) **наза́д** (the first element often being omitted in spoken Russian).

Note that in cases involving events, rather than time units, the construction **по́сле** + the genitive is used to express "after." Compare:

По́сле ле́кции, мы пошли́ в кафе́. (Че́рез не́сколько мину́т профе́ссор то́же пришёл туда́.)	After the lecture, we went to a cafe. (After several minutes, the professor also arrived there.)

---

[1] Such nouns (in the instrumental) are now adverbs.

3. Duration (How long did the action go on?)

A. With *imperfective* verbs the time phrase is in the **accusative without a preposition**:

Мы работали всю неделю.	We worked the whole week.
Мы работали два часа.	We worked two hours.
Он читал всю ночь.	He read all night.
Мы жили там один год.	We lived there one year.
Он спал двенадцать часов.	He slept for twelve hours.

B. With *perfective* verbs the time during which something was accomplished is expressed by **за** + *the accusative*:

Он написал письмо за двадцать минут.	He wrote the letter in twenty minutes.
Что вы сделали за это время?	What have you done over this period of time?

4. Intentional на

A period of time over which the effect of the action is expected or intended to last is expressed with **на** + *the accusative*:

Он приехал в Москву на год.	He arrived in Moscow for a year.
Он взял книгу на неделю.	He took the book for a week.

5. Telling Time by the Clock

In addition to the 24-hour system, Russian has two formulae for telling time. One construction is required to tell the time that falls within the first half of the hour and a different construction is used to tell the time within the second half of the hour.

In the first half of the hour one counts the minutes of the hour in progress. The time **1:05** is understood as five minutes (elapsed) of the *second* hour, so the ordinal numeral **второй** is used: **пять минут второго**. (The first hour was from **12** to **1**, the second is from **1** to **2**, etc.).

12.05	пять минут первого
12.22	двадцать две минуты первого
4.25	двадцать пять минут пятого
9.03	три минуты десятого

In the second half of the hour one names the hour in progress (with a cardinal numeral) "minus the number of minutes" left to elapse. The hour in progress is given after the number of minutes left to elapse. Thus, 1:55 would be "minus five minutes two," i.e. **без пяти́ мину́т два**, "minus" expressed by the preposition **без** and followed by the genitive case of the number of minutes plus (optionally) the genitive of **мину́та**.

2.55	без пяти́ (мину́т) три
1.40	без двадцати́ (мину́т) два
6.51	без девяти́ (мину́т) семь
9.59	без одно́й (мину́ты) де́сять

6. "Time When" According to the Clock

To express *time when*, the preposition **в** + *the accusative* with the above forms is used.

Он прие́хал в два́дцать мину́т пя́того.	He arrived at twenty minutes past four.

Before **без** the preposition **в** is omitted.

Мы встре́тились без двадцати́ пяти́ во́семь (утра́).	We met at twenty-five minutes to eight (in the morning).

The Russian for "quarter" (of an hour) is **че́тверть** (f.), which belongs to the third declension.

Мы договори́лись встре́титься в че́тверть пя́того.	We agreed to meet at a quarter past four.
Они́ пришли́ без че́тверти четы́ре.	They came at a quarter to four.

The Russian for "half" (an hour) is **полови́на**.[2] Remember that it constitutes an exception to the "time when" rule, since it requires the prepositional case in expressing "at half past" (**в полови́не пя́того**).

Спекта́кль начина́ется в полови́не второ́го.	The performance begins at half past one.

---

[2] As in English, the word **мину́та** "minute" is never used after **че́тверть** and **полови́на**.

NEW INDEPENDENT STATES (NIS)[1]

COUNTRY				
Азербайджа́н	Azerbaijan	азербайджа́нец	азербайджа́нка	азербайджа́нский
Арме́ния	Armenia	армя́нин	армя́нка	армя́нский
Белору́сь	Belarus	белору́с	белору́ска	белору́сский
Гру́зия	Georgia	грузи́н	грузи́нка	грузи́нский
Казахста́н	Kazakhstan	каза́х	каза́шка	каза́хский
Киргизста́н	Kyrgyzstan	кирги́з	кирги́зка	кирги́зский
Молда́вия	Moldova	молдава́нин	молдава́нка	молда́вский
Таджикиста́н	Tajikistan	таджи́к	таджи́чка	таджи́кский
Туркмениста́н	Turkmenistan	туркме́н	туркме́нка	туркме́нский
Узбекиста́н	Uzbekistan	узбе́к	узбе́чка	узбе́кский
Украи́на	Ukraine	украи́нец	украи́нка	украи́нский

SOME OF THE LARGER REPUBLICS
WITHIN THE RUSSIAN FEDERATION[2]

REPUBLIC				
Башкортоста́н	Bashkortostan	башки́р	башки́рка	башки́рский
Буря́тия	Buryatia	буря́т	буря́тка	буря́тский
Саха́ (Яку́тия)	Sakha (Yakutia)	яку́т	яку́тка	яку́тский
Татарста́н	Tatarstan	тата́рин	тата́рка	тата́рский
Тува́	Tuva	туви́нец	туви́нка	туви́нский
Чува́шия	Chuvash Republic	чува́ш	чува́шка	чува́шский

[1] The New Independent States (NIS) is a Western designation for Russia and 11 other former Soviet republics (excluding the Baltic States). While Russian is not the official state language of most of the new nations, it continues to serve as an official language of communication within and among these states. For example, when Belarus and Uzbek officials or business people communicate with one another, they are very likely to use Russian for that purpose.

[2] Russia (also officially known as the Russian Federation) consists of Moscow, St. Petersburg, and 86 regions (oblasts), some of which have the status of republics within the Russian Federation. The above examples reflect some of the most well-known republics and the words used to refer to members of the ethnic groups after which they are named. As a rule, these republics include several ethnic groups (including Russians); the titular group often represents only a minority within the given republic.

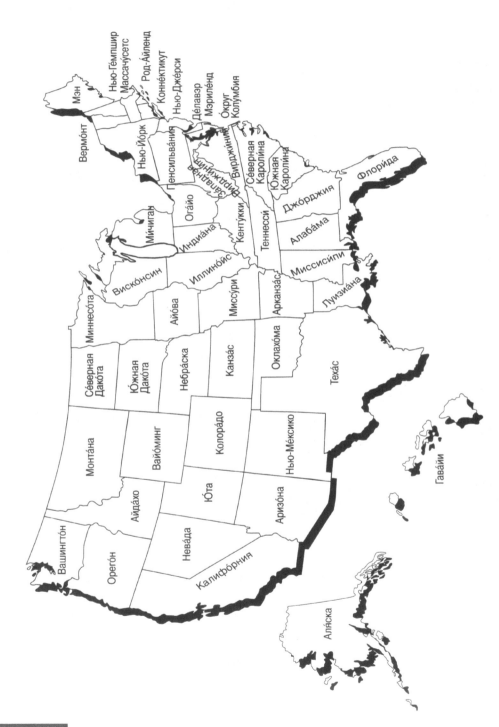

Соединённые Штаты Америки (США)

Conversion Table of Weights and Measures

Linear Measure

1 киломéтр (1 kilometer) = 1,000 meters = 0.6214 (or 5/8) mile
1 метр (1 meter) = 100 centimeters = 39.37 inches
1 сантимéтр (1 centimeter) =10 millimeters = 0.3937 inch

1 mile = 1.609 kilometers
1 yard = 91.44 centimeters
1 foot = 30.48 centimeters
1 inch = 2.54 centimeters

Square Measure

1 квадрáтный киломéтр (1 square kilometer) = 0.386 square mile
1 гектáр (1 hectare) = 10,000 square meters = 2.469 acres
1 квадрáтный метр (1 square meter) = 1.196 square yards

1 square mile = 2.59 square kilometers
1 acre = 0.405 hectare
1 are = 100 square meters
1 square yard = 0.836 square meter
1 square foot = 929 square centimeters
1 square inch = 6.45 square centimeters

Liquid Measure

1 литр (1 liter) = 1,000 milliliters = 1.057 quart = 0.264 gallon

1 gallon = 3.785 liters
1 quart = 0.946 liters
1 pint = 0.47 liter
1 fluid ounce = 3.55 milliliters
1 tablespoon = 3 teaspoons = 14.2 milliliters

Weight Measure

1 тóнна (1 metric ton) = 1,000 kilograms = 2,204 pounds
1 килогрáмм (1 kilogram) = 1,000 grams = 2.2 pounds
1 грамм (1 gram) = 0.035 ounce

1 pound = 453.59 grams
1 ounce = 28.35 grams

A. Russian Consonants

The Russian phonetics system contains two sets of consonant pairs: hard/soft consonants and voiced/voiceless consonants.

1. HARD AND SOFT CONSONANTS

There are 15 pairs of soft and hard consonants in Russian:

/п/ — /пʲ/	/б/ — /бʲ/	/м/ — /мʲ/	/ф/ — /фʲ/	/в/ — /вʲ/
/т/ — /тʲ/	/д/ — /дʲ/	/с/ — /сʲ/	/з/ — /зʲ/	/к/ — /кʲ/
/г/ — /гʲ/	/х/ — /хʲ/	/л/ — /лʲ/	/н/ — /нʲ/	/р/ — /рʲ/

The remaining six consonants cannot be separated into hard/soft pairs. Three are always hard — /ш, ж, ц/ — and three are always soft — /щ, ч, й/.

The choice of a hard or soft consonant can affect a word's meaning. Compare:

у́гол /у́гал/ "corner" — у́голь /у́галʲ/ "coal"

говори́т /гавар ʲи́т/ "s/he speaks" — говори́ть /гаварʲи́тʲ/ "to speak"

рад /рат/ "glad" — ряд /рʲат/ "row"

лук /лук/ "onion" — люк /лʲук/ "manhole"

Soft consonants are pronounced in the same way as their hard counterparts with one important difference: in a soft consonant, the tongue arches toward the middle of the roof of the mouth (the palate), as it does in the pronunciation of the vowel /и/. Because of the similarity in formation, Russian soft consonants are often described by phoneticians as having an "/и/ nuance". Students will find it easier to produce a soft consonant if they begin by pronouncing it in position between two /и/ - vowels, for in this case the middle part of the tongue will already be in the correct position.

This distinction between soft and hard consonants does not exist in English. Therefore, to many speakers of English, a palatalized consonant before the vowels /a/, /o/, and /y/ may sound something like the corresponding hard consonant plus the consonant /й/ ("yot"). Actually, this "yot" is inseparable from the consonant.

Failure to distinguish a soft consonant from a soft consonant + /⊠/ can lead to some confusion in meaning. Compare:

се́мя /сʲе́мʲa/ "seed" – семья́ /сʲимʲйа́/ "family"
лёд /лʲо́т/ "ice" – льёт /лʲйо́т/ "(s/he) pours"

2. VOICED AND VOICELESS CONSONANTS

There are 11 pairs of voiced and voiceless consonant sounds in Russian:

Voiceless: /п/ /пʰ/   /ф/ /фʰ/   /с/ /сʰ/   /т/ /тʰ/   /ш/   /к/ /кʰ/
Voiced: /б/ /бʰ/   /в/ /вʰ/   /з/ /зʰ/   /д/ /дʰ/   /ж/   /г/ /гʰ/

The remaining consonants cannot be separated into voiced/voiceless pairs. Nine consonant sounds are always voiced: /м, мʰ, н, нʰ, л, лʰ, р, рʰ, й/, and four are always voiceless:

/ч, ц, х, щ/.

As in English, the correct pronunciation of voiced and voiceless consonants is crucial to the differentiation of words and their meaning in Russian. The voiceless/voiced pair *p — b* distinguishes the words "pit" and "bit", for example. Compare the following pairs of words in Russian:

том "tome"   дом "house"
корá "tree bark"   горá "mountain"
икрá "caviar"   игрá "game"
пар "vapor"   бар "bar"

Voiced consonants are produced with the vibration of the vocal cords, while voiceless consonants are not. The difference between the Russian and English consonants lies in the fact that Russian voiced consonants are voiced throughout the entire length of the sound, whereas English voiced consonants are semi-voiced: only the end of the sound is voiced. That is, the vocal cords begin vibrating only at the end of the articulation of the sound.

Two basic rules govern the phonetic behavior of Russian voiced and voiceless consonants.

1. Voiced consonants become devoiced in word final position, therefore the word зуб "tooth" is pronounced /зуп/ and rhymes with суп "soup". Similarly:
    дог /док/ "Great Dane"   rhymes with док "dock"
    код /кот/ "code"   rhymes with кот "cat"
    муж /муш/ "husband"   rhymes with душ "shower"

2. Within a consonant cluster, the voicing quality of the final consonant determines the voicing of the entire cluster. A voiceless consonant becomes voiced when followed by a voiced consonant, and a voiced consonant becomes voiceless when followed by a voiceless consonant. Compare the spelling and the phonetic transcriptions of the following words:

Voiceless to Voiced
рюкзáк /рʰугзáк/ "backpack"
сдать /здать/ "hand in"
футбóл /фудбóл/ "soccer"

Voiced to Voiceless
автóбус /афтóбус/ "bus"
лóжка /лóшка/ "spoon"

However, remember that Russian unpaired voiced consonants — /р, рᵇ, л, лᵇ, м, мᵇ, н, нᵇ/, and /й/ - do *not* cause voicing in a preceding voiceless consonant:

слой "layer" — **з**лой "malicious"

и**к**ра́ "caviar" — и**г**ра́ "game"

пра́во "law" — **б**ра́во "bravo"

The hard/soft pair /в/ — /вᵇ/ can change to /ф/ — /фᵇ/, but, like those listed above, will not cause a preceding consonant to become voiced.

Compare the phonetic value of /в/ — /вᵇ/ before a voiceless consonant:

в шкафу́ pronounced as one word /**ф**шкафу́/ "in the cupboard",
а**в**то́бус /а**ф**то́бус/ "bus", Ка**в**ка́з /ка**ф**ка́с/ "Caucasus"

and after a voiceless consonant:

т**в**ой /т**в**ой/ "yours", Мос**к**ва́ /ма**ск**ва́/ "Moscow"

Note that in normal, rapid speech voicing and devoicing may occur at word junctures:

на**ш** дом /на**ж**до́м/ "our home"
то**т** друг[1] /то**дд**ру́к/ "that friend"
Но**ж** тут. /но**шт**у́т/ "The knife is here."

3. ARTICULATION OF RUSSIAN CONSONANTS

The mouth is relaxed when pronouncing consonant sounds in Russian; in English the mouth is not relaxed.

The Consonants /м, ф, в, п, б, г, к/

The consonants /м, ф, в, п, б, г, к/ differ very little from their American English counterparts /m, f, v, p, b, g, k/. The only major difference lies in the consonants /п/ and /к/ which are always pronounced *without aspiration* in Russian. Compare the non-aspirated p's and k's in "spark", "skate", and "apple" and their aspirated counterparts in "park", "pot", "Kate", and "caught", pronounced with a noticeable puff of air.

The Consonants /н, т, д, с, з/

The Russian consonants /н, т, д, с, з/ are dental sounds, pronounced with the tip of the tongue lowered and touching the lower front teeth and the front part of the tongue pressed against the upper teeth. The English counterparts of these consonants — /n, t, d/ — are pronounced differently, with the tip of the tongue pressed against the alveolar palate. The Russian /т/, unlike its English counterpart, is pronounced without aspiration, and the Russian /н/ is never velar; cf. "thing" versus та**нк**.

---

[1] Note that the double consonant is pronounced as *one* long sound.

Pronouncing Russian dental consonants /н, т, д/ with the tip of the tongue raised upwards hinders the softening of soft consonants.

The Consonants /ш, ж/

The Russian consonants /ш/ and /ж/ are always hard. In pronouncing them, the tongue assumes a "spoon-like" position with both the tip and the back part of the tongue raised, and the middle part of the tongue lowered. The lips protrude. The Russian /ш/ and /ж/ sound less soft than their English counterparts.

Consonants /ш/ and /ж/ are hard; although the spelling rules require that the letter и be written after them, it is always pronounced as /ы/. In addition, the sound /ш/ is spelled by the letter ч in the words что /што/ "what", ску́чно /ску́шна/ "(one is) bored", коне́чно /кане́шна/ "of course", and in a small number of others.

The Consonants /л/ and /лʲ/

The consonants /л/ and /лʲ/ are especially difficult for the native speakers of English because the pronunciation of the English /l/ lies somewhere between them: it is softer than /л/ and harder than /лʲ/. The tongue position between these two consonants can be compared to a spoon with its bottom up for the hard /л/ and its bottom down for the soft /лʲ/. To pronounce the hard /л/, the tip of the tongue should be lowered toward the lower teeth; it is helpful to place it in between the upper and the lower teeth. The back part of the tongue is raised and retracted. For the soft /лʲ/, the tongue arches upward; the tip and the front part of the tongue touch the hard palate.

The Consonant /p/

The tip of the tongue vibrates near the alveolar palate in order to pronounce /p/ in the initial position. By contrast, the initial /r/ in American English is pronounced with the front part of the tongue bent downward, relatively tense and immobile. To achieve the Russian /p/, the tip of the tongue must be relaxed and able to vibrate freely. Combinations of /p/ with the consonants /т/ and /д/, such as тра and дра, may help develop this free vibration.

The Consonant /й/ ("yot")

The consonant /й/ is pronounced with more tension than its English counterpart in the words **y**es and **y**ellow.

The Consonant /x/

The consonant /x/ is produced like /к/, but with the tongue lowered slightly. The tip of the tongue is near the lower teeth but does not touch them, and the throat is relaxed. The Russian /x/ resembles the Scottish "ch" in "lo**ch**." Since the tongue is raised to the same height as in the articulation of the vowel /y/, careful practice of this vowel will help you to master pronunciation of the Russian /x/.

The Consonant /ч/

The consonant /ч/ is an unpaired soft consonant. It is softer than the corresponding English sound.

The Consonant /щ/

The consonant /щ/ is produced with the tip of the tongue moved more forward and down, the front part of the tongue more flattened than in the articulation of /ш/, and the lips protruding. The consonant /щ/ is a soft, long sound. It is designated by the letter **щ** and sometimes by the consonant clusters **сч, зч,** and **жч** (unless they occur at morpheme junctures): **сч**а́стье /**щ**а́сʰтʰйа/ "happiness", **сч**ёт /**щ**от/ "score", му**жч**и́на /му**щ**и́на/ "man." Cf.: **сч**ита́ть /**щ**ита́тʰ/ "count", but **сч**ита́ть /**сч**ита́тʰ/ "compare a copy with the original text".

The Consonant /ц/

The consonant /ц/ is a complex sound that begins as /т/ and then turns into a /с/. It is a single, fused sound and not a combination of the sounds /т/ and /с/ as in the English word "its."

In addition to the letter **ц**, the sound may also be represented by the consonant clusters **тц, дц, тс, дс,** and **тьс.** For example:

два́**дц**ать "twenty," де́**т**ский "children's," горо**дс**ко́й "city," "urban," боя́**тьс**я "to fear."

Take note of the following consonant clusters which include silent consonants:
вств /ств/ — здра́**вств**уйте /здра́**ств**уйтʰи/ "hello"
чу́**вств**овать /чу́**ств**ават_ʰ/ "feel"
здн /зн/ — по́**здн**о /по́**зн**а/ "late"
пра́**здн**ик /пра́**зн**ʰик/ "holiday"
стн /сн/ — гру́**стн**о /гру́**сн**а/ "sadly"
стл /сл/ — сча**стл**и́вый /щи**сл**ʰи́вый/ "happy"
лнц /нц/ — со́**лнц**е /со́**нц**а/ "sun"

B. Russian Vowels

1. ARTICULATION OF RUSSIAN VOWELS

The vowel /а, о, у/ can follow either hard or soft consonants.

The vowel /а/ is pronounced with the tip of the tongue flattened and placed behind the lower teeth.

The vowel /о/ is pronounced with the lips protruding and rounded. The back part of the tongue is raised toward the back palate, the tip of the tongue retracted. Hence, the Russian /о/ is further back than the corresponding English vowel.

The vowel /у/ requires that the lips be still more rounded and protruding than for the Russian /o/. Note that in pronouncing the Russian vowel sequence /o/ — /у/, the tongue and the lips move in opposite directions: the tongue moves back, while the lips move forward. The tongue retracts further back than in the pronunciation of the English **oo** in "boot."

The vowel /ы/ follows only hard consonants. In pronouncing /ы/, the tongue is raised high and retracted. Practice the sound /ы/ by saying the Russian vowel /у/ with your lips held in the position you would use to pronounce the vowel /и/.

In normal, rapid speech, when the letter **и** occurs word-initially, it is pronounced /ы/ when the preceding word ends in a hard consonant:

сын Ива́н /сыныва́н/, в институ́те /вынст^ьиту́т^ьи/.

The vowel /и/ follows only soft consonants. The vowel /и/ differs little from the first sound in the English word "each."

The vowel /e/ follows only soft consonants. It is similar to "e" in the English word "vet."

The vowel /э/ does not occur after soft consonants. It is pronounced with the mouth open wider than for the corresponding vowel /e/.

The vowel /э/ is pronounced:

1) in place of the orthographic э:

э́тот

2) in place of /e/ in the following instances:

a) after hard consonants /ш, ж, ц/

шесть /шэст^ь/
жест /жэст/
це́ны /цэ́ны/

b) in a few borrowed words:
пане́ль /панэ́л^ь/
анте́нна /*антэ́на*/

2. STRESS AND VOWEL REDUCTION

Except for little grammatical words (particles, prepositions), every Russian word has one stressed syllable which is pronounced louder, stronger, and with more emphasis than the other syllables. Vowels in unstressed syllables are usually weaker, shorter, more quiet, and have a less distinct quality.

каранда́ш
1 2 3

In the word **каранда́ш** "pencil", only the stressed /a/ (in the syllable «даш») has a typical Russian /a/-like timbre. In the syllable «ран», /a/ resembles rather the English vowel in the word "but", in the syllable «ка» /a/ sounds even less /a/-like; it is close to the final sound in the English word "sofa".

You will gradually get used to the Russian rhythm which in general terms can be expressed numerically as

1, 2, 3́, 1

This means that in the first part of the word before stress (pre-tonic part), the closer vowels are to the stressed syllable, the stronger the vowels become. However, after the stressed syllable (post-tonic part), vowels are short and weak. Because Russian does not have fixed stress (i.e. all the words have stress on the last syllable, as in French), any syllable can be stressed. Therefore, the proposed formula describes only a general tendency. A special symbol /*a*/ will be used in phonetic transcription for the unstressed a's. Study the examples below:

маши́на "car"	катастро́фа "catastrophe"	бана́н "banana"
2 3 1	1 2 3 1	2 3

Some Russian vowels change their sound quality when they are unstressed. Thus, the Russian letter **o** is pronounced as /o/ only under stress. In the unstressed position the letter **o** undergoes same reduction as **a: хорошо́** is pronounced as /*харашо́*/.

The three Russian vowels /у, ы, и/ do not change their quality in the unstressed position. The chart below illustrates the changes in other vowels.

Vowel Reduction				
After hard consonants		After soft consonants		
Letters	Sounds	Letters	Sounds	Exceptions
а	/*a*/	я	/и/	Grammatical endings: /*a*/ тётя /тʲо́тʲ*а*,/ учи́ться /учи́тц*а*/
o	/*a*/	—	—	—
э	/ы/	е	/и/	Endings of neuter nouns and adjectives in the nominative case: /*a*/ Чёрное мо́ре /чо́рн*а*йа мо́рʲ*а*/

C. RUSSIAN SENTENCE INTONATION

In contemporary spoken Russian there are seven basic intonational constructions (IC): IC-1, IC-2, IC-3, IC-4, IC-5, IC-6, and IC-7. The last three intonational constructions, IC-5, IC-6, and IC-7, are used in emphatic speech and designate emotions: approval, disapproval, admiration, irony, etc. Each intonational construction is made up of a pretonic, a stressed (tonic), and a post-tonic part.

Each intonational construction is characterized by a particular pitch movement, which coincides with the point of emphasis of each sentence (the intonational center). The intonational center falls on the stressed syllable of the most important word within the sentence. After describing the contours of each intonational construction, we will use only the numerical superscript of the appropriate IC to identify the intonational centers.

Intonational Construction 1 (IC-1)

IC-1 designates the intonational contour characteristic of the Russian declarative sentence:

Э́то ма́ма.   This is (my) mom.

IC-1 is characterized by an intonational center pronounced with a sharply falling tone.

The portion of the sentence preceding the intonational center (pre-tonic) is pronounced with a level, medium tone, smoothly and without pauses. The portion of the sentence after the intonational center, (post-tonic) remains on a low pitch.

The intonational center of IC-1 can be on any word that clarifies the meaning of the sentence. Compare:

$$\overset{1}{\text{Э́то мой дом.}}$$ This is my house.

$$\overset{1}{\text{Э́то мой дом.}}$$ This is *my* house.

$$\overset{1}{\text{Э́то мой дом.}}$$ *This* is my house.

Intonational Construction 2 (IC-2)

IC-2 is used in interrogative sentences that contain a question word.

Кто э́то?   Who is it?

The stressed part is pronounced with a falling tone and greater emphasis (denoted by the thick line). The post-tonic part is pronounced on a low pitch with a slight fall on the last syllable (as in IC-1). The intonational center is not necessarily on the question word; it can be at any other word that clarifies the meaning of the sentence:

$$\overset{2}{\text{Где мама?}}$$ Where is mother?

Do not raise the tone of the post-tonic part.

Intonational Construction 3 (IC-3)

IC-3 is used in interrogative sentences which do not contain a question word.

Ма́ма до́ма? Is mom at home?

The pre-tonic part is pronounced with a level medium tone. At the stressed part the tone rises sharply from a higher than mid level. The post-tonic part is pronounced at a low pitch with a slight fall at the last syllable.

A sharp rise of the tone of the stressed part in questions of this type presents great difficulty for English speakers, who tend to pronounce the stressed part of the question with an insufficiently high and sharp rise. English speakers also tend to raise the tone of the post-tonic part.

The position of the intonational center in IC-3 is determined by the meaning of the question.

— Э́то ваш сын? — Да, сын. "Is it your *son*?" "Yes, it is my son."

— Э́то ваш сын? — Да, мой. "Is it *your* son?" "Yes, it is *my* son."

Intonational Construction 4 (IC-4)

IC-4 is used in interrogative sentences with the conjunction **a**.

— Сего́дня ве́чером я рабо́таю. **А ты?** "I am working tonight. And how about you?"

The portion of the sentence before the intonational center (pre-tonic) is pronounced on a medium pitch, sometimes with a slight fall. At the intonational center, the tone starts on a lower pitch and then gradually rises within the syllable.

This type of intonation presents no problem for English speakers, since a gradual rise of tone is characteristic of English questions without a question word.

```
┌─────────────────────────────── KEY ───────────────────────────────┐
```

acc.	accusative	*multidir.*	multidirectional
colloq.	colloquial	*n.*	neuter
f.	feminine, third declension	*nom.*	nominative
gen.	genitive	*perf.*	perfective
impf.	imperfective	*pl.*	plural
indecl.	indeclinable	*prep.*	prepositional
inf.	infinitive	*sg.*	singular
intrans.	intransitive	*trans.*	transitive
irreg.	irregular	*unidir.*	unidirectional
m.	masculine	#	fill vowel

The number(s) in parentheses at the end of each entry indicate(s) the chapter(s) in which the word appears.

The following information about <u>nouns</u> is indicated after each entry:

1. Gender, if it is not clear from the nominative form, e.g. **дéдушка** (*m.*)**, имя** (*n.*)
2. Irregular nominative plurals, e.g. **друг** (*pl.* друзья́)
3. Stress shifts, e.g. **водá** CA
4. Indeclinable nouns, e.g. **кинó** (*indecl.*)
5. Nouns that take the preposition **на**, e.g. **зáпад** (на)
6. Fill vowels, e.g. **отéц**#

The following information about <u>verbs</u> is indicated after each entry:

1. Infinitive entries are followed by verb stems in italics, e.g. **читáть** *читáй-*
2. Irregular conjugation is indicated in parentheses after infinitive entries, e.g. **хотéть** (*irreg.*) (A summary of verb stems including an inventory of irregular verbs and their complete conjugation is given in Appendix VII.)
3. Verb case government is indicated with the appropriate interrogative pronoun, e.g. **давáть** *давáй-*/**дать** (*irreg.*) что, комý
4. Motion verbs are marked for direction, e.g. **ходи́ть** *ходи́-* (*multidir.*)

А

a and (1)
    А э́то тебе́- And this is for you. (14)
    but (1)
а́вгуст August (3)
авто́бус bus (1)
Адмиралте́йство Admiralty (9)
а́дрес ⊠⊠ (*nom. pl.* адреса́) address (1)
Азербайджа́н Azerbaijan (5)
А́зия Asia (5)
акаде́мия academy (7)
актёр actor (1)
актри́са actress (1)
а́лгебра algebra (5)
алкого́ль alcohol (9)
алло́ hello (on the telephone) (1)
Алма-Ата́ Alma-Ata (capital of Kazakhstan) (5)
альбо́м album (13)
Аля́ска (на) Alaska (4)
Аме́рика America (USA) (3)
америка́нец[#] American (male) (3)
америка́нка[#] American (female) (3)
америка́нский American (3)
англи́йский English (3)
англича́нин English (male) (3)
англича́нка[#] English (female) (3)
А́нглия England (3)
антропо́лог anthropologist (1)
апельси́н orange (2)
апельси́новый orange (7, 14)
аппарату́ра equipment (6)
апре́ль April (3)
апте́ка pharmacy (11)
Арба́т Arbat (street in Moscow) (2)
Арме́ния Armenia (5)
Арха́нгельск Arkhangelsk (city in Russia) (1)
архите́ктор architect (3)
архитекту́ра architecture (9)
ата́ка attack (4)
Атла́нта Atlanta (4)
аттракцио́н amusement park ride (6)
аудито́рия classroom (7)
А́фрика Africa (5)
ах oh (2)
Ашхаба́д Ashkhabad (capital of Turkmenistan) (5)
аэропо́рт airport (1)

Б

ба́бушка[#] grandmother (5)
бага́ж BB (sg. only) luggage (1)

Байка́л (на) Lake Baikal (located in southeastern Siberia) (1, 13)
Баку́ Baku (capital of Azerbaijan) (5)
бале́т (на) ballet (4)
балери́на ballerina (4)
Балтимо́р Baltimore (2)
бана́н banana (1)
банк bank (1)
ба́нка[#] can, container (8)
бар bar (1)
бараба́н drum (4)
бассе́йн swimming pool (7)
бе́гать *бе́гай-* (*impf.*) (*multidir.*) run (13)
бе́дный poor (10)
без (+ gen.) without (8, 12)
Белару́сь Belarus (5)
бе́лый white (3)
Берли́н Berlin (2)
беспла́тный free (14)
    ~ **вход** free admission (14)
беф-стро́ганоф (*indecl.*) beef Stroganoff (6)
библиоте́ка library (1)
би́знес business (4)
бизнесме́н businessperson (1)
биле́т ticket (4)
    ли́шний ~ extra ticket (4)
    студе́нческий ~ student ID (5)
    экзаменацио́нный ~ examination card (10)
био́лог biologist (1)
биоло́гия biology (5)
бифште́кс steak (6)
Бишке́к Bishkek (capital of Kyrgyzstan) (5)
бли́зко close (11)
блин BB crepe, pancake (6)
блю грас blue grass (4)
блю́до dish (6)
бо́лен (*m.*), **больна́** (*f.*), **больно́** (*n.*), **больны́** (*pl.*) sick (11)
боле́ть *боле́-* (*impf.*) hurt, ache (11)
    У меня́ боли́т… My… hurts. (11)
больни́ца hospital (1)
больно́й patient (13)
бо́льше more (8)
большо́й big (3)
борщ BB borsch (beet soup) (6)
Бо́стон Boston (2)
боя́ться *боя́-ся* (*impf.*) кого — чего be afraid (10)
брасле́т bracelet (6)
брат (*nom. pl.* бра́тья) brother (1)
    двою́родный ~ cousin (male) (5)
брать *бр/а́-* / **взять** (*irreg.*) что take, buy (8)
брю́ки (*pl. only*) pants (3)

бу́дущее (*noun*) the future (6)
бу́дущий future (7)
бума́га paper (7)
бутербро́д sandwich (2)
буты́лка# bottle (6)
буфе́т snack bar (7)
бухга́лтер bookkeeper, accountant (1)
бы subjunctive particle (identifies an unreal situation) (13)
быть (*irreg.*) be (4)
бы́стро fast, quickly (2)

В

в (+ *prep.*) in, at (locational) (2)
(+ *acc.*) on (with increments of time smaller than a week) (6)
В друго́й раз. Another time. (14)
(+ *acc.*) to (directional) (9)
ва́жный important (4)
ва́нная (*noun*) bathroom (2)
ва́режка# mitten (14)
варе́нье preserves (13)
Васи́льевский о́стров Vasilyevskiy Island (9)
ваш (*m.*), ва́ша (*f*), ва́ше (*n.*), ва́ши (*pl.*) your(s) (1)
Вашингто́н Washington (2)
вдруг suddenly (5, 8, 12)
вегетариа́нка# (*f.*) вегетариа́нец# (*m.*) vegetarian (8)
ведь after all (7, 9)
век ⊠⊠ (*nom. pl.* века́) century (3)
велосипе́д bicycle (5)
ве́рить ве́ри- /пове́рить кому́, во что believe (10, 12)
верну́ться see возвраща́ться
ве́село happily, cheerfully (11)
весёлый happy, cheerful (3)
весно́й in the spring (3)
весь (*m.*), вся (*f.*), всё (*n.*), все (*pl.*) all, entire, whole (8)
ветерина́р veterinarian (1)
ветерина́рный veterinary (4)
ветчина́ ham (10)
ве́чер ⊠⊠ (*pl.* вечера́) evening (4)
до́брый ~ good evening (3)
до ве́чера see you in the evening (5)
ве́чером in the evening (2)
вещь (*f.*) AC thing (8)
взро́слый adult (8)
взять see брать
ви́део (*indecl.*) video (5)
видеока́мера video camera (1)

видеомагнитофо́н (*colloq.* ви́дик) VCR (7)
ви́деть ви́де-1 уви́деть кого́ — что see (5)
ви́деться ви́де-ся / уви́деться see (each other) (10)
ви́за visa (1)
ви́лка# fork (2)
винегре́т beet salad (13)
вино́ BA wine (5)
виолонче́ль (*f.*) cello (4)
витами́н vitamin (6)
включа́ть включа́й-/ включи́ть включи́- что turn on (8)
включи́ть see включа́ть
вку́сно tasty, delicious (2)
вку́сный tasty, delicious (3)
Влади́мир Vladimir (city east of Moscow) (4)
вме́сте together (4, 8)
внима́ние attention (13)
внима́тельно attentively (4, 9)
во-вторы́х secondly (10)
во-пе́рвых firstly (10)
во ско́лько when (at what time) (8)
вода́ CA water (6)
минера́льная ~ mineral water (6)
води́тель driver (9)
води́ть води́- (*impf.*) маши́ну drive a car (9)
во́дка# vodka (3)
возвраща́ться возвраща́й-ся / верну́ться верну́-ся return (5, 13)
возду́шный light, airy (9)
вокза́л (на) train station (9)
Во́лга (на) the Volga river (1)
Волгогра́д Volgograd (city in Russia) (1)
волнова́ться волнова́-ся (*impf.*) worry, be nervous (4)
вон (over) there (1)
вообще́ in general (10)
вопро́с question (10)
Воро́неж Voronezh (city in Russia) (1)
воскресе́нье Sunday (6)
восемна́дцать eighteen (3)
во́семь eight (1)
восьмо́й eighth (4)
восто́к (на) east (4)
вот here (is/are) (1)
Вот э́то да! Wow! (4)
вперёд forward (9)
врач BB doctor (1, 11)
зубно́й ~ dentist (11)
вре́мя ⊠⊠ (*n.; gen. sg.* вре́мени) time (7)
всё everything (1)
Всё в поря́дке. Everything's okay. (8)

Всё хорошо́, что хорошо́ конча́ется. All's well that ends well. (12)

Всё! That's it! (4)

всегда́ always (2)

встава́ть *встава́й-*/ встать *вста́н-* get up (9)

встать *see* встава́ть

встре́тить *see* встреча́ть

встре́титься *see* встреча́ться

встре́ча (на) meeting (5)

встреча́ть *встреча́й-*/встре́тить *встре́ти-* кого́ — что meet (8)

встреча́ться *встреча́й-ся*/ встре́титься *встре́ти-ся* meet (each other) (10)

вто́рник Tuesday (6)

второ́й second (4)

вчера́ yesterday (2)

вы you (1)

вы́звать *see* вызыва́ть

вызыва́ть *вызыва́й-*/ вы́звать *вы́з/ва-* кого́ — что call in (7)

вы́пить *see* пить

высо́кий high, tall (3, 11)

вы́ставка* (на) exhibit (4)

Г

газе́та newspaper (1)

га́лстук tie (11)

га́мбургер hamburger (1)

гара́ж BB garage (1)

гастроно́м grocery store (10)

где where (locational) (1)

геогра́фия geography (4)

гео́лог geologist (1)

геоме́трия geometry (5)

Герма́ния Germany (3)

геро́й hero (6)

гжель (f.) a type of Russian china (11)

гимна́стика gymnastics (10)

гита́ра guitar (1)

гитари́ст guitarist (4)

глу́пый stupid (11)

говори́ть¹ *говори́-* (*impf.*) speak (2)

говори́ть² *говори́-1* сказа́ть *сказа́-* что, кому́ say, tell (4)

год AC (*gen. pl.* лет) year (8)

Голливу́д Hollywood (1)

голова́ CC head (1, 8)

голо́дный hungry (4, 10, 13)

голубо́й light blue (3)

гора́здо much (14)

гори́лла gorilla (1)

го́рло throat (11)

го́род ⊠⊠ (*nom. pl.* города́) city (1)

горя́чий hot (9)

гости́ная (*noun*) living room (2)

гости́ница hotel (1)

гость AC guest (2, 12)

госуда́рственный state (7)

гото́в (*m.*), -а (*f.*), -о (*n.*), -ы (*pl.*) ready (12)

гото́вить *гото́ви-*/ приго́то́вить что, кому́ prepare, cook (6)

гото́виться *гото́ви-ся*/ подгото́виться к чему́ prepare for (7, 10, 12)

граби́тель thief (12)

грамм gram (8)

грамма́тика grammar (5)

гриб BB mushroom (10)

грибно́й mushroom (14)

гро́мкий loud (11)

гро́мко loudly (11)

грудь (f.) AC chest (11)

Гру́зия Georgia (5)

гру́ппа group (3)

гуля́ть *гуля́й-*/ погуля́ть go for ⊠ walk (2, 9)

ГУМ (Госуда́рственный универса́льный магази́н) State Department Store (on Red Square) (9)

Д

да yes (1)

дава́ть *дава́й-*/дать (*irreg.*) что, кому́ give (6)

Да́йте, пожа́луйста… Please give (me)… (6)

Дава́й(те)! Go ahead! (10)

Дава́й(те)… Let's… (11)

давно́ for a long time, long ago (4)

далеко́ far (11)

дари́ть *дари́-*/ подари́ть кому́, что give as a gift (11, 12)

дать *see* дава́ть

да́ча (на) dacha (cottage) (2)

два two (1)

два́дцать twenty (3)

двена́дцать twelve (3)

дверь (f.) AC door (8)

дво́йка* grade F (7)

дворе́ц* palace (9)

Дворцо́вая пло́щадь (f.) Palace Square (9)

де́вушка* girl, young woman (4)

девятна́дцать nineteen (3)

девя́тый ninth (4)

де́вять nine (1)

де́душка* (*m.*) grandfather (5)

действи́тельно indeed, really (10)

декабрь BB December (3)

декáн dean (6)
дéлать *дéлай-/* сдéлать что do (2)
дéло ⊠⊠ affair, matter, business (4)
дéнь* BB day (1)
   дóбрый ~ good afternoon (3)
   День ветерáнов Veterans' Day (9)
   День незавúсимости Independence Day (9)
   День побéды Victory Day (9)
   День рождéния birthday (9)
   День святóго Валентúна St. Valentine's Day
   (9)
   Междунарóдный жéнский день
   International Women's Day (9)
   Национáльный день Россúи Russian
   National Independence Day (9)
дéньги* (*pl.* only) money (4)
десéрт dessert (6)
десятóк* set of ten (8)
десятый tenth (4)
дéсять ten (1)
детектúв detective/mystery novel (3)
дéти (*pl.; sg.* ребёнок) children (3)
Детрóйт Detroit (2)
дéтство childhood (10)
дёшево cheap (6, 11)
дешёвый cheap (11)
джаз jazz (4)
джúнсы (*pl.* only) jeans (1)
Джóрджтаун Georgetown (1)
дивáн sofa (2)
диджéй deejay (4)
диéта diet (8)
Динáмо Dinamo (here: stadium in Moscow) (1)
дирéктор ⊠⊠ (*nom. pl.* директорá) director (5)
диск compact disk (6)
дискéтка* computer diskette (5)
дискотéка (на) dance club (4)
длúнный long (3)
для (+ *gen.*) for (7, 8)
днём in the afternoon (2)
до свидáния goodbye (1)
дóбрый kind (6)
довóлен (*m.*), довóльна (*f*), довóльно (*n.*),
   довóльны (*pl.*) satisfied, pleased (9)
договáриваться *договáривай-ся/* договорúться
   договорú-ся agree Договорúлись! It's agreed!
   It's ⊠ deal! (12)
дождь BB rain (9)
доклáд presentation, report (6)
дóктор ⊠⊠ (*pl.* докторá) doctor, Dr. (5)
   проезднóй ~ ticket (9)

дóлгий long (11)
дóлго for a long time (6)
дóлжен (*m.*), должнá (*f*), должнó (*n.*), должны
   (*pl.*) should, must, have to, ought to (8)
дом ⊠⊠ (*nom. pl* домá) house, building (1)
дóма at home (locational) (2)
домáшний home, homemade (9)
домóй home (directional) (9)
домохозяйка* housewife (4)
дорóга road (10)
дóрого expensive (6)
дорогóй expensive (4)
доскá* CC blackboard (1)
дóчка* daughter (2)
дочь (*f.; gen. sg.* дóчери) daughter (8)
дрáма drama (4)
друг ⊠⊠ (*nom. pl.* друзья) friend (1)
другóй different, other (5, 8)
дрýжба friendship (6)
дýмать *дýмай-/* подýмать think (2, 9)
дурáк BB fool (5)
Душанбé Dushanbe (capital of Tajikistan) (5)
дядя (*m.*) uncle (1)

Е

Еврóпа Europe (5)
егó his (2)
едá food (6)
её her(s) (2)
éздить *éзди-* (*impf.*) (*multidir.*) go (by
   conveyance), drive (9)
Еревáн Yerevan (capital of Armenia) (5)
ерундá BB (*sg.* only) nonsense (6, 12)
éсли… то if… then (11)
есть (*irreg.*) / съесть (*irreg.*) что eat (6)
есть (*irreg.*) exist (7)
éхать (*irreg.*) (*impf.*) (*unidir.*) go (by conveyance),
   drive (9)
ещё also (4, 12)
   ещё раз once more, again (12)

Ж

жалéть *жалéй-/* пожалéть когó — что take pity
   on (someone) (8)
жáлко it's a shame, it's too bad (13)
жáреный fried (6, 13)
жáрко hot (9)
ждать *ждǎ-/* подождáть когó что wait (9, 13)
   Ждём вас. Looking forward to seein you. (6)
желáть *желáй-* (*impf.*) комý, чегó wish (13)
   Желáю (вам) успéхов! Good luck! (13)

Жела́ю (вам) здоро́вья! Be healthy (13)

Ни пу́ха ни пера́! Good luck! (7)

жёлтый yellow (3)

жена́ BA (*nom. pl.* жёны) wife (1)

же́нский female, women's (11, 13)

же́нщина woman (5)

жето́н token (3)

живо́т BB stomach (11)

⬛ ⬛ó⬛⬛⬛⬛ animal (3, 9, 11)

дома́шнее - pet (9, 11)

жизнь (*f.*) life (5, 8)

жить жйв- (*impf.*) live (2)

~ в гости́нице stay in a hotel (14)

жу́лик swindler, thief (5)

журна́л magazine (1)

журнали́ст journalist (male) (1)

журнали́стка# journalist (female) (1)

З

за (+ *acc.*) to… (used when making a toast) (6)

забыва́ть забыва́й-/ **забы́ть** (*irreg.*) что forget (8)

забы́ть see забыва́ть

заво́д (на) factory (4)

за́втра tomorrow (6)

до ~ until tomorrow, goodbye (2)

за́втрак breakfast (3)

за́втракать за́втракай-/ **поза́втракать** have breakfast (2)

зага́дывать зага́дывай-/ **загада́ть** загада́й- жела́ние make a wish (13)

зада́ние task, assignment (7)

дома́шнее ~ homework (9)

зада́ча problem, assignment (6)

заказа́ть see зака́зывать

зака́зывать зака́зывай-/ **заказа́ть** заказӑ - что order (6)

зака́нчивать зака́нчивай / **зако́нчить** зако́нчи- что finish (6, 9)

зако́нчить see зака́нчивать

закрыва́ть закрыва́й-/ **закры́ть** закро́й- что close (7)

закрыва́ться закрыва́й-ся/ **закры́ться** закро́й-ся close (10)

закры́ть see закрыва́ть

закры́ться see закрыва́ться

заку́ска# appetizer (6)

замеча́тельно wonderful, terrific (8)

замо́к# BB lock (8)

занима́ться занима́й-ся (*impf.*) чем study, participate in (9,10)

за́нят (*m.*), **занята́** (*f.*), **за́нято** (*n.*), **за́няты** (*pl.*) busy (5)

заня́тие (на) class (7)

за́пад (на) west (4)

записа́ть see запи́сывать

запи́ска# note (6)

запи́сывать запи́сывай-/ **записа́ть** записа́- что write down (8)

заплати́ть see плати́ть

зарпла́та salary (11)

зарубе́жный foreign (7)

заче́м what for (8)

зачёт pass/fail exam (7)

звони́ть звони́-/ **позвони́ть** кому́ call (⬛)

звоно́к#1 BB door bell, alarm (8)

звоно́к#2 BB phone call (5, 12)

зда́ние building (3)

здесь here (locational) (1)

При чём здесь…? What does… have to do with it? (10)

здо́рово great, terrific (3)

здоро́вье health (13)

здра́вствуй(те) hello (1)

зелёный green (3)

зе́ркало ⬛⬛ mirror (7, 10)

зи́мний winter (9)

Зи́мний дворе́ц Winter Palace (9)

зимо́й in the winter (3)

знако́мить знако́ми-/ **познако́мить** кого́, с кем acquaint (10)

знако́миться знако́ми-ся/ **познако́миться** meet, become acquainted (10, 11)

знако́мство acquaintance, familiarity

знако́мый (*m.*), **знако́мая** (*f.*) (*noun*) friend, acquaintance (5)

знамени́тый famous, well-known (9)

знать знай- (*impf.*) кого — что know (2)

Вы не зна́ете…? Do you happen to know…? (2)

Не зна́ю, не зна́ю. I'm not sure. (14)

Я то́чно не зна́ю. I don't know for sure. (3)

зна́чит (it) means (5, 13)

значо́к# BB pin (8)

зоомагази́н petstore (10)

зоопа́рк zoo (3)

зуб AC tooth (11)

И

и and (1)

игра́ть игра́й-/ **поигра́ть** во что (sports), на чём (musical instruments) play (4, 11)

игру́шка# toy (2)

иде́я idea (11)

идио́т idiot (9)

идти́ (*irreg.*) (*impf.*) (*unidir.*) go (on foot) (9)

    О́ле иду́т брю́ки. Pants look good on Olya. (9)

    идёт дождь it's raining (13)

    идёт снег it's snowing (13)

из (+ *gen.*) from (12)

извини́(те) I'm sorry, excuse (me) (1)

Изма́йлово (*indecl.*) Izmailovo (region in Moscow) (6)

ико́на icon (8)

икра́ BB (*sg.* only) caviar (3)

и́ли or (2)

импера́тор emperor (3)

и́мя ⬚⬚ (*n.; gen. sg.* и́мени) first name (5)

ина́че otherwise (7)

инди́йский Indian (7)

инжене́р engineer (1)

иногда́ sometimes (2)

институ́т institute (1)

инструме́нт instrument (6)

интервью́ (на) (*indecl.*) interview (9)

интере́сно¹ interestingly (2)

интере́сно² I wonder (2)

интере́сный interesting (3)

интересова́ться *интересова́-ся* (*impf.*) чем be interested in (10)

информа́ция information (12)

инциде́нт incident (12)

и́рис iris (10)

Исаа́киевский собо́р St. Isaac's Cathedral (9)

искусствове́д art historian (7)

искусствове́дение art history (7)

испа́нец* Spanish (male) (3)

Испа́ния Spain (3)

испа́нка* Spanish (female) (3)

испа́нский Spanish (3)

исто́рик historian (1)

исто́рия¹ story (5)

исто́рия² history (5)

италья́нский Italian (5)

их their(s) (2)

ию́ль July (3)

ию́нь June (3)

К

к (+ *dat.*) to (directional, to a person's house, place) (9)

    К чёрту! Go to hell! (7)

кабине́т office, study (5, 11)

    лингафо́нный ~ language lab (11)

Кавка́з (на) Caucasus (mountainous area to the south of Russia) (4)

ка́ждый every (6)

ка́жется it seems (7, 10)

    Мне ка́жется… It seems to me… (14)

Каза́нский собо́р Kazan Cathedral (9)

Казахста́н Kazakhstan (5)

как how (3)

    как бу́дто as if (10)

    как бу́дто мы да́вно знако́мы as if we've known each other for a long time (10)

    Как вас зову́т? What's your name?

    Как давно́ я не была́ в Звени́городе! I haven't been to Zvenigorod in such a long time! (8)

    Как дела́? How are things going? (3)

    Как же так? How come? (2)

    Как живёшь? How are you? (4)

    Как интере́сно! How interesting! (1)

    как раз то, что… just the thing that… (12)

    как-то somehow (9)

    Как э́то? What do you mean? (8)

    Как э́то по-англи́йски? How do you say that in English? (6)

    Как я рад(а) тебя́ ви́деть! I'm so glad to see you! (8)

како́й which; what kind of (3)

    Кака́я красота́! How lovely! (6)

календа́рь BB calendar (6)

калькуля́тор calculator (2)

Камча́тка (на) Kamchatka (peninsula in the far east of Russia) (1)

кани́кулы (*pl.* only) (на) school vacation (3, 9, 12)

ка́нтри (*indecl.*) country (music) (4)

капитали́ст capitalist (4)

Капито́лий Capitol (2)

капу́ста (*sg.* only) cabbage (13)

    ква́шеная ~ Russian sauerkraut (13)

каранда́ш BB pencil (1)

ка́рта map (1)

карти́на picture (6)

карто́шка (*sg.* only) potato(es) (6)

ка́рты (*pl.*) playing cards (10)

Каспи́йское мо́ре (на) Caspian Sea (1)

ка́сса cash register (3)

кассе́та cassette (3)

касси́р cashier (3)

кафе́ (*indecl.*) cafe (1)

ка́федра (на) department (7)

кафете́рий cafeteria (3)

кварти́ра apartment (1)

    чужа́я ~ the wrong apartment (8)

ке́пка* cap (2)

    бейсбо́льная ~ baseball cap (3)

Ки́ев Kiev (capital of Ukraine) (2)

килогра́мм kilogram (8)
кино́ (indecl) film (5)
киновед film expert (7)
кинозал viewing room (7)
кинотеа́тр (colloq. кино́) movie theater
Киргизста́н Kyrgyzstan (5)
Кита́й-го́род Kitay gorod (region in downtown Moscow) (14)
кита́йский Chinese (5)
Кишинёв Kishinev (capital of Moldova) (5)
кларне́т clarinet (4)
класс grade (1st, 2nd, 3rd, etc.); class (4, 7)
кла́ссика¹ classical (music) (4)
кла́ссика² classics (literature) (6)
класси́ческий classical (4)
кла́ссный (colloq.) first rate
    Класс! Cool! (9)
кли́ника clinic (2)
клуб club (4)
ключ BB key (2)
кни́га book (1)
кни́жка# book, booklet (7, 10)
    зачётная ~ grade book (7, 10)
кни́жный book (10)
ковёр# BB rug (7)
когда́ when (3)
код combination (12)
ко́ка-ко́ла Coca-cola (1)
колбаса́ BA salami, sausage (2)
колле́га (m. and f.) colleague (6)
колле́дж college (2)
Ко́лледж Парк College Park (1)
Коло́менское Kolomenskoye (restored historic district in southeast Moscow) (14)
командиро́вка# business trip (5, 8)
кома́ндовать кома́ндова- (impf.) command (13)
коме́дия comedy (4)
ко́миксы (pl.) comics (6)
ко́мната room (1)
компа́ния company (6)
ко́мплекс complex (6)
компози́тор composer (3)
компоне́нт component (6)
компью́тер computer (1)
конве́рт envelope (7)
коне́ц# BB end (8)
коне́чно of course (4)
консе́рвы canned food (6)
конспе́кт class notes (7)
конта́кт contact (6)
конфе́та piece of candy (5)
конце́рт (на) concert (4)

конча́ться конча́й-ся/ ко́нчиться ко́нчи-ся end, finish (10)
ко́нчиться see конча́ться
копе́йка# kopeck (8)
коре́йский Korean (7)
кори́чневый brown (3)
коро́бка# box (8)
коро́ткий short (3)
ко́рпус ⊠⊠ (nom. pl. корпуса́) building
Кострома́ Kostroma (city in Russia) (1)
костю́м suit (1)
кот BB cat (male) (6)
котёнок# (pl. котя́та) kitten (11)
котле́та burger (6)
кото́рый that, which (10)
космона́вт astronaut (10)
ко́фе (m., indecl.) coffee (3)
ко́фта woman's top (3)
ко́шка# cat (female) (1)
краб crab (13)
краси́во beautiful (1)
краси́вый beautiful (3)
кра́сный red (3)
Кремль BB Kremlin (1)
кре́сло armchair (2)
кре́пкий strong (e.g. drink) (9)
кре́пость (f.) fortress (9)
крова́ть (f.) bed (12)
кроссо́вки# (pl.) sneakers (3)
Крым Crimea (peninsula on the Black Sea) (5)
ксе́рокс photocopier (2)
кста́ти by the way (12)
кто who (1)
куда́ where (directional) (9)
культу́ра culture (4)
купи́ть see покупа́ть
купе́ (indecl.) compartment (in a train) (9)
ку́пол ⊠⊠ (pl. купола́) dome (9)
кури́ть кури́- (impf.) smoke (9)
ку́рица chicken (6)
курс¹ college course (3)
курс² (на) year in college (4)
ку́ртка# jacket (1)
ку́хня#¹ (на) kitchen (2)
ку́хня#² cuisine (4)

Л

лаборато́рия laboratory (3)
ла́дно all right; okay (3, 8)
ла́мпа lamp (1)
ла́па paw (6)
ле́вый left (9)

лёгкий light (9)
легко́ easy (10, 11)
легкомы́сленный flakey, not serious (14)
лежа́ть *лежа́-* (*impf.*) be in a lying position, lie (4)
лека́рство medicine (6, 11)
ле́кция (на) lecture (4)
Ленингра́д Leningrad (9)
ле́тний summer (9)
ле́том in the summer (2)
Ливерпу́ль Liverpool (4)
лимо́н lemon (5)
лимона́д carbonated lemonade (7)
лимузи́н limousine (1)
литерату́ра literature (5)
лифт elevator (7)
ло́жка* spoon (2)
Ло́ндон London (2)
Лос-А́нджелес Los Angeles (2)
лук (*sg.* only) onion (8)
лу́чше better (6, 10, 11)
    Тебе́ лу́чше? Are you feeling better? (11)
люби́мый favorite (3)
люби́ть *люби́-* (*impf.*) кого́ — что + *inf.* love (5)
любо́вь* (*f.*) love (13)
лю́ди (*pl.; sg.* челове́к) people (3)
    Лю́ди как лю́ди. They're just ordinary people. (6)

M

магази́н store (1)
магнитофо́н stereo (5)
Мадри́д Madrid (2)
май May (3)
ма́йка* t-shirt, sleeveless top (3)
майоне́з mayonnaise (5)
макаро́ны (*pl.*) pasta (6)
Макдо́налдс McDonald's (1)
ма́ленький small (3)
ма́ло (+ *gen.*) few (8)
ма́льчик boy (5)
ма́ма mom (1)
маму́ля mommy (affectionate) (3)
Манче́стер Manchester (4)
Марсе́ль Marseilles (4)
март March (3)
Ма́сленица Maslenitsa (farewell to winter holiday) (9)
ма́сло butter (2)
матема́тик mathematician (1)
матема́тика mathematics (5)
матрёшка* wooden nesting doll (10)
мать AC (*f.; gen. sg.* ма́тери) mother (8)

маши́на car (1)
ме́дленный slow (11)
Ме́дный вса́дник The Bronze Horseman (9)
ме́жду про́чим by the way (8)
междунаро́дный international (6, 8)
мексика́нский Mexican (5)
ме́неджер manager (1)
ме́ньше less (8)
меню́ (*n. indecl.*) menu (6)
ме́сто ⊠⊠ seat (4)
ме́сяц month (6)
метро́ (*indecl.*) metro, subway (1)
мехово́й fur (14)
мечта́ть *мечта́й-* (*impf.*) dream (6)
ми́ленький dear (9)
милиционе́р police officer (4, 12)
мили́ция police (3, 12)
Минск Minsk (capital of Belarus) (5)
мину́та minute (8)
    Мину́точку! Just a minute! (3)
мир ⊠⊠ world (3)
мно́го (+ *gen.*) many, a lot of (2, 8)
мо́да style, fashion (3)
    в мо́де in style (3)
    не в мо́де out of style (3)
    мо́дный stylish (3)
мо́жет быть maybe (10)
мо́жно (кому́ + *inf.*) (it is) permitted (9)
    Мо́жно…? May I…? (1)
    Мо́жно я с тобо́й? May I go with you? (11)
мой (*m.*), моя́ (*f.*), моё (*n.*), мои́ (*pl.*) my, mine (1)
Молда́вия Moldova (5)
молоде́ц good job (10)
молодо́й young (3)
молоко́ milk (1)
моло́чный milk (11)
молча́ть *молча́-* (*impf.*) be silent (4)
монито́р monitor screen (2)
мо́ре ⊠⊠ (на) (*gen. pl.* море́й) sea (1)
моро́женое ice cream (5)
Москва́ Moscow (1)
    Москва́ в объекти́ве Moscow in focus (14)
мост ⊠⊠ bridge (3)
мотоци́кл motorcycle (9)
мочь (*irreg.*) / смочь (*irreg.*) + *inf.* be able (5)
муж ⊠⊠ (*nom. pl.* мужья́) husband
мужско́й male, men's (11, 13)
мужчи́на (*m.*) man (5)
музе́й museum (1)
му́зыка music (4)
музыка́льный music (4)
мука́ flour (13)

мультфильм (*colloq.* му́льтик) cartoon (6)
му́сор (*sg.* only) trash (2)
мы we (1)
мыть *мой-* (*impf.*) что wash (13)
Мэ́дисон Madison (2)
мя́со meat (6)

Н

на (+ *prep.*) on (locational) (2)
  (+ *prep.*) in, at (locational) (2)
  на полу́ on the floor (12)
  на рука́х in one's arms (12)
  на све́те in the whole wide world (11)
  (+ *acc.*) for (breakfast, dinner, etc.) (6)
  (+ *acc.*) to (directional) (9)
  (+ *acc.*) for (temporal) (12)
наве́рное probably (2, 9)
навсегда́ forever (12)
надева́ть *надева́й-*/ наде́ть *наде́н-* что put on,
  try on (12)
наде́ть see надева́ть
наде́яться *надея́-ся* (*impf.*) hope (10)
на́до (кому́ + *inf.*) must; it is necessary; need to
  (12)
надо́лго for a long time (12)
наза́д ago (8, 11)
назва́ние name, title (9)
называ́ться *называ́й-ся* (*impf*) be called (6, 9)
найти́ see находи́ть (10)
нале́во on the left (9)
налива́ть *налива́й-*/ нали́ть *наль̆/й-* что pour
  (13)
    Всем нали́ли? Is everyone's glass full? (13)
нали́ть see налива́ть (13)
наоборо́т on the contrary (3)
написа́ть see писа́ть
напи́ток# drink (6)
наполео́н napoleon (pastry) (6)
напра́во on the right (9)
наруша́ть *наруша́й-*/ нару́шить *наруши-* break,
  violate (9)
наруши́тель law-breaker (9)
нару́шить see наруша́ть
настоя́щий real (8)
находи́ть *находй-*/ найти́ (*irreg.*) что find, locate
  (10)
находи́ться *находй-ся* (*impf.*) be located, be
  found (10)
нача́ло beginning (8)
нача́ть see начина́ть
нача́ться see начина́ться

начина́ть *начина́й-*/ нача́ть *нӑ-чн-* что, + *inf.*
  begin, start (4)
начина́ться *начина́й-ся*/ нача́ться *на-чн-́ся*
  begin, start (7, 10)
наш (*m.*), на́ша (*f.*), на́ше (*n.*), на́ши (*pl.*) our(s) (1)
не not (1)
не мо́жет быть no way (3)
не на́до it is not necessary (6)
небольшо́й small (4)
Нева́ (на) Neva (St. Petersburg river) (4)
невесёлый not cheerful (3)
невку́сный not tasty (3)
Не́вский проспе́кт Nevsky Avenue (9)
неде́ля week (6)
незнако́м (*m.*), незнако́ма (*f.*), незнако́мо (*n.*),
  незнако́мы (pl.) not acquainted (6)
неинтере́сный uninteresting (3)
некраси́вый plain, ugly (3)
нельзя́ (кому́ + *inf.*) (it is) not allowed (9)
не́мец# German (male) (3)
неме́цкий German (3)
не́мка# German (female) (3)
немно́го a little (7)
немно́жко a little (11)
немо́дный unfashionable (3)
необы́чный unusual (11, 12)
непло́хо not bad (2)
неплохо́й not bad (3)
непра́в (*m.*), неправа́ (*f.*), непра́во (*n.*), непра́вы
  (*pl.*) wrong, mistaken (9)
непра́вда untruth, lie (12)
непра́вильно incorrectly (8)
неприя́тно unpleasant (7, 11)
неприя́тный unpleasant (11)
непро́сто difficult (6)
несерьёзный not serious (3)
не́сколько (+ *gen.*) a few (8)
несмешно́й not funny (3)
нет no (1)
неудо́бно uncomfortable (11)
неэнерги́чный not energetic (3)
-нибу́дь "some-," "any-" (12)
нигде́ nowhere (locational) (12)
ни́зкий low (11)
ни́зко low (11)
никако́й no kind of, no such (12)
никогда́ never (9, 12)
никто́ no one (12)
никуда́ nowhere (directional) (12)
ничего́ not bad, all right; it's nothing; no big deal
  (3, 9, 14)
ничто́ (*acc. sg.* ничего́) nothing (12)

но but (3)
Но́вгород Novgorod (city in Russia) (1)
Новосиби́рск Novosibirsk (city in Russia) (1)
но́вость (*f.*) AC news (6, 8)
но́вый new (3)
Но́вый Орлеа́н New Orleans (9)
нога́ CC foot, leg (11)
нож BB knife (1)
ноль zero (1)
но́мер ⊠⊠ (*nom. pl.* номера́) number
норма́льно O.K. (3)
нос ⊠⊠ nose (1)
носи́ть *носи́-* (*impf.*) что wear (9)
ночь (*f.*) AC night (9)
ноя́брь BB November (3)
нра́виться *нра́ви-ся*/ **понра́виться** кому́ like (6)
ну well
    Ну его́! To heck with it! (8)
    Ну, зна́ешь! Come on! (10)
    Ну и день! Quite a day (it was)! (10)
ну́жно (кому́ + *inf.*) must; it is necessary; need (to) (7, 11)
Нью-Йо́рк New York (1)

О

о, об, обо (+ *prep.*) about (4)
обе́д lunch (2)
обе́дать *обе́дай-*/ **пообе́дать** have lunch (2)
обеща́ть *обеща́й-* (*impf.*) promise (7)
обрати́ть see **обраща́ть**
обраща́ть *обраща́й-*/ **обрати́ть** *обрати́-* внима́ние на что pay attention to (9)
о́бувь (*f., sg.* only) shoes (11)
общежи́тие dormitory (3)
о́бщество society (6)
объясни́ть see **объясня́ть**
объясня́ть *объясня́й-*/ **объясни́ть** *объясни́-* кому́, что explain (8)
обы́чно usually (6)
обяза́тельно certainly, definitely (6)
о́вощ AC vegetable (1)
ого́нь# BB fire (13)
огуре́ц# BB cucumber (6)
оде́жда (*sg.* only) clothing (3)
одеколо́н cologne (11)
Оде́сса Odessa (city in Ukraine) (2)
оди́н¹ one (1)
оди́н² alone (4)
оди́ннадцать eleven (3)
ой oh, ouch (1)
окно́# BA window (1)

о́коло (+ *gen.*) around (12)
октя́брь BB October (3)
омле́т omelet (6)
он he, it (1)
она́ she, it (1)
оно́ it (1)
они́ they (1)
опа́здывать *опа́здывай-*/ **опозда́ть** *опозда́й-* be late (2)
о́пера (на) opera (4)
опера́тор camera man (8)
опозда́ть see **опа́здывать**
опя́ть again (4, 8)
ора́нжевый orange (3)
организова́ть *организова́-* (*impf.*) что organize (6)
оригина́льный original (7)
о́сенью in the autumn (3)
остано́вка# (на) (bus) stop (8)
о́стров ⊠⊠ (на) island (9, 13)
от (+ *gen.*) from (12)
отве́т answer (6)
отве́тить (6) see **отвеча́ть**
отвеча́ть *отвеча́й-*/ **отве́тить** *отве́ти-* кому́ answer (2)
отдохну́ть see **отдыха́ть**
о́тдых (*sg.* only) rest, relaxation (6)
отдыха́ть *отдыха́й-*/ **отдохну́ть** *отдохну́-* rest (2, 13)
оте́ц# BB father (3)
открыва́ть *открыва́й-*/ **откры́ть** *откро́й-* что open (8)
открыва́ться *открыва́й-ся*/ **откры́ться** *откро́й-ся* open (10)
откры́тка# post card (6, 12)
откры́ть see **открыва́ть**
откры́ться see **открыва́ться**
отку́да from where (12)
отли́чник (*m.*), **отли́чница** (*f.*) straight A student (10)
отли́чно excellent (1)
отли́чный excellent (3)
отме́тка# grade (⊠, ⊠, ⊠) (4)
отнести́ see **относи́ть**
относи́ть *относи́-*/ **отнести́** *отнёс-* take away что (13)
о́тпуск ⊠⊠ (*nom. pl.* отпуска́) vacation (from a job) (8)
отруга́ть see **руга́ть**
отсю́да from here (12)
отту́да from there (12)
о́тчество patronymic (5)

óфис office (2)
официáнт waiter (1)
официáнтка# waitress (1)
охрáна protection (12)
    пожáрная ~ fire department (12)
óчень very (1)
    Óчень жаль. What a shame. (3, 9)
    Óчень приятно. Very nice (to meet you). (1)
ошúбка# mistake (3)

П

Пáвловск Pavlovsk (town near St. Petersburg) (2)
пакéт plastic bag; carton, package (1, 8)
пáлец# finger (11)
пальтó (*indecl.*) coat (9)
пáмятник monument (9)
пáпа dad (1)
Парúж Paris (2)
парикмáхерская beauty parlor, hairdresser's (11)
парк park (1)
партéр orchestra seating (4)
партнёр partner (14)
пáспорт ⊠⊠ (*nom. pl.* паспортá) passport (1)
пáчка# package, pack (8)
певéц# BB singer (male) (1)
певúца singer (female) (1)
пельмéни (*pl.*) dumplings (6)
пéрвый first (4)
перевезтú see **перевозúть**
перевестú see **переводúть**
перевóд translation (7)
переводúть *переводи́-*/ **перевестú** *переведё-* что translate (5)
перевозúть *перевози́-*/ **перевезтú** *перевёз-* что move things by vehicle (13)
пéред (+ *instr.*) before (10)
передавáть *передавай-*/ **передáть** (*irreg.*) что, комý pass, give (13)
передавáть привéт say hello (13)
передáть see **передавáть**
передáча television show (4, 12)
переезжáть *переезжай-*/ **переéхать** (*irreg.*) + на + *acc.* move (by vehicle) to a new apartment/home (13)
переéхать see **переезжáть**
перейтú see **переходúть**
перенестú see **переносúть**
переносúть *переноси́-*/ **перенестú** *перенёс-* + на + *acc.* move an event to a new time (13)
перерыв break (7)

переходúть *переходи́-*/ **перейтú** (*irreg.*) cross; move from one grade to another; change jobs (13)
пёс# dog (male) (6)
петербýржец# Petersburger (9)
печéнье cookie(s) (8)
пешкóм on foot (9)
пúво beer (5)
пингвúн penguin (1)
пирóжное (noun) pastry (8)
писáтель writer (male) (1)
писáтельница writer (female) (1)
писáть *писа́-*/ **написáть** что, комý write (5)
письмó# BA letter (1)
Пúтер (*colloq.*) St. Petersburg (9)
пить *пь/й-*/ **выпить** *вы́пь/й-* что drink (6, 13)
пúцца pizza (1)
плакáт poster (6, 12)
план plan (6)
платúть *плати́-*/ **заплатúть** за что pay (8)
платóк# BB shawl (14)
платфóрма (на) platform (9)
плáтье dress (3)
плащ BB raincoat (3)
плéйер cassette player (7)
плитá BA stove (2)
плов pilaf (6)
плóхо bad (2)
плохóй bad (3)
плóщадь (*f.*) ⊠⊠ (на) square (8)
    Плóщадь Восстáния Square of the 1905 Revolution (14)
по (+ *dat.*) on (лéкция по истóрии) (7); around, along (9)
    (+ *dat. pl.*) around, from one to another (11)
    по телефóну on the telephone (6)
    по-англúйски (in) English (2)
    по-испáнски (in) Spanish (2)
    по-мóему in my opinion (2)
    по-немéцки (in) German (2)
    по-рýсски (in) Russian (2)
    по-францýзски (in) French (2)
    по-япóнски (in) Japanese (2)
повéрить see **вéрить**
повернýть see **поворáчивать**
поворáчивать *поворáчивай-*/ **повернýть** *поверну́-* turn (9, 13)
поговорúть *поговори́-* (*perf.*) to have a talk (10, 12)
погóда weather (3)
погулять see **гулять**
подарúть see **дарúть**

пода́рок# gift, present (4)

подгото́виться see гото́виться

подожда́ть see ждать

подру́га female friend (1)

поду́мать see ду́мать

подъе́зд entrance (2)

по́езд ⚏⚏ train (9)

пое́здка# trip (5, 8)

пое́хать (*irreg.*) (*perf.*) go (by vehicle)

пожале́ть see жале́ть

пожа́луйста please, go ahead, that's OK, you're welcome (1)

поза́втракать see за́втракать

позвони́ть see звони́ть

по́здно late (9)

поздра́вить see поздравля́ть

поздравля́ть *поздравля́й-*/ поздра́вить *поздра́ви-* кого, с чем congratulate (10)

познако́мить see знако́мить

познако́миться see знако́миться

Познако́мьтесь. Get acquainted. (3)

поигра́ть see игра́ть

пойти́ (*irreg.*) (*perf.*) go (on foot) (11)

пока́ bye (3)

Пока́ нет. Not yet. (4, 10)

показа́ть see пока́зывать

пока́зывать *пока́зывай-*/ показа́ть *показа̌-* что, кому́ show (7)

покупа́ть *покупа́й-*/ купи́ть *купи̌-* что, кому́ buy (6)

поли́тика politics (4)

по́лка# shelf (2)

полкило́ half kilogram (8)

положи́ть *положи̌-* (*perf.*) place, serve (13)

полтора́ (with *m.*), полторы́ (with *f.*) (+ *gen.*) one and a half (11)

получа́ть *получа́й-*/ получи́ть *получи̌-* что, от кого́ receive (7)

получи́ть see получа́ть

помидо́р tomato (2)

по́мнить *по́мни-* (*impf*) кого — что remember (4)

помога́ть *помога́й-*/ помо́чь (*irreg.*) кому́ help (6)

помо́чь see помога́ть

по́мощь (*f.*) help (12)

ско́рая ambulance (12)

понеде́льник Monday (6)

понима́ть *понима́й-*/ поня́ть *по̌йм-* кого — что understand (2)

Я ничего́ не понима́ю. I don't understand anything. (8)

понра́виться see нра́виться

поня́тно understood (7, 9)

поня́тный understandable, intelligible (14)

поня́ть see понима́ть

пообе́дать see обе́дать

поп-му́зыка pop music (4)

попада́ть *попада́й-*/ попа́сть *попад-* (here) end up (8)

попа́сть see попада́ть

попо́зже a little bit later (11, 12)

популя́рный popular (3)

попро́бовать see про́бовать

попроси́ть see проси́ть

пора́ (кому́) it is time (12)

мне пора́... it's time for me to... (12)

поро́да breed (6)

портфе́ль briefcase (11)

по́сле (+ *gen.*) after (6)

послеза́втра the day after tomorrow (9)

посмотре́ть see смотре́ть

поста́вить see ста́вить

постро́ить see стро́ить

посу́да (*sg.* only) dishes (11)

потанцева́ть see танцева́ть

пото́м (here) later (8)

потому́ что because (7)

поу́жинать see у́жинать

похо́ж (*m.*), похо́жа (*f.*), похо́же (*n.*), похо́жи (*pl.*) на кого, на что like, similar to (9)

поцелова́ть see целова́ть

почему́ why (4)

по́чта¹ (на) post office (1)

по́чта² mail (13)

поэ́ма poem (10)

поэ́т poet (1)

поэ́тому that's why, therefore (13)

прав (*m.*) права́ (*f.*), пра́во (*n.*), пра́вы (*pl.*) right, not mistaken (9)

права́ (*pl., colloq.*) driver's license (9)

води́тельские ~ driver's license (9)

пра́вда truly, really, indeed (1, 11)

пра́вило rule (9)

пра́вильно correctly (9)

пра́вильный right (correct) (9)

пра́вый right (not left) (9)

пра́здник holiday (10)

предме́т subject (5)

предста́вить see представля́ть

представля́ть *представля́й-*/ предста́вить *предста́ви-* imagine (5, 8, 14)

президе́нт president (10)

прекра́сно wonderful (6)

прекра́сный wonderful (6)
преподава́тель instructor (male) (1)
преподава́тельница instructor (female) (1)
преподава́ть *преподава́й-* (*impf.*) кому́, что teach (10)
привезти́ see **привози́ть**
приве́т hi (3)
привози́ть *привози̌-* / **привезти́** *привёз-́* что, кому́ bring (by vehicle) (13)
пригласи́ть see **приглаша́ть**
приглаша́ть *приглаша́й-* / **пригласи́ть** *приглася́-* кого́ invite (12)
приготовить see **гото́вить**
приезжа́ть *приезжа́й-* / **прие́хать** (*irreg.*) arrive (by vehicle) (12)
прие́хать see **приезжа́ть**
прийти́ see **приходи́ть**
приме́та sign, omen (10)
принести́ see **приноси́ть**
приноси́ть *приноси̌-* / **принести́** *принёс-́* что, кому́ bring (on foot) (13)
при́нтер printer (2)
приро́да nature (5)
приходи́ть *приходи̌-* / **прийти́** (*irreg.*) arrive (on foot) (12)
прихо́жая foyer, entrance hall (12)
прию́т shelter (6)
прия́тель (*m.*), **прия́тельница** (*f.*) friend (5)
прия́тно pleasant (11)
прия́тный pleasant (10)
про (+ *acc. colloq.*) about (13)
пробле́ма problem (4)
про́бовать *про́бова-* / **попро́бовать** что try, taste (11)
прогно́з forecast (9)
програ́мма program; itinerary (4, 9)
программи́ст programmer (1)
прогуля́ть *прогуля́й-* (*perf.*) skip (a class, etc.) (7)
продава́ть *продава́й-* / **прода́ть** (*irreg.*) что, кому́ sell (13)
продаве́ц# BB salesperson (male) (1)
продавщи́ца salesperson (female) (1)
прода́ть see **продава́ть**
проду́кты (*pl.*) groceries (6)
про́пуск ⌧⌧ (*nom. pl.* пропуска́) identification, pass (10)
пропуска́ть *пропуска́й-* / **пропусти́ть** *пропусти́-* что miss, skip (a class, etc.) (7; 10)
пропусти́ть see **пропуска́ть** (10)
проси́ть *проси́-* / **попроси́ть** кого́ ask, request (5, 8)
проспе́кт (на) avenue (9)

про́сто simply, it is simple (2, 10, 12)
профессиона́льный professional (4)
профе́ссор ⌧⌧ (*nom. pl.* **профессора́**) professor (2)
про́шлый last, previous (9)
пря́мо straight (9)
психо́лог psychologist (1)
Псков Pskov (city in Russia) (1)
пусто́й empty (8)
пусть let (13)
Пу́шкин Pushkin (town near St. Petersburg)
пятёрка# grade A (7)
пятна́дцать fifteen (3)
пя́тница Friday (6)
пя́тый fifth (4)
пять five (1)

Р

рабо́та[1] (на) work, job (2)
рабо́та[2] paper (6)
    курсова́я ~ term paper (6)
    контро́льная ~ test (7)
рабо́тать *рабо́тай-* (*impf.*) work (2)
рад (*m.*), **рада́** (*f.*), **ра́до** (*n.*), **ра́ды** (*pl.*) happy (5, 8)
ра́дио (*indecl.*) radio (2)
раз[1] one (when counting) (1)
раз[2] (*gen. pl.* раз) time (8)
разби́тый broken (10)
ра́зве (interrogative particle) really
    Ра́зве э́то жизнь? Is this really a life? (11)
разгова́ривать *разгова́ривай-* (*impf.*) talk, have a conversation (9)
разме́р size (11)
разреша́ть *разреша́й-* / **разреши́ть** *разреши́-* кому́, что + *inf.* allow, permit (10, 13)
разреши́ть see **разреша́ть**
райо́н region (4)
ра́ковина sink (2)
ра́но early (9)
ра́ньше previously, used to (2)
расска́з story (6)
рассказа́ть see **расска́зывать**
расска́зывать *расска́зывай-* / **рассказа́ть** *расскажа̌-* кому́, о чём tell (about something) (8)
расстра́иваться *расстра́ивай-ся* / **расстро́иться** *расстро́и-ся* be upset (12)
расстро́иться see **расстра́иваться**
ребёнок# (*pl.* де́ти) child (3)
ребя́та guys (14)
ревнова́ть *ревнова́-* (*impf.*) be jealous (4)
ре́дко seldom (2)

река́ ⌧ (на) river (9)
рекомендова́ть *рекомендова́-* (*impf.*) кого — что recommend (6)
рели́гия religion (9)
репорта́ж live broadcast (13)
рестора́н restaurant (1)
реша́ть *реша́й-*/ реши́ть *реши́-* что, + *inf.* solve, decide (6)
реши́ть see реша́ть
Рим Rome (4)
рисова́ние drawing (5)
рисова́ть *рисова́-* (*impf.*) что draw (4)
ро́вно exactly (10, 11)
   ро́вно в 11:00 at 11:00 sharp (11)
роди́тели (*pl.*) parents (2)
роди́ться see рожда́ться
рожда́ться *рожда́й-ся* / роди́ться *роди́-ся* be born (9)
Рождество́ Christmas (9)
ро́за rose (10)
рок rock (music) (4)
рок-гру́ппа rock group (4)
ро́лики roller blades (9)
рома́н novel (6)
романти́чный romantic (10)
Росси́я Russia (1)
Росто́в Rostov (city in Russia) (1)
роя́ль (grand) piano (4)
руба́шка# flannel or dress shirt (3)
руби́новый ruby (4)
рубль BB ruble (8)
руга́ть *руга́й-* / отруга́ть кого, за что scold (8)
рука́ ⌧ hand, arm (11)
ру́сская (noun) Russian (female) (3)
ру́сский[1] (noun) Russian (male) (3)
ру́сский[2] Russian (3)
Ру́сский музе́й The Russian Museum (9)
ру́чка# pen (1)
ры́ба fish (6)
ры́нок# market (11)
рюкза́к BB backpack (1)
рю́мка# wine glass (13)
рэп rap (4)
ряд ⌧ row (4)

С

с, со (+ *instr.*) with (10)
   (+ *gen.*) from (12)
    С удово́льствием! With pleasure. (9)
сад ⌧ garden (9)
сади́ться *сади́-ся* / сесть (*irreg.*) sit down (7, 13)
саксофо́н saxophone (4)

сала́т lettuce, salad (3)
сало́н salon, (here) pet grooming service (6)
самова́р samovar (8)
са́мый most (3)
   са́мое гла́вное the main thing (6)
Са́нкт-Петербу́рг St. Petersburg (1)
Сара́тов Saratov (city in Russia) (2)
Сахали́н Sakhalin (island in the far east of Russia) (1)
са́хар sugar (1)
све́жий fresh (4)
свёкла# beets (13)
светло́ light (9)
сви́тер ⌧ (*nom. pl.* свитера́) sweater
свобо́ден (*m.*), свобо́дна (*f.*), свобо́дно (*n.*), свобо́дны (*pl.*) free (7)
свой (*m.*), своя́ (*f.*), своё (*n.*), свои́ (*pl.*) one's own (10)
сдава́ть *сдава́й-* сдать (*irreg.*) что rent; take/pass (an exam) (5, 7)
сдать see сдава́ть
сда́ча change (8, 10)
сде́лать see де́лать
себя́ oneself (13)
се́вер (на) north (4)
се́верный northern (9)
сего́дня today (2)
седьмо́й seventh (4)
сейф safe (12)
сейча́с now (2)
секре́т secret (9)
семе́стр semester (3)
семина́р (на) seminar (6)
семна́дцать seventeen (3)
семь seven (1)
семья́# BA family (1)
сентя́брь BB September (3)
серди́ться *серди́-ся* (*impf.*) на кого be angry (5)
се́рдце heart (8)
серьёзный serious (3)
се́рый grey (3)
сестра́ BA (*gen. pl.* сестёр) sister (1)
   двою́родная ~ cousin (female) (5)
сесть see сади́ться
сиде́ть *сиде́-* (*impf.*) sit (5)
симпати́чно nice (6)
симпати́чный nice, nice-looking (3)
си́ний dark blue (12)
Сиэ́тл Seattle (4)
сказа́ть see говори́ть
   Скажи́(те), пожа́луйста... Please tell (me)... (2)

скандáл scandal (8, 12)

скáнер scanner (2)

скóлько (+ *gen.*) how many (4, 8)
    Скóлько лет… How old is… (8)
    Скóлько э́то стóит? How much does this cost? (8)

скóро soon (8)

скрúпка# violin (4)

скýчно boring (10)

скýчный boring (7)

слéва on the left (9)

слéдующий next (10, 12)

словáрь BB dictionary (1)

слóво ⊠⊠ word (1)

слон BB elephant (1)

слýшать *слýшай-* (*impf.*) когó — что listen (4)

слы́шать *слы́ша-* (*impf.*) когó — что hear (5)

сметáна sour cream (8)

смешнóй funny (3)

смея́ться *смея́-ся* (*impf.*) над кем — чем laugh (5, 10)

смотрéть *смотрĕ́-/* **посмотрéть** что watch, look at (5)

смочь see мочь

сначáла at first (10)

снимáть *снимáй-/* **снять** *с-нúм-ˣ* что rent (an apartment, etc.); shoot (a film, etc.) (8)

снять see снимáть

собáка dog (1)

собирáть *собирáй-/* **собрáть** *со-б/рắ-* что gather, collect (13)

собóр cathedral (9)

собрáние (на) meeting (4)

собрáть see собирáть

совéт advice (7, 11)

совремéнный modern, contemporary (3)

совсéм completely, totally (8)

соглáсен (*m.*) соглáсна (*f.*), соглáсно (*n.*), соглáсны (*pl.*) agree (9)

согласúться see соглашáться

соглашáться *соглашáй-ся/* **согласúться** *согласú-ся* с кем — чем agree (14)

сок juice (1)

Сóкол Sokol (subway station in Moscow) (1)

солúст soloist, lead singer (4)

соль (*f.*) AC salt (2)

сосéд (*pl.* сосéди) neighbor (male) (6)

сосéдка# neighbor (female) (6)

сочинéние essay (6)

спагéтти (*pl.* only) spaghetti (6)

спáльня# bedroom (2)

спасúбо thank you (1)
    Большóе ~. Thank you very much. (6)
    ~ за (+ *acc.*)… Thank you for… (13)

спать (*irreg.*) (*impf.*) sleep (9)

спектáкль (на) performance, show (4)

специáльно especially (13)

специáльный special (6)

спешúть *спешú-* (*impf.*) hurry (7)

спинá CA back (11)

спúсок# list (8)

спóрт (*sg.* only) sport (1)

спортúвный sport(s), athletic (6)
    ~ зал gymnasium (6)

спосóбный talented (7)

спрáшивать *спрáшивай-/* **спросúть** *спросú-* когó ask (2, 12)

спросúть see спрáшивать

срáзу at once (5)

средá ⊠⊠ Wednesday (6)

стáвить *стáви-/* **постáвить** комý, что give a grade; что put (10, 14)

стадиóн (на) stadium (1)

стакáн glass (8)

становúться *становú-ся /* **стать** *стáн-* кем become (10)

стáрый old (3)

статúстика statistics (5)

стать see становúться

статья́ BB article (4)

стéрео (*indecl.*) stereo (7)

стипéндия stipend (7)

стихú BB (*pl.* only) poems (6)

стóить *стóи-* (*impf.*) что cost (8)

стол BB table (1)

столúца capital (5)

столóвая (*noun*) dining room; dining hall, cafeteria (2, 7)

стóлько (+ *gen.*) so much, so many (12, 13)

стоматолóгия dentistry (11)

стоя́ть *стоя́-* (*impf.*) stand, be in a standing position (4)

странá BA country (4)

стрáнный strange (3)

странове́дение area studies (7)

стрéлка# (на) spit (geogr.) (9)

стрóго strictly (11)

стрóгий strict (10)

строúтельство construction (8)

строúть *строú-/* **построúть** что build (9)

студéнт university student (male) (1)

студéнтка# university student (female)

студе́нческий student (7)
сту́дия studio (7)
стул (*pl.* сту́лья) chair (1)
суббо́та Saturday (6)
сувени́р souvenir (6)
суеве́рный superstitious (10)
су́мка# bag (1)
суп ⌗⌗ soup (1)
сушёный dried (14)
су́ши (*indecl.*) sushi (6)
сценари́ст script writer (7)
сча́стлив (*m.*), сча́стлива (*f.*), сча́стливо (*n.*),
    сча́стливы (*pl.*) happy (5, 12)
    Счастли́вого пути́! Have a good trip! (9)
сча́стье happiness (13)
США (Соединённые Шта́ты Аме́рики) USA (3)
съесть see есть
сын ⌗⌗ (*pl.* сыновья́) son (1)
сыр ⌗⌗ cheese (1)
сыт (*m.*), сыта́ (*f.*), сы́то (*n.*), сы́ты (*pl.*) full (in
    reference to food) (13)
сюда́ here (directional) (9)
сюрпри́з surprise (3, 12)

Т

Таджикиста́н Tajikistan (5)
таила́ндский Thai (7)
так so (1, 9)
    Так нельзя́. You can't do that. (7)
    Так э́то же ма́ма. Of course—after all, she's
    your mother. (3)
тако́й so (10)
такси́ (*n., indecl.*) taxi (1)
таксофо́н pay phone (12)
там there (locational) (1)
танцева́ть *танцева́-*/ потанцева́ть dance (4, 11)
таре́лка# plate (2)
Ташке́нт Tashkent (capital of Uzbekistan) (2)
Тбили́си Tbilisi (capital of Georgia) (5)
твой (*m.*), твоя́ (*f*), твоё (*n.*), твои́ (*pl.*) your(s) (1)
тво́рог farmer's cheese (8)
теа́тр theater (1)
текст text (5)
телеви́дение television (12)
телевизио́нный television (13)
телеви́зор television set (2)
телесериа́л TV series (6)
телесту́дия television studio (10)
телефо́н telephone (1)
телефо́н-автома́т pay phone (12)
телефо́нный telephone (5)

те́ма topic, theme (7)
тео́рия theory (12)
тепе́рь now (5, 9)
тепло́ warm (9)
тёплый warm (9)
террито́рия territory (6)
тетра́дь (*f.*) notebook (8)
тётя aunt (1)
тигр tiger (1)
типово́й standard, typical (8)
-то "some-," "any-" (12)
тогда́ then (5)
то́же also, too (9, 11, 12)
То́кио Tokyo (2)
то́лько only (9)
    Нет, то́лько не мя́со. No, anything but meat.
    (8)
Торо́нто Toronto (5)
торт cake (6)
тост toast (6)
то́стер toaster (7)
тот (*m.*) та (*f.*), то (*n.*), те (*pl.*) that (those) (3)
то́чно exactly (4)
трамва́й streetcar (9)
тра́нспорт transportation (4)
тре́тий third (4)
три three (1)
трина́дцать thirteen (3)
тро́йка# grade ⌗ (7)
тролле́йбус trolleybus (1,9)
тромбо́н trombone (4)
тру́дно difficult (6)
тру́дный difficult (6)
туале́т restroom; half bath (1, 2)
туда́ there (directional) (9)
Ту́ла Tula (city in Russia) (13)
Туркмениста́н Turkmenistan (5)
тут here (locational) (1)
ту́фли (*pl.*) shoes (3)
ты you (1)
    Дава́йте на «ты». Let's use "ты." (2)
ты́сяча thousand (8)
тюльпа́н tulip (4, 10)

У

у (+ *gen.*) at (8)
    у Та́ни at Та́ня's (8)
убега́ть *убега́й-*/ убежа́ть (*irreg.*) run away (13)
убежа́ть see убега́ть
уви́деться see ви́деться
удо́бно comfortably (11)
удовлетвори́тельно satisfactorily (10)

уезжа́ть *уезжа́й*-/ уе́хать (*irreg.*) leave, depart (by vehicle) (12)
уе́хать see уезжа́ть
ужа́сно terrible (3)
ужа́сный terrible (5)
уже́ already (3)
у́жин dinner (3)
у́жинать *у́жинай*-/ поу́жинать have dinner (2)
Узбекиста́н Uzbekistan (5)
узнава́ть *узнава́й*-/ узна́ть *узна́й*- кого́ — что recognize, find out (9)
узна́ть see узнава́ть
уйти́ see уходи́ть
Украи́на Ukraine (5)
у́лица (на) street (1)
умере́ть see умира́ть
уме́ть *уме́й*- (*impf.*) + *inf.* be able to (13)
умира́ть *умира́й*-/ умере́ть *ў-м/р*- die (9)
у́мный intelligent; smart (6, 11)
университе́т university (1)
университе́тский university (6)
упражне́ние exercise (5)
Ура́л (на) the Ural mountains (1)
успева́ть *успева́й*-/ успе́ть *успе́й*- + *inf.* have time (14)
успе́ть see успева́ть
успе́х success (6, 13)
у́тро morning (6)
    до́брое ~ good morning (3)
у́тром in the morning (2)
у́хо AC (*pl.* у́ши) ear (1)
уходи́ть *уходй*-/ уйти́ (*irreg.*) leave, depart (on foot) (12)
уче́бник textbook (1)
учи́тель ⌧⌧ (*nom. pl.* учителя́) grade school teacher (male) (1)
учи́тельница grade school teacher (female) (1)
учи́ться *учи́-ся* (*impf.*) to study (at a school, university) (6)

Ф

факс fax (2)
факульте́т (на) department (at university) (5)
    актёрский ~ theater dept.
    инжене́рный ~ engineering dept.
    истори́ческий ~ history dept.
    кинове́дческий ~ film dept.
    математи́ческий ~ mathematics dept.
    физи́ческий ~ physics dept.
    филологи́ческий ~ philology dept. (language and literature)
    хими́ческий ~ chemistry dept.
    экономи́ческий ~ economics dept.
    факульте́т би́знеса business dept.
    факульте́т полити́ческой нау́ки dept. of political science
    факульте́т ру́сского языка́ dept. of Russian language
фами́лия surname (5)
фанта́стика (нау́чная) (*sg.* only) (science) fiction (6)
февра́ль BB February (3)
фи́зик physicist (1)
фи́зика physics (5)
физкульту́ра physical education (5)
Филаде́льфия Philadelphia (4)
филармо́ния philharmonic society (7)
филиа́л branch office (6)
фильм film (6)
фи́рма (на) firm, company (6)
фле́йта flute (4)
фонта́н fountain (8)
фотоальбо́м photo album (5)
фотоаппара́т camera (1)
фото́граф photographer (1)
фотографи́ровать *фотографи́рова*- (*impf.*) кого́ — что take a picture of (5)
фотогра́фия photograph (2)
Фра́нция France (3)
францу́женка# Frenchwoman (3)
францу́з Frenchman (3)
францу́зский French (3)
фрукт fruit (1,8)
фрукто́вый fruit (5)
футбо́л soccer (4)
    америка́нский ~ football (4)
футболи́ст soccer player (10)
футбо́лка# sweatshirt, jersey (3)

Х

хи́мик chemist (1)
хи́мия chemistry (5)
хлеб bread (1)
ходи́ть *ходй*- (*impf.*) (*multidir.*) go (on foot) (9)
хозя́ин (*pl.* хозя́ева) owner, landlord, host (5)
хозя́йка# owner, landlady, hostess (5)
холоди́льник refrigerator (2)
хо́лодно cold (7, 9)
холо́дный cold (6)
хоро́шенький (*colloq.*) cute (11)
хоро́ший good (3)
хорошо́ good, well (2)

хоте́ть (*irreg.*) (*impf.*) что, + *inf.* Want
  Не хо́чешь, как хо́чешь. Whatever you say. (3)
хризанте́ма chrysanthemum (4)
худо́жник artist (6)
ху́же worse (11)
хулига́н (*m.*), **хулига́нка**# (*f.*) hooligan, hoodlum (5)

Ц

царь BB czar (9)
цвет ⬚⬚ (*nom. pl.* цвета́) color (3)
цвето́к# BB (*pl.* цветы́) flower (4, 10)
целова́ть *целова-/* **поцелова́ть** кого́ kiss (5, 12)
цель (*f.*) goal, purpose (5)
це́лый whole (6)
цена́ CA (*pl.* це́ны) price (11)
центр downtown; center (1,3)
це́рковь# (*f.*) AC church (7)
цирк circus (3)

Ч

чай ⬚⬚ tea (1)
ча́йник teakettle (2)
час ⬚⬚ hour (7)
  Кото́рый час? What time is it? (10)
ча́сто often (2)
часть (*f.*) AC part (9)
часы́ (*pl.* only) watch, clock (7)
ча́шка# cup (2)
чей, чья, чьё, чьи whose (2)
челове́к (*sg.*; *pl.* лю́ди) person (3)
чем than (11)
чемода́н suitcase (1)
че́рез (+ *acc.*) across; after, through (10, 11)
чёрный black (3)
чесно́к BB (*sg.* only) garlic (11)
че́стно honestly
  Че́стно говоря́… To tell you the truth… (11)
четве́рг BB Thursday (6)
четвёрка# grade ⬚ (7)
четвёртый fourth (4)
че́тверть (*f.*) AC one quarter (14)
четы́ре four (1)
четы́рнадцать fourteen (3)
Чика́го Chicago (4)
число́# BA date, number (6)
чита́ть *читай-/* **прочита́ть** что read (2)
что[1] what (1)
  Ну и что? So what? (6)

что за what kind of (4)
  Что за чушь! What are you talking about? (8)
  Что ещё? What else? (6)
  Что с тобо́й? What's wrong with you? (10)
  Что случи́лось? What happened? (5, 13)
  Что ты! Что вы! What are you talking about? What do you mean? (2)
  Что ты молчи́шь? Why are you (so) quiet? (4)
  Что э́то тако́е? What's that? (6, 11)
что[2] (*in subordinate clause*) that (4)
чу́вствовать *чу́вствова-* себя́ (*impf.*) feel (13)

Ш

шампа́нское champagne (6)
ша́пка# hat (8)
шарф ⬚⬚ scarf (3)
ша́хматы (*pl.* only) chess (10)
шашлы́к BB shishkebab (13)
швейца́рский Swiss (11)
Шереме́тьево (*indecl.*) Sheremetyevo (airport in Moscow) (1)
шестна́дцать sixteen (3)
шесто́й sixth (4)
шесть six (1)
ши́шка# pine cone (8, 13)
шкату́лка# lacquer box (11)
шкаф ⬚⬚ closet, walk-in closet, wardrobe (2)
шко́ла grade school (1)
шко́льник (*m.*), **шко́льница** (*f.*) grade school student (1, 12)
шокола́д chocolate (1)
шо́рты (*pl.* only) shorts (3)
шофёр driver (5)
шпарга́лка# cheat sheet (10)
штат state (2)
шту́ка item, thing (8)
шути́ть *шути-* (*impf.*) joke, make fun of (11)

Щ

щи (*pl.* only) cabbage soup (6)

Э

эгои́ст egoist (13)
экза́мен (на) exam (3)
экле́р eclair (6)
экологи́ческий ecological (4)
эконо́мика economics (5)
экономи́ст economist (1)
экску́рсия (на) excursion (9)
электри́чка# commuter train (13)

энерги́чный energetic (3)
эпизо́д episode (6)
Эрмита́ж The Hermitage (9)
эта́ж BB (на) floor (4)
э́то this (is / are…) (1)
    Э́то иде́я! That's an idea! (9)
э́тот (*m.*), **э́та** (*f.*), **э́то** (*n.*), **э́ти** (*pl.*) this (these) (3)

Ю

ю́бка# skirt (3)
юг (на) south (4)
юри́ст lawyer (1)

Я

Я I (1)
    Меня́ зову́т… My name is (3)
    Я бо́льше не бу́ду. I will never do it again. (7)
я́блоко (*pl.* я́блоки) apple (8)
язы́к BB language (3)
яйцо́ BA (*pl.* я́йца, *gen. pl.* я́иц) egg (8)
янва́рь BB January (3)
япо́нец# Japanese (male) (3)
Япо́ния Japan (3)
япо́нка# Japanese (female) (3)
япо́нский Japanese (3)

```
┌─────────────────────────── KEY ───────────────────────────┐
│                                                            │
│  acc.      accusative            multidir.  multidirectional│
│  colloq.   colloquial            n.         neuter          │
│  f.        feminine, third declension  nom.  nominative     │
│  gen.      genitive              perf.      perfective       │
│  impf.     imperfective          pl.        plural           │
│  indecl.   indeclinable          prep.      prepositional    │
│  inf.      infinitive            sg.        singular          │
│  intrans.  intransitive          trans.     transitive        │
│  irreg.    irregular             unidir.    unidirectional     │
│  m.        masculine             #          fill vowel          │
│                                                            │
└────────────────────────────────────────────────────────────┘
```

Parts of speech are indicated only when there is more than one entry with the same English translation.

The following information about <u>nouns</u> is indicated after each entry:

1. Gender, if it is not clear from the nominative form, e.g. **дéдушка** (*m.*), **и́мя** (*n.*)

2. Irregular nominative plurals, e.g. **друг** (*pl.* друзья́)

3. Stress shifts, e.g. **вода́** CA

4. Indeclinable nouns, e.g. **кино́** (*indecl.*)

5. Nouns that take the preposition ⊠, e.g. **за́пад** (на)

6. Fill vowels, e.g. **отéц**#

Verbs are listed in aspectual pairs with the imperfective first, followed by the perfective form. If a complete pair is not listed, the aspect of the verb will be noted after the Russian entry. The following information about <u>verbs</u> is indicated after each entry:

1. Infinitive entries are followed by verb stems in italics, e.g. **чита́ть** *чита́й-*

2. Irregular conjugation is indicated in parentheses after infinitive entries, e.g. **хотéть** (*irreg.*)
   (A summary of verb stems including an inventory of irregular verbs and their complete conjugation is given in Appendix VII.)

3. Verb case government is indicated with the appropriate interrogative pronoun, e.g. **дава́ть** *дава́й* / **дать** (*irreg.*) что, кому́

4. Motion verbs are marked for direction, e.g. **ходи́ть** *ходи́-* (*multidir.*)

5. Verb transitivity and intrasitivity is indicated after the English entry, e.g. **begin** (*trans.*) начина́ть *начина́й* / **нача́ть** *нӑ-чн-* что, + *inf.*

A

able мочь (*irreg.*) / смочь (*irreg.*) + *inf.*
able to уме́ть умей- (*impf.*) + *inf.*
about о, об, обо (+ *prep.*)
про (+ *acc., colloq.*)
academy акаде́мия
accountant бухга́лтер
ache боле́ть боле́- (*impf.*)
acquaint знако́мить *знакоми-*/ познако́мить
кого́, с кем
become acquainted знако́миться *знакоми-
ся* / познако́миться
Get acquainted! Познако́мьтесь!
acquaintance знако́мый (*m.*), знако́мая (*f.*)
(*noun*)
acquaintance (familiarity) знако́мство
across че́рез (+ *acc.*)
actor актёр
actress актри́са
address а́дрес ⊠⊠ (*nom. pl.* адреса́)
Admiralty Адмиралте́йство
adult взро́слый
advice сове́т
affair де́ло ⊠⊠
afraid боя́ться *боя-ся* (*impf.*) кого́ —чего́
Africa А́фрика
after по́сле (+ *gen.*) with nouns denoting an
event че́рез (+ *acc.*) with time expressions
after all ведь
afternoon (in the ~) днём
again ещё раз; опя́ть
ago наза́д
agree соглаша́ться *соглашай-ся* / согласи́ться
согласи-ся с кем — чем; догова́риваться
договаривай-ся / договори́ться *договори-ся*
I agree согла́сен (*m.*), согла́сна (*f.*), согла́сно
(*n.*), согла́сны (*pl.*)
airport аэропо́рт
alarm звоно́к⁺ ⊠⊠
Alaska Аля́ска (на)
album альбо́м
alcohol алкого́ль
algebra а́лгебра
all весь (*m.*), вся (*f*), всё (*n.*), все (*pl.*)
All's well that ends well. Всё хорошо́, что
хорошо́ конча́ется.
all right ничего́ (fine); ла́дно (I agree)
allow разреша́ть *разрешай-*/ разреши́ть
разреши- кому́, что, + *inf.*
Alma-Ata (capital of Kazakhstan) Алма́-Ата́
alone оди́н

along по (+ *dat.*) Он идёт по у́лице. (⊠⊠ is
walking down the street.); Она́ хо́дит по
па́рку. (She is walking around the park.)
already уже́
also (too) то́же
always всегда́
ambulance ско́рая по́мощь
America (USA) Аме́рика
American америка́нец⁺ (*m.*), америка́нка⁺ (*f.*)
American америка́нский
amusement park ride аттракцио́н
and и; а (i.e. whereas)
angry серди́ться *сердй-ся* (*impf.*) на кого́
animal живо́тное
answer (*noun*) отве́т
answer (*verb*) отвеча́ть *отвечай-*/ отве́тить
ответи- кому́
anthropologist антропо́лог
any kind of како́й-нибу́дь
anyhow как-нибу́дь
anyone кто-нибу́дь
anything что-нибу́дь
anytime когда́-нибу́дь
apartment кварти́ра
appetizer заку́ска⁺
apple я́блоко (*pl.* я́блоки)
April апре́ль
Arbat (street in Moscow) Арба́т
architect архите́ктор
architecture архитекту́ра
area studies страноведе́ние
Arkhangelsk (city in Russia) Арха́нгельск
arm рука́ ⊠⊠
armchair кре́сло
Armenia Арме́ния
around¹ о́коло (+ *gen.*)
around² по (+ *dat.*): Он идёт по у́лице. (⊠⊠ is
walking down the street.); Она́ хо́дит по
па́рку. (She is walking around the park.)
around (from one to another) по (+ *dat. pl.*)
arrive (by vehicle) приезжа́ть *приезжай-* éхать
(*irreg.*)
arrive (on foot) приходи́ть *приходй-*/ прийти́
(*irreg.*)
art иску́сство
art historian искусствове́д
history of art искусствове́дение
article статья́ BB
artist худо́жник
as if как бу́дто
**as if we've known each other for a long
time** как бу́дто мы давно́ знако́мы

Ashkhabad (capital of Turkmenistan)
Ашхаба́д

Asia А́зия

ask (~ a question) спра́шивать
спра́шивай-/ спроси́ть *спроси́-* кого

ask проси́ть *проси́-/* попроси́ть кого

assignment зада́ние

astronaut космона́вт

at (locational) в (+ *prep.*)
на (+ *prep*)
у (+ *gen.*): **at Tanya's** у Та́ни

at (temporal) ⊠ (+ *acc.*): в шесть часо́в, в
понеде́льник

at first снача́ла

at home (locational) до́ма

at once сра́зу

athletic спорти́вный

Atlanta Атла́нта

attack ата́ка

attention внима́ние

attentively внима́тельно

August а́вгуст

aunt тётя

autumn о́сень
in the autumn о́сенью

avenue проспе́кт (на)

Azerbaijan Азербайджа́н

B

back спина́ CA

backpack рюкза́к BB

bad (*adj.*) плохо́й
Not bad! Ничего́!

bad (*adv.*) пло́хо

bag су́мка#

Baku (capital of Azerbaijan) Баку́

ballerina балери́на

ballet бале́т (на)

Baltimore Балтимо́р

banana бана́н

bank банк

bar бар

baseball cap бейсбо́льная ке́пка#

bathroom ва́нная (*noun*)

be быть (*irreg.*)

beautiful (*adj.*) краси́вый

beautiful (*adv.*) краси́во

beauty parlor парикма́херская

because потому́ что

become станови́ться *станови́-ся* / стать
ста́н- кем

bed крова́ть (*f.*)

bedroom спа́льня#

beef Stroganoff беф-стро́ганоф (*indecl.*)

beer пи́во

beet salad винегре́т

beets свёкла#

before пе́ред (+ *instr.*) (with nouns denoting an
event)

begin (*trans.*) начина́ть *начина́й-/*
нача́ть *на́-чн-* что, + *inf.*

begin (*intrans.*) начина́ться *начина́й-ся* /
нача́ться *на-чн-́ся*

beginning нача́ло

Belarus Белару́сь

Berlin Берли́н **better** лу́чше
Are you feeling better? Тебе́ лу́чше?

bicycle велосипе́д

big большо́й

biologist био́лог

biology биоло́гия

birthday день рожде́ния

Bishkek (capital of Kyrgyzstan) Бишке́к

black чёрный

blackboard доска́# CC

blue голубо́й (light blue), си́ний (dark blue)

blue grass блю грас

book (*noun*) кни́га, кни́жка#
grade book зачётная кни́жка

book (*adj.*) кни́жный

bookkeeper бухга́лтер

booklet кни́жка#

boring (*adj.*) ску́чный

boring (*adv.*) ску́чно

born рожда́ться *рожда́й-ся* / роди́ться *роди́-ся*

borsch (beet soup) борщ BB

Boston Бо́стон

bottle буты́лка#

box коро́бка#

boy ма́льчик

bracelet брасле́т

branch office филиа́л

bread хлеб

break (~ a rule, etc.) наруша́ть *наруша́й-/*
нару́шить *нару́ши-*

break (coffee ~) переры́в

breakfast за́втрак
have breakfast за́втракать *за́втракай-/*
поза́втракать

breed поро́да

bridge мост ⊠⊠

briefcase портфéль

bring (~ by vehicle) привозúть *привозú-/*
привезтú *привёз-* что, кому

bring (~ on foot) приносúть *приносú-/*
принестú *принёс-* что, кому

broken разбúтый

brother брат (*nom. pl.* брáтья)

brown корúчневый

build стрóить *стрóи-/* пострóить что

building здáние; дом ⬜⬜ (*nom. pl.* домá); кóрпус
⬜⬜ (*nom. pl.* корпусá)

burger котлéта

bus автóбус

bus stop останóвка#

business бúзнес; дéло ⬜⬜

business trip командирóвка#

businessperson бизнесмéн

busy зáнят (*m.*), занятá (*f.*), зáнято (*n.*),
зáняты (*pl.*)

but но; а (whereas)

butter мáсло

buy покупáть *покупáй-/* купúть *купú* - что,
кому;
(*colloq.*) брать *бр/á- /* взять (*irreg.*) что

by the way мéжду прóчим, кстáти

bye покá

C

cabbage капýста (*sg.* only)

cabbage soup щи (*pl.* only)

cafeteria кафетéрий; столóвая (*noun*)

cafe кафé (*indecl.*)

cake торт

calculator калькулятор

calendar календáрь ВВ

call (on the telephone) звонúть *звонú-* /
позвонúть кому

call in вызывáть *вызывáй-/* вызвать
вы́з/ва- кого — что

called (be called, named; with objects)
называться *называ́й-ся* (*impf.*)

camera фотоаппарáт

camera man опера́тор

can бáнка#

candy конфéта

canned food консéрвы

cap кéпка#

capital столúца

capitalist капиталúст

Capitol (building) Капитóлий

car машúна

carbonated lemonade лимонáд

carton (~ of milk) пакéт

cartoon мультфúльм (*colloq.* мýльтик)

cash register кáсса

cashier кассúр

Caspian Sea Каспúйское мóре (на)

cassette кассéта

cassette/DVD/CD player плéйер

cat кот ВВ (*m.*) кóшка# (*f.*)

cathedral собóр

Caucasus (mountain range) Кавкáз (на)

caviar икрá (*sg.* only)

cello виолончéль (*f.*)

century век ⬜⬜ (*nom. pl.*векá)

certainly обязáтельно

chair стул (*pl.* стýлья)

champagne шампáнское

change (money) сдáча

change jobs переходúть *переходú-/*
перейтú (*irreg.*) на другýю рабóту

cheap (*adj.*) дешёвый

cheap (*adv.*) дёшево

cheat sheet шпаргáлка#

cheerful весёлый

cheerfully вéсело

cheese сыр ⬜⬜

chemist хúмик

chemistry хúмия

chess шáхматы (*pl.* only)

chest грудь (*f.*) АС

Chicago Чикáго

chicken кýрица

child ребёнок# (*pl.* дéти)

childhood дéтство

children дéти (*pl.; sg.* ребёнок)

Chinese китáйский

chocolate шоколáд

Christmas Рождествó

chrysanthemum хризантéма

church цéрковь# (*f.*) АС

cinematography кинематогрáфия

circus цирк

city гóрод ⬜⬜ (*nom. pl.* городá)

clarinet кларнéт

class заня́тие (на)

class класс

class notes конспéкт

classical классúческий

classical music клáссика

classics (of literature) клáссика

classroom аудитóрия

clinic кли́ника
clock часы́ (pl. only)
close (trans.) закрыва́ть закрыва́й-/ закры́ть
    закро́й- что
close (intrans.) закрыва́ться закрыва́й-ся /
    закры́ться закро́й-ся
close бли́зко
closet шкаф
clothing оде́жда (sg. only)
club клуб
coat пальто́ (indecl.)
Coca-cola ко́ка-ко́ла
coffee ко́фе (m., indecl.)
cold (adj.) холо́дный
cold (adv.) хо́лодно
colleague колле́га (m. and f.)
collect собира́ть собира́й-/ собра́ть
    со-б/ра̌- что
college колле́дж
college course курс
College Park Ко́лледж Парк
cologne одеколо́н
color цвет (nom. pl. цвета́)
combination (~ lock) код
comedy коме́дия
comfortably удо́бно
comics ко́миксы (pl.)
command кома́ндовать кома́ндова-(impf.)
commuter train электри́чка#
compact disk диск
company компа́ния; фи́рма (на)
compartment (in a train) купе́ (indecl.)
complete зака́нчивать зака́нчивай-/ зако́нчить
    зако́нчи- что completely совсе́м
complex ко́мплекс
component компоне́нт
composer компози́тор
computer компью́тер
computer diskette диске́тка#
concert конце́рт (на)
congratulate поздравля́ть поздравля́й-/
    поздра́вить поздра́ви- кого, с чем
construction строи́тельство
contact конта́кт
container ба́нка#
contemporary совреме́нный
converse разгова́ривать разгова́ривай- (impf.)
cook гото́вить гото́ви-/ пригото́вить что, кому́
cookie(s) пече́нье
Cool! (colloq.) Класс!
correct прав (m.), права́ (f), пра́вы (pl.)
correctly пра́вильно

cost сто́ить сто́и- (impf.) что
country страна́
country music ка́нтри (indecl.)
cousin двою́родный брат (m.), двою́родная
    сестра́ (f.)
crab краб
crepe блин (pancake) BB
Crimea (peninsula on the Black Sea) Крым
cross (~ over) переходи́ть переходи̌-/
    перейти́ (irreg.)
cucumber огуре́ц# BB
cuisine ку́хня#
culture культу́ра
cup ча́шка#
cute хоро́шенький (colloq.)
czar царь BB

D

dacha да́ча (на)
dad па́па
dance танцева́ть танцева̌-/ потанцева́ть
dance club дискоте́ка (на)
dark blue си́ний
date число́# BA
daughter до́чка#, дочь (f.) gen. sg. до́чери)
day день# BB
    Quite a day (it was)! Ну и день!
day after tomorrow послеза́втра
dean дека́н
dear ми́ленький
December дека́брь BB
decide реша́ть реша́й-/ реши́ть реши́- что, + inf.
deejay диджей
definitely обяза́тельно
delicious (adj.) вку́сный
delicious (adv.) вку́сно
dentist зубно́й врач
dentistry стоматоло́гия
depart (~ by vehicle) уезжа́ть уезжа́й-/
    уе́хать (irreg.)
depart (~ on foot) уходи́ть уходи̌-/ уйти́ (irreg.)
department (at a university) ка́федра (на);
    факульте́т (на)
    business department факульте́т
    би́знеса (на)
    chemistry department хими́ческий
    факульте́т (на)
    department of political science факульте́т
    полити́ческой нау́ки (на)
    department of Russian language факульте́т
    ру́сского языка́ (на)

economics department экономи́ческий факульте́т (на)

engineering department инжене́рный факульте́т (на)

film department кинове́дческий факульте́т (на)

history department истори́ческий факульте́т (на)

mathematics department математи́ческий факульте́т (на)

philology department (language and literature) филологи́ческий факульте́т (на)

physics department физи́ческий факульте́т (на)

theater department актёрский факульте́т (на)

dessert десе́рт

detective/mystery novel детекти́в

Detroit Детро́йт

dictionary слова́рь ВВ

die умира́ть *умира́й-*/ умере́ть *у̌-м/р-*

diet дие́та

different друго́й

difficult (*adj.*) тру́дный

difficult (*adv.*) тру́дно; непро́сто

Dinamo (stadium in Moscow) Дина́мо

dining hall столо́вая (*noun*)

dining room столо́вая (*noun*)

dinner у́жин

    have dinner у́жинать *у́жинай-*/ поу́жинать

director дире́ктор ⊠⊠ (*nom. pl.* директора́)

dish блю́до

dishes посу́да (*sg.* only)

do де́лать *де́лай-*/ сде́лать что

doctor (M.D.) врач ВВ

doctor (**title**) до́ктор ⊠⊠ (*pl.* доктора́)

document докуме́нт

dog соба́ка

    male dog пёс#

dome ку́пол ⊠⊠ (*pl.* купола́)

door дверь (*f.*) AC

door bell звоно́к# ВВ

dormitory общежи́тие

downtown центр

drama драматурги́я; дра́ма

dramatic art драматурги́я

draw рисова́ть *рисова́-* (*impf.*) что

drawing рисова́ние

dream мечта́ть *мечта́й-* (*impf.*)

dress пла́тье

dried сушёный

drink (*noun*) напи́ток#

drink (*verb*) пить *пь̌/й-* / вы́пить *вы́пь/й-* что

drive е́здить *е́зди-* (*impf.*) (*multidir.*)/ е́хать (*irreg.*) (*impf.*) (*unidir.*)

drive a car води́ть *води̌-* (*impf.*) маши́ну

driver води́тель; шофёр

driver's license води́тельские права́; права́ (*pl., colloq.*)

drum бараба́н

dumplings пельме́ни (*pl.*)

Dushanbe (capital of Tajikistan) Душанбе́

E

ear у́хо AC (*pl.* у́ши)

early ра́но

east восто́к (на)

easy легко́

eat есть (*irreg.*) / съесть (*irreg.*) что

eclair экле́р

ecological экологи́ческий

economics эконо́мика

economist экономи́ст

egg яйцо́ ВА (*pl.* я́йца, *gen. pl.* яи́ц)

egoist эгои́ст

eight во́семь

eighteen восемна́дцать

eighth восьмо́й

elephant слон ВВ

elevator лифт

eleven оди́ннадцать

emperor импера́тор

empty пусто́й

end (*noun*) коне́ц# ВВ

end (*trans.*) зака́нчивать *зака́нчивай-*/ зако́нчить *зако́нчи-* что

end (*intrans.*) конча́ться *конча́й-ся* / ко́нчиться *ко́нчи-ся*

end up попада́ть *попада́й-*/ попа́сть *попад-̌*

energetic энерги́чный

engineer инжене́р

England А́нглия

English (*adj.*) англи́йский

    in English по-англи́йски

    English (*noun*) англича́нин (*m.*), англича́нка# (*f.*)

entire весь (*m.*), вся (*f.*), всё (*n.*), все (*pl.*)

entrance подъе́зд

    entrance hall прихо́жая

envelope конве́рт

episode эпизо́д

equipment аппарату́ра

especially специа́льно

essay сочине́ние
Europe Евро́па
evening ве́чер ⊠⊠ (*pl.* вечера́)
   in the evening ве́чером
every ка́ждый
everything всё
   Everything's okay. Всё в поря́дке.
exactly то́чно (quantity); ро́вно (time)
exam экза́мен (на)
examination card биле́т
excellent (*adj.*) отли́чный
excellent (*adv.*) отли́чно
excursion экску́рсия (на)
excuse (me) извини́(те)
exercise упражне́ние
exhibit вы́ставка# (на)
expensive (*adj.*) дорого́й
expensive (*adv.*) до́рого
explain объясня́ть *объясня́й-/* объясни́ть
   объясни́- кому́, что
extra ticket ли́шний биле́т

F

factory заво́д (на)
familiarity знако́мство
family семья́# ⊠⊠
famous знамени́тый
far далеко́
farmer's cheese тво́рог
fashion мо́да
   in fashion в мо́де
   out of fashion не в мо́де
fast бы́стро
father оте́ц# BB
favorite люби́мый
fax факс
February февра́ль BB
feel (in reference to health) чу́вствовать
   чу́вствова- себя́ (*impf.*)
female (women's) же́нский
few ма́ло (+ *gen.*), не́сколько (+ *gen.*)
fifteen пятна́дцать
fifth пя́тый
film кино́ (*indecl.*); фильм
   study of film кинове́дение
   film expert кинове́д
find находи́ть *находи́-/*найти́ (*irreg.*) что
find out узнава́ть *узнава́й-/* узна́ть *узна́й-*
   кого́ — что
finger па́лец#
finish (*trans.*) зака́нчивать *зака́нчивай-/*
   зако́нчить *зако́нчи-* что

finish (*intrans.*) зака́нчиваться *зака́нчивай-ся /*
   зако́нчиться *зако́нчи-ся* что
fire ого́нь# ⊠⊠
   fire department пожа́рная охра́на
firm фи́рма (на)
first пе́рвый
first name и́мя ⊠⊠ (*neut.; gen. sg.* и́мени)
first of all (firstly) во-пе́рвых
fish ры́ба
five пять
flakey (not serious) легкомы́сленный
floor (story) эта́ж BB (на)
flour мука́
flower цвето́к# BB (*pl.* цветы́)
flute флейта
food еда́
fool дура́к BB
foot нога́ ⊠⊠
   on foot пешко́м
football америка́нский футбо́л
for для (+*gen.*)
   for breakfast, dinner, etc. на (+ *acc.*) за́втрак
   for (temporal) на (+ *acc.*)
   for a long time (to come) надо́лго
   for a long time (duration) до́лго
   a long time (long ago) давно́
forecast прогно́з
foreign зарубе́жный
forever навсегда́
forget забыва́ть *забыва́й-/* забы́ть (*irreg.*) что
fork ви́лка#
fortress кре́пость (*f.*)
forward вперёд
fountain фонта́н
four четы́ре
fourteen четы́рнадцать
fourth четвёртый
France Фра́нция (*m.*)
free свобо́ден (*m.*), свобо́дна (*f.*), свобо́дно (*n.*),
   свобо́дны (*pl.*)
free беспла́тный
   free admission беспла́тный вход
French францу́зский
   in French по-францу́зски
   Frenchman францу́з
   Frenchwoman францу́женка#
fresh све́жий
Friday пя́тница
fried жа́реный
friend друг (*m.*) ⊠⊠ (*nom. pl.* друзья́), подру́га (*f.*)
   (close friend); прия́тель (*m.*), прия́тельница (*f.*)
   (casual friend); знако́мый (*m.*), знако́мая (*f.*)
   (*noun*) (acquaintance)

friendship дрýжба
from из (+ *gen.*) or с, со (+ *gen.*) (an object or place); от (+ *gen.*) (a person)
   from here отсю́да
   from there отту́да
   from where отку́да
fruit (*noun*) фрукт
fruit (*adj.*) фрукто́вый
full (in reference to food) сыт (*m.*), сыта́ (*f.*), сы́то (*n.*), сы́ты (*pl.*)
funny смешно́й
fur мехово́й
future бу́дущий
   the future бу́дущее (*noun*)

G

garage гара́ж BB
garden сад ⊠⊠
garlic чесно́к BB (*sg.* only)
gather собира́ть *собира́й-/* собра́ть *со-б/ра̌-* что
geography геогра́фия
geologist гео́лог
geometry геоме́трия
Georgetown Джорджта́ун
Georgia Гру́зия
German (*adj.*) неме́цкий
   in German по-неме́цки
German (*noun*) не́мец# (*m.*), не́мка# (*f.*)
Germany Герма́ния
get up встава́ть *встава́й-/* встать *встáн-*
gift пода́рок#
girl (young woman) де́вушка#
give дава́ть *дава́й-/* дать (*irreg.*) кому́, что; передава́ть *передава́й-/* переда́ть (*irreg.*) что, кому́
   give a grade ста́вить *ста́ви-* / поста́вить кому́, что
   give as a gift дари́ть *дари̌-/*подари́ть кому́, что
glass стака́н
go (~ by conveyance) е́здить *е́зди-* (*impf.*) (*multidir.*)/ е́хать (*irreg.*) (*impf.*) (*unidir.*)/ пое́хать (*irreg.*) (*perf.*)
go (~ on foot) идти́ (*irreg.*) (*impf.*) (*unidir.*)/ ходи́ть *ходи̌-* (*impf.*) (*multidir.*); пойти́ (*irreg.*) (*perf.*)
go ahead пожа́луйста; дава́й(*те*)
go for a walk гуля́ть *гуля́й-/* погуля́ть
goal цель (*f.*)
good (*adj.*) хоро́ший
good job молоде́ц

good afternoon до́брый день#
good evening до́брый ве́чер
good morning до́брое у́тро
Good luck! Ни пу́ха ни пера́!
Good luck! Жела́ю (вам) успе́хов!
good (well) (*adv.*) хорошо́
goodbye до свида́ния; до за́втра
gorilla гори́лла
grade (1st, 2nd, 3rd, etc.) класс
grade (letter grade) отме́тка# (**A** = пятёрка#; **B** = четвёрка#; **C** = тро́йка#; **F** = дво́йка#)
grade book зачётная кни́жка#
gram грамм
grammar грамма́тика
grandfather де́душка# (*m.*)
grandmother ба́бушка#
great (*colloq.*) здо́рово (*colloq.*)
green зелёный
grey се́рый
groceries проду́кты (*pl.*)
grocery store гастроно́м
group гру́ппа
guest гость AC
guitar гита́ра
guitarist гитари́ст
guys (*colloq.*) ребя́та (*colloq.*)
gymnasium спорти́вный зал
gymnastics гимна́стика

H

hairdresser's парикма́херская
half bath туале́т
half kilogram полкило́
ham ветчина́
hamburger га́мбургер
hand рука́ ⊠⊠
happily ве́село
happiness сча́стье
happy сча́стлив (*m.*), сча́стлива (*f.*), сча́стливо (*n.*), сча́стливы (*pl.*) (delighted); рад (*m.*), ра́да (*f.*), ра́ды (*pl.*) (glad)
happy весёлый
hat ша́пка#
have есть (у меня́ есть)
Have a good trip! Счастли́вого пути́!
have time успева́ть *успева́й-/* успе́ть *успе́й-* (+ *inf.*)
   have to (must, be obliged) до́лжен (*m.*), должна́ (*f.*), должно́ (*n.*), должны́ (*pl.*)
he он
head голова́ ⊠⊠

health здоро́вье

hear слы́шать *слы́ша-* (*impf.*) кого — что

hello здра́вствуй(те)

    say hello, send regards передава́ть приве́т (кому́)

hello (on the telephone) алло́

help (*verb*) помога́ть *помога́й-*/помо́чь (*irreg.*) кому́

help (*noun*) по́мощь (*f.*)

her(s) её

here (locational) здесь; тут

here (directional) сюда́

here (is/are) вот

hero геро́й

hi приве́т

high высо́кий

his его́

historian исто́рик

history исто́рия

holiday пра́здник

Hollywood Голливу́д

home (directional) домо́й

home (homemade) дома́шний

homework дома́шнее зада́ние

honestly че́стно

hooligan хулига́н (*m.*), хулига́нка# (*f.*)

hope наде́яться *наде́я-ся* (*impf.*)

hospital больни́ца

host хозя́ин (*m.*) (*pl.* хозя́ева), хозя́йка# (*f.*)

hot жа́рко (air temperature); горя́чий (food and drink temperature)

hotel гости́ница

hour час ⬚⬚

house дом ⬚⬚ (*nom. pl.* дома́)

housewife домохозя́йка#

how как

    How are things going? Как дела́?

    How are you? Как живёшь?

    How come? Как же так?

    How do you say that in English? Как э́то по-англи́йски?

    How interesting! Как интере́сно!

    How lovely! Кака́я красота́!

    How much does this cost? Ско́лько э́то сто́ит?

    How old is… Ско́лько лет…

how many ско́лько (+ *gen.*)

hungry голо́дный

hurry спеши́ть *спеши́-* (*impf.*)

hurt боле́ть *боле́-* (*impf.*)

    My head hurts. У меня́ боли́т голова́,

husband муж ⬚⬚ (*nom. pl.* мужья́)

I

I я

    I will never do it again. Я бо́льше не бу́ду.

    I wonder интере́сно,…

    I'm so glad to see you! Как я рад(а) тебя́ ви́деть!

    I'm sorry извини́(те)

ice cream моро́женое

icon ико́на

idea иде́я

identification про́пуск ⬚⬚ (*nom. pl.* пропуска́)

idiot идио́т

if… then е́сли… то

imagine представля́ть *представля́й-*/предста́вить *предста́ви-*

important ва́жный

impossible нельзя́ (кому́ + *inf.*)

in (locational) на (+ *prep.*); в (+ *prep.*)

    in general вообще́

    in my opinion по-мо́ему

    in one's arms на рука́х

incident инциде́нт

incorrectly непра́вильно

indeed пра́вда; действи́тельно

Independence Day День незави́симости

Indian инди́йский

information информа́ция

institute институ́т

instructor преподава́тель (*m.*), преподава́тельница (*f.*)

instrument инструме́нт

intelligent у́мный

interest интере́с

    be interested in интересова́ться *интересова́-ся* (*impf.*) чем

interesting (*adj.*) интере́сный

interesting (*adv.*) интере́сно

international междунаро́дный

    International Women's Day Междунаро́дный же́нский день

interview интервью́ (на) (*indecl.*)

invite приглаша́ть *приглаша́й-*/пригласи́ть *пригласи́-* кого

iris и́рис

island о́стров ⬚⬚ (на)

it оно́

    it is not necessary не на́до, не ну́жно

    it seems ка́жется

    it's a shame жа́лко

    It's agreed! It's a deal! Договори́лись!

    it's nothing ничего́

Italian итальянский
item штука
itinerary программа
Izmailovo (region in Moscow) Измайлово (*indecl.*)

J

jacket куртка#
January январь ВВ
Japan Япония
Japanese японский
    in Japanese по-японски
    Japanese японец# (*m.*), японка# (*f.*)
jazz джаз
jealous ревнивый
    be jealous ревновать *ревнова-*(*impf.*)
jeans джинсы (*pl.* only)
jersey футболка#
job работа (на)
joke (make fun of) шутить *шути-* (*impf.*)
journalist журналист (*m.*), журналистка# (*f.*)
juice сок
July июль
June июнь
just the thing that... как раз то, что…

K

Kamchatka (peninsula in the far east of Russia) Камчатка (на)
Kazakhstan Казахстан
Kazan Cathedral Казанский собор
key ключ ВВ
Kiev (capital of Ukraine) Киев
kilogram килограмм
kind добрый
Kishinev (capital of Moldova) Кишинёв
kiss целовать *целова-*/ поцеловать кого
Kitay gorod (region in downtown Moscow) Китай-город
kitchen кухня# (на)
kitten котёнок# (*pl.* котята)
knife нож ВВ
know знать *знай-* (*impf.*) кого — что
    Do you happen to know…? Вы не знаете…?
Kolomenskoye (restored historic district in southeast Moscow) Коломенское
kopeck копейка#
Korean корейский
Kostroma (city in Russia) Кострома
Kremlin Кремль ВВ
Kyrgyzstan Киргизстан

L

laboratory лаборатория
lacquer box шкатулка#
Lake Baikal (located in southeastern Siberia) Байкал (на)
landlord хозяин (*m.*) (*pl.* хозяева), хозяйка# (*f.*)
lamp лампа
language язык ВВ
language lab лингафонный кабинет
last (previous) прошлый
late поздно
    be late опаздывать *опаздывай-*/ опоздать *опоздай-*
later (subsequently) потом
    a little bit later попозже
laugh (at) смеяться *смея-ся* (*impf.*) над кем — чем
law-breaker нарушитель
lawyer юрист
lead singer солист
leave (~ on foot) уходить *уходи-*/ уйти (*irreg.*)
leave (~ by vehicle) уезжать *уезжай-*/ уехать (*irreg.*)
lecture лекция (на)
left левый
    on the left налево
    to the left слева
leg нога ⊠⊠
lemon лимон
Leningrad Ленинград
less меньше
let пусть
Let's… Давай(те)…
    Let's use "ты." Давайте на «ты».
letter письмо# ВА
lettuce салат
library библиотека
lie неправда
lie (be in a lying position) лежать *лежа-* (*impf.*)
life жизнь (*f.*)
light (of weight) лёгкий
light (of color) (*adv.*) светло
light blue голубой
light (airy) воздушный
like (appeal to) нравиться *нрави-ся*/ понравиться кому
like (be ~) похож (*m.*), похожа (*f.*), похоже (*n.*), похожи (*pl.*) на кого — на что
limousine лимузин
list список#

listen слушать *слушай-* (*impf.*) кого — что
literature литература
little немножко, немного
live жить *жив-* (*impf.*)
live broadcast репортаж
Liverpool Ливерпуль
living room гостиная (*noun*)
locate (*trans.*) находить *находи̌-/* найти (*irreg.*) что
located (is ~) (*intrans.*) находиться *находи̌-ся* (*impf.*)
lock замок# BB
London Лондон
long (spatial) длинный
long (temporal) долгий
long ago давно
   for a long time давно
look (~ at) смотреть *смотре̌* -/ посмотреть что
   Looking forward to seeing you. Ждём вас.
Los Angeles Лос-Анджелес
lot of, much много (+ *gen.*)
loud громкий
loudly громко
love (*verb*) любить *люби̌-* (*impf.*) кого — что + *inf.*
love (*noun*) любовь# (*f.*)
low (*adj.*) низкий
low (*adv.*) низко
luggage багаж BB (*sg.* only)
lunch обед
   have lunch обедать *обедай-/* пообедать

M

Madison Мэдисон
Madrid Мадрид
magazine журнал
mail почта
main thing самое главное
make a wish загадывать *загадывай-/* загадать *загадай-* желание
make fun of (joke) шутить *шути̌-* (*impf.*)
male (men's) мужской
man мужчина (*m.*)
manager менеджер
Manchester Манчестер
many много (+ *gen.*)
map карта
March март
market рынок#
Marseilles Марсель
Maslenitsa (farewell to winter holiday) Масленица

mathematician математик
mathematics математика
matter дело ⊠⊠
May май
May I...? Можно...?
maybe может быть
mayonnaise майонез
McDonald's Макдоналдс
mean (it means) значит
meat мясо
medicine лекарство
meet (*intrans.*) встречаться *встречай-ся/* встретиться *встрети-ся*
meet (encounter) (*trans.*) встречать *встречай-/* встретить *встрети-* кого — что
meet (make an acquaintance) знакомиться *знакоми-ся* / познакомиться
meeting собрание (на); встреча (на)
menu меню (*n., indecl.*)
metro метро (*indecl.*)
Mexican мексиканский
milk молоко
milk (*adj.*) молочный
mineral water минеральная вода
Minsk (capital of Belarus) Минск
minute минута
   Just a minute! Минуточку!
mirror зеркало ⊠⊠
miss (-a class, etc.) пропускать *пропускай-/* пропустить *пропусти̌-* что
mistake ошибка#
mistaken неправ (*m.*), неправа (*f.*), неправо (*n.*), неправы (*pl.*)
mitten варежка#
modern современный
Moldova Молдавия
mom мама; мамуля (affectionate)
Monday понедельник
money деньги# (*pl.* only)
monitor screen монитор
month месяц
monument памятник
more больше
morning утро
   in the morning утром
Moscow Москва
most самый + adj.
mother мать AC (*f.; gen. sg.* матери)
motorcycle мотоцикл
move (~ to a new apartment/home) переезжать *переезжай-/* переехать (*irreg.*) + на + ⊠⊠с;

move an event to a new time, reschedule
переноси́ть *переноси́-* / перенести́ *перенёс-´*
+ на + асс.;
move from one grade to another
переходи́ть *переходи́-*/ перейти́ (*irreg.*);
move things by vehicle перевози́ть
перевози́-/ перевезти́ *перевёз-´* что
movie theater кинотеа́тр (*colloq.* кино́)
much гора́здо
museum музе́й
mushroom гриб ВВ
mushroom (*adj.*) грибно́й
music му́зыка
music (*adj.*) музыка́льный
must (be obliged) до́лжен (*m.*), должна́ (*f.*),
должно́ (*n.*), должны́ (*pl.*)
my (mine) мой (*m.*), моя́ (*f.*), моё (*n.*), мои́ (*pl.*)

N

name (of an object or place) назва́ние
first name (of a person) и́мя
last name (of a person) фами́лия
My name is… Меня́ зову́т…
napoleon (pastry) наполео́н
nature (flora and fauna) приро́да
nearby бли́зко
necessary ну́жно, на́до (кому́ + *inf.*)
need (~ to) ну́жно, на́до (кому́ + *inf.*)
neighbor сосе́д (*m.*) (*pl.* сосе́ди), сосе́дка* (*f.*)
nervous (be ~) волнова́ться *волнова́-ся* (*impf.*)
Neva (St. Petersburg river) Нева́ (на)
never никогда́
Nevsky Avenue Не́вский проспе́кт
new но́вый
New Orleans Но́вый Орлеа́н
New York Нью-Йо́рк
news но́вость (*f.*) AC
newspaper газе́та
next (following) сле́дующий
nice (*adj.*) симпати́чный
nice (*adv.*) симпати́чно
nice-looking симпати́чный
night ночь (*f.*) AC
at night но́чью
nine де́вять
nineteen девятна́дцать
ninth девя́тый
no нет
no kind of никако́й
no one никто́
no such никако́й
nonsense ерунда́ BB (*sg. only*)

north се́вер (на)
northern се́верный
nose нос АВ
not не
not acquainted незнако́м (*m.*), незнако́ма (*f.*),
незнако́мо (*n.*), незнако́мы (*pl.*)
not allowed нельзя́ (кому́ + *inf.*)
not bad (*adj.*) неплохо́й
not bad (*adv.*) непло́хо
not cheerful невесёлый
not energetic неэнерги́чный
not funny несмешно́й
not serious несерьёзный; легкомы́сленный
not tasty невку́сный
note запи́ска*
notebook тетра́дь (*f.*)
nothing ничто́ (*acc. sg.* ничего́)
novel рома́н
November ноя́брь ВВ
Novgorod (city in Russia) Но́вгород
Novosibirsk (city in Russia) Новосиби́рск
now сейча́с (right now); тепе́рь (nowadays)
nowhere (directional) никуда́
nowhere (locational) нигде́
number (of a house or room) но́мер АВ
(*nom. pl.* номера́)
number (dates) число́* ВА

O

O.K. норма́льно
October октя́брь ВВ
Odessa (city in Ukraine) Оде́сса
of course коне́чно
office о́фис; кабине́т (study)
often ча́сто
oh ах
oh ой
okay ла́дно
old ста́рый
omelet омле́т
omen приме́та
on (locational) на (+ *prep.*)
on the contrary наоборо́т
once more ещё раз
one оди́н
one (when counting) раз
one and a half полтора́ (with *m.*), полторы́
(with *f.*) (+ *gen.*)
oneself себя́
onion лук (*sg. only*)
only то́лько

open (*trans.*) открыва́ть *открыва́й-/* откры́ть
откро́й- что

open (*intrans.*) открыва́ться *открыва́й-ся /*
откры́ться *откро́й-ся*

opera о́пера (на)

or и́ли

orange (the color ~) ора́нжевый

orange (fruit) апельси́н

orange (*adj.*) апельси́новый

orchestra seating парте́р

order зака́зывать *зака́зывай-/* заказа́ть
заказа́- что

organize организова́ть *организо́ва-* (*impf.*) что

original оригина́льный

otherwise ина́че

ouch ой

ought to до́лжен (*m.*), должна́ (*f.*), должно́ (*n.*),
должны́ (*pl.*)

our(s) наш (*m.*), на́ша (*f.*), на́ше (*n.*), на́ши (*pl.*)

own (one's own) свой (*m.*), своя́ (*f.*), своё (*n.*),
свои́ (*pl.*)

owner хозя́ин (*m.*) (*pl.* хозя́ева), хозя́йка# (*f.*)

P

pack (package) па́чка#

package паке́т

palace дворе́ц#

Palace Square Дворцо́вая пло́щадь

pants брю́ки (*pl. only*)

paper бума́га

parents роди́тели (*pl.*)

Paris Пари́ж

park парк

part часть (*f.*) AC

participate in занима́ться *занима́й-ся* (*impf.*)
чем

partner партнёр

pass (*noun*) про́пуск AB (*nom. pl.* пропуска́)

pass (*verb*) передава́ть *передава́й-/* переда́ть
(*irreg.*) что, кому́

pass/fail exam зачёт

passport па́спорт AB (*nom. pl.* паспорта́)

pasta макаро́ны (*pl.*)

pastry пиро́жное (*noun*)

patient больно́й (*noun*)

patronymic о́тчество

Pavlovsk (town near St. Petersburg) Па́вловск

paw ла́па

pay (for) плати́ть *плати́-/* заплати́ть за что

pay attention to обраща́ть *обраща́й-/*
обрати́ть *обрати́-* внима́ние на что

pay phone телефо́н-автома́т; таксофо́н

pen ру́чка#

pencil каранда́ш ⊠⊠

penguin пингви́н

people лю́ди (*pl; sg.* челове́к)

performance спекта́кль (на)

permit разреша́ть *разреша́й-* / разреши́ть
разреши́- кому́, что + *inf.*

permitted (is ~) мо́жно (кому́ + *inf.*)

person челове́к (*sg.; pl.* лю́ди)

pet дома́шнее живо́тное
   pet grooming service сало́н
   pet store зоомагази́н

Petersburger петербу́ржец#

pharmacy апте́ка

Philadelphia Филаде́льфия

phone call звоно́к# BB

photo album фотоальбо́м

photocopier ксе́рокс

photograph фотогра́фия

photographer фото́граф

physical education физкульту́ра

physicist фи́зик

physics фи́зика

piano (grand ~) роя́ль

picture карти́на

pilaf плов

pin значо́к# BB

pine cone ши́шка#

pizza пи́цца

place (*noun*) ме́сто AB

place (*verb*) положи́ть *положи́-* (*perf.*)

plain некраси́вый

plan план

plastic bag паке́т

plate таре́лка#

platform платфо́рма (на)

play игра́ть *игра́й-* (*impf.*) во что (sports), на чём
(musical instruments)

playing cards ка́рты (*pl.*)

pleasant (*adj.*) прия́тный

pleasant (*adv.*) прия́тно

please пожа́луйста

pleased дово́лен (*m.*), дово́льна (*f.*),
дово́льно (*n.*), дово́льны (*pl.*)

poem поэ́ма

poems стихи́ (*pl. only*)

poet поэ́т

police мили́ция

police officer милиционе́р

politics поли́тика

poor бе́дный

pop music поп-му́зыка
popular популя́рный
post card откры́тка#
post office по́чта (на)
poster плака́т
potato(es) карто́шка (*sg.* only)
pour налива́ть *налива́й-/* нали́ть *нальӗ́й-* что
prepare гото́вить *гото́ви-/* пригото́вить что, кому́
prepare for гото́виться *гото́ви-ся /* подгото́виться к чему́
present пода́рок#
presentation докла́д
preserves варе́нье
president президе́нт
previous про́шлый
previously (used to) ра́ньше
price цена́ CA (*pl.* це́ны)
printer при́нтер
probably наве́рное
problem пробле́ма
  math ~ зада́ча
professional профессиона́льный
professor профе́ссор AB (*nom. pl.* профессора́)
program програ́мма
programmer программи́ст
promise обеща́ть *обеща́й-* (*impf.*)
protection охра́на
Pskov (city in Russia) Псков
psychologist психо́лог
Pushkin Пу́шкин (town near St. Petersburg)
purpose цель (*f.*)
put ста́вить *ста́ви-/* поста́вить что
put on надева́ть *надева́й-/* наде́ть *наде́н-* что

Q

quarter че́тверть (*f.*) ⊠⊠
question вопро́с
quickly бы́стро

R

radio ра́дио (*indecl.*)
rain дождь BB
  it's raining идёт дождь
raincoat плащ BB
rap рэп
read чита́ть *чита́й-/* прочита́ть что
ready гото́в (*m.*), гото́ва (*f.*), гото́во (*n.*), гото́вы (*pl.*)
real настоя́щий
really[1] ра́зве (interrogative particle)

really[2] пра́вда; действи́тельно
receive получа́ть *получа́й-/* получи́ть *получи́-* что, от кого́
recognize узнава́ть *узнава́й-/* узна́ть *узна́й-* кого́ — что
recommend рекомендова́ть *рекомендова́-* (*impf.*) кого́ — что
red кра́сный
refrigerator холоди́льник
region райо́н
rehearsal репети́ция (на)
relaxation о́тдых (*sg.* only)
religion рели́гия
remember по́мнить *по́мни-* (*impf.*) кого́ — что
rent out сдава́ть *сдава́й-/* сдать (*irreg.*) что
rent снима́ть *снима́й-/* снять *с-ним-* что
report докла́д
request проси́ть *проси́-/* попроси́ть кого́
resemble похо́ж (*m.*), похо́жа (*f.*), похо́же (*n.*), похо́жи (*pl.*) на кого́, на что
rest (*noun*) о́тдых (*sg.* only)
rest (*verb*) отдыха́ть *отдыха́й-/* отдохну́ть *отдохну́-*
restaurant рестора́н
restroom туале́т
return (*intrans.*) возвраща́ться *возвраща́й-ся /* верну́ться *верну́-ся*
right (not mistaken) прав (*m.*), права́ (*f.*), пра́во (*n.*), пра́вы (*pl.*); пра́вильный
right (not left) пра́вый
  on the right напра́во
river река́ ⊠⊠ (на)
road доро́га
rock music рок
rock group рок-гру́ппа
roller blades ро́лики
romantic романти́чный
Rome Рим
room ко́мната
rose ро́за
Rostov (city in Russia) Росто́в
row ряд AB
ruble рубль BB
ruby руби́новый
rug ковёр# BB
rule пра́вило
run бе́гать *бе́гай-* (*impf.*) (*multidir.*)
run away убега́ть *убега́й-/* убежа́ть (*irreg.*)
Russia Росси́я
Russian (*noun*) ру́сская (*f.*), ру́сский (*m.*)
Russian (*adj.*) ру́сский
  in Russian по-ру́сски

Russian National Independence Day
  День незави́симости Росси́и
Russian sauerkraut ква́шеная капу́ста

s

safe сейф
Sakhalin (island in the far east of Russia)
  Сахали́н
salad сала́т
salami колбаса́ BA
salary зарпла́та
salesperson продаве́ц# BB (*m.*), продавщи́ца (*f.*)
salon сало́н
salt соль (*f.*) AC
samovar самова́р
sandwich бутербро́д
Saratov (city in Russia) Сара́тов
satisfactorily удовлетвори́тельно
satisfied дово́лен (*m.*), дово́льна (*f.*),
  дово́льно (*n.*), дово́льны (*pl.*)
Saturday суббо́та
sausage колбаса́ ⬚⬚
saxophone саксофо́н
say говори́ть *говори́-*/ сказа́ть *сказа́* - что, кому́
scandal сканда́л
scanner ска́нер
scarf шарф ⬚⬚
school шко́ла
  school vacation кани́кулы (*pl.*only) (на)
science fiction фанта́стика (нау́чная) (*sg. only*)
scold руга́ть *руга́й-*/ отруга́ть кого́, за что
script writer сценари́ст
sea мо́ре ⬚⬚ (на) (*gen. pl.* море́й)
seat ме́сто ⬚⬚
Seattle Сиэ́тл
second второ́й
secondly во-вторы́х
secret секре́т
see (*trans.*) ви́деть *ви́де-/* уви́деть кого́ — что
see (*intrans.*) ви́деться *ви́де-ся /* уви́деться
seldom ре́дко
sell продава́ть *продава́й-/* прода́ть (*irreg.*)
  что, кому́
semester семе́стр
seminar семина́р (на)
September сентя́брь BB
serious серьёзный
serve положи́ть *положи́-* (*perf.*)
set of ten деся́ток#
seven семь
seventeen семна́дцать

seventh седьмо́й
shawl плато́к# BB
she она́
shelf по́лка#
shelter прию́т
Sheremetyevo (airport in Moscow)
  Шереме́тьево (*indecl.*)
shirt (flannel or dress ~) руба́шка#
shishkebab шашлы́к BB
shoes о́бувь (*f.*, *sg.* only); ту́фли (*pl*)
shoot (~ a film, etc.) снима́ть *снима́й-* / снять
  сним-ˣ что
short коро́ткий
shorts шо́рты (*pl.* only)
should (ought to) до́лжен (*m.*), должна́ (*f.*),
  должно́ (*n.*), должны́ (*pl.*)
show (*noun*) спекта́кль (на)
show (*verb*) пока́зывать *пока́зывай-/* показа́ть
  показа́- что, кому́
sick бо́лен (*m.*), больна́ (*f.*), больно́ (*n.*),
  больны́ (*pl.*)
sign приме́та
silent молча́ть *молча́-* (*impf.*)
similar (- to) похо́ж (*m.*), похо́жа (*f.*), похо́же (*n.*),
  похо́жи (*pl.*) на кого́, на что
simply про́сто
  it is simple про́сто
singer певе́ц# BB (*m.*), певи́ца (*f.*)
sink ра́ковина
sister сестра́ BA (*gen. pl.* сестёр)
sit сиде́ть *сиде́-* (*impf.*)
sit down сади́ться *сади́-ся /* сесть (*irreg.*)
six шесть
sixteen шестна́дцать
sixth шесто́й
size разме́р
skip (a class, etc.) пропуска́ть *пропуска́й-/*
  пропусти́ть *пропусти́-*что; прогуля́ть
  прогуля́й- (*perf.*) что
skirt ю́бка#
sleep спать (*irreg.*) (*impf.*)
slow ме́дленный
small ма́ленький; небольшо́й
smart у́мный
smoke кури́ть *кури́-* (*impf.*)
snack bar буфе́т
sneakers кроссо́вки# (*pl.*)
snow снег
  it's snowing идёт снег
so (*adv.*) так
so (such a) (*adj.*) тако́й
  so many (so much) сто́лько (+ *gen.*)

soccer футбо́л
soccer player футболи́ст
society о́бщество
sofa дива́н
Sokol (subway station in Moscow) Со́кол
soloist соли́ст
solve реша́ть *реша́й-*/ реши́ть *реши́-* что, + *inf.*
some kind of како́й-то
somehow ка́к-то
someone кто́-то
something что́-то
sometime когда́-то
sometimes иногда́
son сын AB (*pl.* сыновья́)
soon ско́ро
soup суп AB
sour cream смета́на
south юг (на)
souvenir сувени́р
spaghetti спаге́тти (*pl.* only)
Spain Испа́ния
Spanish испа́нский
   in Spanish по-испа́нски
Spanish испа́нец# (*m.*), испа́нка# (*f.*)
speak говори́ть *говори́-* (*impf.*)
special специа́льный
spoon ло́жка#
sport (*noun*) спорт (*sg.* only)
sport(s) (*adj.*) спорти́вный
spring весна́
   in the spring весно́й
square пло́щадь (*f.*) AC (на)
Square of the 1905 Revolution Пло́щадь
   Восста́ния
St. Isaac's Cathedral Исаа́киевский собо́р
St. Petersburg Са́нкт-Петербу́рг; Пи́тер (*colloq.*)
St. Valentine's Day День свято́го Валенти́на
stadium стадио́н (на)
stand (be in a standing position) стоя́ть
   стоя́- (*impf.*)
standard типово́й
start (*trans.*) начина́ть *начина́й* / нача́ть
   на-чн- что, + *inf.*
start (*intrans.*) начина́ться *начина́й-ся* /
   нача́ться *на-чн-́ся*
state (governmental) госуда́рственный
State Department Store (on Red Square)
   ГУМ (Госуда́рственный универса́льный
   магази́н)
state (of the USA) штат
station (train ~) вокза́л

statistics стати́стика
steak бифште́кс
stereo магнитофо́н; сте́рео (*indecl.*)
still ещё
stipend стипе́ндия
stomach живо́т BB
store магази́н
story исто́рия; расска́з
stove плита́ BA
straight пря́мо
strange стра́нный
street у́лица (на)
streetcar трамва́й
strict стро́гий
strictly стро́го
strong (e.g. drink) кре́пкий
student студе́нт (*m.*), студе́нтка (*f.*)
   (university); шко́льник (*m.*), шко́льница (*f.*)
   (grade school) студе́нческий (university)
   straight A student отли́чник (*m.*),
   отли́чница (*f.*)
   student ID студе́нческий биле́т
studio сту́дия
study занима́ться *занима́й-ся* (*impf.*) чем
   (activity)
   учи́ться *учи́-ся* (*impf.*) (be enrolled at a school,
   university)
stupid глу́пый
style мо́да
   in style в мо́де
   out of style не в мо́де
stylish мо́дный
subject предме́т
subjunctive particle (identifies an unreal
   situation) бы
subsequently пото́м
subway метро́ (*indecl.*)
success успе́х
suddenly вдруг
sugar са́хар
suit костю́м
suitcase чемода́н
summer (*noun*) ле́то
   in the summer ле́том
summer (*adj.*) ле́тний
Sunday воскресе́нье
superstitious суеве́рный
surname фами́лия
surprise сюрпри́з
sushi су́ши (*indecl.*)
sweater сви́тер AB (*nom. pl.* свитера́)
sweatshirt футбо́лка#

swimming pool бассе́йн
swindler жу́лик
Swiss швейца́рский

T

t-shirt ма́йка#
table стол BB
Tajikistan Таджикиста́н
take брать *бр/а̌-* / взять (*irreg.*) что
    take a picture of фотографи́ровать
    фотографи́рова- (*impf.*) кого — что
    take away относи́ть *относи̌ -* / отнести́
    отнёс-' что
    take pity on (someone) жале́ть *жале́й-/*
    пожале́ть кого — что
    take/pass (an exam) сдава́ть *сдава́й-/*
    сдать (*irreg.*) что
talented спосо́бный
talk разгова́ривать *разгова́ривай-* (*impf.*)
    have a talk поговори́ть *поговори́-* (*perf.*)
tall высо́кий
Tashkent (capital of Uzbekistan) Ташке́нт
task зада́ние
taste про́бовать *про́бова-* /попро́бовать что
tasty (*adj.*) вку́сный
tasty (*adv.*) вку́сно
taxi такси́ (*n., indecl.*)
Tbilisi (capital of Georgia) Тбили́си
tea чай AB
teach преподава́ть *преподава́й-* (*impf.*) кому́, что
teacher (grade school ~) учи́тель AB (*m.*)
    (*nom. pl.* учителя́); учи́тельница (*f.*)
teakettle ча́йник
telephone телефо́н
    on the telephone по телефо́ну
telephone телефо́нный
television телеви́дение
television set телеви́зор
television (*adj.*) телевизио́нный
television show переда́ча
television studio телесту́дия
tell говори́ть *говори́-/* сказа́ть *сказа̌-* – что, кому́
    tell (about something) расска́зывать
    расска́зывай-/ рассказа́ть *рассказа̌-* кому́,
    о чём
ten де́сять
tenth деся́тый
term paper курсова́я рабо́та
terrible (*adj.*) ужа́сный
terrible (*adv.*) ужа́сно
terrific (*adv.*) замеча́тельно; здо́рово
territory террито́рия

test контро́льная рабо́та
text текст
textbook уче́бник
Thai тайла́ндский
than чем
thank you спаси́бо
Thank you for... спаси́бо за... (+ *acc.*)
Thank you very much. Большо́е спаси́бо.
that что (*in subordinate clause*)
that (those) тот (*m.*) та (*f.*), то (*n.*), те (*pl.*)
that's why поэ́тому
that (which) кото́рый
The Bronze Horseman Ме́дный вса́дник
The Hermitage Эрмита́ж
The Russian Museum Ру́сский музе́й
theater теа́тр
theater critic театрове́д
theater studies театрове́дение
their(s) их
theme те́ма
then тогда́
theory тео́рия
there (directional) туда́
there (locational) там
there (over there) вон
therefore поэ́тому
they они́
thief жу́лик, граби́тель
thing вещь (*f.*) AC
think ду́мать *ду́май-/* поду́мать
third тре́тий
thirteen трина́дцать
this (is / these are...) э́то
this (these) э́тот (*m.*), ⌧та (*f.*), э́то (*n.*), э́ти (*pl.*)
thousand ты́сяча
three три
throat го́рло
through че́рез (+ *acc.*)
Thursday четве́рг ⌧⌧
ticket биле́т
    ticket (transportation only) проездно́й
    докуме́нт
tie га́лстук
tiger тигр
time вре́мя ⌧⌧ (*n.; gen. sg.* вре́мени);
    раз (*gen. pl.* раз)
    another time в друго́й раз
    it is time пора́ (кому́)
title назва́ние
    to (directional) в (+ *acc.*); на (+ *acc.*); к (+ *dat.*)
    (to a person's house, place)
    to... (used when making a toast) за (+ *acc.*)

toast тост
toaster то́стер
today сего́дня
together вме́сте
token жето́н
Tokyo То́кио
tomato помидо́р
tomorrow за́втра
    until tomorrow до за́втра
too то́же
tooth зуб AC
top (women's ~) ко́фта
topic те́ма
Toronto Торо́нто
totally совсе́м
toy игру́шка#
train по́езд AB
train station вокза́л (на)
translate переводи́ть *переводи́-* / перевести́ *перевёд-́* что
translation перево́д
transportation тра́нспорт
trash му́сор (*sg.* only)
trip пое́здка#
trolley bus тролле́йбус
trombone тромбо́н
truly пра́вда
truth пра́вда
    To tell you the truth… Че́стно говоря́
try on надева́ть *надева́й-*/ наде́ть *наде́н-* что
Tuesday вто́рник
Tula (city in Russia) Ту́ла
tulip тюльпа́н
Turkmenistan Туркмениста́н
turn повора́чивать *повора́чивай-*/ поверну́ть *поверну́-*
turn on включа́ть *включа́й-*/ включи́ть *включи́-* что
TV series телесериа́л
twelve двена́дцать
twenty два́дцать
two два
typical типово́й

U

ugly некраси́вый
Ukraine Украи́на
uncle дя́дя (*m.*)
uncomfortable неудо́бно
understand понима́ть *понима́й-*/ поня́ть *пойм-* кого́ — что
understandable поня́тный

understood поня́тно
unfashionable немо́дный
uninteresting неинтере́сный
university (*noun*) университе́т
university (*adj.*) университе́тский
    university student студе́нт (*m.*), студе́нтка# (*f.*)
unpleasant (*adj.*) неприя́тный
unpleasant (*adv.*) неприя́тно
untruth непра́вда
unusual необы́чный
upset расстра́иваться *расстра́ивай-ся* / расстро́иться *расстро́и-ся*
Ural mountains Ура́л (на)
USA США
usually обы́чно
Uzbekistan Узбекиста́н

V

vacation о́тдых (*sg.* only)
    ~ from a job о́тпуск AB (*nom. pl.* отпуска́)
    school ~ кани́кулы (*pl.* only) (на)
Vasilyevskiy Island Васи́льевский о́стров
VCR видеомагнитофо́н (*colloq.* ви́дик)
vegetable о́вощ AC
vegetarian вегетариа́нец# (*m.*), вегетариа́нка# (*f.*)
very о́чень
    Very nice (to meet you). О́чень прия́тно.
Veterans' Day День ветера́нов
veterinarian ветерина́р
veterinary ветерина́рный
Victory Day День побе́ды
video ви́део (*indecl.*)
video camera видеока́мера
viewing room кинозал
violate наруша́ть *наруша́й-*/ нару́шить *нару́ши-*
violin скри́пка#
visa ви́за
vitamin витами́н
Vladimir (city east of Moscow) Влади́мир
vodka во́дка#
Volga river Во́лга (на)
Volgograd (city in Russia) Волгогра́д
Voronezh (city in Russia) Воро́неж

W

wait ждать *жда́-*/ подожда́ть кого́
waiter официа́нт
waitress официа́нтка#
walk-in closet шкаф AB
want хоте́ть (*irreg.*) (*impf.*) что, + *inf.*

wardrobe шкаф AB
warm (*adj.*) тёплый
warm (*adv.*) тепло
wash мыть *мой-* (*impf.*) что
Washington Вашингтон
watch смотреть *смотре̌-*/ посмотреть что
watch часы́ (*pl.* only)
water вода́ CA
we мы
wear носи́ть *носи̌-* (*impf.*) что
weather погода
Wednesday среда́ ⬜⬜
week неделя
welcome (you're ~) пожалуйста
well хорошо́ (*adv.*); ну
    All's well that ends well. Все хорошо́,
    что хорошо́ конча́ется.
well-known знамени́тый
west за́пад (на)
what что
    What a shame. Óчень жаль.
    What are you talking about? Что за
    чушь!;Что ты! Что вы!
    What do you mean? Как это?; Что ты! Что
    вы!
    What does… have to do with it? При
    чём здесь… ?
    What else? Что ещё?
    what for зачём
    What happened? Что случи́лось?
    what kind of какой; что за
    What time is it? Который час?
    What's that? Что это тако́е?
    What's wrong with you? Что с тобой?
    What's your name? Как вас зову́т?
when когда́
    when (at what time) во сколько
where (locational) где
where (directional) куда́
which какой
white бе́лый
who кто
whole весь (*m.*), вся (*f.*), всё (*n.*), все (*pl.*)
whole це́лый
whose чей (*m.*), чья (*f.*), чьё (*n.*), чьи (*pl.*)
why почему́
Why are you (so) quiet? Что ты молчи́шь?
wife жена́ BA (*nom. pl.* жёны)
window окно́# BA
wine вино́ BA

wine glass рю́мка#
winter (*noun*) зима́
    in the winter зимой
winter (*adj.*) зи́мний
wish жела́ть *жела̌й-* (*impf.*) кому́, чего́
with с, со (+ *instr.*)
    With pleasure. С удово́льствием!
without без (+ *gen.*)
woman же́нщина
women's (female) же́нский
wonderful (*adj.*) прекра́сный
wonderful (*adv.*) прекра́сно; замеча́тельно
wooden nesting doll матрёшка#
word сло́во AB
work рабо́тать *рабо́тай-* (*impf.*)
work рабо́та (на)
world мир AB
    in the whole wide world на све́те
worry волнова́ться *волнова̌-ся* (*impf.*)
worse ху́же
Wow! Вот э́то да!
write писа́ть *писа̌-*/ написа́ть что, кому́
write down запи́сывать *запи́сывай-*/ записа́ть
    записа̌- что
writer писа́тель (*m.*), писа́тельница (*f.*)
wrong непра́в (*m.*), неправа́ (*f.*), непра́во (*n.*),
    непра́вы (*pl.*)
wrong apartment чужа́я кварти́ра

Y

year год AC (*gen. pl.* лет)
year in college курс (на)
yellow жёлтый
Yerevan (capital of Armenia) Ерева́н
yes да
yesterday вчера́
yet ещё
you (informal) ты
you (formal) вы
young молодо́й
young woman де́вушка#
your(s) (informal) твой (*m.*), твоя́ (*f.*), твоё (*n.*),
    твои́ (*pl.*)
your(s) (formal) ваш (*m.*), ва́ша (*f.*), ва́ше (*n.*),
    ва́ши (*pl.*)

Z

zero ноль
zoo зоопа́рк

For any figures denoted with a (‡) please note:
this material has been borrowed from another
source and does not imply endorsement from
that source. If any issues arise from this use,
please contact ACTR at (202)833-7522.